JN309463

多様な家族時代における新しい福祉モデルの国際比較研究

若者、ひとり親家族、高齢者

International Comparative Research into New Welfare Models in an Era of Diverse Families: Youth, One Parent Families, and the Elderly

中嶋 和夫 監修

尹 靖水
近藤 理恵 編著

学文社

執筆者一覧

中嶋　和夫	岡山県立大学教授	（エピローグ，プロローグ，第1部序論，まとめ，第1章，第2章）
神原　文子	神戸学院大学教授（第3章）	
曺　興植	ソウル大学教授（韓国）（第4章）	
Bette J. Dickerson	アメリカン大学准教授（アメリカ合衆国）（第5章）	
呉　栽喜	大東文化大学講師（第6章，第10章，第18章）	
黒木　保博	同志社大学教授（第7章）	
近藤　理恵	岡山県立大学准教授	（第2部序論，まとめ，第7章，第8章，第9章）
Phoebe S. Holdgrün	デュセルドルフ，ハインリッヒ・ハイネ大学助手（ドイツ）（第8章）	
Anne-Marie Guillemard	パリ第5（ソルボンヌ）大学教授（フランス）（第11章）	
岡田　節子	（前）ウソン大学教授（韓国），首都医校教員（第12章）	
嚴　基郁	群山大学教授（韓国）（第13章，第16章）	
尹　靖水	梅花女子大学教授（第3部序論，まとめ，第14章）	
桐野　匡史	岡山県立大学助手（第15章）	
裵　眞嬉	イエス大学講師（第16章）	
島田　信吾	デュセルドルフ，ハインリッヒ・ハイネ大学教授（ドイツ）（第17章）	

（執筆順）

翻訳・編集補助者

張　英恩	岡山県立大学大学院 保健福祉学研究科博士後期課程	（第13章，翻訳）（編集補助）
朴　志先	岡山県立大学大学院 保健福祉学研究科博士後期課程	（編集補助）

プロローグ

　国連は1994年を「国際家族年」と定め，家族の大切さを強調し，個人と家庭のウェルビーイング（well-being）を支援するための家族政策の助長，ならびにその実現のために，たとえば，家族政策は家庭のニーズのすべてに応じるものでなければならない等の7つの原則を決議している．

　本書は，前記の国際家族年の目的と原則をふまえつつ，21世紀の超少子高齢・人口減少社会において，個々人のライフコースを尊重したウェルビーイングの維持・向上に資する家族福祉モデルの構築に関連した研究成果のとりまとめである．

　政府報告（2005年国勢調査）は，日本の人口構造が少子高齢化と共に，人口減少社会へとシフトしたことを指摘している．今後はその傾向が一層進展すると同時に，世帯の小規模化が加速化し単身世帯や核家族世帯が急増するなど，家族形態（世帯構造と世帯類型による分類）が大きく変貌し，多様化していくことを予測している．家族形態が将来的にいかに多様化しようとも，国民は依然として次世代も育成支援や高齢者介護は避けて通ることはできず，また最近は急速に格差拡大の問題が複雑かつ深刻化を増していること等から，今後の国民の生活問題はこれまでになく多様な構造を呈してくるものと推察される．

　したがって，そのような社会問題を解決するに，社会福祉領域にあっては，従来の法的規定による要支援の人びとに対するアプローチのみに依存したソーシャルワークでは限界が生じてくるものと想定される．したがって，著者等は超少子高齢・人口減少社会の加速化に伴って派生する個人と家族の生活問題に対応しうる，ウェルビーイングの維持・向上を重視した21世紀に貢献する家

族福祉モデルを，とくに，個々人のライフコース選好を尊重した「ライフステージ」と「家族形態（世帯構造と世帯類型）」を取り込んだ，柔軟な福祉ニーズ解決型の戦略的な家族福祉モデルとして構築することを研究課題として，3年間，研究を持続して展開してきた．

　この研究には，日本のみならず東アジアや欧米の研究者が参加した．まず日本関係者では，黒木保博（家族福祉モデルの開発担当，イギリスの質的調査担当），尹靖水（韓国・中国の量的調査・台湾の質的調査担当），近藤理恵（フランス・ドイツ・イギリスの量的・質的調査担当），呉栽喜（フィンランド・米国の量的・質的調査担当），佐々井司（国立社会保障・人口問題研究所・人口動向研究部室長：家族形態の予測モデル担当）の各氏が参加した．海外の研究協力者は，曺興植（ひとり親家族の福祉モデル担当），嚴基郁（高齢者の福祉労働モデル担当），裵眞嬉（高齢者の福祉労働モデル担当），Bette J. Dickerson（ひとり親家族の福祉モデル担当），Anne-Marie Guillemard（高齢者の福祉労働モデル担当），島田信吾（高齢者の福祉労働モデル担当），金貞淑（韓国慶尚南道職員：高齢者の福祉労働モデル担当），岡田節子（高齢者の福祉労働モデル担当），Phoebe S. Holdgrün（ひとり親家族の福祉モデル担当），桐野匡史（高齢者の福祉労働モデル担当）が参加した．

　短期間の研究であり，すべてが完成度の高い成果に至っていないことは否めないところであるが，今後の社会福祉学ならびに社会福祉実践にとっての1つの提案として，報告内容を皆様に吟味して頂けることを期待する．

2010年3月

監修者

目　次

プロローグ　i

第1部　若者のライフコースの選好傾向と若い親世代の福祉ニーズ

序　論　2

第1章　若者のライフコースの選好傾向　7

　はじめに　7／1　大学生のライフコースの選好傾向について　7／2　大学生の結婚，就労，出産（子育て）に関連した意思を規定する要因について　11／おわりに　22

第2章　若い親世代のウェルビーイングに関連した福祉ニーズの現状　29

　はじめに　29／1　ライフステージおよび家族形態とウェルビーイングに関連した福祉ニーズの関連性　30／2　ライフステージ別にみたウェルビーイングに関連した福祉ニーズ　32／3　家族形態別にみたウェルビーイングに関連した福祉ニーズ　34／おわりに　40

まとめ　41

第2部　ひとり親家族における就労・子ども・家族支援

序　論　44

第3章　現代日本の子づれシングルと子どもたち　48

　1　ひとり親家族の現状　48／2　就業形態と就労収入　50／3　わが国の母子世帯の多くはなぜ貧困か　52／4　ひとり親家族と社会的排除　55

／5　子づれシングルをめぐる格差と排除　60／6　ひとり親家族の包摂に向けて　63

第4章　韓国のひとり親家族における就労・子ども・家族支援　67

はじめに　67／1　ひとり親家族における問題　68／2　ひとり親家族のための社会福祉政策と社会福祉事業　75／おわりに：母子家庭のための社会福祉政策および社会福祉事業の対案　80

第5章　貧困に生きるアフリカ系アメリカ人のひとり親家族の母親たち
　　　　――黒人フェミニストの視点から――　86

はじめに　86／1　フェミニストの理論　88／2　黒人フェミニストの理論　89／3　アメリカ合衆国福祉制度の発展　92／4　貧困に対する戦争　93／5　福祉に対する戦争　94／6　PWORAの困窮家族一時扶助　96／7　社会制度　98／8　文化の力と日常的実践　102／おわりに：私たちはここからどこへ向かうのか？　107

第6章　アメリカのひとり親家族における就労・子ども・家族支援　118

はじめに　118／1　アメリカのひとり親家族の現状　119／2　ひとり親家族支援プログラムの事例（ワシントンDC）　127／おわりに　141

第7章　イギリスのひとり親家族の母親における就労・子ども・家族支援　147

はじめに　147／1　イギリスのひとり親家族の状況　149／2　ひとり親家族の母親に対する就労支援　152／3　ひとり親家族に対する子ども・家族支援　154

第8章　ドイツのひとり親家族における就労・子ども・家族支援　162

はじめに　162／1　ドイツのひとり親家族の状況　164／2　労働共同体（ARGE）における就労支援のケースマネジメント　170／3　民間組織によるひとり親家族の母親に対する職業教育　174／4　非営利組織によるひとり親家族に対する子ども・家族支援　179／おわりに　182

第9章　フランスのひとり親家族における就労・子ども・家族支援　189

はじめに　189／1　フランスのひとり親家族の状況　191／2　職業安定

所（ANPE）におけるひとり親家族の母親に対する就労支援　195／3　CAF（Caisse d'Allocations Familiales，家族手当金庫）によるひとり親家族に対する子ども・家族支援　198／おわりに　203

第10章　フィンランドのひとり親家族における就労・子ども・家族支援　209

はじめに　209／1　フィンランドのひとり親家族の現状　210／2　フィンランドの家族政策　218／3　事例調査（フォーカスグループインタビュー）　224／おわりに　229

まとめ　233

1　家族の多様化　233／2　女性労働とひとり親家族の母親の就労　234／3　ひとり親家族における社会的排除　235／4　福祉改革とひとり親家族における就労支援　236／5　ひとり親家族政策と家族政策　238

第3部　高齢者における就労支援

序　論　244

第11章　公共政策と年齢文化——国際的観点からの検討——　246

はじめに　246／1　相対的に共通性の高い人口動向とは対照的な政策　249／2　政策決定組織と年齢文化　251／3　第2キャリアに関する4つの公共政策形態　252／4　活力のある高齢化に関する比較理論のアウトカム　261／5　年齢に基づく雇用の拒絶／差別を撤廃するために有効な公共政策としての年齢に寛容な文化の構築をめざして　264

第12章　日本の高齢者における就労支援　276

はじめに　276／1　日本の高齢化の特徴　278／2　高齢者就労支援政策の特徴　280／3　高齢者の就業実態　285／4　インタビュー　291／おわりに：課題・提言　293

第13章　韓国の高齢者における就労支援　298

はじめに　298／1　韓国高齢者の経済状態と就業ニーズ　300／2　韓国の高齢者雇用政策　302／おわりに：韓国の高齢者雇用政策の課題　315

第14章 台湾の高齢者における就労支援 321

はじめに 321／1 台湾の高齢者就労の背景 322／2 高齢者就労環境と現状 326／3 高齢者就労政策と課題 335／おわりに 338

第15章 アメリカの高齢者における就労支援 341

はじめに 341／1 アメリカにおける高齢化の現状 342／2 アメリカにおける高齢者の就労支援政策 344／3 アメリカにおける高齢者の就労支援 350／おわりに 355

第16章 イギリスの高齢者における就労支援 360

はじめに 360／1 高齢者の雇用政策の推進の背景 360／2 高齢社会に備えたイギリス政府の戦略（Government Strategy for an Ageing Society） 362／3 ジョブセンタープラス（Jobcentre Plus） 363／4 ニューディール（New Deals） 369／5 イギリスの雇用政策が与える意味 372

第17章 ドイツの高齢者における就労支援 375

はじめに 375／1 ドイツの高齢者における就労構造 376／2 高齢者就労支援プログラム「ペアスペクティーベ50プラス」 378／3 展望 380

第18章 フィンランドの高齢者における就労支援 383

はじめに 383／1 フィンランドの高齢者雇用政策 384／2 企業の実践事例 394／3 高齢者雇用促進のための教育および職業訓練 399／おわりに 405

まとめ 410

エピローグ 413

第1部

若者のライフコースの選好傾向と若い親世代の福祉ニーズ

序　論

　最近の日本社会は，人口構造（population structure）を高齢化と少子化の観点から解析し，それら2つの変数が単純に結びついた「少子・高齢化社会」ではなく，前記2つの変数が強固にかつ高度に融合し，かつ人口減少を伴っていることから，「超少子高齢化・人口減少社会」と呼称されている．このように呼称されている日本社会は，他の人口学関連の変数を用いることによって，異なる特徴が抽出できる．総務省統計局の「国勢調査」による家族形態（世帯規模，世帯構造，家族〈世帯〉類型）に着目すると，最近の日本の人口構造は世帯規模[1]（1世帯当たりの人員）の縮小[2]，核家族・単独世帯化，さらには一般的に家庭基盤が脆弱な世帯といえる「高齢者のひとり暮らし世帯」「高齢者の夫婦のみの世帯」「母子または父子世帯」の伸びを背景にした[3]世帯の家庭基盤の脆弱化が特徴となっている．国立社会保障・人口問題研究所は，2008年3月に日本の世帯数の将来推計（全国推計）を行なっている．それは，2005（平成17）年から2030（平成42）年までの25年間（各年10月1日現在）の推計である．国勢調査による一般世帯の2005年までの世帯形成動向を基礎に，「世帯推移率法」（ある期間の最初から最後にかけてある状態から別の状態に変化する確率を遷移確率〈probability of transition〉という．世帯主である人の数は世帯数と同じであることから，類型別世帯数の将来推計にそれが用いられた場合を世帯推移率法という）によって，2030年までの世帯形成動向が推定されている．その結果，日本の将来推計人口（出生中位・死亡中位推計）では，日本の総人口は2005年以降長期間にわたって減少が継続するのに対し，一般世帯総数は2015年の5,060万世帯まで増加し，その後減少に転じ，2030年の一般世帯総数は4,880万世帯で，2005年に比べ26万世帯少なくなると推定されている．また平均世帯人員数は，全推計期間において，平均世帯人員は縮小すると推定されているが，縮小の速度は次第に緩和するとなっている．具体的には，平均世帯人員は2005年の2.56人か

ら，2030年の2.27人まで縮小するが，これまでの経過では，1960年には4.16人，1970年には3.41人，2000年は2.67人となっていた．また家族（世帯）類型に着目するなら，2005年と2030年を比較すると，「単独世帯」と「ひとり親と子から成る世帯」が増加し，「夫婦のみの世帯」「夫婦と子から成る世帯」「その他の一般世帯」が減少していくと推定されている．具体的には，

表0-1 世帯の家族類型別一般世帯数，一般世帯人員，平均世帯人員

年次	一般世帯数（1,000世帯）							一般世帯人員（1,000人）	平均世帯人員（人）
	総数	単独	核家族世帯				その他		
			総数	夫婦のみ	夫婦と子	ひとり親と子			
2005（平成17）	49,063	14,457	28,394	9,637	14,646	4,112	6,212	125,448	2.56
2006（ 18）	49,335	14,713	28,461	9,722	14,550	4,189	6,161	125,369	2.54
2007（ 19）	49,611	14,978	28,525	9,831	14,423	4,271	6,108	125,223	2.52
2008（ 20）	49,865	15,230	28,579	9,933	14,294	4,353	6,056	125,018	2.51
2009（ 21）	50,093	15,475	28,615	10,023	14,159	4,434	6,002	124,765	2.49
2010（ 22）	50,287	15,707	28,629	10,085	14,030	4,514	5,951	124,460	2.47
2011（ 23）	50,363	15,866	28,582	10,102	13,902	4,577	5,916	124,100	2.46
2012（ 24）	50,449	16,046	28,523	10,135	13,744	4,644	5,880	123,693	2.45
2013（ 25）	50,517	16,221	28,453	10,161	13,584	4,708	5,843	123,244	2.44
2014（ 26）	50,570	16,395	28,369	10,182	13,419	4,768	5,806	122,757	2.43
2015（ 27）	50,600	16,563	28,266	10,186	13,256	4,824	5,771	122,231	2.42
2016（ 28）	50,586	16,711	28,125	10,153	13,106	4,866	5,750	121,660	2.40
2017（ 29）	50,576	16,876	27,972	10,130	12,933	4,909	5,728	121,046	2.39
2018（ 30）	50,551	17,038	27,808	10,104	12,755	4,948	5,705	120,404	2.38
2019（ 31）	50,509	17,193	27,636	10,078	12,575	4,983	5,680	119,738	2.37
2020（ 32）	50,441	17,334	27,452	10,045	12,394	5,013	5,655	119,039	2.36
2021（ 33）	50,342	17,458	27,246	9,979	12,236	5,031	5,639	118,305	2.35
2022（ 34）	50,242	17,590	27,030	9,922	12,061	5,048	5,622	117,532	2.34
2023（ 35）	50,127	17,714	26,809	9,867	11,882	5,060	5,603	116,743	2.33
2024（ 36）	49,997	17,829	26,586	9,815	11,703	5,068	5,582	115,942	2.32
2025（ 37）	49,837	17,922	26,358	9,762	11,524	5,072	5,557	115,119	2.31
2026（ 38）	49,659	17,997	26,122	9,681	11,375	5,066	5,539	114,275	2.30
2027（ 39）	49,466	18,069	25,877	9,607	11,208	5,062	5,519	113,379	2.29
2028（ 40）	49,258	18,134	25,627	9,533	11,039	5,055	5,497	112,469	2.28
2029（ 41）	49,032	18,188	25,373	9,458	10,868	5,046	5,472	111,541	2.27
2030（ 42）	48,802	18,237	25,122	9,391	10,703	5,027	5,443	110,637	2.27

出所）『国立社会保障・人口問題研究所：日本の世帯数の将来推計（全国推計）の概要［2008（平成20）年3月推計］―2005（平成17）年～2030（平成42）年―』より引用

2005年から2030年の間に,「単独世帯」は1,446万世帯から1,824万世帯へ,「ひとり親と子から成る世帯」は411万世帯から503万世帯まで増加する一方,同じ期間に「夫婦のみの世帯」は964万世帯から939万世帯へ,「夫婦と子から成る世帯」は1,465万世帯から1,070万世帯へ,さらに,「その他の一般世帯」は621万世帯から544万世帯へと減少するとされている。この傾向は,平均世帯人員の縮小と対応している。加えて,高齢者の家族（世帯）類型をみると,一般的に家庭基盤がぜい弱な世帯と位置づけられる「高齢者のひとり暮らし世帯」と「高齢者の夫婦のみの世帯」が急増することが推定されている。65歳以上の高齢者のいる世帯は,1985年の国勢調査では,「三世代世帯」が396万世帯（構成比42.6％）と最も多く,次いで「高齢者の夫婦のみの世帯」が165万世帯（同17.8％）の順となっており,「高齢者のひとり暮らし世帯」は118万世帯（同12.7％）であった。これを年次推移でみると,「三世代世帯」の伸び率に比して「夫婦のみの世帯」と「ひとり暮らし世帯」は急増し,この傾向が今後とも継続すると推定されている。現在,高齢者福祉は介護の社会化がクローズアップしているが,将来的には生産人口が減少することを加味するなら,高齢者の社会保障問題が浮上し,彼らの経済的な安定をもたらす施策の必

表0-2　家族（世帯）類型別一般世帯数および割合

指　標	2005（平成17）年		2030（平成42）年	指数（2005年=100）
家族類型別世帯数				
単独世帯	1,446万世帯	→	1,824万世帯	126
夫婦のみの世帯	964万世帯	→	939万世帯	97
夫婦と子から成る世帯	1,465万世帯	→	1,070万世帯	73
ひとり親と子から成る世帯	411万世帯	→	503万世帯	122
その他の一般世帯	621万世帯	→	544万世帯	88
家族類型別割合	(100.0%)		(100.0%)	
単独世帯	29.5%	→	37.4%	
夫婦のみの世帯	19.6%	→	19.2%	
夫婦と子から成る世帯	29.9%	→	21.9%	
ひとり親と子から成る世帯	8.4%	→	10.3%	
その他の一般世帯	12.7%	→	11.2%	

出所）『国立社会保障・人口問題研究所：日本の世帯数の将来推計（全国推計）の概要［2008（平成20）年3月推計］—2005（平成17）年〜2030（平成42）年—』より引用

表0－3 世帯主65歳以上・75歳以上の世帯の家族類型別世帯数，割合（2005～2030年）

年次	一般世帯						その他
	総数	単独	核家族世帯				
			総数	夫婦のみ	夫婦と子	ひとり親と子	

世帯数（1,000世帯）							
世帯主65歳以上							
2005年	13,546	3,865	7,580	4,648	1,918	1,014	2,100
2010年	15,680	4,655	8,844	5,336	2,295	1,213	2,181
2015年	18,028	5,621	10,011	5,991	2,607	1,413	2,397
2020年	18,992	6,311	10,228	6,140	2,573	1,515	2,454
2025年	19,012	6,729	9,873	5,941	2,387	1,545	2,409
2030年	19,031	7,173	9,482	5,685	2,233	1,564	2,376
世帯主75歳以上（再掲）							
2005年	5,539	1,967	2,660	1,707	482	471	912
2010年	7,041	2,504	3,520	2,242	685	593	1,018
2015年	8,267	2,960	4,223	2,652	864	706	1,085
2020年	9,427	3,417	4,835	3,017	1,003	815	1,175
2025年	10,845	4,023	5,473	3,412	1,125	936	1,348
2030年	11,097	4,286	5,420	3,374	1,074	972	1,391

割合（％）							
世帯主65歳以上							
2005年	100.0	28.5	56.0	34.3	14.2	7.5	15.5
2010年	100.0	29.7	56.4	34.0	14.6	7.7	13.9
2015年	100.0	31.2	55.5	33.2	14.5	7.8	13.3
2020年	100.0	33.2	53.9	32.3	13.5	8.0	12.9
2025年	100.0	35.4	51.9	31.2	12.6	8.1	12.7
2030年	100.0	37.7	49.8	29.9	11.7	8.2	12.5
世帯主75歳以上（再掲）							
2005年	100.0	35.5	48.0	30.8	8.7	8.5	16.5
2010年	100.0	35.6	50.0	31.8	9.7	8.4	14.5
2015年	100.0	35.8	51.1	32.1	10.5	8.5	13.1
2020年	100.0	36.2	51.3	32.0	10.6	8.6	12.5
2025年	100.0	37.1	50.5	31.5	10.4	8.6	12.4
2030年	100.0	38.6	48.8	30.4	9.7	8.8	12.5

注）四捨五入のため合計は必ずしも一致しない．
出所）『国立社会保障・人口問題研究所：日本の世帯数の将来推計（全国推計）の概要［2008（平成20）年3月推計］―2005（平成17）年～2030（平成42）年―』より引用

表0—4　世帯主が65歳以上および75歳以上の世帯

指　標	2005（平成17）年		2030（平成42）年	指数（2005年＝100）
世帯主65歳以上の世帯	1,355万世帯	→	1,903万世帯	140
うち単独世帯	387万世帯	→	717万世帯	186
世帯主75歳以上の世帯	554万世帯	→	1,110万世帯	200
うち単独世帯	197万世帯	→	429万世帯	218

出所）『国立社会保障・人口問題研究所：日本の世帯数の将来推計（全国推計）の概要［2008（平成20）年3月推計］―2005（平成17）年～2030（平成42）年―』より引用

要性が示唆されるところである．また，「母子または父子世帯」の伸びがきわめて高いことにも留意することが望まれる．

　以上のように，世帯は1）世帯規模の縮小化，2）核家族・単独世帯化，3）家庭基盤の脆弱化を特徴として変遷することが推定されているところであるが，今後の世帯を構成する若い世代は，どのようなライフコースを選択して生きていこうとしているのであろうか．また，現在20歳代から40歳代までに属する若い親世代はどのような生活ニーズを有しているのであろうか．このような問題を整理することは，21世紀の超少子高齢化・人口減少社会における新たな社会福祉学的なアプローチの転化にとって重要な示唆を与えてくれるものと期待できる．このようなことから，第1部では，若者のライフコースの選好傾向と若い親世代のウェルビーイングに関連した福祉ニーズの現状について整理した．

第1章
若者のライフコースの選好傾向

はじめに

　本章では，若い世代のライフコースの選好傾向ならびにその背景に関連した研究成果を紹介する．ライフコース選好は，大学生など若者に限られるものではなく，すべての人びとが直面する問題ではあるが，著者等は対象を主として近い将来の親世代と位置づけられる大学生に限定し検討を加えた．彼らのライフコースの選好傾向は，5つのタイプ（非婚就業コース，DINKSコース，両立コース，再就職コース，専業主婦（主夫）コース）に類型化して把握した．前記ライフコースは1982年以降，日本において「出生動向基本調査（結婚と出産に関する全国調査）」の中の独身者調査の調査項目を参考にしたものであるが，本研究では日本人に限定することなく，東アジア（日本・韓国・中国）ならびに欧米（ドイツとアメリカ）の大学生（男子学生と女子学生）に適応し，さらに大学生のライフコース選好傾向に関連した因果関係モデルの検討を行なった．

1　大学生のライフコースの選好傾向について

　ライフコースの5つのタイプは，具体的には，結婚せずに仕事を一生続ける

「非婚就業コース」，結婚するが子どもは持たず仕事を一生続ける「DINKSコース」，結婚し子どもを持つが仕事も一生続ける「両立コース」，結婚し子どもを持つが結婚出産の時期にいったん退職し子育て後にふたたび仕事をもつ「再就職コース」，結婚して仕事を持ち結婚あるいは出産の機会に退職し，その後は仕事を持たない「専業主婦（主夫）コース」となっている．いずれのライフコースを選択するかを，韓国，中国，日本，ドイツ，アメリカの大学生計5,500人（韓国2,000人，中国1,000人，日本1,500人，ドイツ500人，アメリカ500人）を対象に，2008年10月～2009年6月に調査した．

調査は，無記人の自記式質問紙調査法により実施した．ただし，調査は各国の共同研究者（調査員）を通じ，同意が得られた大学生にのみに限定し実施した．その際，調査員は，大学生に対し，記入済みの調査票を厳封し，所定の回収箱へ投函するよう依頼した．なお，回収箱は一定期間（10日～14日間）を経たのち，調査員が責任をもって回収・解体したものであって，最終的に，4,466人分（日本1359人，韓国1554人，中国681人，ドイツ446人，アメリカ426人）の回収を得た（回収率81.2%）．性別にみた対象の内訳は，日本は男性416人，女性749人，韓国は男性696人，女性856人，中国は男性382人，女性299人，ドイツは男性200人，女性246人，アメリカは男性169人，女性257人であった．

ライフコースの選好は，男性群では，「両立コース」を選好した者の割合が最も高く，韓国84.7%，日本81.3%，ドイツ80.3%，アメリカ79.0%，中国73.4%の順であった．なお，中国では「再就職コース」が20.1%に達していたが，他の4カ国では，「両立コース」を除いた4コースの選択者の合計は10%以下であった（図1－1）．

女性群では，アメリカ（61.3%），韓国（43.8%），中国（42.6%）の3ヵ国では「両立コース」を選好した者の割合が最も高く，日本（54.7%）とドイツ（54.7%）では「再就職コース」を選好した者の割合が最も高かった（図1－2）．

第1章 若者のライフコースの選好傾向 9

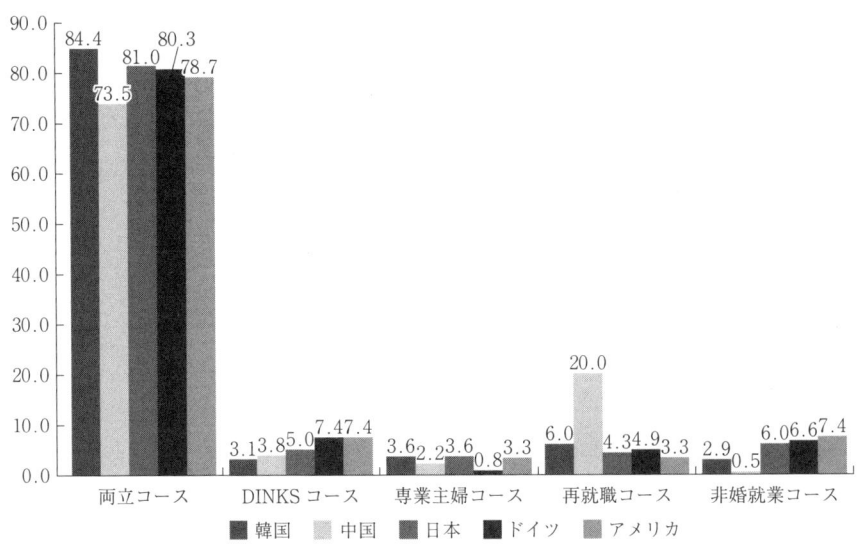

図1-1 5ヵ国の男子大学生のライフコースの選好

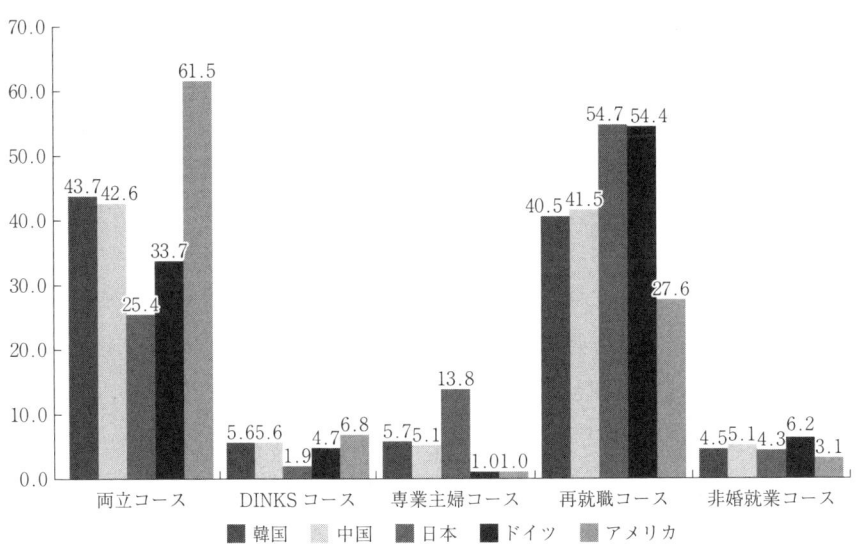

図1-2 5ヵ国の女子大学生のライフコースの選好

以上，東アジア3ヵ国（日本，韓国，中国）およびアメリカとドイツの男子学生は，自分の将来のライフコースとして結婚し子どもを持つが仕事も一生続ける「両立コース」を圧倒的に選好していたが（日本で実施されたこれまでの調査は，男性には女性に期待するライフコースを尋ねるものであって，本人の意向を尋ねるものではなかった），女子大生にあっては，「両立コース」，もしくは結婚し子どもを持つが結婚出産の時期にいったん退職し子育て後にふたたび仕事をもつ「再就職コース」を選定する傾向を示し，その2つのコースの選択者を合計するとほぼ8割に達していた．男子学生において「再就職コース」を選択する者がいることに特徴が認めることができるが，この傾向が今後強くなるか否かを見極めるには，継続した研究が望まれる．それに対し，女子学生では，「男は仕事，女は家庭」という性別役割分業を基礎とする近代家族を志向する，すなわち専業主婦を選択する者の割合は圧倒的に低い傾向にあった．これは高学歴の女性の仕事に対する位置づけが強く反映され結果と推察されよう．最近の日本調査に拠れば，既婚女性の場合，働く女性が専業主婦の数を超えている．今後はさらにその傾向が拡大する可能性は高く，したがって，女性が仕事を持ちつつも家庭生活や地域生活の質の高いバランス維持を支援する社会福祉サービスモデルの開発が大きな課題となってくるものと推察される．これは，ワーク・ライフ・バランスの実現を志向した社会福祉モデルの開発と位置づけられよう．従来の社会福祉学的なアプローチにおいて，そのような試みはほとんど見当たらない．通常，ワーク・ライフ・バランスは男女共同参画社会の実現に向けての1つの方策と位置づけられ，現時点では，たとえば働くすべての既婚者が社会福祉サービスの特定の生活問題を抱えた要援護者とは位置づけられていないが，子ども家庭福祉といった視座から捉え直すなら，将来的に大きな社会福祉学の対象と位置づけるべきものと言えよう．

2 大学生の結婚，就労，出産（子育て）に関連した意思を規定する要因について

　大学生のライフコースの選好は，結婚，就労，出産（子育て）に関する3つの要素の選好が総合的に反映された結果を意味している．本節では，結婚，就労，出産（子育て）それぞれについて，何がその選好の背景となっているかを検討する．

　最近，韓国や日本などの東アジアでは欧米と同様に，男女とも，初婚年齢が上昇する晩婚化傾向を示し，加えて，女性の非婚化に象徴される「結婚意思の低下」が顕在化しはじめ，それらは少子化等との関連で社会問題として扱われる傾向にある．

　従来の研究によれば[1)-6)]，独身者の結婚意思には，① 結婚に対するネガティブな態度をもつ者ほど結婚意思が低いこと，② 自由を重視する風潮と共に，結婚による自由の喪失に対する影響が結婚の忌避に影響していること，③ 結婚しないことによる負のサンクション（サンクションとは，法や道徳といったある行動規則に効力を与える要因のことである．人間にとって，ある規則に従う動機となる要因のことであり，制裁，制裁力とも訳される）の弱体化，④ 人口のアンバランス，⑤ 個人主義傾向，⑥ 性別役割分業観の弱化，⑦ 結婚に対する魅力の低下などが複雑に関連するとされている．しかし，特定の理論を基礎に仮説を導出しその因果関係モデルを実証的に検討した研究は，「計画行動理論」(Theory of planned Behavior，以下「TPB」と記す) に関連した研究を除くと[7)]，さほど多くはない．前記のTPBは，エイゼンとフィシュバイン (Ajzen, I. & Fishbein, M.) の「推論行為理論」(Theory of Reasoned Action，以下「TRA」と記す) を発展させた理論として知られている[8)]．この TRA[9)] に着目するなら，まず，行動の直接的な決定因は，人がその行動を遂行しようとする「意思 (intention)」であると仮定する．その行動意思は，その人が行動を遂行することに対して示す肯定的あるいは否定的な評価，すなわち「行動に対する態度 (attitude toward behavior)」

に規定されるとされている．この態度の決定因には，行動がある結果を導くとする信念（outcome belief）と，その結果に対する評価（outcome evaluation）の2つの側面が関係し，両者の積の和が態度を決定するとされている．次いで，行動意思の第2の決定因として「主観的規範」（subjective norm）を重視している．これは，他者が自分の行動を遂行することを望んでいるか否かについての判断を意味する．主観的規範は，自分の行動について関連する他者が何を期待しているかに関する信念である「規範的信念（normative belief）」と，そうした期待に「同調しようとする動機（motivation to comply）」の積の和によって決定されるとしている．このような TRA は，投票行動，マリファナの接収，中絶など幅広い行動に適用され，実証的支持を得てきたが，この理論が直接的に結婚行動との関係で議論されたことはない．上記の TRA に，さらに「知覚された統制力（perceived behavioral control）」を組み込んだ理論がエイゼン（Ajzen, I.）の TPB である[10]．この「知覚された統制力」は，もし自分が望めば，所与の行為をすることが自分にとってどのくらい容易であるかについての知覚を意味する[11]．このような立場から結婚行動の意思を検討した研究は，日本人を対象とした伊東（1997）の研究[12]や韓国の未婚女性を対象としたチョ他（2005）の研究[13]を除くと，ほとんど見あたらない．なお，伊東は TBP を基礎に，「行動に対する態度」，「主観的規範」，「知覚された統制力」を規定する要因として，個人主義や伝統的価値観を加えた「結婚意思の TBP モデル」を提起している．著者らは，このモデルの背景に仮定できる理論を「拡大計画行動理論（Expanded Theory of Planned Behavior，以下「ETPB」と記す）」と命名した．

　このようなことを背景に，著者らは，日本，韓国，中国，ドイツ，アメリカの5ヵ国の大学生を対象に，結婚行動意思に関連するエイゼンとフィシュバインの推論行為理論，またその理論を発展させたエイゼンの計画行動理論と伊東（1997）の拡大行動計画理論を基礎に，包括的な因果関係モデル（仮説）を構築し，その実証的な検討を試みた．

　そのための調査は，ライフコース選好に関する調査と同時に行なった．この

とき，伝統的性別役割分業観は，国立社会保障・人口問題研究所（2007）の結婚・家族に関する意識の[14]10項目の中から，とくに性別役割分業意識に関連していると判断された5項目を任意に抜粋して測定した．それは，「1．結婚したら，家庭のためには自分の個性や生き方を半分犠牲にするのは当然だ」「2．結婚後は，夫は外で働き，妻は家庭を守るべきだ」「3．結婚したら，子どもは持つべきだ」「4．少なくとも子どもが小さいうちは，母親は仕事を持たず，家にいるのが望ましい」「5．いったん結婚したら，性格の不一致くらいで別れるべきでない」である．回答は「1点：まったく反対」「2点：どちらかといえば反対」「3点：どちらかといえば賛成」「4点：まったく賛成」までの4件法で求めた．

　また，結婚，就労，出産（子育て）に対する態度は，「結婚・出産（子育て）・就労に対するメリット（ポジティブな態度）」と「結婚・出産（子育て）・就労に対するデメリット（ネガティブな態度）」で測定した．具体的には，結婚に対する態度は先行研究を参考に結婚に対するメリット[15]-[17]（「1．精神的な安らぎの場が得られる」「2．愛情を感じている人と暮らせる」「3．自分の子どもや家族をもてる」「4．性的な充足が得られる」）と結婚に対するデメリット（「5．自分の自由になる時間が少なくなる」「6．義父母や親戚など人間関係が複雑になる」「7．親元から離れなければならなくなる」「8．ストレスがたまる」）をそれぞれ4項目，計8項目を独自に作成し，また就労に対する態度は，関他（1999）[18]を参考に就労に対するメリット（「1．社会的な刺激を常に受けられる」「2．物事を広く判断する目を養うことができる」「3．社会のために役に立つことができる」「4．何かに打ち込んでいる充実感が得られる」）とデメリット（「5．自由な時間が減る」「6．わずらわしい職場の人間関係に縛られる」「7．身体的に疲れる」「8．自分のしたいことができなくなる」）をそれぞれ4項目，計8項目を独自に作成した．出産（子育て）に対する態度は，出産（子育て）に対するメリット（「1．人生の喜びや充実感が増える」「2．自分の親や他の親類との関係が深まる」「3．夫婦の絆が深まる」「4．自分の血を後世に残せる」）と出産（子育て）に対するデメリット（「5．経済的な負担が増える」「6．

自分のしたい仕事や勉強の機会が減る」「7．趣味や友人との付き合いの時間が減る」「8．(男性)生活上の悩みや心配事が増える／(女性)妊娠や出産，授乳のために身体的な負担がかかる」)を，掛川(1996)[19]と国立社会保障・人口問題研究所(2007)[20]の項目を参考にそれぞれ4項目，計8項目を作成し測定した．回答はいずれも，「1点：まったくそう思わない」「2点：あまりそう思わない」「3点：ややそう思う」「4点：非常にそう思う」までの4件法で求めた．

次いで，結婚，就労，出産(子育て)に対する主観的規範は，伊東(1997)[21]の研究を参考に，結婚・出産(子育て)・就労に対する「規範的信念」の形成と関連があると思われる親，兄弟姉妹や親類，友人，社会の4つの対象を設定し，それらの人物が自分に対して結婚を望んでいると思われる程度を「〇〇は，私が結婚・就労することを・出産(子育て)」「1点：まったく期待していない」「2点：あまり期待していない」「3点：やや期待している」「4点：非常に期待している」で，評定することを求めた．

また，「同調への動機」を測定するため，人物や社会が期待することに対してどの程度したがう意思があるのかどうかを尋ねた．「一般的にいって，私は，私の〇〇の期待することを」「1点：まったくしたくない」「2点：あまりしたくない」「3点：ややしたい」「4点：非常にしたい」の4段階で評定を求めた．

結婚，就労，出産(子育て)に対する認識は，伊東(1997)[22]の研究を参考に，「私にとって，結婚することは～」「私にとって，仕事につくことは～」「私にとって，子どもを産む育てることは～」の3項目を設定し，回答は「1点：非常に難しい」「2点：難しい」「3点：どちらともいえない」「4点：容易だ」「5点：非常に容易だ」と求めた．

(1) 大学生の結婚意思について

著者等は，2件法で求めた結婚意思(「一生結婚するつもりはない」もしくは「いずれ結婚するつもり」)には，伝統的性別役割分業観が，1)結婚に対する態

度（結婚に対するメリットとデメリット），2）結婚に対する主観的規範，3）結婚の可能性に対する認識という3つの変数を通して影響を受けると仮定した因果モデルは，パスの有意水準を考慮するなら，日本の女子大生を除いて，国別，性別に分類したデータに適合しなかった．

日本（図1－3）の男子学生では，結婚意思に有意な影響を及ぼしていた変数は，結婚に対するメリットであった．また，伝統的性別役割分業観は結婚に対するメリット，結婚に対する主観的規範，結婚の可能性に対する認識に有意な影響を及ぼしていた．それに対し，女子学生ではいずれの変数も統計的に有意な水準で影響を及ぼしていた．つまり，あらかじめ仮定した因果関係モデルが日本の女子学生に適合していた．

韓国学生（図1－4）では，男子学生において結婚意思に有意な影響を及ぼしていた変数は，結婚に対するメリット，結婚に対するデメリット，結婚の可能性に対する認識であった．女子学生では，結婚に対するメリットと結婚に対するデメリットが関係していた．なお，伝統的性割意識は，男性の規範に向かうパス係数以外の3変数には，統計学的に有意な関連性が認められた．

中国学生（図1－5）の男子学生では，結婚意思に有意な影響する変数はなかった．なお，伝統的性別役割分業観は結婚に対するメリットと結婚に対する

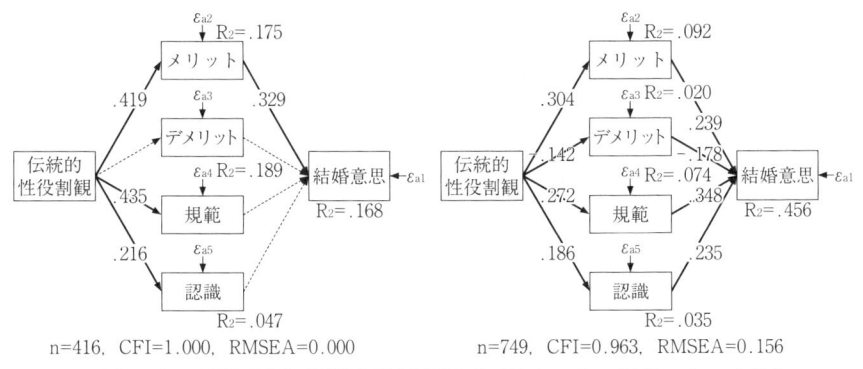

図1－3 結婚意思に影響を及ぼす要因（日本：左－男性，右－女性）

主観的規範に有意な影響を持っていた．女子学生では，結婚に対するメリットと結婚の可能性に対する認識であった．なお，伝統的性別役割分業観は結婚に対するメリットに有意な影響を持っていた．

ドイツ学生では（図1-6），男子学生の場合，結婚意思に有意な影響を及ぼしていた変数は結婚に対する主観的規範であった．また，伝統的性別役割分業観は結婚に対するメリット，結婚に対するデメリットに有意な影響を及ぼしていた．女子学生は，デメリットを除いて，その他の3変数が結婚意思に有意な影響を及ぼしていた．また，伝統的性別役割分業観には，4つすべての変数が

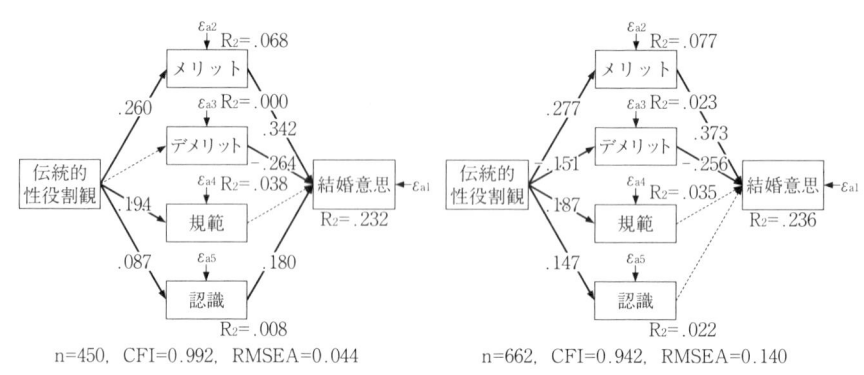

図1-4 結婚意思に影響を及ぼす要因（韓国：左-男性，右-女性）

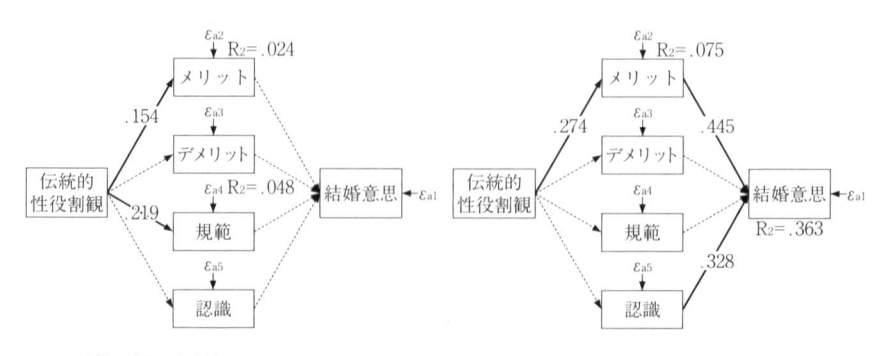

図1-5 結婚意思に影響を及ぼす要因（中国：左-男性，右-女性）

有意な影響を及ぼしていた.

アメリカ学生では（図1-7），男子学生では，結婚意思に有意な影響を及ぼしていた変数は，結婚に対するメリットと結婚の可能性に対する認識であった．また，伝統的性別役割分業観は結婚に対するメリット，結婚に対するデメリット，結婚に対する主観的規範に有意な影響を及ぼしていた．女子学生は，結婚意思に有意な影響を及ぼしていたのは結婚に対するメリットと結婚の可能性に対する認識であった．また，伝統的性別役割分業観には結婚に対するメリット，結婚に対するデメリット，結婚に対する主観的規範が有意な影響を及ぼ

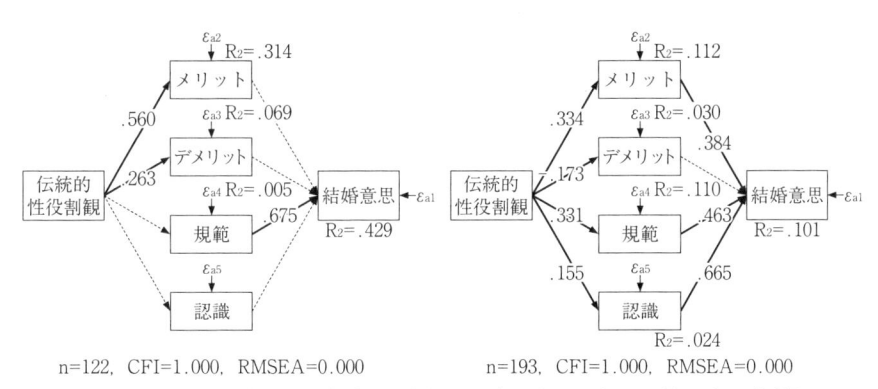

図1-6 結婚意思に影響を及ぼす要因（ドイツ：左-男性，右-女性）

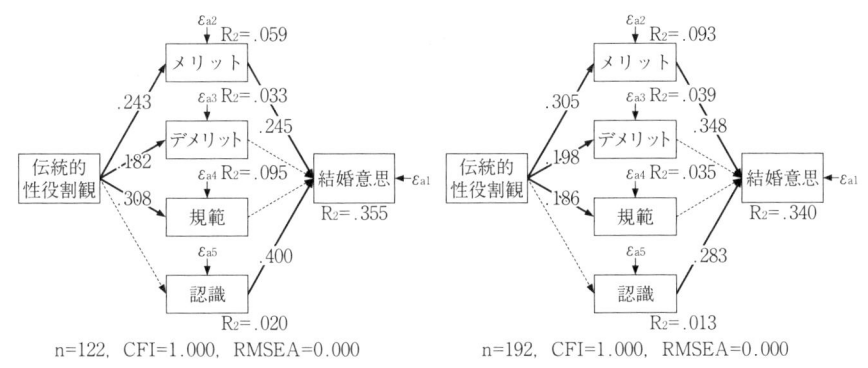

図1-7 結婚意思に影響を及ぼす要因（アメリカ：左-男性，右-女性）

していた.

(2) 大学生の就労意思について

伝統的性別役割分業観が就労に対する態度(就労に対するメリットとデメリット),就労に対する主観的規範,就労の可能性に対する意識へ影響を及ぼし,また就労に対する態度,就労に対する主観的規範,就労の可能性に対する意識が就労意思に影響を及ぼすと仮定した因果モデルは,国別,性別に分類したデータに適合しなかった.

日本学生では(図1-8),男子学生において就労意思に有意な影響を及ぼしていた変数は,就労に対するメリットと就労に対するデメリットであった.なお,伝統的性別役割分業観は就労に対するメリット,就労に対する主観的規範,就労の可能性に対する認識に有意な影響を持っていた.女子学生では,就労意思に有意な影響を及ぼしていた変数は,就労に対するメリット,就労に対するデメリット,就労に対する主観的規範であった.なお,伝統的性別役割分業観は就労に対するメリット,就労に対する主観的規範,就労の可能性に対する認識に有意な影響を持っていた.

韓国学生では(図1-9),男子学生では,就労意思に有意な影響を及ぼして

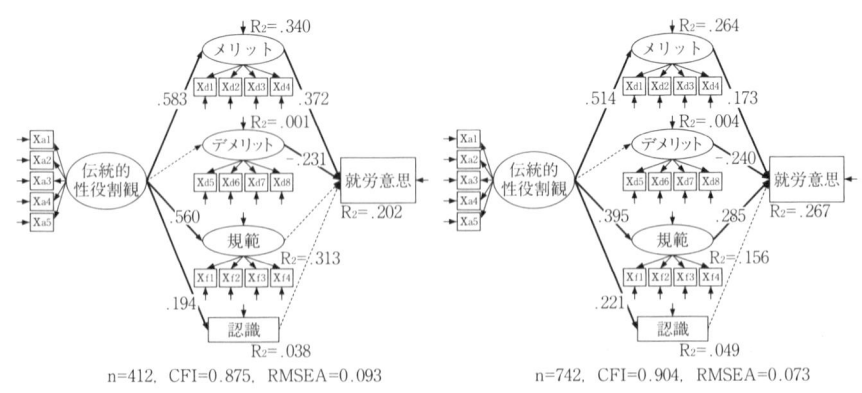

図1-8 就労意思に影響を及ぼす要因(日本:左-男性,右-女性)

いた変数は，就労に対するメリット，就労に対するデメリット，就労の可能性に対する認識であった．なお，伝統的性別役割分業観は就労に対するメリット，就労に対する主観的規範，就労の可能性に対する認識に有意な影響を持っていた．女子学生では，就労意思に有意な影響を及ぼしていた変数は，就労に対するメリットと就労の可能性に対する認識であった．なお，伝統的性別役割分業観は4変数すべてに有意な影響を持っていた．

中国学生では，男女とも，「できれば仕事はしない（したくない）」の頻度が0であり，就労意思に影響を及ぼす要因については分析はできなかった．

ドイツ学生のうち男子学生は「できれば仕事はしない（したくない）」の頻度が0であり，就労意思に影響を及ぼす要因については分析できなかった．女子学生では（図1-10），就労意思に有意な影響を及ぼしていた変数はなかった．なお，伝統的性別役割分業観も4変数いずれに対しても有意な影響を示さなかった．

アメリカ学生では（図1-11），男子学生では，就労意思に有意な影響を及ぼしていた変数はなかった．なお，伝統的性別役割分業観は就労に対する主観的規範に有意な影響を持っていた．女子学生では，就労意思に有意な影響を及ぼしていた変数は，就労に対するメリットであった．ただし，伝統的性別役割

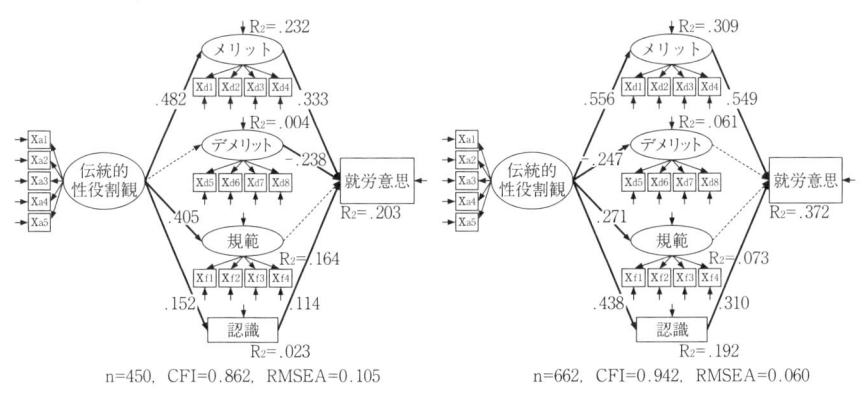

図1-9 就労意思に影響を及ぼす要因（韓国：左-男性，右-女性）

分業観は4変数いずれにも有意な影響を持っていなかった.

(3) 大学生の出産(子育て)の意思について

日本学生では(図1-12),男子学生の場合,出産(子育て)意思に有意な影響を及ぼしていた変数は,出産(子育て)に対するメリットと出産(子育て)に対するデメリットであった.なお,伝統的性別役割分業観は出産(子育て)に対するメリット,出産(子育て)に対する主観的規範,出産(子育て)の可能性に対する認識に有意な影響を持っていた.女子学生では,出産(子育て)意思

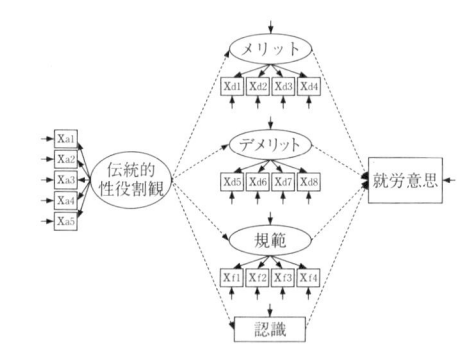

n=192, CFI=0.706, RMSEA=0.086

図1-10 就労意思に影響を及ぼす要因(ドイツ女性)

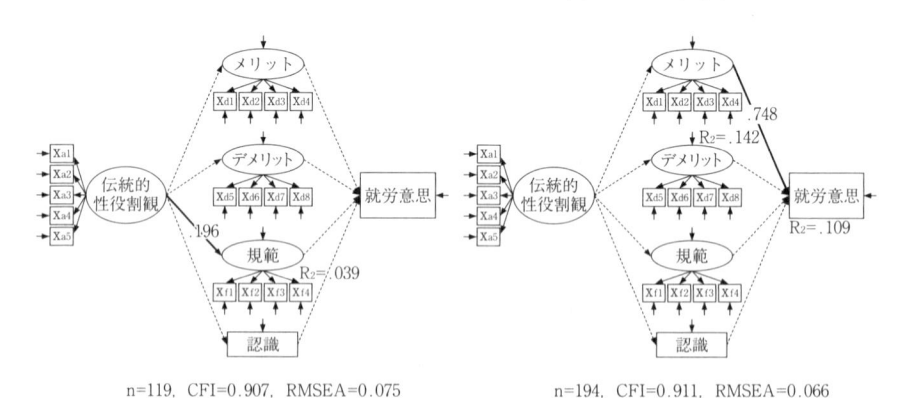

n=119, CFI=0.907, RMSEA=0.075　　　　n=194, CFI=0.911, RMSEA=0.066

図1-11 就労意思に影響を及ぼす要因(アメリカ:左-男性,右-女性)

に対する前記4変数の予測率は$R^2=.362$で，4変数すべてが出産（子育て）意思に有意な影響を及ぼしていた．なお，伝統的性別役割分業観は出産（子育て）に対するメリット，出産（子育て）に対する主観的規範，出産（子育て）の可能性に対する認識に有意な影響を持っていた．

韓国学生では（図1-13），男子学生は，出産（子育て）意思に有意な影響を及ぼしていた変数は，出産（子育て）に対するメリット，出産（子育て）に対するデメリット，出産（子育て）の可能性に対する認識であった．なお，伝統的性別役割分業観は出産（子育て）に対するメリット，出産（子育て）に対する主

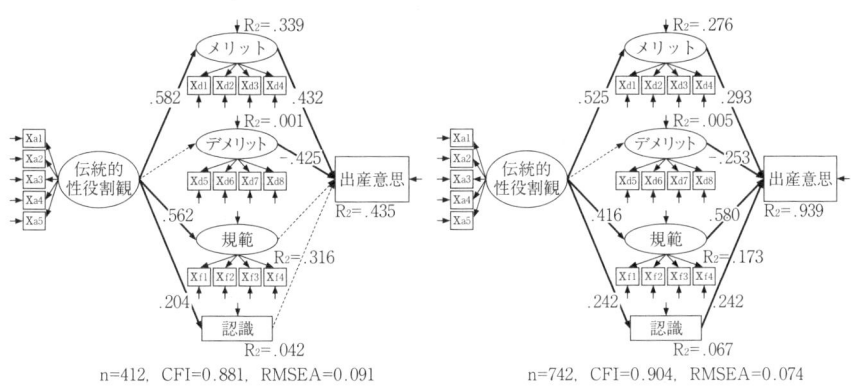

図1-12 出産（子育て）意思に影響を及ぼす要因（日本：左-男性，右-女性）

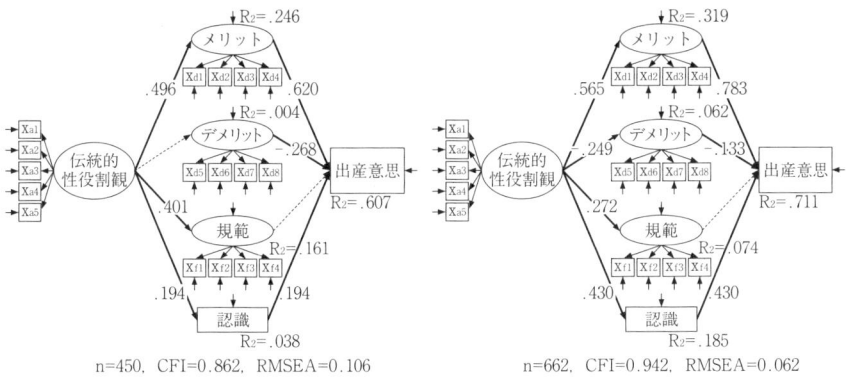

図1-13 出産（子育て）意思に影響を及ぼす要因（韓国：左-男性，右-女性）

観的規範，出産（子育て）の可能性に対する認識に有意な影響を持っていた．女子学生は，出産（子育て）意思に有意な影響を及ぼしていた変数は，結婚に対するメリット，出産（子育て）に対するデメリット，出産（子育て）の可能性に対する認識であった．なお，伝統的性別役割分業観は4変数すべてに有意な影響を持っていた．

中国学生では（図1-14），男子学生は，出産（子育て）意思に有意な影響を及ぼしていた変数は，出産（子育て）に対するメリットであった．なお，伝統的性別役割分業観は出産（子育て）に対するメリット，出産（子育て）に対する主観的規範，出産（子育て）の可能性に対する認識に有意な影響を持っていた．女子学生は，出産（子育て）意思に有意な影響を及ぼしていた変数は，出産（子育て）に対するメリットと出産（子育て）の可能性に対する認識であった．なお，伝統的性別役割分業観は出産（子育て）に対するメリット，出産（子育て）に対する主観的規範，出産（子育て）の可能性に対する認識に有意な影響を持っていた．

ドイツ学生は，男子学生も女子学生も，出産（子育て）意思に有意な影響する変数はなかった（図1-15）．

アメリカ学生（図1-16）では，男子学生は，出産（子育て）意思に有意な影響する変数はなかった．女子学生では，出産（子育て）意思に有意な影響を及ぼしていた変数は，出産（子育て）に対するメリットと出産（子育て）の可能性に対する認識であった．なお，伝統的性別役割分業観は出産（子育て）に対するメリット，出産（子育て）に対する主観的規範，出産（子育て）の可能性に対する認識に有意な影響を持っていた．

おわりに

以上，本章では，エイゼンとフィシュバインの推論行為理論（仮説はTRAモデル），エイゼンの計画行動理論（仮説はTPBモデル），伊東（1997）の拡大行動

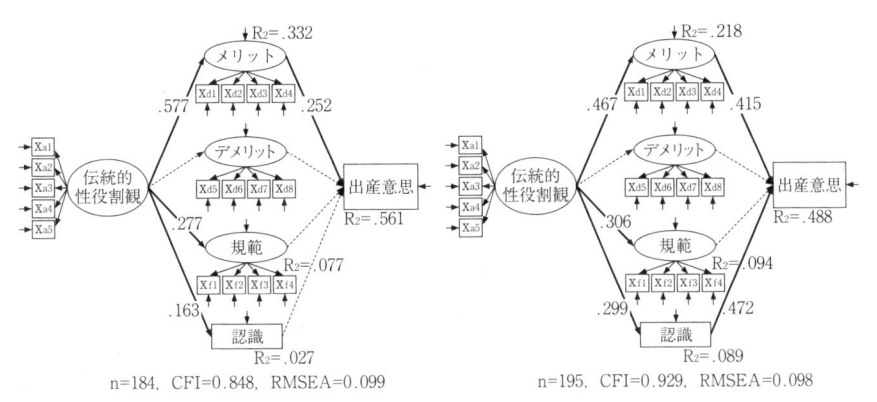

図1—14 出産（子育て）意思に影響を及ぼす要因（中国：左−男性，右−女性）

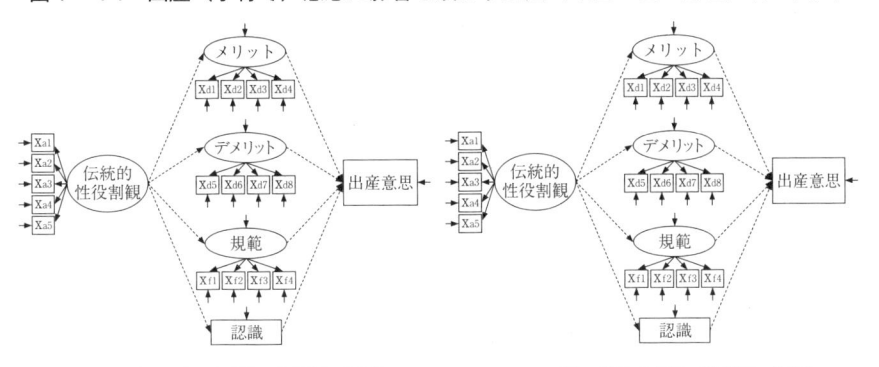

n=184，CFI=0.848，RMSEA=0.099　　n=195，CFI=0.929，RMSEA=0.098

図1—15 出産（子育て）意思に影響を及ぼす要因（ドイツ：左−男性，右−女性）

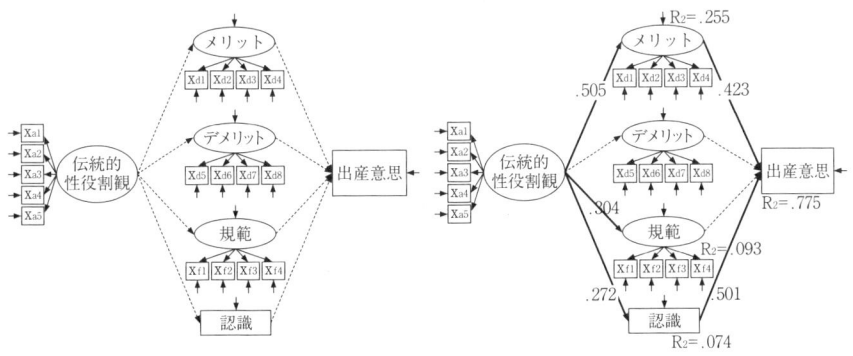

n=122，CFI=0.788，RMSEA=0.098　　n=192，CFI=0.785，RMSEA=0.078

図1—16 出産（子育て）意思に影響を及ぼす要因（アメリカ：左−男性，右−女性）

n=119，CFI=0.926，RMSEA=0.075　　n=194，CFI=0.932，RMSEA=0.078

計画理論（仮説はETPBモデル）を基礎に，大学生を対象に結婚意思，就労意思，出産（子育て）の意思に関連する因果関係モデルの実証的な検討を行なった．以下，結婚行動に着目しながら，考察をすすめるものとする．

　第1に，本研究で取り上げた因果関係モデル（TRAモデルと，TRAモデルを含んだTPBモデル，ならびにTPBモデルに伝統的性別役割分業観が加わったETPBモデルを含めた包括的な因果関係モデル）は，すべてのパス係数の統計学的な有意性も考慮したとき，国と性で区分した10群のデータにほとんど適合しなかった．結婚行動意思に関しては，日本の女性群においてのみ，すべてのパス係数も統計学的に有意であり，かつそのモデル全体がデータに適合していた．しかし他の群や，就労と出産（子育て）のすべて群においてはそのような傾向は認められなかった．

　ただし，たとえば，結婚行動に関係したモデルにおいて，変数間のパス係数が統計学的に有意であったものに着目するなら，結婚に対するメリットは，中国とドイツの男子学生を除いて，結婚意思に統計学的に有意な水準で関係していた．換言するなら，結婚に対してポジティブな態度を示す学生ほど，結婚に対する意思も強いことになる．このことは，エイゼンとフィシュバインが自身の推論行為理論の検証を通して得た「行動に対する態度が意思と最も強い関連がある」とする結論が，態度のメリットという側面においては否定しがたいことを示唆している．同様の傾向は，就労や出産（子育て）の意思においても同様であった．

　第2に，本研究では，伝統的な性別役割分業観が結婚，就労，出産（子育て）に対するメリットに影響していることが実証された．たとえば，伝統的性別役割分業観を持っている学生ほど，結婚に対するメリットを高く感じていることが明らかになった．この結果と上記の第一の結果を総合化して考察すると，伝統的性別役割分業観が結婚に対するメリットを通して結婚意思に影響を与えるという因果関係が10群のうち，8群において成立することになる．この因果関係に関連して，性別役割分業観が弱化するならマリッジ・プレミアム（結婚

による特典）が減少し，男女両方において，結婚タイミングを遅らせる効果をもち[23]，また，性別役割分業観が近代化するほど結婚に対する期待は低くなるという指摘は傾聴すべきものと言えよう[24]．しかし，本研究のデータにおいては，韓国男女群と日本女性群の3群を除いて，結婚に対するデメリットが結婚意思に有意な影響を及ぼす段階には至っていなかった．一般的にマリッジ・プレミアム効果は，現出するまでに時間を必要とし，自由を求めつつも，結婚における自由に関してはある程度の喪失を覚悟している[25]といった理由から，本研究において，結婚に対するデメリットが結婚意思にそれほど影響を与えていなかったものとも推察される．極言するなら，本研究で取り上げた結婚に対するデメリットを，そもそも「行動に対する態度が意思と最も強い関連がある」とする理論の検証に使用すること自体に無理があったことも否定できない．なお，伝統的性別役割分業観の就労や出産（子育て）に対するメリットの影響も，結婚と類似した傾向にあった．

　次いで，「規範的信念」として位置づけた結婚に対する主観的規範は，ドイツ男女群と日本女性群の3群を除いて，結婚意思に有意な効果を示さなかった．同様に，就労や出産（子育て）における主観的規範はそれぞれの行動意思にほとんど影響を持っていなかった．これは，たとえば，結婚することに対する社会的圧力の低下や結婚をめぐる社会適規範の希薄化に伴い，結婚することを当然のこととは受け止めない意識あるいは自分自身の結婚もどちらでもよいとする意識が広がってきた[26],[27]反映とも解釈できよう．したがって，今後はその変数が結婚意思に反映されなくなる可能性が高くなる．換言するなら，今回の解析結果から性別役割観が主観的規範に影響することは強く否定できないものの，そのような主観的規範を結婚意思の因果関係モデルに持ち込むことには注意が必要と言えよう．

　エイゼン[28]は，知覚された統制力をバンドゥーラ（Bandura, A.）の自己効力感と似ている概念と位置づけ，本研究では，それを結婚することの容易さ，難しさに対する個々人の知覚・信念として捉えて検討した．本研究の結果は，結婚

の可能性に対する認識が，ドイツ男性群と韓国・アメリカ女性群を除いて，結婚意思に有意な影響を与えていた．このことは結婚意思モデルとしては，TRAより知覚された統制力を入れ拡張したTPBを適用する方がより適切であることを示唆するものではあるが，その変数を今後とも重視すべきか否かは議論が必要と言えよう．この点に関連して，伊東(1999)[29]は，結婚をどう知覚しているかという心理学的な面での統制力のみならず，実際の統制力（学歴，収入などの客観的指標）も重要であると言及している．

　最後に，本研究では，結婚意思には伝統的性別役割分業観が無視できない変数となっていることが示された．この伝統的性別役割分業観から結婚に対するメリット，結婚に対するメリットから結婚意思につながる一連の因果関係を基礎とするなら，あらたな行動に関連する理論の開発が可能なことが示唆されよう．つまり仮説の次元で使用された伝統的性別役割分業観，結婚に対するメリット，結婚意思の3つの変数は，理論の次元では，「イデオロギー」→「態度」→「意思および行動の発現」として置き換えることが可能である．このことは，「人間の意思や行動には，自己のイデオロギーが態度を通して影響する」というあらたな理論，すなわち従来の行動に関するエイゼンとフィシュバインの推論行為理論とエイゼンの計画行動理論を，イデオロギー計画行動理論として発展させられる可能性を示唆している．今後は，結婚のみならず，就労，出産や育児，家事，選挙，麻薬といった種々の人間の行動発現において，前記の3つの理論から導出される仮説を通して，どの理論がより普遍的な理論となり得るかの検討が望まれよう．

《注》

1) Waite, L. J. and Glenna, D. S., "Young woman's transition to marriage," *Demography*18, 1981, pp.681-694. Bumpass, L. L., "Social change and the American family," *Ann N Y Acad Sci1038*, 2004, pp.213-219. 水落正明「学卒直後の雇用状態が結婚タイミングに与える影響」『生活経済学研究』22・23　2006年　pp.167-176. イ・サム・シク「価値観の変化が結婚および出産態度に及ぼす影響」『保健社会研究』26(2)　2006年　pp.95-140. 野崎裕子「雇用不安時代に

おける女性の高学歴化と結婚タイミング―JGSS データによる検証―大阪商業大学比較地域研究所・東京大学社会科学研究所編,研究論文集［6］JGSS で見た日本人の意識と行動」『大阪商業大学比較地域研究所』2007 年　pp.131-146. Raymo, J. M., "Educational attainment and the Transition to First Marriage among Japanese Women," *Demography* 40 (1), 2003, pp.83-103.
2 ）伊東秀章「未婚化に影響する心理学的諸要因―計画行動理論を用いて―」『社会心理学研究』12(3)　1997 年　pp.163-171.
3 ）Ajzen, I., "The Theory of Planned Behavior," *Organizational behavior and human decision processes 50*, 1991, pp.179-211.
4 ）Ajen,I. and Fishbein, M., *Understanding attitudes and predicting social behavior*, Prentice-Hall, Englewood Cliffs, NJ, 1980.
5 ）Ajen, I., Attitudes, *Personality And Behaviour*, Open University Press (United Kingdom), 2005, pp.117-141.
6 ）伊東秀章「未婚化に影響する心理学的諸要因―計画行動理論を用いて―」『社会心理学研究』12(3)　1997 年　pp.163-171.
7 ）伊東秀章「未婚化に影響する心理学的諸要因―計画行動理論を用いて―」『社会心理学研究』12(3)　1997 年　pp.163-171.
8 ）チョ・ヒ・ウン，ユン・ヨン，イ・ヘ・イン「計画行動理論を通した未婚女性の結婚遅延行動に関する研究」『韓国心理学会年次学術発表大会論文集』　2005 年　pp.294-295.
9 ）国立社会保障・人口問題研究所編『わが国独身層の結婚観と家族観―第13回出生動向基本調査（結婚と出産に関する全国調査）第二報告書―』厚生統計協会 2007 年.
10）伊東秀章「未婚化に影響する心理学的諸要因―計画行動理論を用いて―」『社会心理学研究』12(3)　1997 年　pp.163-171. Ajzen, I., "The Theory of Planned Behavior," *Organizational behavior and human decision processes 50*, 1991, pp.179-211. 国立社会保障・人口問題研究所編『わが国独身層の結婚観と家族観―第13回出生動向基本調査（結婚と出産に関する全国調査）第二報告書―』厚生統計協会　2007 年.
11）関文恭，吉田道雄，篠原しのぶ，吉山尚裕，三角恵美子，三隅二不二「働くことの意味に関する国際比較研究―5 カ国の大学生の比較―」『九州大学医療技術短期大学部紀要』26　1999 年　pp.1-10.
12）掛川恭子「大学生の子育てに関する意識―子育てイメージと意味・価値―」『家族関係学』15　1996 年　pp.11-21.
13）国立社会保障・人口問題研究所編『わが国独身層の結婚観と家族観―第13回出生動向基本調査（結婚と出産に関する全国調査）第二報告書―』厚生統計協会 2007 年.

14）伊東秀章「未婚化に影響する心理学的諸要因―計画行動理論を用いて―」『社会心理学研究』12(3) 1997年 pp.163-171.
15）伊東秀章「未婚化に影響する心理学的諸要因―計画行動理論を用いて―」『社会心理学研究』12(3) 1997年 pp.163-171.
16）Oppenheimer, V. K., Kalmijin, M. and Lin, N., "Men's career development and marriage timing during a period of rising inequality," *Demography* 34 (3), 1997, pp.311-330.
17）イ・ソン・ヒ「大学生の結婚期待と影響要因」『女性健康看護学会誌』14(2) 2008年 pp.124-130.
18）筒井隆志「男性に結婚を促すために―少子化対策を残された政策課題―」『立法と調査』269 2007年 pp.74-80.
19）筒井隆志「男性に結婚を促すために―少子化対策を残された政策課題―」『立法と調査』269 2007年 pp.74-8. 武石恵美子『現代における結婚の意味―非婚化の要因を探る―』ニッセイ基礎研究所 1998年 pp.1-6.
20）Ajen, I., *Attitudes, Personality And Behaviour*, Open University Press (United Kingdom), 2005, pp.117-141.
21）伊東秀章「未婚化に影響する心理学的諸要因―計画行動理論を用いて―」『社会心理学研究』12(3) 1997年 pp.163-171.
22）伊東秀章「未婚化に影響する心理学的諸要因―計画行動理論を用いて―」『社会心理学研究』12(3) 1997年 pp.163-171.
23）Oppenheimer, V. K., Kalmijin, M. and Lin, N. "Men's career development and marriage timing during a period of rising inequality," *Demography* 34 (3), 1997, pp.311-330.
24）イ・ソン・ヒ「大学生の結婚期待と影響要因」『女性健康看護学会誌』14(2) 2008年 pp.124-130.
25）筒井隆志「男性に結婚を促すために―少子化対策を残された政策課題―」『立法と調査』269 2007年 pp.74-80.
26）筒井隆志「男性に結婚を促すために―少子化対策を残された政策課題―」『立法と調査』269 2007年 pp.74-80.
27）武石恵美子『現代における結婚の意味―非婚化の要因を探る―』ニッセイ基礎研究所 1998年 pp.1-6.
28）Ajen, I., Attitudes, *Personality And Behaviour*, Open University Press (United Kingdom), 2005, pp.117-141.
29）伊東秀章「未婚化に影響する心理学的諸要因―計画行動理論を用いて―」『社会心理学研究』12(3) 1997年 pp.163-171.

第2章
若い親世代のウェルビーイングに関連した福祉ニーズの現状

はじめに

　日本では，国民生活政策の立案あるいは政策実施の際の判断材料とすることが目的となった「国民生活選好度調査」を1978年度以降3年ごとに実施し，そこでは，国民生活の様々な分野のニーズ，満足度等，人びとの主観的意識が把握されている．

　著者等は，前記の国民生活選好度調査を参考に，個々人の①ライフコース，②ライフステージ，③家族形態（世帯構造と世帯類型を参考）の3つの軸を基礎に分類される集団の家族福祉モデルの構築をねらいとして10分野のウェルビーイングに関連した福祉ニーズの把握を試みた．具体的には，東アジア3カ国に在住している家族の中で，ライフコースとしては「結婚し児を育児している家族に」限定し，さらにそれをライフステージの側面から末子が①保育所もしく幼稚園に在籍児童がいる家族（育児期の家族）と②小学生の高学年の家族（中年期の家族）に分類し，さらに家族形態を「母子世帯」，「核家族」（「母親が就労している家族」と「母親が就労していない家族」），「三世代家族」の計4群に分類して，様々な生活に関連した分野のニーズの特徴を明らかにすることを課題とした．この課題が達成されるなら，その知見は個々人のライフコースとライ

フステージを尊重したソーシャルワークの新たな展開に必要なモデル開発のガイドラインとなるものと仮定した．

　従来，乳幼児を育てている母親のウェルビーイングに関連した福祉問題＝子育て・経済問題，あるいは老年期の福祉問題＝健康・経済問題として議論なされてきたが，たとえば中年期の母親のウェルビーイングに関連した福祉ニーズについてはほとんど議論されていない．その理由として，これまで中年期は福祉サービスが比較的必要とされない時期と位置づけられてきた経緯を認めることができよう．しかし，昨今，この安定層も様々な生活問題を抱え，生活が崩壊する危機に晒される傾向を呈し始めている．したがって，たとえば中年期の失業によって生じる問題，離婚によって生じる問題，児童の非行や不登校などの問題，それに加えて，格差社会を是とすることに起因するワーキングプア問題も含め，さらにこれまで社会福祉サービスの対象として認められていなかった家族の多様なニーズに対応する新たな家族福祉モデルの考案が必要となってこよう．

1　ライフステージおよび家族形態と
　　ウェルビーイングに関連した福祉ニーズの関連性

　国民生活選好度調査は，生活に関連した様々な分野のニーズを10の福祉領域に分類（項目数は60項目）している（表2−1）．それぞれの項目は「重要度」と「充足度」で回答し，さらにそれらの得点を基礎に，「対応の必要性」（ニーズ得点）＝（重要度得点）×（6−充足度得点）が指標化されるようになっている．重要度得点は，「重要である度合い」を得点化したもので，重要度の5段階それぞれに「きわめて重要」＝5点から「まったく重要でない」＝1点までの得点を与え，各項目ごとに回答者数で加重した平均得点を求め，重要度に関する人びとの評価を指標化したものである．また，充足度得点とは，「充足されている度合い」を得点化したもので，充足度の5段階それぞれに「十分満た

されている」＝5点から「ほとんど満たされていない」＝1点までの得点を与え，各項目ごとに回答者数で加重した平均得点を求め，充足度に関する人びとの評価を指標化したものである．

著者等は前記調査の充足度の評価に着目し，10の福祉領域を維持しつつ，調査に用いた60項目において，概念的な一元性（1因子モデルもしくは二次因子モデル）が日本，韓国，中国に共通して認められる項目に絞り込む作業（項目の圧縮作業）から解析を開始した．解析の詳細は省くが，結果は前記10福祉領域が「個人生活の充実」に関連した因子群（医療と保健，教育と文化，勤労生活，休暇と余暇生活，収入と消費生活）と「地域・社会生活の充実」に関連した因子群（生活環境，安全と個人の保護，家族（支援），地域生活，公正と生活保障）に区分できること，さらにそれらが5つの下位概念（一次因子）で構成されるという二次因子モデルがデータに適合することを明らかにした．この解析を踏まえて，著者等はそれらの「充足度の得点（以下「ニーズ得点」）」が低いほど，ウェ

表2―1　国民生活選好度調査の福祉領域

(1) 医療と保健	健康の増進，病気の予防，医療施設やサービスの整備・充実など
(2) 教育と文化	教育文化施設（幼稚園，学校，図書館など）の整備，教育内容の充実，教育の機会均等，文化遺産の保護など
(3) 勤労生活	職場の安全，雇用の安定，就労機会の確保，就業能力の開発・増進など
(4) 休暇と余暇生活	休暇制度の充実，余暇施設（公園，運動施設，国民宿舎など）やサービスの整備・充実など
(5) 収入と消費生活	収入の着実な増加，物価の安定，商品の安全性確保，商品価格の適正化など
(6) 生活環境	住宅の確保と質的向上，ごみ・し尿・下水処理など居住環境の向上，公害・災害の減少など
(7) 安全と個人の保護	犯罪の減少，人権の保護，公正な法の執行など
(8) 家族	親子・夫婦・きょうだい間の信頼，家庭福祉サービスの充実，家族解体の減少など
(9) 地域生活	地域施設（市民センター，集会場など）の充実，地域行事・社会教育の充実，地域活動の活発化など
(10) 公正と生活保障	所得分配の公正，不平等の是正，高齢者・心身障害者の福祉の向上など

出所）内閣府国民生活局『平成20年度国民生活選好度調査』2009年　p.6

ルビーイングに関連したニーズが高い状況に置かれている」と本人が認知していると仮定して，解析を行なった．

調査では，標本の抽出方法を現地（日本，韓国，中国）の調査員の判断に委ね，中都市（人口20万～50万程度）と小都市（人口5万～10万）に在住していて，就学前の保育・教育機関（500～1000人）もしくは小学校高学年（500～1000人）の児童を養育している家族を選定した．

実際には，①韓国では，全州（チョンジュ）市と南原（ナムウォン）市の幼稚園3ヵ所（全州市2ヵ所，南原市1ヵ所）と小学校2ヵ所（全州市と南原市各1ヵ所）を利用している養育者合計1226人から回答を得た．全州市は，大韓民国全羅北道中部の道庁所在地である．南原市は大韓民国全羅北道の南東部にある市で，東は慶尚南道に，南は全羅南道に接している地域である．また②中国では吉林省延吉（エンキツ）市内の幼稚園1ヵ所と小学校2ヵ所を利用している養育者合計933人から回答を得た．延吉市（えんきつ）は中華人民共和国吉林省延辺朝鮮族自治州に位置する県級の市で，自治州政府の所在地となっている地域である．さらに③日本では，静岡県静岡市内の公立の保育所24ヵ所を利用している養育者合計1,317人からの回答を得た．

2　ライフステージ別にみたウェルビーイングに関連した福祉ニーズ

ライフステージ別にみたウェルビーイングの特徴の抽出は，韓国と中国のデータにおいてのみ可能であったことから，それらを末子が①保育所もしく幼稚園に在籍児童がいる家族（育児期の家族）と②小学生の高学年の家族（中年期の家族）に分類し，国別にウェルビーイングに関連した福祉ニーズの特徴をみた（表2-2）．

韓国では，ライフステージ別にみると「個人生活の充実」に関連したニーズ得点は全体的にも，また下位領域においても，統計学的に有意な差は認められ

表2－2 ライフステージ別にみた福祉ニーズ得点の比較

末子の年齢有意	ライフステージ 韓国		有意水準	ライフステージ 中国		有意水準
	7歳未満 (n=383) 平均値（SD）	7歳以上 (n=690) 平均値（SD）		7歳未満 (n=153) 平均値（SD）	7歳以上 (n=432) 平均値（SD）	
【個人領域】						
医療と保健	9.1 （2.6）	9.1 （2.9）		10.2 （2.8）	10.5 （2.8）	
教育と文化	5.6 （1.6）	5.6 （1.8）		7.4 （1.5）	7.6 （1.6）	
労働生活	8.0 （2.3）	8.1 （2.5）		10.2 （2.4）	10.4 （2.6）	
休暇と余暇生活	8.7 （2.2）	8.9 （2.4）		10.4 （2.8）	10.5 （2.8）	
収入と消費生活	6.4 （2.5）	6.6 （2.6）		10.2 （2.7）	10.2 （2.8）	
個人領域合計	37.9 （8.6）	38.3 （9.7）		48.4 （10.0）	49.1 （10.8）	
【社会領域】						
生活環境	8.0 （2.4）	8.8 （2.5）	***	9.6 （2.7）	10.2 （2.8）	*
安全と個人の保護	7.2 （2.5）	7.7 （2.6）	**	10.0 （2.6）	10.7 （2.7）	**
家族支援	7.6 （2.4）	8.3 （2.7）	***	10.7 （2.5）	11.0 （2.5）	
地域生活	7.9 （2.3）	8.6 （2.3）	***	9.9 （2.8）	10.5 （3.4）	*
公正と生活保障	5.1 （1.9）	5.3 （2.0）	*	6.9 （2.0）	7.2 （1.8）	
社会領域合計	35.9 （9.4）	38.7 （10.0）	***	47.0 （10.6）	49.7 （11.5）	*

SD：標準偏差, *p<.05, **p<.01, ***p<.001

なかった．それに対し「地域・社会生活の充実」は全体ならびに下位領域においてもニーズ得点の統計学的な有意差が認められ，育児期家族は中年期の家族に比して低い得点，すなわち高いニーズを有していることが示唆された．

中国では，韓国と同様に，ライフステージ別にニーズ得点をみると「個人生活の充実」に関連したウェルビーイングでは全体的ならびに下位領域において，統計学的に有意な差は認められなかった．それに対し「地域・社会生活の充実」は全体的にはニーズ得点に統計学的な有意差が見出されたものの，下位領域においては「生活環境」「安全と個人の保護」「地域生活」の3領域で，育児期家族は中年期の家族に比して低いニーズ得点，すなわち高いニーズを有していることが示唆された．

以上のことから，おおむねライフステージが乳幼児を養育している世帯の場合は，末子が小学校の場合の世帯より，ニーズが高くなる傾向が示唆された．

3 家族形態別にみた ウェルビーイングに関連した福祉ニーズ

　ライフステージの軸に加えて，それに家族形態の軸を加味しながら，国別にウェルビーイングに関連した福祉ニーズの特徴抽出を試みたところ（表2－3，表2－4），日本では，育児期の場合，「個人生活の充実」の総合得点に統計学的な有意な差が認められ，ひとり親世帯や核家族で母親が就労していない世帯でのニーズ得点が他の世帯に比して低くかった．その傾向は領域別に見ると，「医療と保健」「労働生活」「休暇と余暇生活」においてもほぼ認められた．ただし，「地域・社会生活の充実」では，総合得点において同様の傾向が認められたが，領域別でも統計学的な有意差は認められなかった．

　韓国においても，育児期の親の場合，「個人生活の充実」と「地域・社会生活の充実」の2つの側面で，世帯によってニーズ得点が異なることが認められ，ひとり親世帯や核家族で母親が就労していない世帯でのニーズ得点が他の世帯のニーズ得点に比して低い傾向にあった．領域別にみた「個人生活の充実」においては，「収入と消費生活」を除く4領域，また「地域・社会生活の充実」の「家族（支援）」と「公平と生活保障」の2領域に認められた．

　同様に，中国においても，育児期の親の場合，「個人生活の充実」と「地域・社会生活の充実」の2つの側面で，世帯によってニーズ得点が異なることが認められたが，「個人生活の充実」ではひとり親世帯のニーズ得点が他の世帯のニーズ得点に比して低い傾向にあり，「地域・社会生活の充実」では，共働きの核家族で母親が就労していない世帯のニーズ得点が他の世帯のニーズ得点に比して低い傾向にあった．「個人生活の充実」では「医療と保健」「教育と文化」「収入と消費生活」において，また「地域・社会生活の充実」では，「公平と生活保障」を除く4領域に認められた．

　他方，ライフステージが中年期の場合，韓国では世帯によるニーズ得点の違いはなく，中国では「地域・社会生活の充実」ならびにその下位領域である

表2―3　ライフステージと家族形態別にみた福祉ニーズ得点の比較

ライフステージ（末子の年齢：7歳未満）と家族形態から見た福祉ニーズ得点の比較

		韓国 平均値（SD）	有意水準	中国 平均値（SD）	有意水準	日本 平均値（SD）	有意水準
【個人領域】							
医療と保健	一人親世帯	8.8（2.1）		9.3（2.8）		8.3（2.5）	
	核家族世帯・仕事なし	8.6（2.4）	*	11.5（1.5）	**	8.1（2.9）	*
	核家族世帯・仕事あり	9.5（2.6）		9.6（3.0）		8.7（2.5）	
	拡大家族世帯	9.2（3.3）		11.1（2.6）		9.0（2.7）	
教育と文化	一人親世帯	4.7（1.5）		7.2（1.6）		6.6（1.4）	
	核家族世帯・仕事なし	5.3（1.7）	*	7.5（1.6）	*	6.3（1.5）	
	核家族世帯・仕事あり	5.8（1.5）		7.2（1.5）		6.3（1.4）	
	拡大家族世帯	5.6（2.0）		8.2（1.2）		6.4（1.4）	
労働生活	一人親世帯	7.5（2.4）		9.8（2.3）		7.6（2.8）	
	核家族世帯・仕事なし	7.2（2.0）	***	10.4（1.8）		5.5（2.2）	***
	核家族世帯・仕事あり	8.5（2.3）		9.9（2.5）		7.7（2.4）	
	拡大家族世帯	8.5（2.6）		11.1（2.4）		7.7（2.6）	
休暇と余暇生活	一人親世帯	7.5（2.2）		10.0（2.3）		8.6（2.0）	
	核家族世帯・仕事なし	8.4（2.1）		11.2（1.6）		7.1（2.5）	**
	核家族世帯・仕事あり	9.0（2.1）		10.1（2.9）		8.4（2.1）	
	拡大家族世帯	8.8（2.7）		10.9（3.1）		8.5（2.2）	
収入と消費生活	一人親世帯	6.5（2.2）		9.5（2.6）		5.3（1.9）	
	核家族世帯・仕事なし	6.0（2.1）		11.4（2.0）	*	4.8（2.0）	
	核家族世帯・仕事あり	6.7（2.7）		9.7（2.8）		5.3（2.1）	
	拡大家族世帯	6.5（2.4）		10.9（2.8）		5.4（2.0）	
個人領域合計	一人親世帯	35.1（7.3）		45.8（8.9）		36.4（6.8）	
	核家族世帯・仕事なし	35.6（8.0）	***	52.1（5.5）	**	31.8（7.7）	***
	核家族世帯・仕事あり	39.5（8.5）		46.6（10.3）		36.5（7.5）	
	拡大家族世帯	38.5（9.7）		52.2（10.6）		37.0（7.5）	
【社会領域】							
生活環境	一人親世帯	7.1（2.4）		9.3（2.5）		8.2（2.1）	
	核家族世帯・仕事なし	7.9（2.2）		10.6（2.5）	**	8.0（2.4）	
	核家族世帯・仕事あり	8.2（2.6）		8.8（2.8）		8.2（2.1）	
	拡大家族世帯	8.0（2.2）		10.9（2.4）		8.7（2.2）	
安全と個人の保護	一人親世帯	6.7（2.5）		10.2（2.5）		7.7（2.0）	
	核家族世帯・仕事なし	7.1（2.3）		11.4（1.5）	***	7.3（2.1）	
	核家族世帯・仕事あり	7.5（2.6）		9.2（2.6）		7.8（2.0）	
	拡大家族世帯	6.3（2.6）		11.0（2.3）		7.9（2.0）	
家族支援	一人親世帯	6.5（2.4）		10.5（2.2）		8.2（2.4）	
	核家族世帯・仕事なし	7.3（2.3）	*	11.5（1.7）	**	7.8（2.9）	
	核家族世帯・仕事あり	7.9（2.4）		10.1（2.2）		8.2（2.4）	
	拡大家族世帯	7.1（2.5）		11.9（2.0）		8.5（2.3）	
地域生活	一人親世帯	7.3（1.9）		8.5（3.4）		8.2（1.8）	
	核家族世帯・仕事なし	8.0（2.2）		11.1（1.8）	**	8.1（2.2）	
	核家族世帯・仕事あり	8.0（2.3）		9.4（2.9）		8.4（1.7）	
	拡大家族世帯	7.3（2.4）		10.9（2.2）		8.5（1.9）	
公正と生活保障	一人親世帯	5.1（1.3）		7.4（2.0）		4.9（1.7）	
	核家族世帯・仕事なし	4.7（1.8）	**	7.2（1.5）		4.3（1.5）	
	核家族世帯・仕事あり	5.4（1.9）		6.5（2.1）		4.9（1.6）	
	拡大家族世帯	4.8（2.2）		7.4（1.8）		5.0（1.5）	
社会領域	一人親世帯	32.8（9.0）		46.0（9.7）		37.3（7.0）	
	核家族世帯・仕事なし	35.0（8.6）	*	51.8（6.7）	***	35.6（8.7）	*
	核家族世帯・仕事あり	37.1（9.6）		44.1（11.1）		37.8（7.3）	
	拡大家族世帯	33.5（10.1）		52.2（9.3）		38.6（7.1）	

SD：標準偏差 / *p<.05, **p<.01, ***p<.001
　（韓国）①一人親世帯　n=15　②核家族世帯・仕事なし　n=131　③核家族世帯・仕事あり　n=203　④拡大家族世帯　n=34
　（中国）①一人親世帯　n=17　②核家族世帯・仕事なし　n=22　③核家族世帯・仕事あり　n=83　④拡大家族世帯　n=31
　（日本）①一人親世帯　n=71　②核家族世帯・仕事なし　n=42　③核家族世帯・仕事あり　n=875　④拡大家族世帯　n=329

「生活環境」「安全と個人の補償保護」「地域生活」の3つの側面において，ひとり親世帯のニーズ得点が低く，他の世帯に比して多くのニーズを抱えていることが示唆された．

以上のことから，育児期ならびに中年期のライフステージにおいて，相対的にひとり親世帯の場合に，全般的にみてウェルビーイングに関連した福祉ニーズの充足が課題となっていることが示された．このことを勘案しながら，今回の調査結果を基礎に，具体的にはどのような配慮が必要とされるかを整理する．

まず，「医療と保健」領域の充実度は，東アジア3ヵ国の育児期のライフステージに属するひとり親世帯と核家族で母親が就労していない世帯において低い傾向にあった．この領域は「適切な（良質な）診断や医療を受けられること」「費用の心配をあまりせずに診療が受けられること」「病気の予防や健康の相談・指導が容易に受けられること」で構成されている．これは健康の増進，病気の予防，医療施設やサービスの整備・充実などと関係しており，その不安をどのように取り除くか，それは喫緊の課題である．現在，たとえば日本では，「ひとり親家庭等医療費支給制度」のもとで，母子・父子家庭等の世帯が，病気やケガで医療機関にかかった場合，保険診療で自己負担した額の一部が助成の対象とはなってはいる．しかし，母子世帯の母親の健康状態は「病気がち」「通院中」「自宅療養」といった状況が多々観察されることから，母親が病気になれば家庭の崩壊にもつながりかねない．行政は地域のネットワークで事情を把握し，早めに保護策を講じていく必要があり，それは社会福祉領域の重要な課題と位置づけられよう．

また，「教育」領域の充実度は，韓国と中国のひとり親世帯において低かった．この領域の質問項目は「保育所が充実していること（時間帯・設備など）」と「高校で各人に適した教育が受けられること」で構成されている．これは教育文化施設の整備と教育の機会均等を問うものであり，とくに，教育問題が「貧困の悪循環（再生産）」とも関連性が深いとする報告が多々なされていることを勘案するなら，早急に解決しなければならない問題と言えよう．最近，た

表2－4　ライフステージと家族形態別にみた福祉ニーズ得点の比較

ライフステージ（末子の年齢：7歳以上）と家族形態から見た福祉ニーズ得点の比較			韓国			中国		
			平均値	（SD）	有意水準	平均値	（SD）	有意水準
【個人領域】								
医療と保健		一人親世帯	9.6	（3.1）		10.6	（3.0）	
		核家族世帯・仕事なし	9.0	（2.9）		11.4	（2.6）	
		核家族世帯・仕事あり	9.1	（2.9）		10.4	（2.8）	
		拡大家族世帯	9.3	（2.6）		10.4	（2.7）	
教育と文化		一人親世帯	5.9	（1.9）		7.7	（1.7）	
		核家族世帯・仕事なし	5.4	（1.8）		7.8	（1.8）	
		核家族世帯・仕事あり	5.5	（1.8）		7.5	（1.6）	
		拡大家族世帯	6.0	（1.6）		7.5	（1.6）	
労働生活		一人親世帯	9.4	（1.9）		10.1	（2.6）	
		核家族世帯・仕事なし	7.7	（2.4）	**	10.7	（2.9）	
		核家族世帯・仕事あり	8.1	（2.5）		10.6	（2.5）	
		拡大家族世帯	8.1	（3.0）		10.0	（2.6）	
休暇と余暇生活		一人親世帯	9.5	（1.6）		10.4	（2.6）	
		核家族世帯・仕事なし	8.6	（2.3）		11.5	（2.1）	
		核家族世帯・仕事あり	8.9	（2.4）		10.4	（3.0）	
		拡大家族世帯	9.1	（2.7）		10.2	（2.7）	
収入と消費生活		一人親世帯	7.1	（2.5）		9.7	（2.9）	
		核家族世帯・仕事なし	6.3	（2.6）		10.9	（2.5）	
		核家族世帯・仕事あり	6.7	（2.6）		10.2	（3.0）	
		拡大家族世帯	7.0	（2.9）		10.1	（2.8）	
個人領域合計		一人親世帯	41.5	（8.5）		48.6	（11.3）	
		核家族世帯・仕事なし	37.0	（9.7）		52.3	（10.4）	
		核家族世帯・仕事あり	38.3	（9.7）		49.1	（11.2）	
		拡大家族世帯	39.5	（10.9）		48.2	（9.7）	
【社会領域】								
生活環境		一人親世帯	8.8	（2.8）		9.3	（3.1）	
		核家族世帯・仕事なし	8.8	（2.6）		11.0	（2.6）	*
		核家族世帯・仕事あり	8.8	（2.4）		10.2	（2.9）	
		拡大家族世帯	9.2	（2.5）		10.4	（2.5）	
安全と個人の保護		一人親世帯	8.0	（3.0）		10.3	（3.1）	
		核家族世帯・仕事なし	7.8	（2.7）		11.9	（2.3）	*
		核家族世帯・仕事あり	7.6	（2.6）		10.7	（2.7）	
		拡大家族世帯	7.6	（2.7）		10.6	（2.5）	
家族支援		一人親世帯	8.4	（3.1）		10.7	（2.8）	
		核家族世帯・仕事なし	8.1	（2.7）		11.5	（2.3）	
		核家族世帯・仕事あり	8.3	（2.6）		11.1	（2.5）	
		拡大家族世帯	8.2	（2.8）		10.8	（2.4）	
地域生活		一人親世帯	8.8	（2.5）		9.9	（3.1）	
		核家族世帯・仕事なし	8.7	（2.3）		11.4	（2.3）	*
		核家族世帯・仕事あり	8.5	（2.3）		10.8	（3.9）	
		拡大家族世帯	8.8	（2.5）		9.9	（2.7）	
公正と生活保障		一人親世帯	5.7	（2.0）		7.1	（1.8）	
		核家族世帯・仕事なし	5.1	（2.1）		7.5	（1.6）	
		核家族世帯・仕事あり	5.4	（2.0）		7.2	（1.7）	
		拡大家族世帯	5.7	（2.0）		7.1	（1.7）	
社会領域		一人親世帯	39.8	（12.0）		47.2	（12.1）	
		核家族世帯・仕事なし	38.5	（10.2）		53.3	（9.9）	*
		核家族世帯・仕事あり	38.6	（9.6）		50.1	（11.2）	
		拡大家族世帯	39.6	（10.8）		48.7	（10.5）	

SD：標準偏差／*p＜.05, **p＜.01, ***p＜.001

（韓国）①一人親世帯　n=34　②核家族世帯・仕事なし　n=148　③核家族世帯・仕事あり　n=467　④拡大家族世帯　n=41

（中国）①一人親世帯　n=57　②核家族世帯・仕事なし　n=43　③核家族世帯・仕事あり　n=215　④拡大家族世帯　n=117

とえば日本では，生活保護を受給しているひとり親世帯の児童に対し「高校進学支援プログラム」，「不登校児支援プログラム」，「引きこもり改善支援プログラム」などで構成された事業の展開も認められるようになっているが，今後はより積極的にその事業の充実化と個別化をはかることが望まれよう．

「勤労生活」領域は，韓国と日本の核家族で母親が就労していない世帯において，充実度が低かった．その内容は，「やりがいのある仕事や自分に適した仕事ができること」「職業紹介や職業訓練のための施設や内容が充実していること」「失業の不安がなく働けること」で構成され，職場の安全，雇用の安定，就労機会の確保，就業能力の開発・増進などと関係しており，高学歴の女性が多い韓国と日本の実態が反映されているものと推察される．実際，著者等の調査でも大学生の調査でも明らかであったように，男性も女性も，働きながら育児するあるいは職場に復帰するというライフコースの選好の傾向が高かったことを勘案するなら，さらに今後は充実させるべき領域と言えよう．

「休暇と余暇生活」の領域では，韓国と日本のひとり親世帯において，充実度が低かった．これは，休暇と余暇生活・休暇制度の充実，余暇施設（公園，運動施設，国民宿舎など）やサービスの整備・充実などに関係しており，具体的には，「年間を通じて休みを多くとれること」「公園や運動施設・グラウンドなどが利用しやすいこと」「スポーツ・クラブや趣味の会に気軽にはいれて，適切な指導が受けられること」を内容としている．日本では，母子世帯等のひとり親世帯を独立のカテゴリーとして扱った生活時間に関する研究は少ないが，休暇や余暇時間が割けない生活を垣間見ることができる．

「収入と消費生活」においては，中国のひとり親世帯においてのみ，充実度が低かった．これは，収入の着実な増加，物価の安定，商品の安全性確保，商品価格の適正化などに関連しており，具体的には，「税負担が公平なこと」「老後に十分な年金が得られること」「物価の上昇によって収入や財産が目減りしないこと」で構成されている．日本では不十分とはいえ，母子世帯，父子世帯，寡婦世帯および生活保護世帯の方で，一定の要件に当てはまる場合は，申告により税金（所得

税や住民税)を軽減できる場合があるが,そのような制度の充実化が望まれよう.

「生活環境」においては,中国のひとり親世帯や共働きの核家族において,充実度が低かった.これは,住宅の確保と質的向上,ごみ・し尿・下水処理など居住環境の向上,公害・災害の減少などと関係しており,具体的には,質問項目は「通勤・通学が快適にできること」「大気汚染,騒音,悪臭などの公害がないこと」「子どもや老人でも車に脅かされず道を歩けること」で構成されている.中国では,居住環境に関連したインフラ整備が急がれるであろう.

「安全と個人の保護」においては,中国のひとり親世帯や共働きの核家族において,充実度が低かった.これは,犯罪の減少,人権の保護,公正な法の執行などと関係しており,具体的には,「個人生活の秘密が守られること」「警察署,裁判所などが信頼できること」「税金や法律問題などを気軽に相談できるところがあること」で構成されている.情報化社会の到来で,種々の個人情報が危険にさらされていることは周知のことであり,これは単に特定の家族に限られるものではなく,国民に対する安全対策が急務と言えよう.

「家族支援」においては,韓国や中国のひとり親世帯や核家族において,充実度が低かった.これは,親子・夫婦・きょうだい間の信頼,家庭福祉サービスの充実,家族解体の減少などと関係しており,具体的には,「寝たきり老人や心身障害者・障害児がいる家庭のための福祉サービスが充実していること」「自殺や一家心中がないこと」「安心して子どもを生み育てられる環境が整っていること」で構成されている.高齢者介護に関して言うなら,東アジア3ヵ国は介護の社会化は避けて通れない状況にあり,それをどのように具現化するかは,高齢化の倍化速度を勘案するならきわめて重要な課題である.たとえば,中国都市部における高齢者福祉の柱は養老保険制度であり,この制度の加入者は,勤務年数等に応じて養老金(日本でいう年金)を男性は60歳以上,女性は50歳以上(一部55歳)から受給できるようになっている.しかし,高齢者福祉は保険などで万全というわけではなく,職に就いていなかったため保険料を払っていなかったり,農村部ではそもそも保険制度がなかったりするため,養老

金を受け取れない人がいるなどの問題も浮上している．なお，WHO等の報告によれば，東アジアの自殺は年々増加していることは事実であり，とくに，中高年の場合は経済活動との関連性が高く，所得保障の充実化が望まれよう．

「地域生活」においては，中国のほとんどの家族形態において，充実度が低い得点を示していた．これは，地域施設（市民センター，集会場など）の充実，地域行事・社会教育の充実，地域活動の活発化などと関係しており，「市や町の政治に住民の要望や意見が十分採り入れられること」「祭り，盆踊り，運動会など自分が住んでいる地域の行事が盛んなこと」「市民センターや集会所などが自由に使えること」で構成されている．ワーク・ライフ・バランスは，仕事と家庭ならびに社会活動とのバランスの問題とされている．今後は，社会活動を通した地域の紐帯をどのように確立していくかが重要であり，地域福祉の発展が望まれよう．

「公正と生活保障」においては，韓国の若い世代のひとり親世帯や妻が仕事に就いていない核家族において，充実度が低い傾向にあった．これは，所得分配の公正，不平等の是正，高齢者・心身障害者の福祉の向上などと関係しており，具体的には，「能力があって努力すれば誰もがふさわしい地位や収入が得られること」「能力や仕事が同じなら男女によって昇進・収入に差がないこと」で構成されている．経済格差は，実態と認知によって多少のズレはあるものの，東アジア3ヵ国では顕著な社会現象である．この問題をどのように解決していくかは，喫緊の問題として位置づけられよう．

おわりに

以上，本章では，ライフステージと家族形態別にみた福祉ニーズの特徴を見てきた．とくに今後の家族福祉プログラムにおいては，ひとり親世帯に対する積極的な介入の必要性があることが示唆された．この点については，別の章において，著者らが行なった調査を基礎に議論する．

まとめ

　第1部では，日本の今後の世帯動向を踏まえ，今後世帯を形成する若者に焦点をあててライフコース選好とその背景理論の実証的な検討を行ないつつ，最終的には若い親世代のライフステージを考慮した広義の福祉ニーズの構造化を試みた．これらに関連した知見は，これまでの研究ではほとんど体系化されておらず，今後の家族福祉モデルを構築に向けての第一歩に位置づけられるものと推察される．

　第1部第1章では，若者の就労，結婚，出産・子育てを軸としたライフコースの選好傾向に関する解析からは，行動に関するあらたな方向性としてイデオロギー計画行動理論（Theory of planned Behavior by Ideology）を導出できたことは，大きな成果のひとつと位置づけられよう．

　また，第1部第2章では，ライフステージと家族形態（世帯構造と世帯類型を参考）からみた広義の福祉ニーズの特徴を抽出することができた．その知見は個々人のライフコースとライフステージを尊重したソーシャルワークの新たな展開に必要なモデル開発にとって，貴重な成果と位置づけられよう．とくに，ひとり親世帯に対する積極的な介入の必要性が示唆されたが，この点についてどのように介入すべきか，それは第2部において提起されている研究成果を参考にされたいが，それは東アジア3ヵ国に共通した問題であること認識しつつ，検討されるべき喫緊の課題と言えよう．

第2部

ひとり親家族における就労・子ども・家族支援

序　論

　高度に近代化された現代社会では，家族の多様化や家族の個人化が進行している．18歳未満の子どものいる家族に焦点を当てた場合，欧米社会では，夫婦とふたりの子どもからなる「標準家族」の割合は減少し，法律婚をしないカップルと子どもからなる家族，ひとり親家族，あるいはステップファミリーなどが増加している．フランスの全国家族金庫の情報によれば，2020年にはヨーロッパにおける子どものいる家族の内，ひとり親家族が占める割合は約25％になると推定されている．欧米社会と比較した場合，アジアの2つの国，日本と韓国では，法律婚をしないカップルと子どもからなる家族や，ひとり親家族は，まだ多く存在しない．しかし，日本や韓国でも，確実に，家族の多様化や家族の個人化が進行している．第1部で明らかにされたように，日本では，今後，夫婦のみ世帯，夫婦と子どもからなる世帯，そして，その他の世帯が減少する一方で，単身世帯とひとり親と子どもからなる世帯は増加していくと推定されている．

　しかし，男性を一家の稼ぎ手とする男性稼ぎ手モデルを前提とする国では，女性の労働条件が悪いため，ひとり親家族の母親は社会的排除の問題を抱える可能性が高い．第1部においても，ひとり親家族の抱える福祉ニーズが明らかとなった．A・ギデンズ，U・ベック，そしてG・エスピン－アンデルセンなどは，ひとり親家族に対する社会的排除を高度近代社会における「新しい」リスクとして捉え，このリスクを回避するための新しいシステムづくりをめざす．本書の第2部の問題意識も彼らと同じである．第2部の目的は，日本，韓国，アメリカ合衆国，イギリス，ドイツ，フランス，フィンランドにおける面接調査をもとに，各国のひとり親家族に対する就労・子ども・家族支援の現状について明らかにした上で，日本のひとり親家族に対する社会的排除のリスクを回避するためのシステムづくりについて検討することにある．その際，ひと

り親の母親と子どもに焦点を当てて検討する.

　エスピン-アンデルセンは,経済のグローバル化にともない,非正規雇用が増大する現代社会においては,男性稼ぎ手モデルを前提にした従来の福祉国家像には限界があることを指摘した上で,新しい福祉国家像を以下のように描く.「① 仕事と育児を調和させる母親の能力を最大化すること,② 高齢労働者に退職時期を遅らせるように奨励すること,③ 子どもと若者へ投資を優先させて,育児費用を社会化すること,④ ライフ・サイクルを通じて労働と余暇の組み合わせを再検討すること,⑤ 主にライフ・チャンスの保障の問題として『平等』と基本的な社会的権利を概念化しなおすこと」が重要である[1]. 男性稼ぎ手モデルが限界にきている現代社会においては,母親も働くことが重要であり,そのためには,若い世帯の保護や家族へのサービス提供に大きな力を注ぐことが必要であると彼は考えるのである[2].

　彼が提示した①,③,④,⑤の考え方は,ひとり親家族に対する社会的排除のリスクをも回避する方向性であると思われる[3]. なぜなら,OECDのデータをもとに考えると,女性の労働条件が良く,子どもや家族への支援が充実しており,女性の労働力率が高い国ほど,ひとり親が就業した場合,相対的貧困率は低いという結論を導き出すことができるからである. 第2部が対象とする7ヵ国のひとり世帯の相対的貧困率は,以下の表の通りである.

　7ヵ国のなかで,就業しているひとり親世帯の相対的貧困率が最も高い国は日本である. 男性中心の労働市場であるため,子育てをしながら母親がフルタイムで,男性と同等の賃金で働くことが難しく,女性の年齢階級別労働力率がいまだにM字型をとる日本では,ひとり親家族の母親が働いても,貧困から抜け出すことは難しい. ワーキングプア状況が続くのである. ただし,日本と同じく,女性の年齢階級別労働力率がM字型をとる韓国のひとり親家族の相対的貧困率は日本ほど高くない. この理由については,複数の観点から検討する必要があるが,少なくとも,日本と韓国のひとり親家族の社会的排除問題を解決するためには,男性稼ぎ手モデルから脱却しなければならないのではないか.

表1　ひとり親世帯の相対的貧困率（％）

	不就業のひとり親世帯	就業しているひとり親世帯	ひとり親世帯全体
	2000年頃→2000年代半ば	2000年頃→2000年代半ば	2000年代半ば
日本	52.1→60.1	57.9→58.4	58.7
韓国	データなし→29.5	データなし→25.7	26.7
アメリカ合衆国	93.8→91.5	40.3→36.2	47.5
イギリス	62.5→39.1	20.6→6.7	23.7
ドイツ	55.6→56.1	18.0→26.3	41.5
フランス	61.7→45.5	9.6→11.8	19.3
フィンランド	25.0→46.3	7.2→5.6	13.7

出所）この表は，OECD "Income distribution and poverty in OECD countries in the second half of the 1990's," 2005 と OECD "Poverty rates for children and people in households with children by household characteristics," 2008，および，厚生労働省「子どもがいる現役世帯の世帯員の相対的貧困率の公表について」2009 年　http://www.mhlw.go.jp をもとに作成した．

個人単位を前提にした税や年金制度の確立，労働市場における女性差別の撤廃，労働時間の短縮や最低賃金の引き上げ，仕事と子育てが両立できるための子どもへのサービスの拡充と十分な家族給付，男性も女性と同等に家事・子育てを行う文化の創出，その前提となる人びとの性別役割分業意識の変革などである[4]．先のエスピン－アンデルセンの言葉は，他の欧米諸国よりも，日本や韓国に当てはまる言葉なのかもしれない．第2部では，女性の労働条件の改善をめざすことを前提にした上で，日本，韓国，アメリカ，イギリス，ドイツ，フランス，フィンランドの順番に，各国のひとり親家族の現状およびひとり親家族に対する就労・子ども・家族支援の現状を明らかにする．

　その際，各国のワークフェア政策（福祉改革）の動向を踏まえながら，各国のひとり親家族に対する就労・子ども・家族支援について検討する．近年，ワークフェア政策に基づく福祉改革が世界的に広がっている．最近の改革に焦点を当てるならば，アメリカ（1996年～），イギリス（1998年～），韓国（2000年～）日本（2003年～），フィンランド（2003年～），ドイツ（2005年～），フランス（2009年～）で改革がなされ，これらの国のひとり親家族もワークフェア政策（福祉改革）の渦の中に巻き込まれている．ただし，ワークフェア政策といっても，さまざまな研究者が指摘するように，就労しないと福祉の給付が削減

される制裁がある形から，制裁はなく，受給者の就労の可能性を追求する形まで幅が広い．

　第2部の執筆者は，日本については，神戸学院大学の神原文子氏，韓国については，ソウル大学の曺興植氏，アメリカ合衆国については，アメリカン大学の Bette J. Dickerson 氏と大東文化大学の呉栽喜氏，イギリスについては同志社大学の黒木保博氏と岡山県立大学の近藤理恵，ドイツについてはハインリッヒ・ハイネ大学の Phoebe S. Holdgrün 氏と近藤理恵，フランスについては近藤理恵，フィンランドについては呉栽喜氏である．また，神原文子氏，曺興植氏，Bette J. Dickerson 氏の原稿は，2008年10月に岡山県立大学で開催された日本社会福祉学会の大会シンポジュウムの際に発表されたものである．第2部では，各国の状況をもとに，日本のひとり親家族に対する社会的排除問題を回避するためのシステムづくりについて積極的に提言していきたい．

《注》
1）エスピン－アンデルセン，G.，渡辺雅男，渡辺景子訳『福祉国家の可能性―改革の戦略と理論的基礎―』桜井書店　2001年　p.48を引用．
2）同上書，p.26を参照．
3）②の高齢者の労働については，本書の第3部で検討する．
4）性別役割分業意識については，第1部の調査結果を参照されたい．

第3章
現代日本の子づれシングルと子どもたち

1 ひとり親家族の現状

　厚生労働省（旧厚生省）は，ほぼ5年おきに「全国母子世帯等調査」（以下，「母子世帯調査」と略記する）を実施しており，最近では2006年に実施した[1]．1983年から2006年までの変化について，母子世帯を中心に特徴をあげると，第1に，母子世帯になった理由として「死別」の比率が減少し，離婚や未婚の母などの「生別」の比率が漸増したことである．死別は1983年の36.1%から2006年は9.7%へと減少し，離婚は1983年の49.1%から2006年の79.7%に増加している．未婚の母の比率は1988年の3.6%から2006年の6.7%へわずかに増加したにすぎない．第2に，1990年代以降，離婚件数の増加により，母子世帯数が1993年の7,899,000世帯，1998年9,549,000世帯，2003年12,254,000世帯へと大幅に増加したことである．それでも，2003年時でも，全世帯数に占める母子世帯数は2.7%と多くない．

　2006年度母子世帯調査では，推定世帯数が明らかにされていないが[2]，最新のデータとして，母子世帯の平均像を描いたものが表3—1である[3]．

　母子世帯全体では，母子世帯になった時の母親の年齢は31.8歳，母親の現在の平均年齢は39.4歳，母子世帯になった時の末子年齢は5.2歳，そして，

現在の末子年齢は10.5歳である．平均年間就労収入は171万円と非常に低いが，これでも2003年度の162万円より9万円上がったのである．平均年間収入は2003年の212万円から213万円に1万円上がっている．ちなみに，平均年収213万円は，全世帯平均563.8万円の37.8%，児童のいる世帯平均718

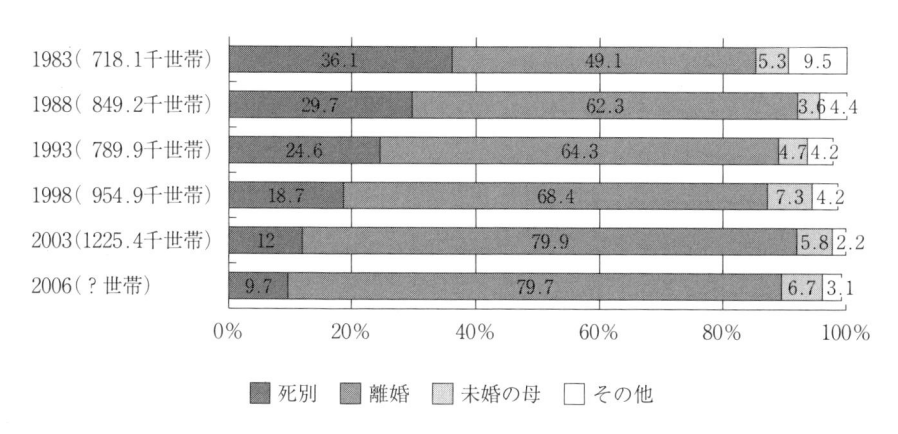

年	死別	離婚	未婚の母	その他
1983（718.1千世帯）	36.1	49.1	5.3	9.5
1988（849.2千世帯）	29.7	62.3	3.6	4.4
1993（789.9千世帯）	24.6	64.3	4.7	4.2
1998（954.9千世帯）	18.7	68.4	7.3	4.2
2003（1225.4千世帯）	12	79.9	5.8	2.2
2006（?世帯）	9.7	79.7	6.7	3.1

図3−1　母子世帯になった理由の年次変化

表3−1　子づれシングルシングル世帯の平均像

	母子世帯			父子世帯
	全体	死別	生別	
推定数と世帯比率	?	?	?	?
母親または父親の年齢	39.4歳	44.5歳	38.8歳	43.1歳
ひとり親になった時の母または父の年齢	31.8歳	38.5歳	31.2歳	37.4歳
ひとり親になった時の末子の年齢	5.2歳	7.4歳	4.9歳	6.2歳
現在の末子の年齢	10.5歳	12.7歳	10.2歳	11.5歳
平均年間就労収入	171万円	183万円	170万円	398万円
平均年間収入	213万円	276万円	207万円	421万円
1世帯あたりの子ども数	1.6人	1.6人		1.6人
現在，養育費を受け取っている比率	—		19.0%	
養育費の1世帯平均月額	—		42,008円	

注）母子世帯の平均年収213万円は全世帯563万円の37.8%である．
　　また，父子世帯の平均年収421万円は全世帯の74.8%である．
出所）厚生労働省『平成18年度　全国母子世帯等調査結果報告』より作成

万円の 29.7% である.父子世帯でも 58.6% である.

2　就業形態と就労収入

　表 3－2 は,1998 年,2003 年,2006 年の国民生活基礎調査と全国母子調査[4]から,平均所得,所得の中央値,貧困率(所得が中央値の 50% 未満の比率)を求めたものである.全世帯の平均所得も中央値も,2004 年以降,毎年低下している.にもかかわらず,毎年,貧困世帯率は 20% を超えている.その理由は,200 万円未満の低所得世帯の比率が毎年増加しているからである.母子世帯の貧困率は 1997 年では 69.1% と非常に高いが,全世帯の平均所得が近年よりも相対的に高かったからであり,平均所得は 229 万円あったのである.その後,2003 年に向けて日本全体が不況のどん底へと突き進む中で,母子世帯の所得も大幅に下がることになったと言える.母子世帯の貧困率の推移だけを見ると,1997 年の 69.1% から 2005 年の 62.7% へと低下している.このことから,母子世帯の暮らしが相対的に良くなってきたかのような錯覚に陥るが,けっしてそうではなく,全世帯の中で低所得世帯の比率が増加し,平均所得が低下するなかで,母子世帯は所得の低下を押さえるために必死に仕事をしてきたという解釈のほうが妥当だろう.それでも,3 世帯のうち 2 世帯は貧困世帯である.

　2006 年度母子世帯調査によると(表 3－3),子づれシングル女性全体の就労状況は,常用雇用 39.5%,臨時・パート雇用 36.8% など全体の 84.5% は就

表 3－2　全世帯所得と母子世帯の比較

	全世帯世帯当たり平均所得	児童のいる世帯の世帯当たり平均所得	母子世帯平均所得	全世帯の中央値	全世帯の貧困率	母子世帯中央値	母子世帯貧困率
1997年	657.7万円	767.1万円	229万円	536万円	21.9%	194万円	69.1%
2002年	589.3万円	702.7万円	212万円	476万円	21.6%	183万円	64.8%
2005年	563.8万円	718.0万円	213万円	458万円	22.3%	187万円	62.7%

出所)国民生活基礎調査と全国母子世帯等調査より作成

業しており，現在不就業は14.6％である．不就業のうち，78.7％は就業希望を持っており，現在求職中であったり（33.3％），体調を崩していたり（25.9％），子どもの保育の手だてができなかったり（12.6％），職業訓練中であったり（4.0％）などであって，働ける人はほぼ全員働いていることがわかる．

ここで押さえておきたいことは，常用雇用者が全体の39.5％にすぎず，臨時・パート36.8％や派遣社員4.4％といった不安定雇用の比率のほうが高くなっていることである．1998年時と比べると常用雇用の比率と臨時・パート等の比率とが逆転することにより，単に不況の影響のみならず，雇用形態の不安定化も加わって，収入の低下に拍車をかけてきたことがうかがえる．

常用雇用と臨時・パートについて年間就労収入をみると，常用雇用であっても，平均年間就労収入は257万円と2005年全世帯平均収入の45.6％にすぎず，就労収入200万円未満が40.9％も存在する．他方，臨時・パートでは，年間就労収入は113万円であり，200万円未満は92.1％にもなる．たしかに，母子世帯の場合，年間世帯収入は，これらの就労収入に，条件によって，児童扶養手当や遺族年金，児童手当，さらに，生別母子世帯の19％程度ときわめて少ないものの別れた元夫からの養育費などが加わることになるが，逆に言えば，就労収入のみで貧困を脱することができている世帯は26.0％程度と推定される[5]．

表3－3　現在就業している母の地位別年間就労収入の構成割合

	総数	100万円未満	100～200万円未満	200～300万円未満	300～400万円未満	400万円以上	平均年間就労収入
常用雇用者	465 (100.0)	33 (7.1)	157 (33.8)	150 (32.3)	60 (12.9)	65 (14.0)	257万円
臨時・パート	482 (100.0)	207 (42.9)	237 (49.2)	35 (7.3)	3 (0.6)	― (―)	113万円

注）年間就労収入の総数は不詳を除いた値である．
出所）厚生労働省『平成18年度　全国母子世帯等調査結果報告書』より作成

3　わが国の母子世帯の多くはなぜ貧困か

ではなぜ，子づれシングル女性の就労収入がこれほど低いのか，また，なぜ，母子世帯の多くが貧困になるのか，これらの点について，可能な限り明らかにする必要がある．

第1は，子づれシングル女性の就労形態として常用雇用率が低いことである．常用雇用率が低い一因は，わが国において，結婚や出産にかかわりなく，常用雇用として継続して就業している女性の比率が低いことである．2006年母子世帯調査によると，母子世帯になる前に就労していた人は69.3％と低い数値ではないが，常用雇用であった人は19.9％にすぎない．ただし，このような常用雇用率の低さは，子づれシングル女性に限ることではなく，わが国の女性に共通の傾向なのである．2007年「労働力調査詳細結果」によると[6]，末子が0～3歳の女性のうち，35時間以上の就業者は12.0％，末子が7～9歳でも22.7％にすぎないからである．子どもが少し大きくなってから再就職する女性は少なくないが，常用雇用の求人が少なかったり，家庭との両立が困難であったりという理由から，多くは，パート・アルバイト就労となる．また，わが国における配偶者手当といった福利制度や配偶者控除といった優遇税制も，夫が主たる稼ぎ手で妻はあくまで補助的稼ぎ手という夫婦間の性別役割分業を後押しすることになっており，離婚などに直面しなければ，このような性別役割分業が孕む問題は表面化しにくい．子づれシングルになってから常用雇用として就職したくとも，事務職，販売職，サービス職などでは就職口が少ないこと，また，子育てとの両立が困難なことなどから，常用雇用としての就職は容易ではない．しかも，常用雇用で就職できても，勤続年数が短ければ年収はすぐには高くならない．それでも，現状の働き方では，常用雇用にならなければ，年収200万円以上を得ることさえ困難である．

第2に，臨時・パート雇用が多く，しかも，時給が非常に低いことである．その一因は最低賃金が低すぎるからである．2009年10月に改定された地域別

第3章　現代日本の子づれシングルと子どもたち　53

最低賃金一覧によると，一番高い東京で791円，一番低い佐賀，宮崎，沖縄では629円である．一番高い東京の時給であっても，1日7時間，月20日働いて1ヵ月11万740円，年132万8,880円にしかならないのである．9歳未満の子ども1人であれば児童扶養手当50万円や児童手当12万円を受給して，195万円程度ということである．ちなみに，母子世帯の生活保護基準額をみてみると，母子3人世帯（30歳女，9歳子，4歳子）の場合，15万7,800円（平成21年度　1級地—1　家賃，医療費は別途支給）であった[7]．生活保護基準が高いのではなく，最低賃金の水準が，健康で文化的な最低限の生活を保障する生活保護基準と連動しておらず，低すぎることは明らかである．もう一つの要因として，もともと，臨時・パートという就労形態は，生計の中心的担い手としてではなく，補助的に収入を得ようとする人が短時間だけ就労するものとして位置づけられており，勤務時間や勤務日数を自由に選ぶことができれば，時給が低くてもしかたないと考えられてきた．しかも，既婚女性の場合は，夫の扶養家族として留まり，配偶者控除の適用を受けることのできる年収103万円未満での就労を選ぶ傾向もあって，正規雇用よりも明らかに低い時給でもしかたないと受け入れられてきた面もある．しかし，雇用流動化にともない，子づれシングル女性に限らず，若年者や中高年者にも臨時・パート雇用が広がるにつれて，働いた賃金だけでは生活できない「ワーキング・プア」の賃金水準の低さがようやく社会問題として取り上げられるようになってきたところである．

　臨時・パート就労について，もう1点付け加えたいことは，大幅な賃金アップをほとんど期待できないことである．1年間に時給10円，20円アップという場合が少なくない．臨時・パート就労であるかぎり，現状では貧困層から脱する可能性はきわめて低いのである．

　第3に，近年の，児童扶養手当制度の改訂である．表3—4は，1980年代以降の児童扶養手当制度の変化を一覧にしたものである．

　母子世帯の低い就労収入を補填するための児童扶養手当額は当初から支給額自体が十分とは言えなかったにもかかわらず，母子世帯数が増えた1990年代

表3−4 児童扶養手当制度の変遷

	1983年度	1985年度改定	1988年度	1993年度	1995年度	1997年度	1998年度改定	2002年度改定	2003年度
全国母子世帯調査平均世帯収入	200万円		202万円	215万円			229万円		212万円
全国母子世帯数	718,100		849,200	789,900			954,900		1,225,400
大阪府母子世帯	?		?	60,900		64,300	?		?
2人世帯児扶手									
所得制限額 130.0万円 171.0万円 204.8万円	全額支給 32,700円	全額支給 33,000円	全額支給 34,200円	1990年度より物価スライド制 手当額毎年微増	全額支給 41,390円	全額支給 41,390円	全額支給 42,130円	全部支給 42,370円 増収による手当減額	全部支給 42,000円 増収による手当減額
		一部支給 20,000円	一部支給 22,900円		一部支給 27,690円	一部支給 27,690円	一部支給 28,190円		
300.0万円 336.1万円 365.0万円 397.9万円 407.8万円									
第2子	5,000円	5,000円	5,000円		5,000円	5,000円	5,000円	5,000円	5,000円
第3子以降	2,000円	2,000円	2,000円		3,000円	3,000円	3,000円	3,000円	3,000円
全国受給世帯数		647,606	618,128	574,844	603,534	624,101			
大阪府受給世帯数		56,510	53,591	49,799	52,818	56,459	57,428		
手当給付費・億円 (都道府県負担)		2,616 2/10	2,640 3/10	2,508 1/4	2,879 1/4	3,136 1/4			

注1) 1961年度より児童扶養手当制度発足
 2) 1985年度から請求期限−支給要件該当から5年以内，所得別・手当の2段階制，全額国庫負担から2割都道府県負担
 3) 1990年度より手当額改定に児童物価スライド制導入
 4) 1995年度から，対象児童年齢「18歳未満」から「18歳に到達した日以後，最初の3月31日まで」へ
 5) 1998年度から，一部支給および，同居親族の所得制限の強化，未婚の母の子ども認知後も継続支給
 6) 2002年度から全額支給所得制限130万円，養育費を所得算入，給付期間5年以上で支給額減額，請求期限5年は廃止

になってから，1998年度改定，2002年度改定と，制度改定のたびに，多くの母子世帯において受給額が減額や受給停止となったことを指摘できる．しかも，2人目はプラス5,000円，3人目からはプラス3,000円にすぎないのである．

しかし，ここまでの事実確認を踏まえてはっきりさせておきたいことは，子

づれシングル女性の就労形態が不安定のみならず低収入であることや多くの母子世帯が貧困層に属すること，また，現行の児童扶養手当制度は「児童の福祉の増進」という目的に照らすと不十分であることは明らかであるにもかかわらず，当事者や一部の支援団体や支援者を除いては，ほとんど問題とされることがなく，関心も持たれないという事実である．

　幾人もの子づれシングル女性と関わるなかでみえてきたことがある．それは，どれほど生活が苦しくとも彼女たちの多くが声を上げないのは，仕事と子育てに追われて声を上げる余裕さえもないからである．

　全世帯のなかで2.7%という少数世帯であり，しかも，生活困難の克服に向けて声を上げることもできないゆえに，国家の財政が困難になれば真っ先に予算削減の対象とされ，そのことにたいしても，これまでさほど社会的に関心を向けられないできたメカニズムを，私は「社会的排除」という概念で捉えてきた[8]．

4　ひとり親家族と社会的排除

　ここからは，ひとり親家族の現状を，社会的排除問題としてとらえよう．誰が何のためにひとり親家族を排除しているのか．なぜ，ひとり親家族にたいする社会的排除が発生して維持されてきているのか．私はそれまでの社会的排除概念を参考に，「社会的排除とは，いかなる人にとっても，共同社会で暮らすための最低限の経済的・政治的・社会的・文化的諸権利の不充足・否定・アクセス困難な状況におかれること」と定義している[9]．

　図3－2は，社会的排除概念を視覚的に示すとともに，わが国のひとり親家族が経済的・政治的・社会的・文化的に排除される状況を図示したものである[10]．

　同時に，ひとり親家族が「排除されている」という事実に対して，だれが排除しているのか，だれが排除された状態を放置しているのかという，排除の主

体を明示することをねらいとしている．さらに，経済的・政治的・社会的・文化的排除のメカニズムが相互に関連して，全体として排除システムを成り立たせている様相をも合わせて図示することを試みている．

図3—2について，概説する．

第Ⅰの円内は，当該社会において，経済的・政治的・社会的・文化的なシティズンシップという社会的諸権利を保持しており，少なくとも現状では，多数で有利な立場にある人びとからなる層を意味する．「社会的に包摂されている層」と捉えておく．第Ⅰ円と第Ⅱの楕円とに囲まれた範囲は，第Ⅰの円のいずれかの特徴を有していないことによって，第Ⅰ層が保持している諸権利を同等

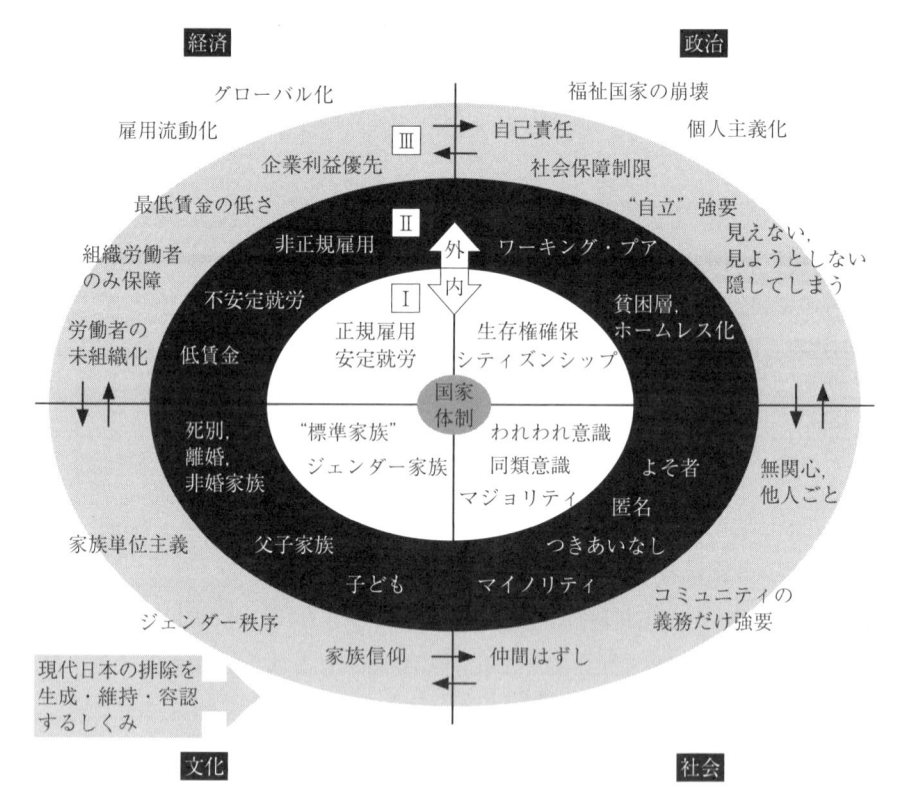

図3—2　ひとり親家族を排除する社会の構図

に保持することが，制限，剥奪，接近困難といった排除された状態にあり，現状では少数で不利な立場にある人びとからなる層を意味する．「社会的に排除されている層」とする．第Ⅲの楕円は，第Ⅱ層の社会的排除を容認，放置，隠蔽するとともに，第Ⅰ層と第Ⅱ層との格差を正当化する役割を果たす全体社会のしくみを比喩的に示しており，このようなしくみを，生成・維持・容認している主体が，中心の現国家体制ということになる．ここで，社会的排除が格差の大きな要因であることを押さえておこう．また，第Ⅲ層の外側には，先進諸国に共通に観察される社会的動向であるグローバル化，雇用のフレキシブル化，福祉国家の崩壊，そして，個人主義化などを位置づけている．

　これらの社会的動向が，それぞれの国家における社会的排除の顕在化に影響する点では共通である．しかし，個々の国家施策によって，社会的に排除される対象，排除の質的・量的状況が異なるのみならず，社会的排除から包摂へと向かうのか，あるいは，社会的排除が拡大するのか，大きく左右される．

　全体社会のしくみを，社会システムの考え方に依拠して，経済次元・政治次元・社会次元・文化次元に分析的に区分するならば，社会的排除も，経済的・政治的・社会的・文化的次元の多元的な事象として捉えることができる．また，経済的・政治的・社会的・文化的諸次元の社会的排除の事象が相互に影響することも想定される．

(1) ひとり親家族が被る排除の特徴

　ひとり親家族が社会的に排除される現象について解説する．

　まず，ひとり親家族の親と子どもが排除される契機は，文化的次元において，"標準家族"，"ジェンダー家族"[11]でなくなることである．とりわけ，家族主義やジェンダー秩序が根強い国家体制ほど，また，これらの規範から"逸脱"する度合が高いほど，すなわち，死別よりも離別が，離別よりも未婚が，よりマイナスの評価を受けることになる．具体的な排除例としては，無配偶になることにより配偶者優遇策の恩恵から排除されるし，制度上は育児休業制度

があっても，収入が途絶えるために，実際のところアクセス困難となる．また，家事や子育てに協力してもらえる人がいなくとも，"自己責任"として公的にも放置されたままであることが少なくない．さらに，ジェンダー秩序が根強いほど，母親が子どもを養育するのが当然とみなされて，父子家族にはほとんど公的支援策が講じられていない現状も排除の例である．

　経済的次元の例は，子づれシングルとなった女性が就労する場合，正規雇用に就くことは難しく，非正規雇用で低賃金の職しかないことである．しかし，再就職する女性が非正規雇用で低賃金の職にしか就くことができなくとも，労働政策としては，さほど問題視されてこなかった．なぜなら，ジェンダー秩序のもとでの労働政策は，標準家族を前提に，家計の担い手である男性の賃金保障が中心であり，妻たちは標準家族のなかに留まっている限り，パート就労等の賃金が安くとも，生活に支障をきたすことが少ないとみなされてきたからである[12]．しかも，女性ひとりの就労では，到底，子どもを養育することができないほど低賃金であっても，最低賃金より上である限り法に抵触することはないのである．それゆえ，母子家族の平均年収が一般世帯の3分の1程度で，当事者からすれば，生活困窮状態が放置されていても，"合法"なのである．

　政治的次元では，財政難と少子高齢社会の到来のもと，自己責任・自助努力を口実に，毎年のように福祉予算が削減されているが，国家の歳入を再配分して，すべての国民の生存権確保に尽力するのか，あるいは，ワーキング・プアやホームレスになることを放置し，無策で見て見ぬふりをするのか，ここでも国家体制が問われる．わが国では，母子家族の"自立"支援という名目で，2002年に児童扶養手当法等の改定がなされたが，福祉施策の削減により貧困化する母子家族の増加は，"合法的"な社会的排除の拡大にほかならない．

　今度は，社会的次元に目を向けると，地域社会において，身内や仲間うちで助け合って仲良くすることは，好ましいことに違いない．しかし，子づれシングル女性ばかりの集まりでは，転入者であるひとり親家族の親子は，よそ者で異質であるとして仲間に入れてもらえず，地域情報のネットワークからもはず

され，それでいて，自治会役員やPTA役員等の負担は平等に割り当てられるという話をよく耳にする．また，さまざまな噂をたてられたり，陰口を言われたりするという．そのようななかで，母子家庭で児童虐待事件などが発生すれば，そのことが，また，母子家庭に対する偏見を助長する．

(2) 社会的排除の拡大と再生産

　図3-2に表記できていない事象として，ひとり親家族の子どもの排除がある．ひとり親家族で育っている子どもたちのなかには，親の生活困難ゆえに，さまざまな問題を抱えている子どもがいることが予想されるが，ひとり親家族の子どもに焦点をあてた支援体制はないに等しい．もちろん，ひとり親家族の子どもにかぎらず，すべての子どもを対象に，子どもの成長を支える支援施策が実施されているなら問題はないが，一般施策も特別施策も不十分であって，言うなれば，子どもという存在が，心身ともに十分に成長することを保障されないまま放置されていると言わざるをえない．

　上述のような，ひとり親家族に対する種々の社会的排除が子ども世代にも影響し，貧困の再生産といった兆しもみられるが，ほとんど無策に等しい[13]．

　社会的排除概念に基づいて，わが国のひとり親家族の現状を捉え直してみると，社会的排除の背後要因として指摘されている経済のグローバル化と労働市場のフレキシブル化によるひとり親の雇用の不安定化，福祉国家の崩壊をカムフラージュするものでしかないような，わが国政府の母子世帯にたいする給付から自立支援への方向転換，そして，母子世帯の貧困化を"個人の選択によるもの"として自己責任・自助努力に帰すような世相も，社会的排除の促進要因として位置づけることができる．

　これまで，わが国政府は，ひとり親家族の貧困化のメカニズムについてなんら明確にしてこなかったし，EUのような社会的排除問題として捉えようともしてこなかったが，そのような姿勢自体が，ひとり親家族に対する社会的排除を容認・放置・助長することに機能してきたと言える．

5　子づれシングルをめぐる格差と排除

少し視点を変えて，わが国におけるジェンダー格差や雇用格差が，子づれシングルの社会的排除をもたらす諸要因についてわが国の女性のライフコースをふまえて描写してみよう．図3－3である．

わが国の高校進学率は，1980年代から一貫して男性よりも女性の方が幾分高い傾向が続いている．高校進学段階まではジェンダー格差は顕著ではない．しかし，①大学進学率となると，男性のほうが女性よりも10数%高くなっている．男女の能力差というよりも，親が子どもの将来に先行投資をする場合，女子よりも男子により多く投資することの結果と考えられる．ジェンダー差による男女間の高等教育格差である．②大学を卒業した女性たちの多くが常勤職に就く．しかし，大半の男性が総合職に就くが，大半の女性は一般職に就く．女性たちにとって，総合職への門戸はきわめて狭いからである．そのた

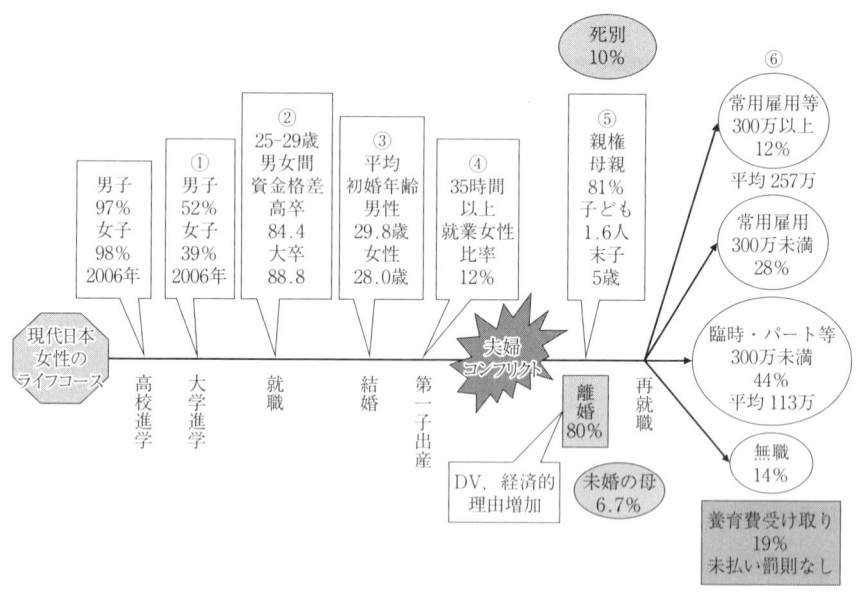

図3－3　現代日本女性が子づれシングルになる典型的なライフコース

め，大卒ということでは同じであっても男女の間で徐々に給与が開くことになる．ジェンダー差による女性にとっての総合職からの排除である．その結果，総合職に就く男性と一般職に就く女性との間に賃金格差が生まれることになる．③ 大学卒業後数年で結婚する場合，わが国では，結婚する男女の年齢で2，3歳の年齢差があり，また，学歴においては，女性にとっては自分と同程度か高い学歴の男性と結婚する比率が高いことから，結婚する時点で，男性のほうが女性よりも相対的に給与が高いのがふつうとなる．④ わが国では，結婚や出産を契機に退職する女性が後を絶たない．前述したように，0～3歳の子どものいる女性のうち，常勤職に就いている女性は12％まで減少する．わが国では，まだまだ「三歳児神話」への信仰が強く，子どもを育てながら働くことが当たり前であるという前提にたった環境整備がなされていない．そのため，子育てのために，夫婦のいずれかが退職する場合，賃金の低いほうが退職するというのは"理にかなっている"ということになる．性別役割分業規範と男女の賃金格差ゆえに就労継続からの女性の排除である．ところで，⑤ 生涯，夫婦関係が円満であればよいが，結婚後に夫のDVがわかったり，会社の倒産や浪費等により家計が破綻したりといった要因から，離婚せざるをえなくなった場合，子どもを引き取るのは80％が母親である．しかし，離婚後に元夫から養育費を受け取ることができている母子は19％に過ぎず，養育費未払いにたいしてなんら罰則もない．"標準家族"でない少数家族の「子どもの権利」が侵害されても放置されている事態はシティズンシップからの子どもの排除にほかならない．⑥ 離婚した時点で，安定した仕事に就いている女性は少数である．無職やパートなどの不安定な就労から安定就労に就くことは容易ではない．"ノン・プロ"でキャリアブランクがあり，しかも，子づれであれば，常勤職に就くことは難しいという口実で放置されている事態そのものが，労働権からの排除である．就労経験の乏しさと子づれによる安定就労という労働権からの排除である．さらに，臨時・パートであれば，何年働いても昇給はほとんど期待できない．すなわち，安定就労からの排除が生活権保障の格差を生み出

すのである．

　行政による就労支援策が講じられているが，安定就労につながるにはあまりにハードルが高い．たとえば，高等技能訓練促進費は，看護師，介護福祉士などの資格を取得する人に，就業期間の最後の3分の1に月10万3,000円（2008年度から市町村民税課税世帯は5万1,500円）の生活費が支給される制度であるが，最初の3分の2の生活費を工面できなければ利用できない（ただし，2009年度に法改正され，全期間にわたって14万1000円が支給されることとなった）．自立支援教育訓練給付金は，教育訓練講座を修了した人に，経費の20％（上限10万円）が支給される制度であるが，経費の80％を自己負担しなければならないうえに，安定就労につながるような資格の取得はむずかしい．

　わが国における子づれシングル女性の就労状況をみるにつけ，「子どもがいると常勤職に就くことはむずかしい」，「30歳すぎてから常勤職への再就職はむずかしい」，「パートやアルバイトであれば，賃金が低いのはしかたがない」という現実を，なかば，"しかたのないこと"と受け入れてしまいそうになる．しかし，このような実態そのものが，社会的排除という現象であり，経済格差の要因であることを明記しておく必要がある．

　さらに，母親の安定就業からの排除とそれによる経済格差が子どもの教育格差をもたらす．表3—5は，第2回全国家族調査（NFRJ03）データを用いて，第1子が19-24歳の女性348人について，夫婦の学歴と就業形態により家族階層を区分し，家族階層ごとに第1子の大学進学率を求めたものである．[14]

　対象者数は多くないので，あくまでも参考にすぎないが，第1子の大学進学率は，「夫婦とも高学歴・妻無職」層は82.4％であるのに対して，「ひとり親家族」は11.8％である．夫婦家族から排除されたひとり親家族における子どもの教育格差は歴然としている．そして，このような教育格差が，これまで公的には明らかにされておらず，教育格差を是正するための手だてが講じられていないことも行政によるひとり親家族の子どもの排除と言えるのである．

表3−5　家族階層別の第1子大学進学率

家族階層	女性・第1子19-24歳				第1子大学進学率 %
	全体 人・%	本人年収 万円	夫年収 万円	夫婦年収 万円	
合計	348	151.1	546.6	704.4	39.4
夫婦中低学歴・妻常勤	9.2	325.0	491.6	808.2	40.6
夫婦中低学歴・妻自営	4.9	207.0	524.3	747.9	41.2
夫婦中低学歴・妻パート等	22.1	69.5	462.4	532.7	25.3
夫婦中低学歴・妻無職	9.5	32.2	523.1	573.2	28.1
妻中低・夫高学歴・妻常勤	3.2	387.7	659.1	1046.8	70.0
妻中低・夫高学歴・妻自営	0.9	50.0	516.7	566.7	33.3
妻中低・夫高学歴・妻パート等	5.7	92.8	710.5	805.5	50.0
妻中低・夫高学歴・妻無職	2.9	10.0	794.4	805.6	30.0
妻高学歴・夫中低・妻常勤	2.6	451.7	583.3	1035.0	55.6
妻高学歴・夫中低・妻自営	1.7	155.0	691.7	846.7	33.3
妻高学歴・夫中低・妻パート等	2.9	70.0	521.4	597.1	70.0
妻高学歴・夫中低・妻無職	2.0	14.3	610.0	620.0	42.9
夫婦高学歴・妻常勤	4.6	533.3	686.7	1220.0	62.5
夫婦高学歴・妻自営	4.0	140.0	806.3	881.3	35.7
夫婦高学歴・妻パート等	8.9	84.7	832.8	915.9	51.6
夫婦高学歴・妻無職	5.2	11.8	967.6	979.4	82.4
ひとり親家族	9.8	204.1	0.0	204.1	11.8

6　ひとり親家族の包摂に向けて

　ひとり親家族を包摂するための政策課題については，すでに，庄司洋子によって包括的な指摘がなされている．すなわち，①就労保障・就労援助，②住宅問題・教育問題にみあった所得保障，③就労と家族生活とを両立できる地域福祉サービスと保育サービス，④専門相談や専門ケア，⑤経過年数や子どもの年齢に基づく家族のライフステージに即した内容の援助，⑥法的・社会的な差別の解消，⑦自らを解放し，自ら連帯して問題解決を図ることのできる自助グループの支援などである[15]．

　さらに，私は，これらの政策課題を後押しする以下のような政策理念を提起している[16]．

① 健康で文化的な最低限の生活保障．
② 夫婦・家族単位主義から個人単位主義への転換．
③ シティズンシップの権利を保障する社会保障制度の確立[17]．
④ 社会的排除の再生産と拡大を食い止めるという政策目標の設定．

しかし，ひとり親家族の支援策として，すでにひとり親家族になっている当事者を対象とした支援策だけでは不十分である．今後，だれが子づれシングルとなっても，排除されることなく，種々の格差を被らずに済むような，いわば，ひとり親家族の貧困化を未然にくいとめる予防策を講じることが同時に重要なのである．有配偶女性のなかで，希望者には就労に向けた技能訓練の機会を提供することである．また，未婚女性については，結婚や出産にかかわりなく，就労継続を容易にする種々の手だてを講じることである．

要するに，子づれシングル女性への自立支援のみならず，すべての女性の自立支援に，国が本気で取り組むことであり，それらの施策を，厚生年金の第3号被保険者制度や配偶者控除などの優遇策の見直しと，セットで実施すればよいことである．

《注》
1）「平成18年度全国母子世帯等調査結果報告」は厚生労働省のホームページで検索することができる．http://ww.mhlw.go.jp/bunya/kodomo/boshi-setai06/index.html
2）2003年までの「全国母子世帯等調査」では，母子世帯数が推定されているが，2006年に実施された調査では，推定値が示されていない．厚生労働省の担当課に問い合わせたところ，2年前倒しに緊急で調査をしたので，推定値は示していないとの返事であった．
3）厚生労働省の報告書では，母子世帯の死別と生別を分けた平均就労収入や平均年収が掲載されていないが，NPO法人　しんぐるまざあず・ふぉーらむのブログで見つけることができたので引用させていただいた．http://single-m.at.webry.info/
4）毎年の「国民生活基礎調査」はホームページで検索できる．
5）東京都に限れば，独自に，ひとり親世帯や障害児のいる世帯に児童育成手当を支給している．

6) 財団法人女性労働協会「女性と仕事の未来館」ホームページより．http://www.miraikan.go.jp/toukei/index002.html
7) 生活保護手帳編集委員会『生活保護手帳（2006年度版）』中央法規，2006年，神原文子「ひとり親家族と生活保護」『部落解放』575 2006年 p.32-36．
8) 神原文子「ひとり親家族と社会的排除」『家族社会学研究』18-2 2007b年 pp.11-24．
9) 同上 p.19．
10) 同上 p.20．
11) 牟田和恵『ジェンダー家族を超えて―近現代の生／性の政治とフェミニズム』新曜社 2006年．
12) 木本喜美子「雇用流動化のもとでの家族と企業社会の関係―企業の人事戦略を中心に―」『家族社会学研究』17-2 2005年 pp.17-28．
13) 青木紀編著『現代日本の「見えない」貧困―生活保護受給母子世帯の現実―』明石書店 2003年，宮本みち子「雇用流動化の下での家族形成」『家族社会学研究』17-2 2005年 pp.29-39．
14) 2次分析にあたり，東京大学社会学研究所附属日本社会研究情報センターSSJデータアーカイブから「第2回全国家族調査」（日本家族社会学会）の個票データの提供を受けた．
15) 庄司洋子「ひとり親家族の貧困」庄司洋子・杉村宏・藤村正之編『貧困・不平等と社会福祉』有斐閣 1997年 p.109．
16) 神原文子「ひとり親家族と社会的排除」『家族社会学研究』18-2 2007年 p.22．
17) 武川正吾「雇用の流動化と生活保障システムの危機」『家族社会学研究』17-2 pp.40-50．

《参考文献》

青木紀編著『現代日本の「見えない」貧困―生活保護受給母子世帯の現実―』明石書店 2003年．
Bhalla, A. S. & Lapeyre, F., *Poverty and Exclusion in a Global World*, 2nd ed., Palgrave Macmillan, 2004（福原宏幸・中村健吾監訳『グローバル化と社会的排除』昭和堂 2005年）．
Ezawa Aya, "Lone Mothers and Welfare-to-work Policies in Japan and the United States: Towards an Alternative Perspective," *JSSW* 32-4, 2005, pp.41-63.
藤原千紗「ひとり親の就業と階層性」社会政策学会編「若者―長期化する移行期と社会政策」『社会政策学会誌』第13号 法律文化社 2005年 pp.161-175．
樋口明彦「現代社会における社会的排除のメカニズム」『社会学評論』55(1) 2004年 pp.2-18．

神原文子「離婚母子家庭の自立条件」『家族のライフスタイルを問う』勁草書房　2004年　pp.159-178.

神原文子「ひとり親家族の自立支援と女性の雇用問題」『社会福祉研究』97　鉄道弘済会　2006年　pp.50-58.

神原文子「ひとり親家族と生活保護」『部落解放』575　2007年　pp.32-36.

神原文子「ひとり親家族と社会的排除」『家族社会学研究』18-2　2007年　pp.11-24.

神原文子「母子世帯支援策の原点とは何か」『都市問題』99-6　2008年　pp.73-80.

木本喜美子「雇用流動化のもとでの家族と企業社会の関係―企業の人事戦略を中心に―」『家族社会学研究』17-2　2005年　pp.17-28.

厚生労働省雇用均等・児童家庭局『平成10年度　全国母子世帯等調査結果の概要』2003年.

厚生労働省雇用均等・児童家庭局『平成15年度　全国母子世帯等調査結果報告』2005年.

宮本みち子「社会的排除と若者無業―イギリス・スウェーデンの対応」『日本労働研究雑誌』533　2004年　pp.17-26.

宮本みち子「雇用流動化の下での家族形成」『家族社会学研究』17-2　2005年　pp.29-39.

牟田和恵『ジェンダー家族を超えて―近現代の生／性の政治とフェミニズム』新曜社　2006年.

日本労働研究機構『母子世帯の母への就業支援に関する研究』No.153　2003年.

生活保護手帳編集委員会編『生活保護手帳（2006年度版）』中央法規出版　2006年.

庄司洋子「ひとり親家族の貧困」庄司洋子・杉村宏・藤村正之編『貧困・不平等と社会福祉』有斐閣　1997年　pp.85-112.

武川正吾「雇用の流動化と生活保障システムの危機」『家族社会学研究』17-2　2005年　pp.40-50.

田宮遊子「なぜ日本のシングルマザーは貧困なのか」『季刊ピープル・プラン』35　2006年　pp.96-103.

湯澤直美「ひとり親家族支援」庄司洋子・松原康雄・山縣文治編『家族・児童福祉』有斐閣　1998年　pp.185-211.

湯澤直美「ひとり親家族政策とワークフェア―日本における制度改革の特徴と課題」社会政策学会編「若者―長期化する移行期と社会政策」『社会政策学会誌』第13号　法律文化社　2005年　pp.92-109.

第4章
韓国のひとり親家族における就労・子ども・家族支援

はじめに

　韓国における家族構造は，核家族，単身家族の増加，およびかつてないほどの離婚率の増加により，劇的に変化してきた．産業社会の家族タイプの変化は，とくに家族の成員の個人化，家族の脱制度化，そして女性の地位の変化と関連している．この傾向のなかで，ひとり親家族は，貧困や育児の負担といった，多様な問題にさらされているタイプの家族であろう．

　ひとり親家族とは，「親の離婚，死，あるいは永久不在の結果として，ひとりの親とその子ども（たち）が一緒に暮らすことからなる家族」と定義される．韓国では，ひとり親家族の割合はすでに少しずつ増加していたが，1997年に起こった経済危機のために1990年代後期以降，劇的に増加している．

　20世紀後期以降，韓国政府は，母子福祉法（1989）を改正して母父子福祉法（2002）を制定した．2007年には，母父子福祉法（2002）に代わって，低所得のひとり親家族に対する社会支援の拡大を含む，ひとり親家族支援法（2007）が制定された．しかし，依然として大部分の規制が強力に施行されるというよりむしろ選択とみなされているため，このような家族はさらに具体的な支援を必要としている．また，厳しい適格性ガイドラインは，こうした家族がサービス

を受けることをさらに困難にしている.

　一般に，ひとり親家族になる原因は，配偶者の死，離婚，別居，養子縁組，婚外子の出生などである．過去には，多数のひとり親家族が，夫または妻の死によって生み出された．しかし昨今においては，離婚または別居がひとり親になる主な原因である．興味深いことに，ほとんどのひとり親家族は女性が世帯主である．

　母子家庭は，貧困を代表するものとなっている．なぜなら，ひとり親家族の母親の大半は不安定な職につき，質の高い保育施設や養育保護制度の利用の困難も経験しているからである．それゆえ，本章では，韓国における母子家庭と，その社会福祉政策および事業に焦点をあてる．したがって，本章では，韓国における母子家庭の現状と，それらの家族の生活上の困難，およびそれらの家族の心理的な問題を取り上げる．そして，現在の政府の政策と民間の社会福祉事業の問題点を分析する．最後に，政府，民間の両側からこれらの家族をより良く支援するためのプランを提案する．

1　ひとり親家族における問題

(1)　現在の統計

　ひとり親家族支援法（2007）によれば，低所得の母子家庭とは，「① 夫が死亡した，② 離婚したかまたは遺棄された，あるいは ③ 夫が肉体的または精神的障害のために働くことができない場合のひとり親家族の母親と，その母親と共に暮らしている 18 歳未満の子ども（たち）からなる家族」と定義される．この定義に加えて，その家族は，ひとり親家族支援法（2007）の下で給付を受けるためには，所得ガイドラインに適合しなければならない．

1）ひとり親家族の数の増加

　2005 年の人口調査によれば，ひとり親が世帯主の世帯は連続的に増加して

おり，その数は 2005 年には 120 万世帯に達した．これらの世帯の約 4.5 (4.57) %（5万6903世帯）が，母父子福祉法（2002）の下でサービスを受けるのに適格であった．サービス受給者のうち，80.8%の世帯は女性が世帯主である．一方，わずか 19.2%の世帯は，男性が世帯主の家庭であった（表 4−1）．

表 4−1　韓国におけるひとり親家族の数の変化

（単位：1,000）

区分／年度別		2001年	2002年	2003年	2004年	2005年
ひとり親家族（全国）	世帯数	1,167	1,165	1,207	1,227	1,247
低所得ひとり親家族	世帯数	26	32	40	47	57
母父子福祉法の対象	世帯人員	68	84	104	123	146

出所）統計庁『人口住宅総調査報告書』(2001〜2005年)

2）ひとり親家族（母父子福祉法（2002）の受給者）の世帯主の年齢

ひとり親家族世帯の世帯主の年齢は，表 4−2 の通りである．世帯主の女性の年齢範囲は，主として 30 歳代（47.5%）から 40 歳代（38.0%）で，50 歳代と 60 歳代は合わせて 3.2%だけであった．この結果は，低所得の母子世帯の世帯主が相対的に若い世代であることを示している．30 歳未満のひとり親家族の母親の割合は 30 歳未満のひとり親家族の父親の割合よりも大きい．反対に，50 歳以上の場合，父子世帯の割合は，母子世帯の割合よりも大きい．ま

表 4−2　母父子福祉法の対象者の年齢別の実態

（単位：人，%）

	合計	19歳以下	20〜29歳	30〜39歳	40〜49歳	50〜59歳	60歳以上
合計	56,903	281	5,669	25,861	22,757	2,183	153
	(100)	(0.5)	(10.0)	(45.4)	(40.0)	(3.8)	(0.3)
母子世帯	46,013	233	4,943	21,845	17,507	1,371	113
	(100)	(0.5)	(10.8)	(47.5)	(38.0)	(3.0)	(0.2)
父子世帯	10,890	48	725	4,015	5,250	812	39
	(100)	(0.4)	(6.6)	(36.9)	(48.2)	(7.5)	(0.4)

出所）女性家族部『母父子福祉法の対象：家族実態調査』2005 年

た，母子世帯の場合，30歳未満の割合が多少高くなっているのは，未婚の母子世帯が含まれたためであると考えられる．

3）ひとり親世帯の世帯主（母父子福祉法（2002）の対象）の婚姻状態

表4—3によれば，70％以上の人が離婚後，ひとり親になった．とくに，3万3,156人の母親が離婚のためにひとり親になり，それに次いで多いのが配偶者の死によるものであった（7,308人）．ひとり親家族の母親とひとり親家族の父親の婚姻状態にも，ジェンダーによって差がある．たとえば，男性が世帯主の世帯では，配偶者の死（7.1％）は，女性が世帯主の世帯の場合（15.8％）の半分だけであった．一方，男性が世帯主の世帯の方が，女性が世帯主の世帯よりも多く配偶者の逃亡を経験していた．

表4—3 ひとり親世帯（母父子福祉法（2002）の対象）の世帯主の婚姻状態

(単位：人，%)

区分	合計	婚姻状態							離婚	未婚	祖父祖母が世帯主	その他
		寡婦/寡夫	配偶者の逃亡	遺棄された	配偶者が行方不明	配偶者が外国居住	配偶者が刑務所に収容	配偶者が働けない				
合計	56,903 (100.0)	8,087	3,187	566	236	24	199	606	41,350	2,233	156	259
母子世帯	46,013	7,308 (15.8)	1,885 (4.1)	524 (1.1)	202 (0.4)	22	14	492	33,156 (72.0)	1,866 (4.0)	148	215
父子世帯	10,890	779 (7.1)	1,301 (11.9)	41 (0.3)	35 (0.3)	2	6	114	8,194 (75.2)	367 (3.3)	8	44

出所）女性家族部『母父子福祉法の対象：家族実態調査』2005年

4）ひとり親世帯における世帯主の学歴

表4—4は，ひとり親世帯（母父子福祉法の対象）の世帯主の学歴を示したものである．女性が世帯主の世帯では，高等学校卒業の世帯主が最も多く（66.3％），次いで中学校卒業の世帯主が多い（18.7％）．また，表4—4は，母親の10％以上が大学またはそれ以上の教育を受けていたことを示している．高等学校卒業の父親の割合は，母親よりも少ない．こうした結果は，女性たちが，か

つてより高い教育を受けていても,なお政府の支援を必要としていることを示している.

表4—4 ひとり親世帯における世帯主の学歴

(単位:人,%)

	合計	教育を受けていない	小学校	中学校	高等学校	大学	大学院
合計	56,903	647	3,684	11,239	36,667	4,539	128
母子世帯	46,013 (100.0)	482 (1.0)	2,554 (5.5)	8,647 (18.7)	30,507 (66.3)	3,727 (8.1)	97 (2.0)
父子世帯	10,890 (100.0)	165 (1.5)	1,130 (10.4)	2,592 (23.8)	6,159 (56.5)	812 (7.5)	31 (2.8)

出所)女性家族部『母父子福祉法の対象:家族実態調査』2005年

5)ひとり親世帯における世帯主の職業

表4—5は,ひとり親世帯の母親の大半がサービス業で働き,次いで製造業,失業,その他,事務職,自営業と続くことを示したものである.この結果は,パートタイムと失業との間で回り続ける,ひとり親家族の母親のサイクルを反映している.それゆえ,ひとり親家族の母親が低賃金,頻繁な失業期間,社会福祉事業の欠如からくる貧困から逃れるためには,質の高い安定した職がひとり親家族の母親のために確保される必要がある.それに加えて,2005年にはおよそ6000人のひとり親が失業状態にあったので,職業訓練と雇用サービスがひとり親のために必要である.

上述の問題に加えて,ひとり親家族の母親の生活環境は相対的に良くない.2005年には,ひとり親家族の母親の47.2%のみが自分の家を所有していた.

表4—5 ひとり親世帯における世帯主の職業

(単位:人)

区分	合計	失業	サービス業	農業,漁業	製造業	事務職	自営業	その他
合計	56,903	6,010	29,823	3,397	7,139	3,403	2,832	4,300
母子世帯	46,013	4,720	25,534	1,615	5,650	3,087	2,212	3,196
父子世帯	10,890	1,290	4,289	1,782	1,489	316	620	1,104

出所)女性家族部『母父子福祉法の対象:家族実態調査』2005年

したがって，住宅支援はひとり親家族にとって不可欠である．

(2) 母子家庭における問題

1）一般的問題

先行研究によれば，母子家庭が最も頻繁に直面する問題は，家族の機能不全と経済的困難である[1]．母子家庭は多様であるため，その特徴を一般化することは困難である．しかし母子家庭は一般に，経済的，家族生活，心理的・肉体的健康，および社会的意識と社会的支援という各側面で，困難に直面する．

2）経済面

ビョンら（2000）[2]によれば，ひとり親家族の所得はふたり親家族の所得よりもはるかに低い．たとえば，ふたり親家族の平均月収は，159万6,000ウォン（1ウォン＝約0.077円，約12万3,000円）であるのに対して，父子家庭の月収は93万9,000ウォン（約7万2,000円），母子家庭の月収は78万3,000ウォン（約6万円）である．ひとり親家族は，収入の47.9％（父子家庭）と54.3％（母子家庭）を育児と教育に使い，次に収入を一般の生活費に使っている（父子家庭で23.5％，母子家庭で18.0％を使用している）．キムらによれば[3]，ひとり親家族の母親の78.8％が就労している．しかし，その50％以上がパートタイム労働者または街頭の物売りとして働いている．

母子家庭は，父子家庭よりも頻繁に経済的困難を経験している．大部分の韓国人家族では，男性が経済活動に責任を追い，女性は育児のために家庭にとどまる傾向があるからである．それゆえ，家族が分裂した結果，母子家庭にとってきびしい収入の損失が生じる．ひとり親家族の母親は就労しているとはいっても，低賃金と劣悪な労働条件をもたらす性差別を経験している．そのうえ，ひとり親家族の母親は経済活動と育児の両方に責任を負うので，職業訓練がより良い職を得るために必要であったとしても，それを受ける時間がほとんどない．その結果，女性たちは，給付金および／または地位が確保されない労働力

にとどまる傾向がある．

3）家族生活の側面

　ひとり親家族の母親は，家族関係，育児，家事における困難を経験している．第1に，ひとり親家族の母親たちは，働かなければならないので自分の子どもと一緒に過ごす時間が十分にない[4]．したがって，ふたり親家族の母親に比べて，ひとり親家族の母親たちは，自分の子どもと一緒にいないことにしばしば罪悪感をもっている．そのうえ，貧困は家族の成員にストレスを引き起こすので，育児にもネガティブな影響を与える．言い換えれば，家族内での乏しい資源が親にストレスを引き起こすので，その結果，怒りの管理ができずに，親がストレスから子どもに強い体罰を与えることにもつながりかねない．

　一方，キムらの研究は，ひとり親家族の母親が離婚後に自分の子どもたちとよりポジティブな関係を経験していることを示した[5]．キム[6]は，ひとり親家族の母親たちが離婚後に自分の子どもとより良いコミュニケーション構造をもつとも述べた．したがって，母親の情緒的安定が，ポジティブな親子関係を維持するためには重要な要因であると考えられる．

4）社会心理的・身体的健康の側面

　先行研究は，ひとり親家族の母親たちが寂しさ，役割の混同，愛着心の欠如，社会的孤立，友情関係の変化などの心理的問題を経験したことを示している．言い換えれば，婚姻生活が終わると，女性たちは自分の配偶者を失うと同時に，自分の配偶者と結びついた重要な社会的ネットワークをも失う[7]．その上，低所得のひとり親家族の母親は，ほとんどの時間，就労に専念しているので，社会的ネットワークを維持するのに十分な時間がもてず，中所得から高所得層の母親よりも少ない社会的支援しか得られないことが多い．一方，ひとり親家族の母親は，自分の親から多大な支援を受ける傾向がある．ただし，他の親戚との関係は疎遠になりがちである[8]．

加えて，先行研究は，ひとり親家族の母親の健康状態がふたり親家族の母親に比べて一般に悪いことを示している．とくに，ひとり親家族の母親の健康状態は，子どもが成長するにつれて悪くなる傾向がある[9]．

5）社会的意識と社会的支援の側面

韓国社会では，多様なタイプの家族が受け入れられるように変化しつつあるが，離婚した女性に対する差別がいまだ存在する．韓国は，男性を世帯主と規定する第2次世界大戦以前の日本の戸主制度を2007年まで使用していた．この制度は，一人ひとりの家族の成員というよりは世帯に基づくものである．しかし，2008年1月1日付けで施行された新しい家族関係登録制度は，一つの世帯全体というよりは個々人に基づいている．したがって，ふたり親家族の世帯が依然として標準的な家族構造とみなされてはいても，ひとり親家族に対する意図的な差別は減るだろうと期待される．

そのうえ，ひとり親家族の母親は子どもの父親から育児支援を受けられないことが多い．それゆえ，離婚したカップルについて，財産の分割，育児の責任，養育費に関する明確な規定を設けることが重要である．

(3) 母子家庭の子どものライフサイクルに基づく問題

キムら[10]は，韓国の48地域のひとり親家族の母親991人の調査に基づいて，母子家庭の社会経済的地位と福祉ニーズを明らかにし，社会福祉政策を評価した．表4—6は，キムらのデータに基づいて[11]，母子家庭に起こる主要な問題を示したものである．この表は，異なる年齢グループ間に起こりうる問題の類似点と相違点を示している．

表4—6 母子家庭の子どものライフサイクルに基づく主な問題

問題\年齢	6歳未満	6〜12歳	13〜18歳	19歳以上
負担の大きい費用	―教育費 ―住宅費 ―借金	―教育費 ―住宅費 ―食費	―教育費 ―住宅費 ―借金	―教育費 ―住宅費 ―借金
ひとり親家族の母親の就業率	75.0%	81.9%	80.6%	53.3%
働かない理由	―適当な仕事をみつけることが困難 ―育児をする人がいない	―健康状態が悪い ―適当な仕事をみつけることが困難		
就業上の困難	―育児 ―低賃金		―低賃金 ―職の不安定	
職業訓練を経験したひとり親家族の母親の割合	26.7%	22.5%	18.1%	6.7%
職業訓練に不満な理由	―役に立たない ―訓練期間中の収入が不十分	―役に立たない ―訓練期間中の収入が不十分	―役に立たない ―訓練期間中の収入が不十分	―訓練期間中の収入が不十分
育児上の困難	―教育費 ―子どもと一緒にいる時間がない	―教育費 ―勉強の指導	―教育費 ―勉強の指導	―教育費 ―子どもと一緒にいる時間がない
健康状態（自己報告）	ふつう	悪い	悪い	悪い
最も重要な問題	―経済的問題 ―育児 ―子どもへの教育			―経済的問題 ―情緒的問題

2　ひとり親家族のための社会福祉政策と社会福祉事業

(1)　ひとり親家族のための社会福祉政策

　1997年の経済危機の後，韓国政府は，貧困下にある人びとのための社会福祉制度を改善する努力をしてきた．とくに政府は，公的援助を受ける人びとが連続的に給付を受けられるよう働くことを奨励し始めた．

　ひとり親家族に関係する法律は，過去20年の間に改正された．母子福祉法(1989)は，母子家庭のための最初の法規制である．この法律は1989年4月に制定され，1989年7月に施行された．この法律は，①子どもをもつ離婚した母親および未婚の母親を含み，②ひとり親家族の母親が基本的ニーズを満たすだけでなく公的援助から独立できるように支援し，③母子家庭にサービスを供給するための人的資源ネットワークを設置したので，価値あるものであ

る．1989年12月には，低所得の母子家庭の生活実態に関する全国調査が実施され，1990年には女性福祉事業推進の手引きに母子世帯の福祉対策を含めるなど，韓国政府は，低所得母子家庭の福祉改善のため努力した．また，1991年4月に，政府は，中央政府機関と地方自治体機関の両方に母子福祉委員会を設置した．

2002年に母子福祉法（1989）に代わるものとして母父子福祉法（2002）が制定された．父子家庭の数の増加に伴い，母父子福祉法（2002）は，母子家庭だけでなく，父子家庭も支援する政府の義務を述べている．保健福祉部がひとり親家族の支援を担当してきたが，2005年にジェンダー平等部がこの責務を引き継いだ．

ひとり親家族支援法（2007）は2007年に制定され，2008年1月18日から施行された．ひとり親家族支援法（2007）は以前の法律といくつかの点で大きな違いがある．第1に，祖父母が世帯主の世帯の成員にもサービスを提供する．第2に，韓国市民と結婚後，韓国籍を有する子ども（たち）を育てる外国人も政府の支援を受けることができる．第3に，以前は未婚の母だけを受け入れていた施設に，未婚の母が子どもと一緒に住むことができる．また，この法律は，就学中の子どもたちを，大学教育を終えることができるように22歳まで保護する．最後に，この法律は医療支援と住宅支援を行い，雇用主にひとり親を雇用することを奨励している．

韓国政府はひとり親家族を支援する努力を続けてきたが，より多くの施設とサービスが供給される必要がある．それに加えて，李明博政府の下での政策は，社会的分配よりも経済成長を強調する傾向があり，ひとり親家族へのサービスを含む社会福祉政策は，それぞれ過去10年間よりも小規模に切り詰められる可能性がある．加えて，保健福祉家族部が，家族に関係するすべてのプロジェクトの責務を女性家族部から引き継いだので，女性福祉への努力は削減されるかもしれない（2010年3月から，女性部は女性家族部に，保健福祉家族部は保健福祉部となった）．

韓国には，ひとり親家族が利用できるいくつかの法規制と支援制度がある．

1）公的扶助

ひとり親家族は，国民基礎生活保障給付および退役軍人給付に基づく公的扶助を受けることができる．低所得のひとり親家族は，国民基礎生活保障給付に適格であれば，日単位の生活扶助と医療扶助が受けられる．それに加えて，配偶者が軍人か警察官であった場合，その家族の成員は給付を受けることができる．この給付には，教育支援，医療支援，住宅支援，職業訓練が含まれる．しかし，これらの支援制度は限定されたサービスを提供するものであり，適格性のガイドラインは曖昧である．

2）社会保険

ひとり親家族は，配偶者が国家公務員，軍人，私立学校教師であった場合，国家公務員年金，退役軍人年金，私立学校教師年金に基づく給付を利用してもよい．また，1988年に開始された国民年金は，配偶者が死亡した場合，ひとり親が老齢補償，障害補償または遺族補償を受けることを可能にしている．しかし，国民年金は婚姻生活を最低5年間維持した女性だけが利用できる．さらに，パートタイムで働いたり，低賃金の職に就いている低所得のひとり親は，年金の（積み立ての）支払いに負担を感じるかもしれない．

3）ひとり親家族支援法（2007）

ひとり親家族支援法（2007）に基づく政府の支援は，施設保護に偏っている．とはいえ，ひとり親家族が利用できる施設は足らない．また，ほとんどのサービスが親と子の両方というよりは親だけに焦点をしぼったサービスであるため，親と子の両方が支援プログラムに参加することは難しい．その上，ひとり親たちはライフコースによって異なるニーズを有しているにもかかわらず，政策はすべての年齢集団に同じサービスを提供しているようである．

(2) ひとり親家族のためのサービス分析
1）サービスの内容

　ひとり親家族支援法（2007）によれば，サービスは18歳未満の子ども（子どもが大学教育を受けている場合は22歳未満）と，① 配偶者が死亡したひとり親，② 離婚または遺棄されたひとり親，③ 配偶者が身体的または精神的障害のために働くことができないひとり親，④ 未婚の母になったひとり親，⑤ 配偶者が行方不明のひとり親，⑥ 配偶者が逃亡したひとり親，⑦ 配偶者が外国に住むかまたは刑務所にいるひとり親，および ⑧（過去に）韓国人と結婚し，現在，韓国籍をもつ子どもを育てている外国人のひとり親が利用できる．また，孫の世話をする祖父母は，ひとり親家族支援法（2007）の下で給付を受けることができる．給付を受けるためには，家族は所得ガイドラインを満たさなければならない．表4－7は，2007年の所得ガイドラインである．

表4－7　ひとり親家族支援法（2007）のサービス受給適格者の所得ガイドライン

世帯人員	2人	3人	4人	5人	6人
月収	約8万9,000円未満	約11万6,000円未満	約14万3,000円未満	約17万円未満	約19万7,000円未満

注）家族人員が7人以上の世帯については，1人あたり約2万2000円を加算する．

　家族が地方自治体を通じて給付金を申請する場合，自治体の職員がその家庭を訪問し，その家族が適格であるかどうかを決定する．適格と判定されたならば，その家族は，表4－8に示されるようないくつかの基本給付を受給する．もしその家族が住宅支援を必要とする場合，それを申請しなければならない．基本給付のほかに，適格とされたひとり親家族は，法的サービスも利用することができる．

表4—8 いくつかの基本給付

給付の種類	金額	支給時期
授業料援助 (中学校および高等学校)	授業料全額	毎四半期
育児支援	約4,500円	毎月 児童1人あたり
学校用品支援	約1,400円	毎月 児童1人あたり
制服支援	約1万3,000円	児童1人あたり 年2回
生活費支援	約4,500円	年2回

2) サービスのタイプ

ひとり親家族のためのサービスは，中央政府および地方自治体，自活後見機関，女性人材開発センター，総合福祉館，ならびに他の非営利組織を通じて供給される．

① 中央政府および地方自治体

中央政府は，ひとり親家族支援法 (2007) に基づいて地方自治体に全体的指導を行なっている．そして，地方自治体は主に育児費用の援助，授業料援助などの家族に対する経済的支援，および/または母子保護サービス施設の管理などを提供する．地方自治体は，職業に関係するサービスを提供する担当部署を有しているが，予算不足のためにサービスが提供されることは滅多にない．

各地方自治体は，中央政府の監督下にあるので，全国で似たようなサービスを提供している．しかし，給付の種類は地域ごとに異なる．

② 自活後見機関

韓国には200以上の自活後見機関がある．これらは民間団体で，国民基礎生活保障給付に基づいて，低所得家族にサービスを提供している．これらの団体は，カウンセリングサービス，職業訓練プログラム，ならびに就業の機会を提供している．しかし，職業訓練プログラム修了時の心理的ニーズに答えるような支援プログラムはほとんどない．それに加えて，とくにひとり親家族を対象

とした十分なプログラムは存在しない．

③ 女性人材開発センター

韓国には，女性人材開発センターが51ヵ所ある．これらのセンターは，ひとり親家族の母親の雇用を促進し，ひとり親家族の母親が独自の事業を進めることを奨励している．これらのセンターは，かつてジェンダー平等部に管理されていながら，労働部から資金提供を受けていた．しかし，2005年以来，地方自治体の管轄下に入り，半公的な組織になった．これらのセンターが対象とする集団は，若年の低所得の女性で，職業訓練の間，手当と育児支援を提供する．自治後見機関と比較して，女性人材開発センターは，女性特有の問題に敏感であるようにみえる．これらのセンターはまた，現在の女性の問題に応じた支援を提供しようと試みてもいる．しかし，これらのセンターを通じて提供されるいくつかのサービスは，ひとり親家族の母親のニーズには合わないようにみえる．

④ 総合福祉館および他の非営利団体

総合福祉館，ひとり親支援ネットワーク，韓国女性福祉連合，および他の非営利団体は，職業訓練，小規模ビジネス起業支援，情緒的支援プログラムなど，さまざまなプログラムをひとり親家族の母親に提供している．

おわりに：母子家庭のための社会福祉政策および社会福祉事業の対案

家族構造は，父親が外で働き，母親が家庭にとどまって育児をするという伝統的な家族構造から，ひとり親家族，祖父母を世帯主とする家族など，多様なタイプの家族へと変化してきた．それゆえ，伝統的でない家族の成員を差別することがないように，社会の内部の多様性を理解することが必要である．それに加えて，母子家庭はさまざまな心理的および情緒的問題を経験するため，解決策は広い側面を含まなければならない．言い換えれば，ひとり親家族の母親

に雇用と収入の安全を提供するためには，拡大家族の特徴，労働市場，経済状況と同様に，世帯主の年齢と教育が考慮される必要がある．そのうえ，若年期から中年期の貧困はその後の人生にも続く傾向があるので，具体的な社会福祉政策が実施される必要がある．

したがって，第1に，母子家庭のための社会福祉政策は，家族のライフサイクルに基づいて展開されるべきである．第2に，政策は，ひとり親家族の母親が社会福祉サービスの受給者から社会への貢献者に移行することを援助できるものでなければならない．第3に，ひとり親家族の母親は，給付を受けることと同様に，社会的ネットワークを必要としている．それゆえ，支援ネットワークと適切なサービス供給制度を計画することが必要である．第4に，女性の力が女性の政治参加を通じて強化される必要がある．第5に，経済的自立のために女性が労働市場に参加することを奨励する必要がある．最後に，政府部局と民間組織の協力は，ひとり親家族の母親に良いサービスを供給するための主要な要素となる．

(1) 母子家庭のための家族のライフサイクルに基づいた政策対案

表4－9は，母子家庭のための家族のライフサイクルに基づいた政策対案である．

(2) 制度の構築

上述の対案を実行するには，適切な制度が構築される必要がある．第1に，全般的な社会サービス制度の改良が必要である．たとえば，ひとり親家族のための育児補償が実施されるべきであり，その補償は子育て中のすべての家族に拡大できるものでもよい．

第2に，国民基礎生活保障給付とひとり親家族支援法（2007）の両方が，ひとり親家族の母親のライフサイクルの特徴と彼女たちのニーズにしたがって改

表4―9 母子家庭のための家族のライフサイクルに基づいた政策対案

ライフサイクル	対案
(1) ティーンエージャーまたは未婚のひとり親	・教育：ひとり親が高等学校の卒業証書を受けとられるよう奨励する ・就労に関して：雇用カウンセリング ・生活指導 ・未婚のひとり親のための育児練習
(2) 20歳代のひとり親	・就労に関して：専門化された職業訓練 ・多様なタイプの育児施設：24時間利用できる施設および短期滞在用施設 ・住宅支援 ・雇用カウンセリング ・生活指導 ・育児練習
(3) 30歳代のひとり親 （幼い子どもがいる家族）	・多様なタイプの育児施設：24時間利用できる施設および短期滞在用施設 ・放課後プログラム ・子どものための健康・栄養支援 ・就労に関して：雇用カウンセリング ・育児／子どもの教育費に対するもう一方の親の経済的義務の強化 ・住宅支援 ・育児練習
(4) 40歳代のひとり親 （ティーンエージャーの子どもがいる家族）	・経済活動カウンセリング（小規模の起業など） ・ティーンエージャーの子どもとポジティブな関係を確立するためのカウンセリングおよび教育サービス ・学習困難のある子どものための放課後プログラム ・ひとり親家族のティーンエージャーの子どものためのキャンプ ・育児／子どもの教育費に対するもう一方の親の経済的義務の強化 ・住宅支援 ・育児練習
(5) 50歳代のひとり親 （成人の子どもがいる家族）	・健康・医療サービス ・大学生の子ども（たち）のための授業料支援 ・労働力への参加（パートタイム労働など） ・老後のプラン ・ひとり親家族ネットワーク ・ワンルーム様式の生活場所 ・自尊心開発プログラム

出所）チャン・ヘ・キョン『母子家庭の現況と政策課題』女性団体討論会資料集（2006年）を一部修正

正されるべきである．国民基礎生活保障給付とひとり親家族支援法（2007）の両方の適格性ガイドラインが，給付を受ける際のいかなる差別をも防ぐために再評価されるべきである．また政府は，所得が低いがこれらの2つのプログラムの適格者ではない人びとのための支援制度を打ち出すべきである．

第3に，母子家庭のための短期の優遇措置が，国民年金，国民健康保険，雇用保険などの社会保険プログラムを通じて可能かもしれない．この措置は，ひとり親家族の母親の経済的負担を軽減するかもしれない．また，住宅と生活支援は，良い家族関係を維持するために必要だろう．

第4に，雇用サービスと政策が提供される必要がある．たとえば，労働条件を改善し，女性に対する差別を減らすための法規制を再編することが必要である．とくに，政府は，女性が労働力に参入することを差別する雇用主に対して規制を設けるべきである．ひとり親家族の母親のための育児支援，専門化された職業訓練，雇用支援を提供することも考えられる．

第5に，就労はひとり親家族の母親にとって家族と両立できるものでなければならない．順応性のある就業時間は働くひとり親家族の母親にとって助けになるかもしれない．また，政府は，育児施設に支払う費用を軽減または免除することによって育児を支援するべきである．それに加えて，母親が出産のために労働力からはずれる間，年金貸付を行なうことも可能である．

第6に，授業料援助は，ひとり親家族の母親が援助を受ける時期を選べるように，拡大し，柔軟性をもたせるべきである．

最後に，保健福祉家族部は，効果的で効率のよいサービス供給制度をつくるために，関連する政府部局のすべてを含む政府ネットワークを組織する必要がある．このネットワークを通じて，政府は，法規制と管理制度を再編することが可能かもしれない．政府部局と地域の組織の協力関係が確立される必要がある．この協力関係は，総合福祉館，非営利組織，そして学校，病院，企業などのコミュニティの資源を含むコミュニティ・ネットワークを組織するという結果に帰着するだろう．それに加えて，危機介入，ケースマネジメント，情報共

有サービスを提供する組織も設立される必要がある．また，ひとり親家族の母親にとって，支援グループに参加することができればひとり親家族にとって助けになる．

《注》
1) キム・ミ・スク他『低所得ひとり親家族の生活実態と政策課題』韓国保健社会研究院　2000年，ビョン・フワ・スン他『家族類型による生活実態と福祉ニーズに関する研究』韓国女性開発院　2001年，チャン・ヘ・キョン他『女性ひとり親家庭のための社会的支援対策』ジェンダー性平等部　2001年，ソン・ダ・ヨン「社会的排除集団としての低所得母子家庭と統合された福祉対策樹立のための研究」『韓国社会福祉学』54　2003年　pp.295-319，チョ・フン・シク他『家族福祉学（第3版）』学志社　2006年，シン・ヘ・リョン他『ひとり親家族支援法案に関する研究』女性家族部　2006年．
2) ビョン・フワ・スン他『家族類型による生活実態と福祉ニーズに関する研究』韓国女性開発院　2001年．
3) キム・ミ・スク他『低所得ひとり親家族の生活実態と政策課題』韓国保健社会研究院　2000年．
4) オ・スン・ファン「低所得ひとり親家族の家族機能と子どもの心理社会的特性の比較研究」『韓国児童福祉学』1(12)　2001年　pp.77-107，キム・オ・ナム「ひとり親家族の女性家長の心理的 well-being と関連要因の研究」『韓国家族福祉学』14　2004年　pp.507-519．
5) キム・キョン・シン「ひとり親家族のための教育および相談の活性化対策および効率的な情報伝達体系の研究」『大韓家庭学会誌』41(7)　2003年　pp.73-89．
6) 同上書　pp.73-89．
7) チュェ・ヘ・キョン「社会的ネットワーク構造がひとり親家族の心理的 well-being に与える影響」『韓国社会福祉学』33　1997年　pp.377-395，ホ・ジョン・ウォン／オク・ソン・ファ「離婚した母子家庭および社会ネットワークの支援と離婚後の適応」『生活科学研究』23　1998年　pp.37-49，Buehler, C. & Legg, B. H., "Mother's receipt of social support and their well-being following marital separation," *Journal of Social Personal Relationships* 10, 1993, pp.21-38, Rhodes, J. E., Ebert, L. & Meyers, A. B., "Social support, relationship problems and the psychological functioning of young African-American mothers," *Journal of Social and Personal Relationships* 11, 1994, pp.587-599.
8) チャン・ヘ・キョン他『女性ひとり親家族のための社会的支援対策』ジェンダー性平等部　2001年．
9) キム・ミ・スク他『低所得ひとり親家族の生活実態と政策課題』韓国保健社会

研究院　2000 年.
10) 同上書.
11) 同上書.

第5章
貧困に生きるアフリカ系アメリカ人のひとり親家族の母親たち
──黒人フェミニストの視点から──

はじめに

　奴隷時代もその後も，黒人は常に，生き残れるかどうかの瀬戸際で，創造的に，しばしば行き当たりばったりに，家庭生活を築いていかざるを得なかった．

Angela Davis[1]

　アメリカ合衆国における家族構成は，結婚件数の大幅な減少および未婚女性による出産の増加により，変化しつつある．合衆国の男性・女性はともに，結婚年齢を遅らせるだけでなく，そもそも結婚しないという人が多くその数は増え続けている[2]．同棲や法律婚をしない親子関係の増加，また同性愛比率の増加により，結婚は非制度化しつつある[3]．未婚女性の出産は着実に増加しており，1970年には全出産の10％であったのに対し，今日では30％を超えるほどである[4]．黒人で見ると，50％以上の子どもが母親とのみで暮らしている．

　貧困は，広範囲で永続的な社会問題であり，アメリカ合衆国中の弱い立場の家族や子どもたち，そしてコミュニティを傷つける．「貧しい」という状況は，貧困線（最低生活線）より下にある人びとを意味する．貧困の境界線あるいは

第5章　貧困に生きるアフリカ系アメリカ人のひとり親家族の母親たち

貧困線は，合衆国国勢調査局により，世帯構成員の年齢と人数に基づき毎年決定される．たとえば，2005年では，65歳以下の1人世帯の貧困線は1万160ドル（1ドル＝約90円）であった．成人2人と18歳以下の子ども3人の世帯では，2万3,307ドルであった．2005年の合衆国の貧困率は13％超であったが，黒人の25％以上が貧困線以下の生活をしていた[5]．2000年の合衆国国勢調査によると，女性世帯主の世帯は合衆国全世帯の4分の1をやや超え（26％），その内のほぼ半数（42％）は貧困線あるいはそれ以下の生活をしている．黒人世帯の半数以上が貧しいひとり親家族の母親が世帯主であるという事実を考えると，これらの調査結果は一層注目せざるを得ない[6]．アフリカ系アメリカ人のひとり親家族の世帯主はほとんどすべてが女性であるため，こうした家族は，人種的に隔離されたコミュニティで暮らすことによる影響を含めて，貧困に由来するあらゆる問題に直面している[7]．

本章では，「黒人」という言葉はアフリカに先祖を持ち，遠く離れたアメリカ合衆国の地に居住する人びとを指す．色で区別するため，人種的カテゴリーおよび関連するアイデンティティを示すため，大文字を使用する（すなわち，Black：黒人，White：白人）．アフリカ系アメリカ人は，より広い意味での黒人コミュニティのなかのサブグループである．本章は，貧しいアフリカ系アメリカ人のひとり親家族の母親に関する諸問題を再概念化し，再定義する試みである．貧しいアフリカ系アメリカ人のひとり親家族の母親たちが，自分自身や家族，そしてより広いコミュニティのためにできるはずの前進を阻んでいる，いくつかの課題も明らかにする．また，彼女たちが貧困という問題に立ち向かいながら子育てができるようにする，文化的資源にも注目する．

人種／民族，ジェンダー，階級差別が入り混じった，これらに基づいた制約的，抑圧的な支配システムを理解し，この問題に挑むにあたっては，一般的にフェミニストの理論的視点および黒人フェミニストの理論的視点を用いることが，不可欠である．黒人女性のアイデンティティは，単に黒人として，あるいは女性としての経験のみに基づくものではなく，これら2つの社会的地位とそ

れらが内蔵されている階層が，彼女の日常生活の経験においてどのように相互作用するかによって形成される．[8] 女性であること，そして「黒人」コミュニティに属するという忠誠が共に融合した結果，貧しいアフリカ系アメリカ人のひとり親家族の母親とその家族の実際の経験を検証するにあたって不可欠な洞察力を生み出している．問題を再概念化し，再定義するために「黒人」フェミニストの視点から得られる洞察力に頼ることの理論的根拠は，1882年のCooperによっておそらく最もよく表現されているだろう．Cooperは，アフリカ系アメリカ人女性は「女性問題と人種問題の両方に直面しており，しかも両分野において未知で未だ認識されていない存在である」ために，二重のジレンマに直面していると述べ，その状態は今日に至るまで続いているのである．

1 フェミニストの理論

Cleageによると，フェミニズムとは「女性は，知的，政治的，社会的，性的，精神的，経済的なあらゆる人間活動に参加し，リーダーシップを取ることができる，完全な人間であるという信念」である．[9] フェミニストの理論は，これまで認識されていなかった，あるいは良く見ても社会的に無視されてきた視点，すなわち女性という視点から社会理論および人間の経験を再構築する作業を含む．さまざまな形の抑圧が存在し，目に見えないところで永続している可能性があるため，「特権保護」という「見えないナップサックを紐解く」作業は，社会における他の形の不平等の分析を進めることになる．[10] これまで発表されてきた社会科学理論の大半は特権的な白人男性の立場から発せられたものであることを考えると，この視点はとくに重要である．したがって中心的な問題は「女性はどうなのか？」ということである．[11]

文化的形態が特定の人口集団における社会的関係にどのように関与するかを認識することは，フェミニストの理論家たちによって取り上げられてきた課題である．フェミニスト理論は，特定の制度がどのように権力構造を反復する

か，わずかな資源をどのように分配するかを明確に表現する．アメリカ合衆国において結婚は，幾多の経済的・法的・社会的便宜を提供するための異性愛的特権に満ちた制度である．たとえ異性愛者であっても，未婚女性は既婚者ほど多くの特権を有しておらず，しばしば結婚に関して差別を受ける．とくに未婚の母親はそうである．さらに，家族は歴史的にみて男女不平等な制度であり，女性のニーズを下位に位置づけ，特定の役割と家族形成に特権と機会を割り当ててきたのである．同様の批判が，貧しいアフリカ系アメリカ人のひとり親家族の母親を考慮する際にもあてはまる．分析の対象を，従来の白人中流階級のふたり親家族から，境界線に位置する家族の検証にシフトする必要がある．なぜなら，対象の焦点をシフトすることにより，無数の家族形態が共存していること，家族制度は流動的であることへの理解が深まるからである．

2 黒人フェミニストの理論

　ヨーロッパにおけるフェミニストの苦闘は，アフリカ女性のそれとは必ずしも同じではない．彼女らの苦闘は似ているかもしれないが，2つの異なる地点から出発している……

Lauretta Ngcobo[12]

　ジェンダー中心の知識の進展においては大きく前進したにもかかわらず，初期のフェミニスト理論家の分析は，女性という概念の誤った普遍主義に基づいたものであり，有色女性の立場を適切に組み入れていなかったため，パラダイムの人種区別化が必要性になった．黒人フェミニストの理論および研究は，社会的正義を求める黒人女性たちの苦闘において，彼女たちの問題がずっと周辺に追いやられてきたことに対し，黒人女性によりフェミニスト運動側に提起された課題に基づいている．1970年代後半，Lordeはフェミニストに対し，女性たちあるいは有色人種たちの経験が均一であると仮定しないよう警告し，次

のように述べている.「概して今日の女性運動においては，白人女性が女性としての抑圧に焦点を当て，人種，性的指向，階級，年齢における違いを無視している．経験は均一であるという見せかけが，実際には存在しない姉妹としての同士 (sisterhood) という言葉により表現されている」[13]．このことは新たな限定的な問い，「有色女性はどうなのか？」を導き出した[14]．

Hooks[15]は，「人間の生活についてより深く理解するためには，有色女性の経験と知識をフェミニストの理論化と活動の中心に置かなければならない」と述べている．研究および政策立案の議論において，しばしば「差異や境界，他者といった概念が強調され，それによりさらに実世界において異なる人びとや他者を周辺に追いやる風潮を生み出すことになっている」[16]．こうしたことが起こると，「他者が，常に力を持つ者たちによって客観化され，専有され，解釈され，議論される」ような支配のパターンがさらに刷り込まれる[17]．

まさに的確な『黒人フェミニスト思想』というタイトルの書の中で，Collins[18]は黒人フェミニストの認識論あるいは認知方法の輪郭を描写している．黒人フェミニスト思想は，抑圧の加法的アプローチ（たとえば，ジェンダーという概念に単に人種・階級・性などの変数を加える）から，「特有な抑圧のシステムを，支配のひとつの包括的構造」[19]あるいは支配のマトリックスと見る包括的アプローチへとパラダイム転換している．さらにCollinsは，従来の研究で幅をきかすエリート白人男性の関心から征服的な知識が出てきたのであり，その結果，「仕事や家族，母親業，政治的活動，性に関する考え方における黒人女性の経験は，従来の研究の議論において常に捻じ曲げられたり，排除されたりしてきた」と考えている[20]．

黒人フェミニストのパラダイムの中心にあるのは，抑圧を単一の条件としてではなく，有色女性の生活を構成し，階層化するものとして，同時に作用する複数の抑圧として概念化することである[21]．King[22]は，この状況に関して「複合的意識」を持ち，「複数の危険」を経験することであると述べている．このパラダイムは，社会の機会構造の中で集団が異なる位置づけをされる，社会階層

を作り上げるものとして抑圧の相互構築システムを強調する．つまり，機会構造は，人種，階級，ジェンダーの階層を含む「支配のマトリックス」の中で作り上げられると認識される[23]．黒人フェミニスト理論は，黒人女性特有の生活，経験，アイデンティティを表現するものであり，ジェンダーあるいは人種のみに焦点を当てた理論では，複数のタイプの抑圧に直面する黒人女性の生活と経験を完全に説明することはできないという前提に立っている．

　黒人フェミニスト理論は，とくに黒人女性の文化的な声，今までの研究あるいは政策立案環境での議論の一部としてほとんど聞かれることのなかった声で語られる出来事および現象の研究を，中心に置くという誓約に支えられたパラダイムである．それは，自身の経験の中心として自分たちの文化的背景を正当な位置に戻し，これまで他者により過小評価されていた特性を再評価しようと努力する黒人女性たち自身によって，再適用されたパラダイムである．その核には，黒人家族と公的政策に関連する問題について重要な意味を持つ，明確な基準と価値体系の認識がある．Kingによると[24]，「黒人フェミニストのイデオロギーは……黒人女性の可視性を宣言する．……第2に，黒人フェミニズムは自発的決定能力が不可欠であると断言する．黒人女性は私たちの現実を表現し，私たちの目的を定義する権利を与えられる．第3に，黒人フェミニストのイデオロギーは，支配的社会および解放運動の両方に存在する人種主義，性差別，階級差別という抑圧の相互構造に対し，根本的に挑戦する．最後に，黒人フェミニストのイデオロギーが前提とする黒人女性のイメージは，力強く，独立な主体である」．

　黒人フェミニストの視点は，貧しいアフリカ系アメリカ人のひとり親家族の母親とその家族の実際の経験を検証するために必要な再概念化にとって，不可欠である．

3 アメリカ合衆国福祉制度の発展

　アメリカ合衆国における福祉制度と，そこに生きる貧しいアフリカ系アメリカ人のひとり親家族の母親の位置づけを十分に理解するためには，社会歴史的な力および出来事を考慮に入れる必要がある．それは，人種／民族，階級，ジェンダーというラインに沿って常に階層化されてきた力と出来事である．福祉という言葉は，低所得の市民の生活を改善するために設立された政策およびプログラムを意味するが，大部分の人びとは一つの特定のプログラム「要扶養児童家族扶助（Aid to Families With Dependent Children; AFDC）を指してこの言葉を使う．これは，親（大部分は未婚女性）に対して自身と子どもの生活を支援するための毎月の経済的援助プログラムである」[25]．

　ここでとくに取り上げるのは，1935年の社会保障法（SSA）から始まった福祉制度の設立と発展である．それは，当時の社会保険制度に取って代わるプログラムと捉えられていた．SSAは，老齢保険，失業補償，公衆衛生，要扶養児童扶助（ADC，後のAFDC），その他の福祉政策を統合するものであった．さらにSSAは，新しい諸プログラムを社会保険または公的扶助プログラムのいずれかに分類した．そうすることにより，「社会保険制度（老齢保険，失業補償，公衆衛生）は支払い金額においても評判においても優れており，公的扶助は劣っているだけでなく，深く烙印を押されているという，階層的な支給システムを設定することにより，社会保障法は『福祉』の現代的な意味を作り出した」[26]．

　当初，SSAは要扶養児童扶助（ADC）を含むすべてのプログラムから，最も困窮している集団（たとえば人種／民族的少数派，極貧の未婚女性）を排除していた．1936年，白人労働者よりもはるかに低賃金で働いていた強壮な黒人労働者たちが働くのをやめてしまうことを恐れて，ADCは改正され，貧困のふたり親家族の子どもたちが排除された．稼ぎ手が死亡，不在，あるいは働くことができない家庭の子どものみが支給条件に適合した[27]．結局，アフリカ系アメリカ人たちは福祉制度に含まれることとなったが，彼らが条件適合したことによ

り，ADCプログラムにすでに付されていた汚名と低い地位をさらに増強する結果となった．

1939年，社会保障プログラムに遺族手当てが付加されたため，被雇用男性（大部分は白人）の未亡人はADCから社会保険へと移動した．ADCは主にアフリカ系アメリカ人女性と未婚のひとり親家族の母親向けのプログラムとして，さらに不名誉な烙印を押された．ADCは受給者に「倫理試験」が課される唯一の公的プログラムであった．すなわち，世帯内の男性の同居や，再度の未婚出産は，給付を終結する根拠とされた[28]．こうした初期の出来事による汚名と階層化は，「福祉」という言葉およびその主な受給者であるアフリカ系アメリカ人のひとり親家族の母親という特定の集団に付随する，軽蔑的な意味と固定概念を植え付けた．当時も，そして現在も，福祉プログラムの受給条件に適合する多くの人びとが，福祉を受給することに付随する負の汚名を理由に，申請をしないでいる[29]．

4　貧困に対する戦争

対貧困政策は，ケネディ（Kennedy, J. F.）大統領の時代に新たに注目された．ケネディ暗殺後に大統領となったジョンソン（Johnson, L.）は，貧困との戦いを継続して実行することを公約した．彼は合衆国が「偉大な社会」，貧困と搾取の無い社会になることを求めた．その構想の一部として，ジョンソンは「貧困に対する戦争」を開始した．フードスタンプ計画が設立され，女性と子どものためのプログラム，女性・子どものための特別補助栄養プログラム（WIC）は，最も栄養不足に陥る恐れのある人びとを対象とした．メディケード（医療扶助）は，AFDCを受給している貧しい人びとに対象を広げた．「偉大な社会」計画は，貧困救済のみならず，実際的な改革にも向けられた．たとえば，より良い学校，職業訓練，職業創生，医療の拡大である．1960年代には貧困はかなり減少したが，1980年代になると「偉大な社会」計画の多くは失敗であっ

たとして非難され，その一部は廃止された[30]．

5 福祉に対する戦争

1968年，ニクソン（Nixon, R. M.）政権が「貧困に対する戦争」を受け継いだ．連邦政府資金で運営する福祉プログラムに替わるものとして，逆所得税という考え方が模索された．つまり，AFDCやフードスタンプ，WIC，その他のプログラムに申請する代わりに，特定の所得水準以下の人びとは内国歳入庁から1枚の小切手を受け取る．すなわち，所得税を払うのでなく逆に受け取るのである．これが名前の由来である．計画に賛成した者たちは，この計画により煩雑な手続きや書類作業を大幅に軽減でき，不名誉な汚名を抱かれることもなく，受け取った家族は生活を改善させるためにお金をどう使うか，自由に判断できると考えた[31]．

逆所得税プログラムがどのような結果をもたらすかを探るため，ワシントン州シアトルとコロラド州デンバーにおいて2つの実験が開始された．これらの実験的プログラムは，労働意欲を失わせるということは無かったが，家族の維持という点では失敗に終わった．多くの受給者は経済的に自立できたが，離婚や夫婦間別居が増加した．これは，所得を保証された貧しい女性たちが問題のある結婚から離れる傾向にあったからである．逆所得税という実験と考え方はこうして廃止された[32]．

レーガン（Reagan, R. W.）大統領政権は就任当初，「これまでの福祉政策に終止符を打つ」ことを公約し，いくつかの資金削減を開始した．政府の介入をできるだけ少なくする不干渉政府という政策が支持された．この考え方は，小さな政府と大きな私企業がより大きな成長をもたらし，その成長による利益（すなわち，より多くの仕事，消費財，労働者技術の私的需要）は国民全員に「浸透していく」という前提に基づいていた．しかし，貧困人口が減ることは無かった．富者はますます富み，貧者の取り分は減った．AFDCのような長年続いた政

第5章　貧困に生きるアフリカ系アメリカ人のひとり親家族の母たち　95

府の福祉プログラムは，貧しい人びとのなかに依存という風土を作り出していると非難された[33]．レーガンは，福祉制度を悪用する女性たちを「福祉クイーン」と呼ぶなど，自身の懸念を表明し，貧しい母親たちに汚名を上塗りし，固定観念を強めてしまった．再び，改革は困難になり，多くの人びとが福祉による援助を必要としている状態であったにもかかわらず，援助は打ち切られていった[34]．

「ワーキング・プア」という新たな位置づけが，貧困の分類項目に加えられた．多くの賃金労働者階級および一部のホワイトカラー層が，規模縮小とグローバリゼーションにより職を失った．ブッシュ（Bush, G. W.）大統領は，「千個の小さな光」すなわち地域の私企業およびボランティアによる努力によって，貧困と戦うことを求めた．低所得賃金労働者階級と中流階級労働者の数が増加した[35]．

クリントン（Clinton, B.）大統領は，福祉の終了を公約した．1996年，議会とクリントンはついに福祉改革法である個人責任，就労機会調整法（PRWORA）に合意した．これはAFDCに取って代わるもので，州の福祉制度を変えるにあたって州に大きな自由裁量を与えるものであった．「福祉から就労へ」が国のスローガンとなり，広範囲にわたる諸プログラムの目標となった．福祉給付金は削減され，1999年の調査によると，受給者の60％が福祉から離れて仕事を得た．国の福祉取り扱い件数は1996年8月の441万世帯から，2001年9月には220万世帯へと，空前の減少を示した[36]．PRWORAでは220億ドル（1ドル＝約90円）が節約できたが，これは政府の支出が減ったことを意味していない．むしろ，「ワーキング・プア」支援のために支出がシフトしたということである．1999年のこの支出は650億ドルにのぼり，旧AFDCプログラムの支出を大幅に超えた[37]．

方針は，「働かざる者に，福祉無し」であった．受給条件適合者数は大幅に減少した．1992年には適合世帯の80％が支援を受けたが，2002年には40％であった．1995年から2000年の間に，就業率は62％から73％に上昇したが，

2005年には69％に落ちた。貧困線上またはそれ以下で生活する人の割合は上昇した。1994年から2001年に貧困線上またはそれ以下で生活するひとり親家族の母親の割合は44％から66％に増加した。多くの女性が低賃金の仕事から抜け出せないでいた。けっして十分とは言えないTANFは、不十分なままの状態が続いた。[38]

6 PWORAの困窮家族一時扶助

AFDCに替わるものとして、PRWORAは「困窮家族一時扶助」（Temporary Assistance for Needy Families: TANF）というプログラムを提供した。これは、連邦の大まかなガイドラインの範囲内で、州が独自の福祉制度を開発・実行するための資金を州に提供するものであった。TANFの連邦ガイドラインでは、家族が福祉給付を受け取る生涯期間を5年間とし、すべての受給者は2年以内に仕事を探さねばならないとした。期限内に職を見つけられない者は、無償で地域の奉仕活動に従事しなければならない。TANFの使命は、ひとり親家族の母親が大半を占める受給者を早急に労働人口に組み入れ、現金給付への依存度を減らすことであった。こうした改革が実行されたことにより、福祉を受ける世帯数は減少し、そこから労働力に組み込まれた成人の数は増加したが、それでも貧困は減らなかった。[39]

TANFの規則における最初の8年間で、半数以上の世帯が福祉リストから離れ、賃金労働に従事したが、調査によると、彼らが稼ぐ賃金では貧困生活から脱却できないケースがほとんどであった。職業技術が低く、あるいは教育を十分に受けていない人びとは、不確実な、あるいは存在しない支援制度（すなわち、家族、社会ネットワーク、TANF）や、その他の制限（すなわち、肉体的・精神的健康上の問題）により、政策主導によって給付が受給されない人も出た。何万人もの子どもたちは、親が給付を受けられなくなった時点で健康保険の受給資格も失い、それに替わるものも与えられなかった。[40]さらに、婚姻率は変わら

第5章　貧困に生きるアフリカ系アメリカ人のひとり親家族の母親たち

ないにもかかわらず，結婚していないパートナーと同居する人の割合は増加した[41]．

　多くの貧しいアフリカ系アメリカ人のひとり親家族の母親は，経済的に無力であり，生きていくために社会のセーフティネットを必要としている．しかし，歴史的に見ても，福祉に関する規則の執行は常に彼女たちには厳しく，新しい制度下ではさらに厳しくなっているように見える．アフリカ系アメリカ人の母親たちは，交通費援助などの暫定的な手当てを受給されない傾向にある．また，現金給付を得るのにはより困難を伴い，不十分な賃金の仕事に付いてしまう「袋小路に入りこむ」ようなケースが多い．都市司法局（Urban Justice Center）が福祉事務所のスタッフによる不正行為（たとえば，給付は存在しないと申請者に嘘を言うなど）を調査したところ，有色の申請者に対する不正行為件数の方が多いことがわかった．イリノイ州における福祉改革の研究では，ほぼ半数の白人受給者は教育プログラムを紹介されたのに対し，黒人受給者では18％しか紹介されなかった．雇用者は，福祉から離れた人材を雇用する場合，有色人よりも白人を多く雇用する傾向にあることもわかった[42]．

　貧困は教育で身につく技能や知識と関連があり，ひとり親家族の母親と貧困との相互作用を生み出す重要な要因は，給料の良い仕事に就くために必要な教育と訓練を受けていないという点である[43]．AFDCを受給する母親のほぼ半数は，高校卒業資格を持っていない[44]．教育と職業訓練の不十分さが，自分自身と家族を養うのに十分な賃金を得られる仕事に就くことの障害になっている．第二次産業（サービス／サービス関連）の労働市場における低賃金の仕事では，昇進の機会，各種給付，雇用保険，あるいは勤務時間のフレキシビリティが提供されず，多くのひとり親家族の母親とその家族たちの貧困を永続させている．にもかかわらず，1996年に制定された福祉政策は低所得女性のカレッジ入学者数の減少を導いた．TANF以前には，給付支給資格を得るためのカレッジへの出席を雇用とみなす制度を42の州が導入していたが，TANF以後この制度を提供する州は26に減った[45]．

制度に組み込まれている偏見や固定観念，不正確な情報に導かれた誤った政策決定によって，改革発案の効果は減少してしまう．公的扶助は依存性を生み出すとか，貧困は貧しい者の落ち度であるという考え方が，福祉改革の中心である．ひとり親家族の母親が世帯主の家族についての負のイメージが生み出され，強くなることによって，さらに苦悩が加えられる．福祉受給人口のうち最大の区分を占めるひとり親家族の母親は，福祉手当をもらうために妊娠するアフリカ系アメリカ人であるというのが，一般的な仮定である．彼女たちは，福祉受給額を増額したいために子どもを産みたいだけの「福祉クイーン」であるという固定されたイメージが付随しているが，研究ではこの見方は支持されていない[46]．Hays[47]は3つの福祉機関を調査した結果，大部分の貧しいひとり親家族の母親たちは自分たちの生活を自立させたいと願っているが，より良い賃金の仕事に就くために必要な教育，訓練，子どもの世話の手段，交通手段を持っていないことがわかった．しかし，彼女たちに対する負のイメージにより，家族を支えていくために必要な経済的自立を可能にする十分な（最低生活賃金の）雇用を保証するための資源にアクセスすることを阻まれている．

　2006年，議会は赤字削減法案を可決し，1996年版 PRWORA の多くの条項が再確認された．これは，扶養が必要な子どもを持つひとり親家族の母親がほとんどである福祉受給女性の依存性を減らし，自立を促すことをめざした福祉政策の新たな10年の始まりを意味した．貧困はまだ広がっているが，福祉改革は効を奏したというのが立法者たちの主な合意であった．

7　社会制度

　貧しいアフリカ系アメリカ人ひとり親家族の母親とその家族への給付は，行動を形成し，考え方に影響を及ぼし，給付の配分において重要な役割を果たす社会制度によって，さらに否定され，負の烙印を押されている．教育，法制度，政府，労働市場といった社会制度は，以下の例に説明されるような不平等

を正当化する考え方を生み出し，広めることにより，人種，階級，男女間の階層化に貢献している．

(1) 教育

　アフリカ系アメリカ人ひとり親家族の母親とその家族に関する大部分の研究調査で最も欠けている点は，その歴史的背景を考慮に入れていないことが比較的多いということである．アメリカ合衆国でアフリカ系アメリカ人として存在するということの「根深い人種的烙印」を知ることが不可欠であるにもかかわらず，階層特定の，白人支配的なモデルを異なる歴史的現実に当てはめようとする傾向にある[48]．アフリカ系アメリカ人は，合衆国における奴隷の歴史，そしてその後の余波のために，悪い烙印を押されてしまっている．Louryの説明は以下の通りである[49]．「烙印とは，最も深い認識レベルにおいて，〔その人は〕誰であると理解されるか」であるのに対し，差別とは「人がどう扱われるか」である．彼の考えでは，アフリカ系アメリカ人は根本的に異なる人びとと認識されており，この認識こそが人種差別が継続する根本原因である．

　アフリカ系アメリカ人世帯の世帯主は，既婚カップルよりひとり親（ほとんどの場合ひとり親家族の母親）であることが多い[50]．これまでの理論的議論に基づいて考えると，ひとり親家族の母親たちのアイデンティティと経験における均一性は仮定できない．とくに親である場合，結婚することが規範である文化において，ひとり親家族の母親は「その他」と定義され，しばしば固定観念と悪い烙印を押されてしまう．ひとり親家族の母親のタイプを狭く定義した「福祉クイーン」という固定概念を考えてみてほしい．この固定概念は，既婚の中流階級の白人の母親という架空のアメリカの規範と比較対照するために作られた「その他」というカテゴリーなのである．ひとり親家族の母親のアイデンティティと経験は，支配社会にはしばしば不可解であるため，彼女たちは部外者なのである．多くの場合，多数派の文化にとって彼女たちは単に見えない存在であり，無視され，考慮に入れられない存在なのである．

歴史を通じて，労働においてはある種の男女区分が存在してきた．しかし，家長としての「稼ぎ手」という男性の役割のイメージは，農業を基盤とする経済から産業経済へのシフトおよび「家族賃金」の始まりに関連しており，とくにアメリカにおけるアフリカ人奴隷の子孫にとってはかなり新しいものである．世帯レベルでは，支配的文化における多くの人びとにとって家族は，職場における個人の業績に対する報酬と同等あるいは二次的なものとなっている．対照的に，多くの黒人女性が最も強く，根本的に献身したのは，家庭，家族，母親業であった[51]．Jones は以下のように述べている．「奴隷商人の時代から今日に至るまで，ニグロ（アフリカ系黒人）の女性たちは，家族を黒人差別の侮辱から勇敢に守り，リンチや差別や警察による蛮行に怯える環境で子どもたちを育て，子どもに教育を受けさせるために戦うという家族のニーズに対処する責任を負ってきた[52]」．

(2) 法制度

貧しいアフリカ系アメリカ人のひとり親家族の母親たちはこれまで，特権的な人種／民族・ジェンダー・階級の地位から生じる利益や認知，保護を手にしたことはけっしてなかった．社会は彼女たちを「みっともない」と呼び，その結果「値する者たち」と「値しない者たち」を区別するのに必要な烙印を押した．Gordon[53] によると，福祉制度は「値しない」ひとり親家族の母親たちに粗悪で不十分な援助を提供することにより，「婚外子」出生を排除するよう設計されているという．法制度はさらに，貧しいひとり親家族の母親の下位性を正式に制度化し，永続させることとなり，「婚外子」という定義と扱いによって，彼女たちの子育てにおける障害を大きくさせた．この状況は，中世の母父関係に基づく子どもを優先するという考えにさかのぼる．現代の法律は，このような婚外子の平等な保護請求を認めていない．法律は，このような子どもたち（およびその母親たち）に悪意に満ちたペナルティを課し，それは死ぬまで彼／彼女たちに付いてまわる．認知されない，「婚外子」の子どもたちは，ほとん

どの州の法律の下では実質的に相続権を持たない．彼／彼女たちは，親の死に関する賠償請求のための不法死亡訴訟を起こすことができない．彼／彼女たちは，父親の死または傷害に関する請求において，労働者災害補償あるいは社会保障機関の行政官によって認知される必要は無い．したがって，多くのアフリカ系アメリカ人の「婚外子」の子どもたちには，与えられる有益な援助資源が拒まれているのである[54]．

(3) 政治制度

子どもの問題は常に「母親の落ち度」に原因があるとされる．こうした考えは被害者を責める旧来の視点に類似しており，貧しいアフリカ系アメリカ人のひとり親家族の母親とその家族を，病的で，異常で，恵まれない人びととして見なす考えをもたらす．この欠損的な視点は，妊娠に伴って人生の選択に影響を与える諸要因を無視している．すなわち，母親業を行うにあたって発生する他の様々な要因—家族のプロセス，環境的ストレス因子，文化的・環境的状況など—を無視している[55]．

母親に責任を負わせる傾向は，それが国，または政治制度に関わってくると，ますますひどくなる．福祉を受ける母親のイメージは，「本質的には，奴隷制において作り上げられたブリーダーのイメージの現代版であり」[56]，黒人女性を怠け者で，公的扶助を増額するために何人もの子どもを産むと見なすものである．こうした特徴づけは，「値する者と値しない者」という独断的な区別を正当化し，貧しいアフリカ系アメリカ人のひとり親家族の母親とその家族を支援する国の責任を軽減するものである．

(4) 労働市場

ひとり親の家族が抱える問題として，子どもがひとり親によって育てられることよりも，貧困問題の方が深刻である．人びとは，貧困と働く意欲の欠如とを結びつけて考えがちである．この一般に信じられている神話的通念とは逆

に，多くの失業中の母親たちにとって，福祉は好ましい収入源ではなく，手にできる唯一の収入源なのである．前述のように，福祉を受給する大部分のひとり親家族の母親たちは，公的扶助を受けるよりも働きたいと思っている．しかし，仕事の世界に全面的に参加しようとすると，彼女たちは多くの障害に直面する．それは，職業差別，人種差別，男女差別，無理のない料金での保育の利用制限および乏しい利便性，雇用市場の縮小による求人減少などである．労働市場は，低賃金のパートタイムの仕事が増える傾向にあり，そうした職業に就くのはほとんどが女性である[57]．

未婚の母親は，失業手当を受けることができない場合が多い．失業保険は，一時解雇または解雇された常勤（の）（男性）労働者に給付することを意図して作られている．大部分の働く母親たちは，パートタイムまたはある期間のみの契約（またはその両方）で働いているため，「正規」労働者のモデルに適合せず，失業保険の受給条件に不適格とされることが多い．さらに，「自主的に」雇用関係を終了する労働者は，失業保険の受給条件に不適格となる．しかしながら，母親たちが雇用関係を終了する一般的な理由は子どもに関係することであり，自主的ではない．家庭事情による退職（たとえば，病気の子どもの世話をするための退職）をする人の99％は女性である[58]．このような場合，母親たちは「自主的に」雇用関係を終了させたと見なされるため，失業手当を受けられないのである．

8 文化の力と日常的実践

残念なことに，彼女たちの生活における複合的な障害を相殺することを助ける文化の力と日常の活動よりも，貧しいアフリカ系アメリカ人のひとり親家族の母親が直面する逆境の数々の方が一般にはよく知られている．豊かな文化的伝統，そして抵抗と活動の歴史は，母親業の重要さ，拡大家族構成，親の役割の多様性と柔軟性，女性間の協力や姉妹関係といった生活様式を育んできた[59]．

(1) 母親業の重要さ

Collins[60]によると,「母親であることは,黒人女性が自己を認識する力,(自己を)評価し尊重することの重要性,自信を持ち自立することの必要性を学び,表現する場としての役割を果たしうる」.黒人女性の母親業に関するこの定義は,アフリカ系アメリカ人女性の母親としての経験の本質を表している.母親になることを選ぶということは,人生において決定的なポイントである.混沌と不透明さが正常と映るこの世界において,母親業は物事を正常な状態に戻し,人生に意味を持たせるための触媒のような働きがあるようだ.母親業は,ネグレクトという問題から自己過小評価にいたるまで,多くの問題の解決策であるかのように見える.

母親にはさまざまな意味がある.本章においては,生物学的母親と下記に示す擬制的母親の両方を指す.単に子どもを持つことを意味するだけではなく,ひとりの子どもを社会化し養育するための主要な作用者になるということも意味する.5年間にわたって162人の低所得のひとり親家族の母親を調査したEdinとKefalas[61]は,彼女たちにとって子どもを持つことは帰属意識と評価の象徴であることを発見した.良い母親になることは,尊敬と賞賛を得るための実現可能な役割である.なぜなら,黒人コミュニティの組織(たとえば家族,教会,ボランティア組織)において,母親としての女性の役割は高く評価され,認識されているからである.彼女たちは育てる者,与える者,そして教え導く者として評価される.彼女たちが家族やコミュニティの生活に参画することは,自己の尊厳と社会におけるアイデンティティの定義を確固としたものにする.それによって彼女たちは,家父長制や階級に基づく白人社会に永く存在する,否定的で制限的な固定概念や抑圧に抵抗していく力を持つようになるのである.

(2) 拡大家族構成

親族構成を分析すると,家族にはさまざまなパターンと機能があることがわ

かっている.多くの場合,ひとり親と暮らしている子どもでも,他の大人と共に暮らしていることが多い.2003年,母親と暮らす子どもの内41％が他の大人とも暮らしていた[62].世帯的には核家族（たとえば母親と生物学的な子ども）になっていても,日常生活はまったく核家族的ではないことがある.実際,ひとり親家族の母親の家族の場合を見ると,最も価値のあるよりどころのひとつは,「拡大家族による個人や家族への非公式な合併は,黒人が生き残るために最も実現可能な制度のひとつ」なのである[63].核家族よりも強く結ばれた親族ネットワークのため,また自己よりも家族を基礎にした社会形成への参加のために,資源と責任を分かち合うことを基盤にした拡大家族構成が選択されている.

　生物学的親族および擬制的親族のコミュニティは,女性を保護するものであり,支えるものでもあり,また母親としての,かつより大きな集合体に属しているというアイデンティティを示すものでもある.拡大家族はこうした親族で構成され,それは生物学的か擬制的かにかかわらず,その構成員の生存のために日常の協力的活動に参加し,商品・労働・奉仕の交換に参加する人たちで成り立つ[64].生存手段のみならず,拡大家族はその構成員に経済的・政治的利益をもたらし,福祉制度や職場,法的執行制度,教育機関など,より大きな社会において彼／彼女たちが直面する虐待や不正義から彼／彼女たちを守る手段ともなり得る.コミュニティ内において拡大家族は,母と子の間の争いを含むさまざまな争いの和解をももたらす[65].拡大家族は生計を保障する家庭単位として機能するだけではなく,生存手段,不正義と闘うための防衛および抵抗手段としても機能する.支配社会の諸制度への参入が不確かで制限されるなか,拡大家族という資源はその構成員の利益と人生におけるチャンスを大いに左右する可能性がある[66].

(3) 親の役割の多様性と柔軟性

　他人母　生物学的な母親が子どもの世話をすることに加え,女性は他人の母

親,もしくは擬制的母親として,コミュニティ内で他人の子どもの世話に関わっている.これは,家族やコミュニティにとって子育てとその責任を分かち合うことの重要性を示すものである[67].Luttrell[68]によると,必要な技術や知識をどのように得ているかについて見ると,黒人女性は,家族やコミュニティの中にいる年長の女性を選んだのである.彼女たちは家族運営のノウハウを持っており,子どもたちに基本的な価値観や生きていくための方法を教えてくれるからである.

黒人女性の「他人母親業」技術は,白人の家族をも強くさせた.たとえば,1940年,仕事を持つアフリカ系アメリカ人女性の60％は奉公人であり,この数字は1970年の国勢調査で減少するまでずっと続いた.これらの女性には白人の「家庭」があり,「他人の」子どもたちを育て,しばしば白人「家族」の名誉構成員となった.裕福な白人たちの伝記では,彼らが黒人「母」を愛していたことがよく語られる[69].黒人女性は,自分たちは雇用者よりも良い母親であることを確信しており,しばしば雇用主たちに子どもたちに関する基礎を教えなければならなかった.彼女たちは形式上は従者であったが,自分たちは役に立っていて,その分野で優れているという自負を持っていたのである[70].

他人父 母親業と家事の大半を未だに女性が従事しているという研究結果があるものの,追加的な役割モデルと子どもの代替養育者といった,多世代的な拡大家族が与える役割の柔軟性も重要である.研究や議論において,父親の家族による貢献あるいはその他の男性による支援に焦点が当てられることは稀である.しかし,父親の家族および代理父の役割が重要であり,重んじられていることを示す実例および経験的な証拠がある.きわめて重要な男性親族(たとえば,父親,代理父,兄弟,おじ)の役割は,道徳的・物質的支援の提供および問題に直接介入するという面で計り知れないほど重要である.他人父は,主夫および代理養育者としても機能しうる.感情的にも金銭的にも過剰な負担を強いられるひとり親家族の母親は,こうした役割モデルに相談を持ちかけたり,彼らの経験に頼ったりして,自分たちや家族のために,自分たちの限られた資

源を管理，運用していくことができる[71]．

祖母 祖父母が孫を育てることは，ますます一般的になってきている．全国の子どもの27％は貧しい祖父母に育てられており，（その内63％は祖母のみに育てられている）．祖母の内57％はフルタイムで働いているが，孫を養育していない祖母では24％である．ひとりで孫を育てている祖父母は，アフリカ系アメリカ人で貧困層である傾向が大きい[72]．貧しいアフリカ系アメリカ人家庭にとって，祖母は孫の「母となる」ことに積極的にかかわる傾向にある[73]．彼女たちはアフリカ系アメリカ人の子どもを養育するための最も重要な力である[74]．Frazierによると，「父親と母親が子どもを見捨てた時，世代をつなぎとめてきたのは祖母であった．……ニグロの祖母はニグロの家族の運命を見守ることをやめなかった．……しかし，恐れることなく，古くからの威厳を持って，都市の奇妙な世界に生きる子どもたちを見守り続ける祖母の姿を数字は教えてはくれない」[75]．

多くの母親は子育てにあたって，自分自身の母親を非常に頼りにしている．その代わり，彼女たちは祖母の世帯に労働と金銭面で貢献する場合が多い．また祖母は，子育て修行中の若いひとり親家族の母親の生活にとって重要な力となっている[76]．とくに自分の母親との関係が上手くいっていない若いひとり親家族の母親は，祖母が愛情を持つ人物としていてくれることで，救われている[77]．

(4) 女性の協力と姉妹関係

女性の協力と姉妹関係は，女性の政治意識，社会建設，精神的・創造的・個人的な努力を試す試金石である．それは自己本位性が主に個人的な目的に注意を向け，投資をするのとは対照的に，女性による支援，女性との結束，女性であることの意識で成り立っている．だからといって，完全に無私無欲であることを意味してはいない．しかしながら，ここでは自己は女性関係のなかに組み込まれたより大きな生物学的および擬制的親族構造のつながりのなかに存在する[78]．

母親業を分かち合うことにより女性の間に作り上げられる姉妹関係の結びつきは，互恵的な世話に基づくつながり，とくに母親と娘との間の強いつながりを含む．彼女たちは子育ての責任を分かち合い，家庭的・経済的な活動において協力し，お互いの自己イメージと母親としてのイメージを強くする助言者である．黒人のひとり親家族の母親の保護と支援の主な源は，コミュニティ内の年上の女性たちから授かる経験とモデルに基づく知識，主張に基づいて自分自身の立場を形成することから生まれる．女性たちの気軽な集まり（たとえば台所のテーブルの周り）は，自分が誰であるのか，自分はどうあるべきかを学び，母親業をどのようにやっていくかについて共通の理解を形成し，確認し合うための大切な場である[79]．

おわりに：私たちはここからどこへ向かうのか？

　既存の価値体系は家族政策に関連する問題に対して重要な意味を持つが，活動の適用モデルは，めったに公的政策に組み入れられることは無い[80]．たとえば，母親中心の拡大家族構成はPRWORAやその他同様の社会政策と真っ向から対立するものである．なぜなら，こうした社会政策が，男性の稼ぎ手／父親と家計を補助する女性／母親からなる核家族構成をモデルにして作られているからである．

　貧しいアフリカ系アメリカ人のひとり親家族の母親の家族の活動を考慮に入れない，あるいはコミュニティに存在する資源を利用しないのであれば，彼女たちの状況を改善する社会政策は考えられない．アフリカ系アメリカ人の女性たちがお互いに築きあげた人間関係，姉妹関係の重要性，抑圧を共有することにより強まる他の女性たちとの忠誠心や愛着心，こうしたものを信じることが必要である[81]．重要な親役割としてきわめて大切な役割を担う男性親族（たとえば父親，他人父，兄弟，おじ）の役割は，道徳的および物質的支援，そして問題に直接介入することにおいて，過小評価されるべきではない．

ひとり親家族の母親の貧困を無くすための最も効果的な方法のひとつは、より多くの仕事の供給、より高度な教育・訓練、そして養育保護を保障することである[82]。民間非営利組織（NPO）は主に、教育プログラムへの紹介や低熟練の仕事の紹介といった形で貧しいひとり親家族の母親たちを支援している。そのいくつかは、貧困とひとり親家族の母親であることに関連する諸問題を解決するための物質的手段を母親たちに提供する、最低賃金の仕事へのアクセスを可能にする教育や訓練プログラムを提供している。

礼拝所も家族支援プログラムを提供するために大きな役割を果たしている[83]。Jewell[84]によると、黒人コミュニティに存在する資源を利用しないのであれば、黒人ひとり親家族の状況を著しく改善する社会政策は想像しにくい。黒人教会は黒人コミュニティにおいて経済的に最も裕福で自立した機関であり続けていることを考えると、黒人教会に中心的役割を与えなければ、こうした家族を支援するためのいかなる社会政策も考えられないし、おそらく失敗に帰するだろう。

家族あるいは友人のネットワークから切り離された母親たちに対する支援グループやコミュニティ・レベルの支援は、彼女たちの親としての立場を見直し、家族の力を認識し、利用するよう促すことができる。しかし、支援ネットワークを展開するにあたり、母親の役割が支援ネットワークによって蔑ろにされたり、奪われたりしてはならない。母親は、自分の家族に関係するすべての意思決定に携わるべきである[85]。

養育における祖母の役割は、目新しくはないものの、未だほとんど理解を得られておらず、新たな課題に直面している。過去の世代の祖母たちによって提供されてきた支援構造が弱まりつつあるという懸念が大きくなってきているのである。ひとり親家族の高い貧困率のみならず、ひとり親家族が多世代にわたっていることにより、拡大家族の資源を枯渇させ、従来存在していた世代を超えた支援の崩壊を招いている。経済的資源が少なく、教育および技術も低いため、彼女たちが次世代に受け継いでいくべきものも少ないことがしばしばあ

る.

　働くひとり親家族の母親たちにとって，子どもたちを見守る大人を確保することは大きな問題となっており，結果的に「鍵っ子」の数の増加を招いている．かつては必要な支援の多くを祖母が提供してきたのだが，今や祖母たちの多くが働いている[86]．親としての責任を引き受けることは，さらなる金銭的負担をももたらし，退職を予定していたにもかかわらず働き続けなければならなくなり，また子どもたちの実の親との争いも生じる[87]．こうした付加的ストレス要因は支障を来たす．たとえば，子育てをする祖母の方が心臓病になる確率は子育てをしていない祖母よりも55％高い[88]．祖母たちは母親に休息介護を提供するが，誰が彼女たちに休息を与え，介護をしてくれるのか．拡大家族制度が押しつぶされてしまい，貧しいアフリカ系アメリカ人のひとり親家族の母親たちが支援を求めることができる数少ない資源を奪い去ることを防ぐため，祖母の役割を支援・強化することを意図し，祖母の役割を社会化する過程に勢力を注ぐ社会政策およびプログラムが必要である[89]．

　Crittenden[90]は，子育てを価値のある仕事として再定義するよう，国の文化を変えていくことを求め，女性の無給労働の「集団的フリーライダー」にストップをかけることを提唱する．Crittendenは，家族の価値についての議論に意味を持たせ，自由，すべての人の正義，経済的利益を通した幸福の追求と同等に，「ケア」を国の価値に含めることを望んでいる．

　貧しいアフリカ系アメリカ人のひとり親家族の母親が歴史的に，また文化的・政治経済的に置かれてきた特殊な立場から生じる彼女たちの選択肢，そして子育てや自分たちの生活に影響を及ぼす制度に対処していくにあたっての実際の戦略との間の結びつきに注目すべきである[91]．構造の力と政策立案者の規定のモデルを強調するアプローチから，個別の事象についての経験に基づいたアプローチへ，理論的にも方法論的にもシフトする必要がある[92]．これらの選択肢のコンテクストにおける母親たちの選択肢と行動を形成してきた連結的抑圧の相互依存関係を認識することにより，現代の資本主義社会における人種—階層

—性別マトリックスの支配構造における彼女たちの選択肢と行動を形成する交差的抑圧の相互依存関係がより深く理解されるだろう[93]．

　黒人フェミニストの視点を適用することにより，重要な問題が明らかになった．また，貧しいアフリカ系アメリカ人のひとり親家族の母親が経験する不名誉とストレス要因を取り除くために求められるべき文化的力と日常の活動が明らかとなった．ひとつの教訓は明白である．いかなる種類の政策も，遠くかけ離れた者たちによって発展させることができる．しかし，その政策の対象となる人びとが問題を自分自身のこととして定義し，活動を強化し文化的力を支援するための解決策を提案できなければ，その政策の多くは効果が無くなる．貧しいアフリカ系アメリカ人のひとり親家族の母親の家族は，「道の無いところに道を作って進む」という伝統，他人から見れば非常な逆境の，最悪の状況の中から最良の策を見出す能力を持っている[94]．しかし，それでも，彼女たちは役割の柔軟性の複雑さを切り抜け，拡大家族および内的力を利用し，コミュニティの支援の恩恵を受け，壁が立ち向かってきたときには逃げ道を探し続けるために，彼女たちは支援を必要としている．ひとり親家族の母親とその家族が確実に最良のチャンスを手にすることを保障する最も大きな資源は，ひとり親家族の母親自身であるという事実を，私たちは見失わないようにしたい[95]．

　貧困は，裕福な国アメリカを悩ませ続けている[96]．貧困にあえぐ何百万ものひとり親家族の母親とその家族を無視することは正当化できない．彼女たちの貧困に対して解決策を提案するためには，一般の国民が終りのない貧困の状況について気づかなければならない．世論調査によると，貧困の経験と貧困率は誤解され，誤認され，過小評価されている．メディアは，誰が貧しいのか，貧しい人びとは何をしているのか，貧困問題はどう救済されるのかついて，誤った報道をしている．母親業，家族，婚外子についての伝統的な見方を拒否することにより，黒人フェミニストの視点は，特権を認識し，人種・階層・性別による搾取に挑戦することで，支配のマトリックスを解除することができる．

　懐疑的で，敵意に満ちてさえいる政治風土において，黒人フェミニストの視

点から政策立案にアプローチしていくためには，コミュニティの構成員と研究者の間に協力関係が育つような，コミュニティに根ざした研究が実施されるべきである．構造的要素および力関係についてのより正確な理解を反映する，十分な理論的基盤を作ることにより，「普通の知識」が政策立案過程に影響を及ぼすことができる．コミュニティのニーズにこたえる解決策を，法的言語を用いて効果的に実行する，建設的な政策を立案し，推進していくことにより，諸問題を再構成しなければならない．[97]

　アフリカ系アメリカ人のひとり親家族の母親とその家族について研究するとき，アメリカ合衆国でも他の国においても，結婚および家族に関する文献において黒人フェミニストのアプローチは一般的には使われていない．しかし，それは問題となっている集団の立場に根ざしたものであり，学問的研究および政策立案の枠組みにおいて重要な一部分となるべきである．研究することだけが目的ではなく，人種／民族・階層・性別により周辺に追いやられている人びとの状況を変えるために努力することが最低限必要である．すべての国は，貧しいひとり親家族の母親の家族にまつわる諸問題を解決するため，独自の解決策を展開しなければならない．ここで提示したのは，非常に複雑で，多様性を持ち，莫大な構造的機会と障害を有するアメリカ合衆国というひとつの特殊な国がどのように運営されているか，そして貧しいアフリカ系アメリカ人のひとり親家族の母親たちがひとつの社会において直面する障害を取り除いていくためには何をするべきかという，ひとつの例である．

《注》
1) Jewell, Terri L, *The Black Woman's Gumbo Ya-Ya*, Freedom, CA: The Crossing Press, 1993, p.58.
2) U.S. Bureau of the Census, *Statistical Abstract of the United States: The National Data Book*, Washington, D.C.: U.S. Government Printing Office, 2005.
3) Cherlin, Andrew J., "The Deinstitutionalization of American Marriage," *Journal of Marriage and Family* 66, 2004, pp.848-861.
4) U.S. Bureau of the Census, *Statistical Abstract of the United States: The*

National Data Book, Washington, D.C.: U.S. Government Printing Office, 1995, and U.S. Bureau of the Census, *ibid.*, 2005.
5) Frey, William H. with Amy Beth Anspach and John Paul DeWitt, and staff members of the Social Science Data Analysis Network, *Social Atlas of the United States*, New York, NY: Pearson Education, Inc./Allyn and Bacon, 2008.
6) U.S. Bureau of the Census, *Special Report: We the People: Blacks in the United States*, Washington, DC: U.S. Department of Commerce, 2000.
7) Wilson, William Julius, *The Truly Disadvantaged: The Inner City, the Underclass, and Public Policy*, Chicago, IL: University of Chicago Press, 1987. Wilson, William Julius, *When Work Disappears: The World of the New Urban Poor*, Chicago, IL: University Chicago Press, 1996. Anderson, Elijah, "Streetwise," *Exploring Social Life: Readings to Accompany Essentials of Sociology* (6th ed.), James M. Henslin (ed.), Boston, MA: Allyn and Bacon, 2008.
8) Collins, Patricia Hill, *Black Feminist Thought*, New York, NY: Routledge, 1990.
9) Jewell, Terri L, *The Black Woman's Gumbo Ya-Ya*, Freedom, CA: The Crossing Press, 1993, p.65.
10) McIntosh, Peggy, "White Privilege: Unpacking the Invisible Knapsack," *Independent School*, winter, Vol.49, No.2, p.31, p.35, 1990.
11) Ritzer, George, *Modern Sociological Theory* (5th ed.), Boston, MA: McGraw-Hill, 2000.
12) Jewell, Terri L, *op.cit.*, 1993, p.65.
13) Lorde, Andre, "Age, Race, Class, and Sex: Women Redefining Difference," *Feminist Theory: A Reader*, edited by Wendy K. Kolmar and Frances Barrkowski, New York, NY: McGraw-Hill, 2005, p.339.
14) Ritzer, George, *Modern Sociological Theory* (5th ed.), Boston, MA: McGraw-Hill, 2000.
15) Hooks, Bell, *Feminist Theory: from Margin to Center*, Boston, MA: South End Press, 1984.
16) Hooks, Bell, *Yearning*, Boston, MA: South End Press, 1990, p.125.
17) *Ibid.*, p.175.
18) Collins, Patricia Hill, *op.cit.*, 1990.
19) *Ibid.*, p.222.
20) *Ibid.*, p.201.
21) Davis, Angela, *Women, Race & Class*, New York, NY: Vintage Books, 1983. and King, Deborah, "Multiple Jeopardy, Multiple Consciousnessdaga: The Context of a Black Feminist Ideology," *Signs, Journal of Women in Culture and*

Society 14, 1988, pp.42-72.
22) King, Deborah, *ibid.*, 1988, pp.42-72.
23) Collins, Patricia Hill, *op.cit.*, 1990.
24) Jewell, Terri L, *op.cit.*, 1993, p.59.
25) Lui, Meizhu, Barbara Robles, Betsy Leonard-Wright, Rose Brewer, and Rebecca Adamson, with United for a Fair Economy, *The Color of Wealth: The Story Behind the U.S. Racial Wealth Divide*, New York, NY: The New Press, 2006.
26) Gordon, Linda, *Pittied but not Entitled: Single Mothers and the History of Welfare 1890-1935*, New York, NY: The Free Press, 1994.
27) Lui, Meizhu, Barbara Robles, Betsy Leonard-Wright, Rose Brewer, and Rebecca Adamson, with United for a Fair Economy, *op.cit.*, 2006.
28) *Ibid.*.
29) Gordon, Linda, *op.cit.*, 1994.
30) Sernau, Scott, *Worlds Apart: Social Inequalities in a Global Economy*, Thousand Oaks, CA: Pine Forge Press, 2006.
31) *Ibid.*.
32) *Ibid.*.
33) Murray, Charles, *Losing Ground: American Social Policy*, New York, NY: Basic Books, 1983.
34) Sernau, Scott, *op.cit.*, 2006.
35) *Ibid.*.
36) U.S. Department of Health and Human Services Percentage of the U.S. Population on welfare by Year since 1960, 2001.
37) Macionis, John J., *Society: the Basics*, Upper Saddle River, NJ: Pearson/ Prentice Hall, 2007.
38) Lui, Meizhu, Barbara Robles, Betsy Leonard-Wright, Rose Brewer, and Rebecca Adamson, with United for a Fair Economy, *op.cit.*, 2006.
39) *Ibid.*.
40) *Ibid.*.
41) Andersen, Margaret L. and Howard F. Taylor, *Sociology: The Essentials* (5th ed.), Belmont, CA: Thomson Wadsworth, 2009.
42) Lui, Meizhu, Barbara Robles, Betsy Leonard-Wright, Rose Brewer, and Rebecca Adamson, with United for a Fair Economy, *op.cit.*, 2006.
43) Schein, Virginia E., *Working from the Margins: Voices of Mothers in Poverty*, Ithaca, NY: Cornell University Press, 1995.
44) Vobejda, Barbara and Judith Havemann, "Doing the Math on the Welfare

Family Cap" in *Washington Post*, Sunday, March 30: A4, 1997.
45) Lui, Meizhu, Barbara Robles, Betsy Leonard-Wright, Rose Brewer, and Rebecca Adamson, with United for a Fair Economy, *op.cit.*, 2006.
46) Kaplan, Elaine Bell, *Not Our Kind of Girl: Unraveling the Myths of Black Teenage Motherhood*. Berkeley, CA: University of California Press, 1996, and Edin, Kathryn and Maria Kefalas, "Unmarried with Children," *Contexts* 4, no.2 (Spring), 2005, pp.16-22.
47) Hays, Sharon, *Flat Broke with Children*, New York, NY: Oxford Press, 2003.
48) Loury, Glenn C., *The Anatomy of Racial Inequality*, Cambridge, MA: Harvard University Press, 2002.
49) *Ibid.*, p.167.
50) U.S. Bureau of the Census, *op.cit.*, 2005.
51) Collins, Patricia Hill, *Black Feminist Thought*, New York, NY: Routledge, 1990, and Dickerson, Bette J. (ed.), *African American Single Mothers: Understanding Their Lives and Families*, Thousand Oaks, CA: SAGE Publications, 1995.
52) Jewell, Terri L, *op.cit.*, 1993, p.58.
53) Gordon, Linda, *op.cit.*, 1994.
54) Hemmons, Willa, "The Impact of the Law on Single Mothers and the Innocent," 1995, pp.94-165, in Bette J. Dickerson, (ed.), *op.cit.*, 1995.
55) Dickerson, Bette J. (ed.), *op.cit.*, 1995.
56) Dickerson, Bette J., Philipia L. Hillman, and Joanna E. Foster, "Empowerment through the 'Ordinary' Knowledge/Scholarship/Policy Nexus," in Bette J. Dickerson, (ed.), *op.cit.*, 1995, pp.179-191.
57) Lui, Meizhu, Barbara Robles, Betsy Leonard-Wright, Rose Brewer, and Rebecca Adamson, with United for a Fair Economy, *The Color of Wealth: The Story Behind the U.S. Racial Wealth Divide*. New York, NY: The New Press, 2006.
58) Lui, Meizhu, Barbara Robles, Betsy Leonard-Wright, Rose Brewer, and Rebecca Adamson, with United for a Fair Economy, *op.cit.*, 2006.
59) Stack, Carol B., *All Our Kin: Strategies for Survival in a Black Community*, New York, NY: Harper, Row, 1974, Steady, Filomena C., *The Black Woman Cross-Culturally*. Cambridge, MA: Schenkman, 1981, and Randolph, Suzanne, "African American Children in Single-Mother Families," in Bette J. Dickerson, (ed.), *op.cit.*, 1995, pp.117-145.
60) Collins, Patricia Hill, *op.cit.*, 1990, p.118.
61) Edin, Kathryn and Maria Kefalas, "Unmarried with Children," *Contexts* 4, no.2

(Spring), 2005, pp.16-22.
62) Frey, William H. with Amy Beth Anspach and John Paul DeWitt, and staff members of the Social Science Data Analysis Network, *Social Atlas of the United States*. New York, NY: Pearson Education, Inc. Allyn and Bacon, 2008.
63) Hill, Robert B., *Informal Adoption among Black Families*, Washington, DC: National Urban League Research Department, 1977, p.78.
64) Stack, Carol B., *All Our Kin: Strategies for Survival in a Black Community*. New York, NY: Harper & Row, 1974.
65) Dickerson, Bette J. (ed.), *op.cit.*, 1995.
66) *Ibid.*.
67) Collins, Patricia Hill, *op.cit.*, 1990.
68) Luttrell, Wendy, "Working-Class Women's Ways of Knowing: Effects of Gender, Race, and Class," *Sociology of Education* 62 (January), 1989, pp.33-46.
69) Rich, Adrienne, *Of Woman Born: Motherhood as Experience and Institution*, New York, NY: Norton, 1976.
70) Collins, Patricia Hill, "Learning from the Outsider Within: The Sociological Significance of Black Feminist Thought," *Social Problems* 33(6) December, 1986, pp.S14-S32, and Dill, Bonnie Thornton, "The Means to Put My Children Through: Child-Rearing Goals and Strategies Among Black Female Domestic Servants," in La Frances Rodgers-Rose, ed., *The Black Woman*. Beverly Hills, CA: SAGE Publications, 1980, pp.107-124.
71) Randolph, Suzanne, "African American Children in Single-Mother Families," in Bette J. Dickerson, (ed.), *op.cit.*, 1995, pp.117-145.
72) Kimmel, Michael and Amy Aronso, *Sociology Now*, New York, NY: Allyn and Bacon, 2009.
73) George, Susan M. and Bette J. Dickerson, "The Role of the Grandmother in Poor Single-Mother Families and Households," in Bette J. Dickerson, (ed.), *op.cit.*, pp.146-163.
74) Hale, Janice, "The Black Woman and Family Roles" in La Frances Rodgers-Rose, ed., *The Black Woman*, Beverly Hills, CA: SAGE Publications, 1980, pp.79-88, and Hill, Robert. B., *The Strengths of African American Families: Twenty-five Years Later*, Washington, D.C.: R & B Publishers, 1997, pp.54-55.
75) Frazier, E. Franklin, *The Negro Family in the United States*, Chicago, IL: University of Chicago Press, 1966, p.113 and p.124.
76) George, Susan M. and Bette J. Dickerson, "The Role of the Grandmother in Poor Single-Mother Families and Households" in Bette J. Dickerson, (ed.), *op.cit.*, 1995, pp.146-163. Hale, Janice, "The Black Woman and Family Roles," in

La Frances Rodgers-Rose, (ed.), *The Black Woman*, Beverly Hills, CA: SAGE Publications, 1980, pp.79-88, and Hill, Robert. B., *The Strengths of African American Families: Twenty-five Years Later*. Washington, D.C.: R & B Publishers, 1997.
77) Randolph, Suzanne., "African American Children in Single-Mother Families," in Bette J. Dickerson, (ed.), *op.cit.*, 1995, pp.117-145.
78) Hooks, Bell, *Talking Back: Thinking Feminist, Thinking Black*. Boston, MA: South End Press, 1989.
79) Collins, Patricia Hill, *op.cit.*, 1990.
80) Randolph, Suzanne, "African American Children in Single-Mother Families," in Bette J. Dickerson, (ed.), *op.cit.*, 1995, pp.117-145.
81) Collins, Patricia Hill, 1990, Black Feminist Thought, New York, NY: Routledge andavis, 1983.
82) Wilson, *op.cit.*, 1996.
83) Randolph, Suzanne, "African American Children in Single-Mother Families," in Bette J. Dickerson, (ed.), *op.cit.*, 1995, pp.117-145.
84) Jewell, K. Sue, *Survival of the Black Family: The Institutional Impact of U.S. Social Policy*, New York, NY: Praeger, 1988, p.139.
85) Randolph, Suzanne, "African American Children in Single-Mother Families," in Bette J. Dickerson, (ed.), *op.cit.*, 1995, pp.117-145.
86) George, Susan M. and Bette J. Dickerson, "The Role of the Grandmother in Poor Single-Mother Families and Households" in Bette J. Dickerson, (ed.), *op.cit.*, 1995, pp.146-163, and Billingsley, Andrew, *Climbing Jacob's Ladder: The Enduring Legacy of African-American Families*. New York, NY: Simon & Schuster, 1992.
87) Waldrop, Deborah P., and Joseph A. Weber, "From Grandparent to Caregiver: The Stress and Satisfaction of Raising Grandchildren," *Families in Society: The Journal of Contemporary Human Services*, 2001, pp.461-472.
88) Lee, Sunmin, Graham Colditz, Lisa Berkman, and Ichiro Kawachi, "Caregiving to Children and Grandchildren and Risk of Coronary Heart Disease in Women," *American Journal of Public Health* 93, November, 2003, pp.1939-1944.
89) Randolph, Suzanne, "African American Children in Single-Mother Families," in Bette J. Dickerson, (ed.), *op.cit.*, 1995, pp.117-145.
90) Crittenden Ann, *The Price of Motherhood*, New York, NY: Henry Holt and Company, 2001.
91) Collins, *op.cit.*, 1986, Dill, *op.cit.*, 1980.
92) Dickerson, *op.cit.*, 1995.

第5章 貧困に生きるアフリカ系アメリカ人のひとり親家族の母親たち 117

93) Collins, *op.cit.*, 1986.
94) Hale, Janice, "The Black Woman and Family Roles" in La Frances Rodgers-Rose, ed., *The Black Woman*, Beverly Hills, CA: SAGE Publications, 1980, pp.79-88, and Collins, Patricia Hill, "Learning from the Outsider Within: The Sociological Significance of Black Feminist Thought," *Social Problems* 33(6) December, 1986, pp.S14-S32.
95) Randolph, Suzanne, "African American Children in Single-Mother Families," in Bette J. Dickerson, (ed.), *op.cit.*, 1995, pp.140-41.
96) U.S. Bureau of the Census, *Poverty in the United States: 2002*. Washington, D.C.: U.S. Department of Commerce, Economics and Statistics Administration, 2003.
97) Dickerson, Bette J., Philipia L. Hillman, and Joanna E. Foster, "Empowerment Through the 'Ordinary' Knowledge/Scholarship/Policy Nexus" in Bette J. Dickerson, (ed.), *op.cit.*, 1995, pp.179-191.

第6章
アメリカのひとり親家族における就労・子ども・家族支援

はじめに

　アメリカは基本的に普遍的な家族政策を持たない国として，政府の介入は限定的であり，税制を中心に子ども・家族支援が展開されている．1960年代半ば以降，離婚や未婚出産の増加とともに，公的扶助（AFDC）を受給する母子世帯が増大し，低い女性の賃金や父親の子どもの養育費の不履行は多くの母子世帯を貧困化させ，結果として AFDC 受給世帯の増加につながった．このような母子世帯の増加は，福祉支出の増大とともに社会的激しい批判にさらされることとなる．その後，ひとり親家族関連の福祉政策はワークフェアプログラムを中心にますます受給要件の厳格化や受給者の就労を促す政策に焦点が当てられている．

　本章は，アメリカにおけるひとり親家族（母親）の現状について検討するとともにワシントンDCのひとり親家族に対する民間および公的機関の支援活動プログラムについてインタビュー調査を行なった結果をまとめたものである．

　インタビュー調査や資料収集に協力していただいた機関は以下の通りである．公的機関としては，ヒューマンサービス省，生活扶助，家庭サービス局事務所（Department of Human Service (DHS)/Income Maintenance Administration

(IMA) & Family Services Administration (FSA)) のクーパー・デローチェ氏 (Sharon Cooper-Deloatch), 家庭治療裁判所・コロンビア地区上級裁判所 (Superior Court of The District of Columbia DC Superior Court, Family Treatment Court (FTC)) のブルークス (Joella Brooks) 氏らに協力を得た. 民間機関としては, メアリーセンター (Mary's Center, 移民女性のためのコミュニティセンター) のヴァネガス (Lyda Vanegas) 氏ら, SWWR (South Washington West of the River Family Strengthening Collaborative) のクリスティアン (Tamitha Christian) 氏らの協力を得て行なわれた.

1 アメリカのひとり親家族の現状

(1) ひとり親家族の特徴

　アメリカ合衆国国勢調査局の「現況人口調査」(U.S. Census Bureau, Current Population Survey (CPS) Reports)[1]によれば, アメリカにおける母子世帯とは18歳未満の子どもを持つ母親によって扶養されるひとり親家族のことと定義している. 当調査によると, 2006年の母子世帯は838万9,000世帯であり, 全世帯数 (7,740万2,000世帯) に対する10.8%, 全有子世帯数 (3,646万6,000世帯) に対する母子世帯の比率は23.0%である. 子どもがいる世帯の約4分の1は母子世帯であるということになる.

　人種別にみると, 白人母子世帯は全白人世帯の8.3%, 全白人有子世帯の18.3%, 非ヒスパニック系母子世帯は全非ヒスパニック系世帯の7.43%, 全非ヒスパニック系有子世帯の17.2%であった. 黒人母子世帯は全黒人世帯の29.3%, 全黒人有子世帯の53.1%とその割合は最も高かった. ヒスパニック系母子世帯は全ヒスパニック系世帯の14.9%, 全非ヒスパニック系有子世帯の24.0%, アジア系母子世帯は, 全アジア系世帯の5.1%, 全アジア系有子世帯の10.2%と他の人種に比べその割合は低かった. 複数人種の場合でも黒人と他の人種の母子世帯は, 全黒人と他の人種世帯の29.2%, 全黒人と他の人

種の有子世帯の52.8%と高い割合で母子世帯であることがわかる.

母子世帯になった理由は,「未婚」が41.9%, と最も多く, 次が「離婚」36.5%,「別居」が17.1%,「死別」が4.5%の順である. 年齢別にみたひとり親家族の母親の結婚状況は, 20歳未満のひとり親家族の母親の92.2%は結婚歴がない未婚であり, 30代以上は半数近いものは別居か離婚状態である. 40代以上では半数以上の人が離婚が母子世帯の理由となっている.

また, 当調査によれば, 全母子世帯のうち, 貧困水準未満の母子世帯は315万2,000世帯, 貧困水準以上の母子世帯は523万7,000世帯であり, 貧困水準未満の母子世帯は母子世帯全体の37.6%を占めている. 貧困水準未満の母子世帯のうち未婚母子世帯は55.3%と最も多く, 次に離婚が22.6%, 別居が20.3%, 死別が2.8%の順である. 一方, 貧困水準母子世帯のうち, 半数近い46.6%が就労母子世帯であり, 次に学生などの非労働人口が母子世帯の42.3%, 失業世帯が11.2%であった.

児童の貧困率 (2006年) を家族形態別にみると (図6－1), 夫婦家族 (両親

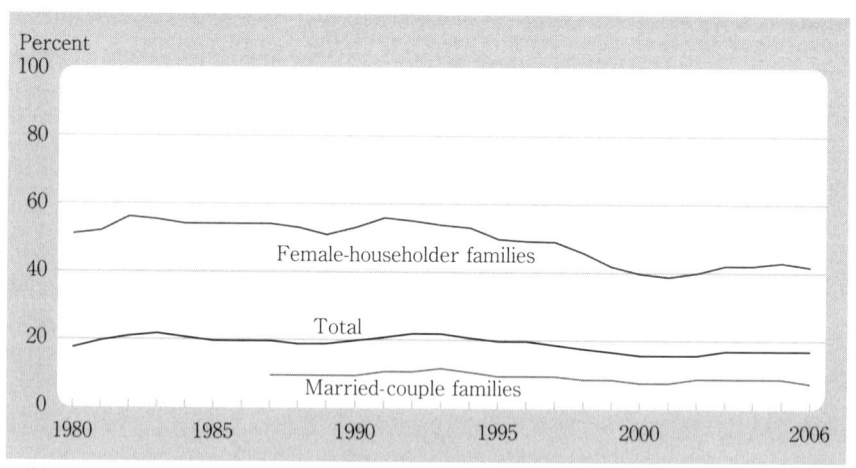

注) 2006年家族4人の平均貧困レベルは20,614ドルである

図6－1　家族タイプ別児童貧困率, 1980-2006

出所) U.S. Census Bureau, Current Population Survey, 1981 to 2007 Annual Social and Economic Supplements.

と同居）の子どもの貧困率の8％に比べ母子世帯の子どもの貧困率は42％と比較的に高い貧困率のなかで生活をしていることがわかる．

アメリカのひとり親家族の母親の就業率は日本ほど（85％以上）高くはないが，半数近いものが就業しており，この現状はひとり親家族の母親が働いても貧困から脱却できないという根拠であり，またその国の貧困政策の不備を表しているといえる．

(2) アメリカの母子世帯政策の概要
1) 母子世帯対策の改革

アメリカの母子世帯にかかわる主な政策としては，1962年成立した「要扶養児童家族扶助」（Aid to Families with Dependent Children: AFDC）[2] がある．AFDC は1996年福祉改革による廃止に至るまで長期にわたりアメリカ母子政策の中核をなす制度であった．その内容は，ひとり親家族あるいは両親どちらかが重度の心身障害者か失業者であり，18歳未満の子どもの養育が経済的に困難な貧困家庭に与えられた．受給資格は，世帯構成員の所得や資産状況，就労能力，障害の有無や年齢，乳幼児の有無によって決定される．受給資格は個人ではなく世帯全体に及ぶものであり，扶助の内容は現金給付や就職奨励プログラム，就職斡旋サービスや保育プログラムなどである．また，AFDC受給者は，貧困家庭を対象とする医療扶助であるメディケイド（Medicaid）やひとり親家族（母親）の子どもの父親を特定し養育費を払わない父親から強制的に養育費を徴収する「児童養育費履行強制制度」（Child Support Enforcement），食料支援のためのフードスタンプ（Food Stamp）[4] の受給資格を自動的に得られる．

アメリカでは1970年代前半，離婚率の増加とともに母子世帯が急増した．低い女性の賃金や子どもの養育費の不履行は多くの母子世帯を貧困化させ，結果として AFDC 受給世帯の増加につながった．しかし母子世帯の増加は「家族の危機」と呼ばれ，福祉支出の増大とともに福祉受給母子世帯は社会的激し

い批判にさらされることとなる．その後，福祉政策は1980年代レーガン政権の下でワークフェアプログラム（Work fare program）5)を中心にますます受給要件の厳格化や受給者の就労を促す政策に傾倒していた．

1996年当時のクリントン政権によって成立した「個人責任，就労機会調整法」（Personal Responsibility and Work Reconciliation Act, PRWORA）の制定に伴い，アメリカに大きな福祉制度改革が展開された．1996年福祉改革まで公的扶助の中核であったAFDCは，それに関連した制度である「緊急扶助」（Emergency Assistance: EA）や「雇用均等と基礎訓練プログラム」（The Job Opportunities and Basic Skill Training Program: JOBS）とともに廃止されてこれらの3つの制度は「困窮家族一時扶助」（Temporary Assistance to Needy Family: TANF）という新制度に統合された．つまり，1996年福祉改革に伴う最も重要な変更点のひとつは，就労を第一義とする福祉支援策へと改革が行われたことである．

長年にわたるAFDCを閉じ成立したPRWORAの目的は，労働能力のある成人が福祉に依存することをやめて，就労によって個人と家族に対する責任を果たすことを促進することにあった．PRWORAにはTANFをはじめ「子どものためのSSI（収入補足補助）」，「児童養育履行強制制度（Child Support Enforcement: CSE）」，「児童保護（養子・里親）」，「保育」，「子どもの栄養」，「フードスタンプ（Food Stamp）」，「10代の妊娠予防活動」等が含まれている．

TANFはPRWORAの中核となる現金扶助プログラムであり，連邦が州に一括補助金として支出し，州の裁量任せた補助金（ブロック型給付）が支給される．TANFの目的については，以下の4つが明記されている（社会保障法セッション401 (a))．

① 自宅で，または親類の家で子どもを養育している困窮家族（needy families）を援助すること．

② 就労準備，就労，または結婚を促進することによって，困窮している親（needy parents）の公的支援への依存を終わらせること．

③ 婚外の妊娠を減少し，予防すること．これらを減少させ，予防するための年間の数的目標を設定すること．
④ ふたり親家族を形成し，維持することを奨励する．

　給付は現金給付のほか賃金補助，児童保育補助，教育・就労訓練，交通費補助等が含まれる．受給者個人は一度に2年まで，生涯を通して5年まで受けることができる．現時点で受給者の約半数は約30時間程度（末子が6歳未満の場合は20時間以上）の就労に関連する活動を義務として課されている．移民については，各州が独自の福祉財政から支援を提供しているものの，連邦のTANF給付を受けるには5年以上アメリカに居住することが必要とされる．
　TANFの前身であるAFDCでは，3歳未満児を持つ母親は就労を免除されることが多く，公的扶助の対象に一旦なるとそこから脱することなく扶助を受け続けることができた．その結果膨れ上がった福祉財政を立て直すために，政府は就労活動への参加を積極的に位置づけた福祉政策へと方向転換していたのである．しかし，仕事に就くことが貧困からの脱出を即時的に意味するわけではない．ワーキングプアー（working poor）という言葉に代表されるように，たとえ仕事についたとしても貧困を脱出するまでにはかなりの距離があることが多い．TANF受給者の就業率は就労が義務として課されていることから上昇したものの，収入そのものはそれほど上がっていない．なぜなら，就労することで福祉受給額が減額されることから，経済状況は実質変わらず働きながらも貧困のままにいるケースが多い[6]．また，TANFの導入により，幼い子を抱える母親の就労率は上昇したが，就労支援と合わせた5年の時限付のTANFは，当時アメリカの好況期の後押しを受けて実現した側面も否めない．経済的に好況期であったから就労機会も豊富で，就労経験が少なく，特別のスキルを持たないものでも仕事に就くことができた．しかし経済にかげりが見え始めると最初に影響を受けるのは，低スキル就労者の多い所得層である[7]．
　「働いて自立すること（Work and responsibility）」は，TANFプログラムの基

本的な考え方であり，州政府は TANF 受給者の成人（10代の親である受給者を含む）に，受給を開始してから2年までに労働（州が規定する）することを要求する．それが達成できない受給者は，2ヵ月のコミュニティサービスを課すことができる．また州政府は，受給者の一定割合を労働活動に参加させる義務を負う．労働活動や就労要求に従わない受給者に対して受給額の減額や受給を継続させないことにより罰することができる．この労働活動はすべての成人受給者に適用されるが，1歳未満の乳幼児がいる者，6歳以下の子どもがいて保育が確保できていないもの，また DV 被害者については州の規定により除外される．

また，PRWORA に規定される TANF のように受給者の就労を奨励するプログラムの他，関連プログラムとして勤労所得税控除（Earned Income Tax Credit: EITC）がある．この制度は，勤労低所得世帯を対象とした所得税還付プログラムとして，低所得者の就労を促し，その税負担を軽減する目的で1975年成立した．EITC は労働からの収入がある人のみが対象となりその額は，世帯の所得額，子ども（18歳以下）の有無やその数によって異なり，所得税額から勤労所得税額控除を引いてマイナスにある場合は，マイナス分の税金が還付される仕組みである．

2）「つながりのないシングルマザー」（disconnected single mothers）

表6－1で示すように，TANF の開始以来，95年以降から2006年までの TANF のロードケース[8]は大きく減少した．この傾向は受給世帯や受給者数の両方で減少し続けている．TANF ケースロードの減少はアメリカ福祉改革を評価するひとつ基準として用いられる．

しかし，TANF の離れた人たちが必ずしも就労による自立を達成しているわけではない．前述したように，TANF の導入により，幼い子を抱える母親の就労率は上昇したが，その理由は当時アメリカの好況期の後押しを受けて実現した側面もある．経済的に好況期であったから就労機会も豊富で，就労経験

表6—1　つながりのないシングルマザー[a]の特性　2005年

特　　性	割　合
両親と同居する割合	15.9%
親戚と同居する割合	7.4%
親戚以外の男性と同居する割合	20.1%
親戚以外の女性と同居する割合	2.3%
他の大人と同居しないシングルマザーの割合	55.3%
平均の児童の数	1.8
就学前児童の数の平均	0.7
シングルマザー本人の収入の平均[b]	$200
他の家族構成員の収入の平均[b]	$3,933
家族の収入の平均[b]	$9,459
白人，非ヒスパニック	41.9%
黒人，非ヒスパニック	29.0%
ヒスパニック系	23.8%
高卒以下	31.8%
高卒	39.7%
高卒以上	28.4%
健康上の理由で仕事ができない人の割合	25.7%
貧困基準未満の割合	82.1%
移民	12.7%

a. 表1の内の定義：シングルマザーの本人の収入が2,000ドル以下，1,000ドル以下の公的扶助，1,000ドル以下のSSI支給
b. 2005年現在の貨幣価値

出所）2006年度版CPS，表3より作成

が少なく，特別のスキルを持たないものでも仕事に就くことができたといえる．景気悪化の影響を真っ先に受けるのは，低学歴，低スキルの就労者であり，そのなかでも福祉から雇用へと移行できず取り残されている母親たちである．

　彼女たちはフルタイムで働くことや，着実に働くことが困難なひとり親家族の母親たちである．最近の研究によると，彼女たちは長期の社会福祉受給者をはじめ安定した仕事を持たずに受給期間の制限等の理由で福祉サービスから離脱したひとり親家族の母親であり，しばしば彼女たちは「つながりのないシングルマザー（disconnected single mother）」と呼ばれる．TANF受給者の40—

45％は，長期受給者としてまったく働いていないかあるいは一時的に働く人と言われている．比較的に安定した仕事を得て福祉受給生活終止符を打ったひとり親家族の母親に比べ，「つながりのないシングルマザー」は，高卒以下の低学力か学習障害の疑いがあり[9]，幼い子どもの子育てあるいは家族構成員の介護，精神的・身体的健康上の問題，麻薬依存，DV問題を抱えているため雇用に対するより多くの障害がある傾向があると指摘している[10]．

2005年報告された個人の所得はおよそ200ドル，総世帯年間収入は10,000ドルと平均以下で，約80％は貧困基準未満の以下であった．「つながりのないシングルマザー」のおよそ40％が非ヒスパニック系白人，30％はアフリカ系アメリカ人，そしておよそ4分の1はヒスパニック系であった．これらの女性の70％以上は，高卒またはその以下の者が多い．さらに，およそ4分の1は，健康問題原因で働くことができないと報告しており，12％は移民である（表6－1）．

ブランクの研究によれば[11]，「つながりのないシングルマザー」は約170万人，長期のTANF受給者とSSPs（Separate State Programs，州独自の現金補助プログラム）の受給者の40％を含めばおよそ500,000のひとり親家族の母親が加わる．「つながりのないシングルマザー」220万人の平均子ども数は1.8人，つまり400万人の子どもたちが経済的非常に困難な状態にいることが推計できる．

最近のアメリカ保健社会福祉省内の子ども家庭局（Administration for Children and Families within the U.S. Department of Health and Human Service）では，ひとり親家族の母親が福祉から雇用へ移動する際に更なるサポートが必要なケースについて新しい援助プログラムをモデル的に開始した．それは，Blankらが提案したTemporary Partial Work Waiver Program（TPWWP，一時的就労免除プログラム）は様々な理由で働くことが困難なひとり親家族の母親対して，雇用を促すとともに柔軟的に彼女たちの生活を援助していくことを狙うプログラムである[12]．

2 ひとり親家族支援プログラムの事例
（ワシントン DC）

　本章では，ひとり親家族の母親のための就労プログラムおよび母子世帯の家族支援プログラムについて政府機関と民間団体に対して行ったインタビュー調査の内容を紹介する．

　正式名称はワシントン・コロンビア特別区（ワシントン・コロンビア特別区，Washington, District of Columbia, 以下ワシントン DC と称する）という．アメリカ合衆国政府の三権の最高機関として，大統領官邸である「ホワイトハウス」，連邦議会議事堂，連邦最高裁判所やや中央官庁などの行政機関が集まるほか，多くの国の記念建造物や博物館も置かれている都市である．ワシントン DC は四つの地区に不均等に北西地区（Northwest, NW），北東地区（Northeast, NE），南東地区（Southeast, SE），南西地区（Southwest, SW）に分かれている．

　2007 年のアメリカ合衆国国勢調査局の調査によれば[13]，ワシントン DC の居住者人口は 585,267 人（男性 47.2％，女性 52.8％）であり，2000 年の国勢調査で 572,059 人以来，増加傾向が続いている．2006 年人口の割合は，55.4％がアフリカ系アメリカ人（黒人），34.5％が白人，8.2％がヒスパニック系，5.1％がその他（インディアン，アラスカ先住民，ハワイ先住民，南洋諸島先住民など），3.4％がアジア系，1.5％が混血と，黒人の割合が高い地域である．

　全世帯 249,805 世帯のうち母子世帯は 9.1％（22,666 世帯）を占め，ひとり親（母親）世帯の貧困基準以下の比率は 38.1％と夫婦世帯の 5.9％に比べ高い現状である．貧困基準以下で生活する家族の特徴を世帯別にみると，ひとり親家族の母親の学歴は，高校卒業以下が 50.0％と最も高く，高校卒業が 31.5％，専門学校や短大卒（それに準ずる資格）が 25.8％，大学または大学院卒が 8.0％であった．世帯の生活扶助の受給状況をみると，貧困基準以下世帯のなかでは，母子世帯が 59.8％，夫婦世帯の 22.5％が何らかの生活扶助を受けており，母子世帯の生活の困窮は明らかである[14]．

今回の調査は 2008 年 8 月，ひとり親家族の母親の生活や就業支援状況を明らかにするため公的機関および私的機関の関連機関をはじめ，各機関の利用者（当事者）を対象に聞き取り調査を行なった．本調査は，ワシントン DC のアメリカン大学社会学科でディカーソン教授の研究チームの協力を得て行なわれた．インタビュー調査の結果については以下の通りである．

(1) 公的機関

1）ヒューマンサービス省，生活扶助，家庭サービス局事務所

Department of Human Service (DHS)/Income Maintenance Administration (IMA) & Family Services Administration (FSA)

コロンビア特別区のスラム街に位置する当事務所は，地域の社会福祉行政の中核的な役割を担っている機関である．今回のインタビューの対応は生活扶助部（IMA）と家族支援部（FSA）の担当者当シャーロンクーパー（Sharon Cooper-Deloatch，事務官）氏，エレンウェールズ（Ellen M. Wells，事務官代理）氏の協力によって行なわれた．

IMA は連邦の地区資金による援助プログラムの受給申請者の適格性を審査，決定する機関であり，また，TANF 受給者やその世帯の経済的自立への援助を行っている．また FSA では，家庭強化および支援にかかわるさまざまなプログラムを提供している．

ワシントン DC の TANF プログラムでは，現金援助，職業訓練サービスなど低収入の家族を対象に提供している．それは，連邦 TANF 補助金資金とローカル資金によって供給される．ワシントン DC では，3 人家族の場合，最大の TANF 補助金は 1 ヵ月につき 428 ドル（1 日につきおよそ 14 ドル）であり，それは連邦政府の貧困基準のおよそ 29％水準である．一般に TANF 援助を受ける家族は，フードスタンプ，メディケードと保育サービスを合わせて受給している．景気の失速の影響により，最近の TANF 援助を受けている家族の数は増加している．ワシントン DC の TANF ロードケースは 2007 年（15,171 世

帯）から 2008 年（14,892 世帯）まで低下傾向であったが，2008 年後半から上がり始めた．2009 年 3 月の TANF 受給世帯は 16,306 世帯とその数は増加傾向にある．近々タイムリミットに到達する TANF 受給者に関しては，就労義務（職業訓練や求職活動）を果たしてなお，TANF 受給資格を超えるほどの収入が得られない場合，タイムリミット後も延長するなど柔軟な対応をとっている．また，さまざまな理由で就労へと移行できない母親たちに対しても，まだ不十分ではあるが，独自の援助プログラムを開発・対応している．

以下においては，ワシントン DC におけるひとり親家族の母親の自立支援にかかわる主なプログラムについて紹介する．

① TANF（Temporary Assistance for Needy Families）：18 歳未満の子どもを養育する貧困家庭に対する現金扶助サービスを行なう．TANF 受給者に対しては現金扶助のみならず，自立のための必要な他のサービスも合わせて提供している．

② POWER（The Program on Work, Employment and Responsibility：就労，雇用，責任に関するプログラム）プログラム：IMA において提供される就労支援のプログラムのひとつである．対象者は TANF 申請中あるいは受給者のうち健康上の問題やその他の理由で働くことができないひとり親家族の母親（保護者）である．申請者については，医学的また社会的状況の評価を行いその結果によって支給決定の可否が決まる．当プログラムは身体的・精神的問題をはじめ薬物乱用の疑いがあるケースに対して就労のための特別な職業訓練，必要なサービスを提供している．サービス内容としては，リハビリサービス，カウンセリング，心理的判定，就労のためのアセスメントと準備，個別トリートメント計画，薬物使用防止および再発防止プログラム等がある．POWER プログラムには TANF のような受給期間の制限はなく，参加者の雇用が決まった時点でプログラムは終了となる．

③ コミュニティサービスブロック補助金管理プログラム：コロンビア地区全体の貧困問題を軽減するために，さまざまな地域活動や非営利団体の活

動を援助する.

④ 家庭強化プログラム(The Strong Families Program, SFP):FSA において提供されるプログラムとして 2002 年以降,TANF 受給者をはじめさまざまな家庭問題を抱えている家庭,家庭崩壊などハイリスク家族を対象に行なわれている.プログラムの目的は,家族機能の強化および現在抱えている問題に対処するためにコロンビア地区の公衆衛生,社会福祉,教育機関等とのサービス連携を図り,多角的な援助を行う.プログラムの基本的なゴールのうちのひとつは,家族とともに問題に取り組むことにより,要保護児童,青少年問題の発生,家族構成員のホームレスにならないよう予防することである.SFP のスタッフは,ソーシャルワーカー,ケースマネージャーと他のプログラムマネージャー等危機介入や問題解決のための専門家で構成される.

⑤ 10 代親アセスメントプログラム(ケースマネジメントとサポートサービス):TANF プログラムに参加している 18 歳未満のひとり親家族の母親を対象に責任能力のある大人と同居および学業を継続することを促進・保証するプログラムである.10 代のひとり親家族の母親に対してケースマネジメントやコミュニティベースサービスとして地域を拠点とし,出産後の生活不安を取り除き安定した生活を送るためのるための相談等を提供する.また 10 代の妊娠予防運動も合わせて展開している.ケースマネジメントとサポートサービスは,10 代のひとり親家族の母親が学業を継続するためのサービス,保育サービス,必要に応じた医療サービスを提供している.

⑥ 大学および地域の他機関との連携活動:地域の大学(コロンビア大学)付属社会福祉センターのソーシャルワーカーやコミュニティワーカーが連携し活動を行う.コミュニティワーカー(日本の民生委員の役割に類似しており,その地域や住民を熟知している人物)が地域住民のなかから援助を必要とするひとり親家族を訪問し,その訪問結果を IMA や FAS のケースワー

カーに報告する．報告を受けた担当者はケースカンファレンスを行い問題を抱えている家庭の援助計画を立てる．その際に，家族治療および介入を必要とするケースについては大学の社会福祉センターの専門家に依頼し，適切な援助が得られるよう支援している．当機関では定期的に大学や他の地域の支援団体と研修会等を通じて，クライアントの状況把握，家族や個人問題の傾向，ケース支援のテクニカル的な情報の共有が行なわれていた．

⑦ 就業支援機関との連携：地域の非営利団体や教会が運営している就業支援機関と連携し職業訓練や就労あっせんを行なっている．以下では，当機関で委託しているいくつかの職業訓練関連プログラムについて紹介する．

＊エンパワメント，雇用訓練センター（Center for Empowerment and Employment Training: CEET の職業訓練プログラム）：貧困層のひとり親家族の母親を対象とし，セルフ・エンパワメント（self-empowerment）の開発，職業訓練サービス，職業斡旋サービスを提供している．訓練費用はクライアントの所得に応じて 25,000 ドル以下の場合 25-50 ドル，それ以上は 100-250 ドルとなる．訓練内容は ESL クラス，高卒認定準備クラス，ワード・エクセルのコンピュータアプリケーショントレーニング，パワーポイント，インターネット，カスタマーサービスと販売，簿記と会計．また，履歴書の書き方，読書力，教育サービス，さらに公認のカウンセラーと相談してクライアント本人に適切な職業紹介サービスを提供している．

＊ファミリフォーワード（Families Forward - Employment & Training）：TANF 受給者を対象に事務補助，高卒認定準備クラス，保育プロバイダートレーニングとインターネットコミュニケーション，ウェブペイジデザイン等の職業訓練を提供している．費用は無料．

＊ ARCH トレーニングセンター（ARCH Training center，青少年プログラム）：16-24 歳の高校中退者やそれに準ずる人を対象に，高卒認定準備プログ

ラム (GED), 建築技術トレーニング (大工, 配管, 塗装), コンピューターの基本のほかコンピューターを利用した技術, リーダーシップ教育, 市民教育, カウンセリング等と社会的サポートサービスも含まれている. 費用は無料.

インタビューの最後に就業支援についての課題について聞いたところ, まずは「母親の就労による自立に対するモチベーションの維持」と答えられた. 「就労支援には, ひとり親家族の母親にとってより安定した収入や職場を確保するためには職業訓練は欠かせない. しかし, 安定した収入を得られる職業 (建築, コンピューター関連技術) に就くためには一定期間以上の教育や実践経験が必要となるため, 途中で辞めていくケースもしばしばある. 就業モチベーションを持ち続けるための支援, また就業継続が困難なケースにも柔軟に対応していく必要がある」と述べた.

2) 家庭治療裁判所 (コロンビア地区上級裁判所)

Family Treatment Court (FTC), Superior Court of The District of Columbia

FTC プログラムについては, ジョーエラ (Jo-Ella Brooks, FTC コーディネーター) 氏, ベバーリキブス (Beverly Gibbs, ソーシャルワーカー) 氏がインタビューに協力してくれた.

ファミリトリートメントプログラムは薬物依存症の母親の自立をサポートすることを目的とする. ファミリトリートメントチームは, チームコーディネーター, 司法長官室, 児童・家族サービス機関 (CFSA) のソーシャルワーカー, 薬物中毒予防と回復管理局連絡室のメンバーから構成されている. プログラムスクリーニングを経て参加が決まった対象者は薬物中毒の問題を抱えている母親 (参加者の 95% 以上はひとり親家族の母親) であり, その多くは児童虐待やネグレクト, DV, 貧困問題を抱えている.

当裁判所で行なわれる家族治療プログラムは 12 ヵ月間の教育プログラムと

して，参加者は最初の集中治療の6ヵ月間は，裁判所から支給される住宅で生活しながら薬物治療，カウンセリング，ペアレンティングスキル，職業訓練等のサービスを受けることができる．その際11歳未満の子ども4名までは同居が認められ，就学年齢児童は地元の学校に通うことになる．入所が認められない児童については，短期里親やグループホーム等に預けられる．

当プログラムにかかわる専門スタッフとしては，子ども家庭サービスエージェンシ（Child and Family Services Agency, CFSA）からソーシャルワーカー，ケースマネージャー，カウンセラー，栄養士，看護士，ファミリコートのコーディネーター，アルコール予防治療局（Alcohol and Prevention Recovery Administration, APRA）の専門家，裁判官が含まれる．

当プログラムは参加者の自らの申請によって開始され，また本人の要求があればプログラムを中途で中断することも可能である．担当のケースワーカーによれば，「参加者の多くはプログラムの卒業式（最初の6か月間の治療を終えて行われる）に参加できることに大変楽しみにしている．参加者全員がプログラムの卒業を迎えて，さらに社会復帰かつ自立できるようにサポートしている」と述べていた．8月の卒業式の参加される人は10人．子どもと再会し地域の教会が運営する職業訓練センターに登録した母親は「朝，決まった時間に起床し，子どもたちのための朝食を用意し，自分の身支度を済ませ，センター（職業訓練プログラム）へ向かう．子どもたちのためにも健康を取り戻し，生活を安定させていきたい」と述べていた．

最初の6ヵ月の訓練後はコミュニティへ移行し，アフターケアプログラム（6ヵ月間）に参加する．アフターケアの段階では，引き続きファミリコートのケアプログラムの一環である毎月の定例会に参加すること，担当ソーシャルワーカーへの定期的な状況報告が求められる．さらに，この期間ではファミリコートのケースワーカーが地域の各種の州政府機関，病院，慈善団体，教会，法律事務所，ファミリーシェルター，地域非営利団体等と連携のなかで母親の自立と社会復帰を促す．当プログラムは，貧困かつ薬物依存という状況の母親た

ちの自立のため，他のプログラムで見られる「条件付き」や「制裁」といったものではなく，「治療」や「更生」を通じて母親と家族の自立を促すものであった．

FTC コーディネーターは当プログラムの課題について「他の人には当たり前の日常的生活が彼女たちには大きいチャレンジでもある．母親の働く姿は子どもたちとって良いロールモデルになる．しかし，その現実は厳しく，プログラム終了後のモニタリングやフォローアップ支援は不可欠である」と指摘した．

(2) 民間団体
1) SWWR コミュニティセンター
South Washington/West of the River Family Strengthening Collaborative

今回のインタビューには，所長代理のタミサ・クリスティアン（Tamitha Christian, LICSW）氏の協力によって行なわれた．SWWR は，地域住民と組織の調和を構築するために必要なコミュニティ資源（たとえば居住者，教会，学校，企業，非営利の機関と市民グループ）の開発及調整することを目的とする非営利団体である．子どものいる家庭の支援を通じて子どもとその家族の社会的，情緒的，身体的，精神的，経済的安定性をめざしており，これらはさまざまな家族の危機に対処すると共に家庭内の児童虐待と軽減にもつながる．

当機関では地域住民のための相談支援，住宅，家計管理，権利擁護，予算スキル，子育てスキル，学校の問題，雇用の準備，コミュニティの紹介とサポートを必要とする家族を支援する．現在提供している主なプログラムとしては，青少年プログラム，父親プログラム，親業プログラム，ファミリー強化プログラム，能力開発プログラム，地域奉仕プログラム等がある．とりわけファミリー強化プログラムには，親業支援グループ，雇用準備プログラム，リーダーシップ教育，父親業サービス，放課後プログラム，児童虐待予防および処置プログラム，GED 準備のための読み書きプログラム，コミュニティフォーラム，

夏休み中の読み書きプログラム等であり援助が必要な家庭に対して包括的サポートを行なっている．

なお，すべてのプログラムは州政府からの補助金および民間団体，個人らの寄付金によって運営されている．

以下においては，SWWR の就労援助の流れについて紹介する．

---

① クライアントの来所：
クライアントの来所は本人が直接機関に訪れるかあるいは地域のコミュニティワーカーや連邦政府社会福祉事務所からの紹介によって行われる．ケースワーカーによるインテークが行なわれる．

↓

② 約2週間にかけて就労支援の準備段階：
たとえば，パソコンを使った履歴書の書き方や面接の仕方などその他就労時に必要な事項について学ぶ．

↓

③ 就職活動および職業訓練の開始
クライアントの教育，経験と仕事とのマッチングが行われる．
ただ，多くのクライアントは就労経験がほとんどなく，本人の関心や過去の経験を生かした職種を探し，職業訓練コースに入るケースも多い．この期間中はクライアントの状況やニーズに応じて保育サービスや交通費等が提供される．職業訓練に関しては，公的または他の民間機関で行なっている訓練プログラムへの委託も多い．

↓

④ 就業開始
訓練プログラムを終えたクライアントの仕事を探すことも当期間で行なう．
一旦，就業活動がスタートすると，ケースマネージャーはクライアントのフォローアップに力を注ぎ，企業のスーパーバイザーと連携を図りながらクライアントの就業継続をサポートする．

SWWRの活動の特徴としては，第一，クライアント支援のためのケースワーカーや人材開発・管理の専門職の配置という点であった．ひとりのケースワーカークライアントの支援計画やフォローアップまで一貫してサポートにあたり，また地域において母親たちが安定した仕事ができる企業や職場を探すための専門職を配置し，雇用の機会を確保していた．第二，クライアントの就業開始からフォローアップまで一貫したサポートを行なっている点であった．当センターのケースワーカーによると，多くのクライアントは仕事に就いても3ヵ月も立たないうちに職を辞めたりするケースが多い．そこで，なるべく長く働くため企業側のスーパーバイザーと協力して働きやすい環境整備を図るための活動を行っている．最後は，地域との連携に重点を置く事業の展開であった点である．当機関のモットのひとつは地域社会とのコラボレーションである．地域にある福祉事務所，病院，教会，学校，他の非営利団体との情報と資源を共有することにより，クライアントの生活を総合的に支援することであった．

　インタビューの最後に就業支援についての課題について聞いたところ，まず，「ケースマネージャーの専門性を確保すること」と答えた．福祉事務所や職業訓練センター等の委託機関においては，「関連専門職の専門性の向上が必要である．支援過程にはケースワーカーの役割はとても大きい．クライアントの適正，能力，過去の経験を生かした就業支援が必要である．福祉事務所や委託職業訓練センターのケースマネージメントが画一的に行なわれたり，経験や知識の低いワーカー個人的裁量に委ねられる場合，ケースの成功は望めない」．クライアント個人の能力や適性を考慮した多様な職業の開発とともにそれを支援する福祉専門職の専門性を担保は不可欠であろう．

　アレン（Ellen, 35歳）さん，子ども4人と生活するひとり親家族の母親である彼女は，仕事探しのためセンターを定期的に訪ねている．彼女は2年前まではバスドライバーとして働き，先月まではパートタイムの仕事に就いていたが，

会社の経営上の理由で解雇された．子どもたちとの生活を維持するため様々なパートタイムの仕事をやっているが，週300ドルしか稼げない．メディケアとフードスタンプのサービスが受給できるのはいくらか生活の助けになっている．しかし，賃金の安いパートタイムでの稼ぎでは，子どもたちの学校の制服やアルバム代も払えない．福祉から脱出しようと努力しても，低賃金の仕事すら見つからない．今までフルタイムで働いていた人たちが職を失いパートタイムの仕事まで求めて来ている．雇用主は「条件の悪い」ひとり親家族の母親よりは他の経験のある男の求職者を優先する．安定した収入を得るため保育プロバイダーなどの職業訓練プログラムに参加することを考えている．訓練センターのジョブコーチとセンターのケースマネージャーはアレンさんの能力（運転技術）好きなこと（子育て）を考慮しつつ，支援プランを立てている．

2）メアリーセンター（Mary's Center，移民女性のためのコミュニティセンター）

当センターは地域をベースとした非営利団体として，主にヒスパニック系の移民女性を対象に母子保健サービスおよび福祉の充実することを目的とし1988年マリアS. ゴメスによって設立された．

アメリカには国民皆医療保険制度はなく，公的医療保険制度は，65歳以上の高齢者と一定の障害者を対象とするメディケア（Medicare）と，低所得者を対象とするメディケイド（Medicaid）のみである．そのなかでも生活に苦しいマイノリティ家庭の場合，言語（英語）のバリアのみならず適切な医療サービスを受けることが困難なケースが多い．メアリーセンターでは，一部または無保険の移民女性および小児を対象に医療サービスの提供をはじめ，家庭支援プログラム，青少年支援プログラムを提供している．その他，要支援家族にコミュニティサービスや他の社会福祉サービスの受給のための働きかけ，教育，住宅に関する情報，雇用など必要な情報・資源を提供する．医療サービスの費用は患者の収入によって異なり，一定収入以下の家庭の患者は無料で治療を受けることもある．医療のほか，社会的・教育的プログラムについてはすべて無料で行われる．総スタッフは188人，世界33ヵ国から集まっており，27ヵ国語の異なる言語での対応が可能である．最近ではヒスパニック系のみならずベト

ナムなど東南アジア系の利用者も増える傾向にある．具体なサポートプログラムは以下の通りである．

センターの運営は州政府からの補助金，医療活動の収入，独自のイベント収入，企業や個人からの資金援助によって行われる．以下では，メアリーセンターの主な活動プログラムの概要について紹介する．

① 青少年プログラム

13-21歳の青少年を対象とし，健康，教育関連プログラムのサービスを提供する．プライマリーケア，家族計画と妊娠防止サービス，HIV/STDテスト，健康教育，カウンセリング，ケースマネジメント，アカデミックな支持，大学準備等の活動を推進している．

② 家族プログラムサポート

メアリーのセンターの2ヵ国語家族のサポートチームはクライアントの社会的，精神的自立を促す．クライアントやその家族に対して必要に応じて住宅および食料プログラム，教育，財政援助，雇用，法律，精神保健等にアクセスできるよう援助を行なっている．また，関連スタッフはセンター外の医療専門職他のNPO，地域ボランティアと連携をとりながらサポートの連続性を強化している．

③ 初期介入プログラム

初期介入プログラムは発達上遅れのある3歳までの子どもと親を対象に発達支援，教育，家庭訪問，通訳，相談活動など提供している．すべての家族（子ども）は保育園や公立学校の入園・入学の登録に必要な支援も受けている．

また週に一回センターでは障害や発達上遅れのある5歳までの子どもやその親を対象にクラスを開いている．クラスは"Somos Unidos"（スペイン語圏の障害を持つ子どもとの親の会）と呼ばれ，地域において特別なニーズを持つ親子をサポートしている．

④ 家庭訪問プログラム

Healthy Start Healthy Families (HSHF) として知られているメアリーのセンターの家庭訪問プログラムは，集中的かつ長期の家庭訪問サービスを妊産婦とその家族に提供している．訪問チームはさまざまな関連専門職（アセスメントチーム，ファミリーサポートサーカー，看護婦，家庭内の精神衛生プロバイダーと教育スペシャリスト等）は参加者が教育と弁護的機能を行なっている．当プログラムは子どもが5歳に達するまで受けられる．HSHF は，児童虐待とネグレクトを未然に予防するためにも重要な役割を果たしている．

⑤ メンタルカウンセリング

カウンセリングは，セラピストがクライアント一人ひとりに対して個別的治療を行なう．必要に応じては，センター外の医療施設にケースを依頼しプログラムとの連携を図るなどするなどクライアントの身体的・精神的健康促進サービスを提供している．

⑥ 健康プログラム（2ヵ国語健康プログラム BHAP）

2ヵ国語健康プログラム (Bilingual Health Access Programd: BHAP) は，家族のメンバーが身体的・精神的障害を有する場合，メディケード，フードスタンプ，TANF の受給や児童健康保険プログラム (Children Health Insurance Program) を申し込みに必要なサポートを行なう．当サービスはヒューマンサービス省の生活扶助部 (Department of Human Service/Income Maintenance Administration; DHA/IMA) スタッフと連携を図りながら行なっている．センターのスタッフは，登録のためにすべての必要な文書を翻訳して，必要書類を揃える．当プログラムは，アムハラ語，英語，スペイン語とベトナム語で提供し，インタビューにも付き添う．

⑦ 資源と照会

クライアントの自立を図るため，クライアントの母国語コミュニティや擁護団体，地域資源にアクセスできるよう援助する．その内容は住宅および食料プログラム，教育，財政援助，雇用，法的サービス等．センターのスタッフは，

クライアントから通訳等の要請があった場合，センターの外で専門家への依頼や訪問にも付き添う．

⑧ 家族向けの読み書きの能力向上プログラム

当プログラムの目的はクライアント家族の教育と英語の読み書きの能力向上にある．0 - 7歳の子どもとその両親を対象とし，学校や職場で必要な英語を教える．これらのクラスには，第二言語，読み書きの能力とコンピュータースキル指導が含まれている．

⑨ 親と子どもの Together Time（PACT）

育児や子どもの教育において親の役割について親たちの認識向上に働きかける．その他，両親は市民教育，ジョブトレーニングが受けられる．

⑩ 公認保育士資格プログラム

公認保育士資格や在宅保育を計画している女性のために，複雑なライセンス取得に必要な様々なサービスを提供しており，クラスは，アラビア語，英語，フランス語，スペイン語，トルコ語，ベトナム語等で行なわれる．

著者がセンターを訪問した日も家庭支援プログラム，青少年支援プログラム一環として行なわれるいくつかのクラスが開かれており，グループ活動の様子をうかがうことができた．「就業準備プログラム」には5名の若いひとり親家族の母親たちが参加していた．参加条件はなく費用も無料．「家庭支援クラス」には10代後半から30代前半のヒスパニック系の母親5人が参加していた．参加者全員がTANF，フードスタンプ，保育，住宅サービスなど何らかの公的扶助を受けていた．当日のクラスは，仕事のためのインタビューの際に必要な事項，たとえば相応しい服装，公共機関の利用の仕方，その他の履歴書の書き方，面接の基本等についてロールプレイを交えながら行なわれた．最近ではクラスの参加者に祖父母の参加率も上昇している．保育サービスが不十分なアメリカではインフォーマル支援となる祖父母の育児参加は大きな力になる．

また，「青少年プログラム」では，母国を離れて新しい家庭環境や学校，地

域に馴染めず苦しんでいる若者たちを支援するため「10代妊娠予防プログラム」をはじめ非行や薬物，犯罪から保護するための取り組みを行なっている．

今回のインタビュー調査に協力してもらった担当のケースワーカーのヴァネガス（Lyda Vanegas）氏自身も南米からの移民者であり，当センターの利用者であった．今日の彼女が自立した生活を送れるのは，センターの支援が大いに貢献していると本人は語る．

近年のヒスパニック系の人口増加とともに，貧困基準以下のレベルで生活するヒスパニック系の母子世帯も増加傾向にある．言語や文化に違いから来るさまざまなバリアーを克服し自立するためにもメアリーセンターの医療・保健・福祉を連携させた地域支援活動は，マイノリティ家庭の母親やその子どもたちが地域でより安定した生活を営むためにも果たす役割は大きいといえる．

おわりに

本章は，アメリカのおけるひとり親家族の特徴や問題を探るとともにワシントンDCのひとり親家族の母親の自立支援にかかわる民間および公的機関の支援活動プログラムについて検討を行なった．

アメリカは北欧や他のヨーロッパーのとは異なり，普遍的な家族政策を持たない国として，政府の介入は限定的であり，税制を中心に子ども・家族支援が展開される国である．アメリカでは1970年代前半，離婚率の増加とともに母子世帯が急増した．低い女性の賃金や父親の養育費の不履行等の要因は多くの母子世帯を貧困化させ，結果として福祉受給世帯の増加につながった．1996年当時のクリントン政権によって成立した「個人責任，就労機会調整法」（PRWORA）の制定に伴い，アメリカに大きな福祉制度改革が展開された．1962年成立した母子世帯扶助プログラム「要扶養児童家族扶助」（AFDC）から「困窮家族への一時扶助」（TANF）という新制度に統合され，就労を第一とする福祉システムへと転換した．TANFの特徴は①連邦から州への補助金を

一括補助金として固定したこと，②TANF受給者の最低就労参加率を設定し週30時間以上（末子が6歳未満の場合は20時間以上）就労活動に参加することを義務づけられ，その義務を満たせない場合は，制裁規定により手当の減額または停止されること，③受給期間を受給者個人は一度に2年まで，生涯を通して5年までタイムリミットを設定したことなどである．給付は現金給付のほか賃金補助，児童保育補助，就労訓練・教育，交通費補助等が含まれる．また，子どもの父親を特定し養育費を払わない父親から強制的に養育費を徴収する「児童養育費徴収制度」，低所得勤務世帯に所得税を還元する「勤労所得税額控除」(EITC)その他，「子どものための収入補足補」(SSI)のほか，「フードスタンプ」(Food stamp)，「メディケイド」(Medicaid)などがある．

ワシントンDCでは，3人家族の場合，最大のTANF補助金は1ヵ月につき428ドルであり，それは連邦政府の貧困基準のおよそ29％水準である．TANF援助を受ける家族の多くは，フードスタンプ，メディケードと保育サービスを合わせて受けている．最近の景気の失速の影響により，TANFのロードケースは増加傾向にあった．近々タイムリミットに到達したTANF受給者に関しては，就労義務（職業訓練や求職活動）を果たしてなお，TANF受給資格を超えるほどの収入が得られない場合，タイムリミット後も延長されるケースもある．

一方，日本の母子世帯施策は戦後間もない時期から1970年代までは，死別，生別を問わず「所得保障」を中心として展開されてきた．国は生別母子家庭に対しても，父の不在は母の就労の困難性を考慮し，所得保障は必要であるという観点で「児童扶養手当制度」を創設し，拡充してきた．しかし，児童扶養手当制度の改正（2002年）では，増加し続ける児童扶養手当の予算を削減するために，母子世帯の母親の「自立」と子の父の「責任」追及することであった．母子家庭の母親の「自立」をねらいとし，改正では5年間の児童扶養手当の受給制限期間を設けたことである．さらに，生活保護制度においても子どもがいるひとり親に支給されている「母子加算」に対する見直しが(2007年)行なわ

れるなど,生活保護受給者の「自立助長」を実現するため「自立支援プログラム」が新たに導入されている.これらの改革の内容は,アメリカの福祉改革を強く意識したものともいわれている.

今回のインタビュー調査の結果,現地の多くのひとり親家族は困難な生活を余儀なくされていた.公的機関をはじめ民間の非営利団体による支援活動は多岐にわたって展開されており,とりわけ民間では州からの委託事業のみならず,独自の支援プログラムを展開しひとり親家族の母親とその子どもたちの生活を支えていた.しかし,彼女たちの生活には働いても貧困から脱却できない現実があることも否定できない.

就労支援のための支援機関のケースマネージャーや職業訓練機関のジョブマネージャーのような母親の就労支援に直接かかわる関連専門職の専門性を確保

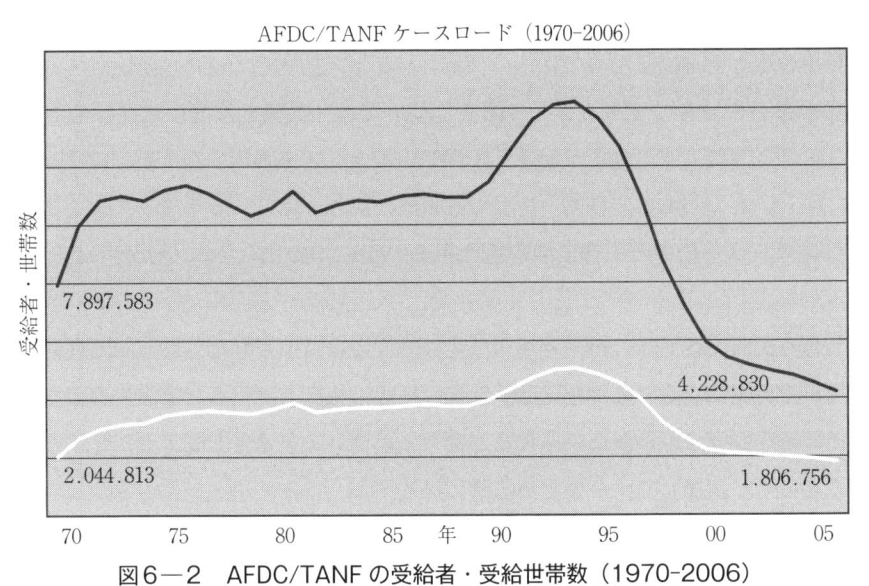

AFDC/TANF ケースロード (1970-2006)

図6－2　AFDC/TANF の受給者・受給世帯数 (1970-2006)
出所) U.S. Department of Health and Human Services, Administration for Children and Families (2006) TEMPORARY ASSISTANCE FOR NEEDY FAMILIES (TANF) Eighth Annual Report to Congress.〈http://www.acf.hhs.gov/programs/data-reports/annualreport8/ar8index.htm〉より作成

することも必要である．その専門職には，母親の能力や過去の経験を生かした訓練内容の選択のためのアドバイス，ひとり親家族の母親に適した職業の開発，就労先が決まった後のフォローアップ支援などの，一連のサポートを遂行できる能力が求められる．

また，今回の調査で興味深かった点のひとつは，ひとり親家族の母親の支援には官民の連携による総合的支援体制が組まれていたことである．このような総合的支援は日本ではまだ限定的にしか行なわれてなく，今後，日本においてもこのような総合的支援体制を整えていく必要があると考える．

以上のことから，これからの日本のひとり親家族の支援政策への教訓として，第一，就労へと移行できない母親に対する支援である．母親の「自立支援＝就労支援」のような方程式が注目されているなか，ひとり親家族の母親のなかにはさまざまな理由で就労へと移行できない者もいた．就労への移行できない要因の分析と状況に見合った対応が必要である．第二，仕事と子育ての二重負担の均等化を図るためのワークライフバランス推進していく必要性がある．働きながら子育てをすることの困難については，共働き家庭の母親はもとより，ひとり親家族の母親が仕事と子育てのバランスを維持することとには非常に厳しいものがある．最近，日本でも頻繁に取り上げられる「ワークライフバランス」は，仕事と子育ての二重負担をいかに均等化していくかが焦点となる．

ある民間支援団体の担当者が「母親の働く姿は，子どもたちにとって良いロールモデルになる．しかし，母子世帯の生活の特徴上，仕事だけを強調していては家庭がうまくいかない．育児と就労のバランスを考え支援することが大切である」と指摘していたことが印象に残る．

《注》
1) U.S. Census Bureau, "Family and Living Arrangements," *Current Population Survey (CPS) Reports*, 2006 Table 3 March CPS. より.
2) AFDC は，1911 年にミズーリ州が導入して全米各地に広がった母子扶助を淵

源とし，1935年に制定された「社会保障法」で要扶養児童援助（Aid to Dependent Children. ADC）として規定された．1962年に ADC から AFDC に名称が変更された．
3）児童養育強制徴収制度（Child SupporTANForcement: CSE）：同居していない親から子どもの養育費を強制的に徴収する制度であり，TANF の受給者（自動的に対象となる）やその他の申請のある家族が対象となる．州によって徴収方法は異なるが，多くの州では運転免許証，職業ライセンスにより居住を追跡すること，税金や失業保険から養育費を天引きすることが実施されている．
4）フードスタンプ（Food Stamp）：連邦政府（農務省）が低所得者に対して発行する食料券のことであり，1971年フードスタンプ法に基づいてスタートした．現在では電子カードのようなものが支給され，ほとんどの食料品店で使うことができる．年齢や障害の有無にかかわらず，基準所得以下の世帯に対して家族の人数分が支給される．2006年報告によれば，TANF 受給者のうち80％以上がフードスタンプサービスを受けている．
5）ワークフェアとは，生活保護，医療費保護などからなる「福祉」（welfare）の受給者に対して，一定の就労を義務づけ，給付を労働の対価とすることによって，その精神的自立を促すと共に，就労を通じて，招来の経済的自立の基盤たる技術・技能を身に着けさせようという公的扶助に関する改革理念であり，政策である．
6）Koroly, Lynn A., "Estimating the Effect of Work Requirements on Welfare Recipients: A Synthesis of the National Literature" *Testimony, Subcommittee on 21st Century Competitiveness*, Committee on Education and Workforce, U.S. House of Representatives, October 16, 2001.
7）白波瀬佐和子「日米の働く母親と子育て支援―福祉国家と家族の関係を探る―」『海外社会保障研究』第143号　2003年　pp.93-106.
8）ケースロードとは，一定期間あるいは一定時点での取り扱い件数を意味する．TANF のケースロードとは現金給付の支給世帯数または支給者数である．
9）Pamela Loprest, "Disconnected Welfare Leavers Face Serious Risks," *Snapshots of America's Families* 3, No.7 (Washington, D.C.: Urban Institute), 2003.
10）LaDonna A. Pavetti and Jacqueline Kauff, "When Five Years Is Not Enough: Identifying and Addressing the Needs of Families Nearing the TANF Time Limit in Ramsey County, Minnesota" *Lessons from the Field* (Princeton, NJ: Mathematica Policy Research), 2006.
11）Blank Rebecca M., "Improving the Safety Net for Single Mothers Who Face Serious Barriers to Work," *Future of Children* 17, No.2, 2007, pp.183-197.
12）「TPWWP」の詳細については Blank R. M., 2007. 注11）を参照のこと．

13) Source: U.S. Census Bureau, District of Columbia Selected Social Characteristics in the United States: 2005-2007" District of Columbia Fact Sheet.
14) Source: U.S. Census Bureau, Poverty Status in the Past 12 month of Family.: 2005-2007" District of Columbia Fact Sheet.
15) 2009年9月，自民党から民主党への政権交代とともに，当年3月に全廃された「母子加算」について年内にも復活させるとの方針が出された．母子加算復活の案としては，まったく以前の形に戻すのか，代わりに「ひとり親就促進費」支給されているので整合性をどうするかなど論点はある（『朝日新聞』記事2009年9月18日付）．

第7章
イギリスのひとり親家族の母親における就労・子ども・家族支援

はじめに

本章の目的は，2008年3月と2009年8月に，イギリスのノーウィチ (Norwich) とロンドンで行なった面接調査をもとに，イギリスのひとり親家族の母親に対する就労・子ども・家族支援の現状について明らかにすることにある．ノーウィチでの調査対象は Sure Start Children's Centre であった．ロンドンでの調査対象は，Jobcentre Plus，ひとり親家族のための非営利組織である One Parent Families Ginger Bread，そして家族や親業に関する研究機関である Family and Parenting Institute であった．

1998年以降，ブレア政権は「福祉から就労へ」のスローガンのもと，ニューディールプログラムを通じてワークフェア政策に基づく大規模な福祉改革を行なった．ニューディールプログラムは対象別のプログラムとなっており，そのひとつに，ひとり親のためのプログラム (New Deal for Lone Parents) が存在する．2009年10月からは，これまでの対象別プログラムである，若年失業者，長期失業者，エンプロイメントゾーンなどのニューディールプログラムが統合され，対象者を細分化しないフレクシブル・ニューディールプログラムが始まった．これにより，現在のプログラムは，フレクシブル・ニューディー

ル,障害者のためのニューディール,ひとり親のためのニューディール,パートナーのためのニューディール,50歳以上の人のためのニューディールからなる.ドイツやフランスでもワークフェア政策が採られているが,ひとり親に限定したプログラムは存在しない.しかしながら,ヨーロッパ諸国の中でもひとり親世帯率が高いイギリスには,ひとり親に限定したニューディールプログラムが存在する点が特徴的である.母子家庭に限定した就労支援のプログラムが存在する点で,日本はイギリスに似ている.

イギリスに先立って,1996年にアメリカではすでにワークフェア政策に基づく福祉改革がなされており,それはイギリスのワークフェア政策に影響を与えた.G・エスピン-アンデルセンは,イギリスの福祉政策がアメリカ化している様子を以下のように述べる.「イギリスは,徐々に受給対象をより限定し,資力調査を条件とする方向に向かい,福祉義務を市場に委ね,北アメリカ型へと収斂していった[1]」と.

とはいえ,イギリスの福祉は,完全にはアメリカ化していない.なぜなら,ブレア政権は,A・ギデンズが『第三の道』で示したような,社会民主主義レジームと自由主義レジームの間の第三の道をめざしたからである.イギリスの福祉改革の前提には,ギデンズが彼の著書で示したような,社会投資国家(social investment state)の思想が横たわっている.彼は次のようにいう.「生計費を直接支給するのではなく,できる限り人的資本(human capital)に投資することである.私たちは,福祉国家のかわりに,ポジティブ・ウェルフェア社会という文脈の中で機能する社会投資国家を構想しなければならない[2]」と.ニューディール政策における職業教育は,まさに,人的資本への投資を体現したものである.また,ブレア政権は,子どもの教育に力を入れ,子どもの貧困を減少させることを国家課題の1つとして位置づけた.これも人的資本への投資の典型例であるといえる.たとえば,ブレア政権は,ロンドンに,家族と親業に関する研究機関であるFamily and Parenting Instituteを設置するとともに,各地域にSure Start Local Programmeを実施するセンターを設置し,全国レ

ベルで，とくに貧困家庭の子どもへの教育と親教育に力を入れた．

イギリスのひとり親の就労の特徴は就業率がヨーロッパのなかでも低い点にある．しかし，ニューディール政策がはじまって10年の間にその値は10ポイント上昇し，2007年には57％となった．政府は，2010年までにひとり親家族の就業率を70％までに引き上げることを目標にしている[3]．こうしたなか，第1節では，イギリスのひとり親家族の状況について明らかにする．第2節では，ひとり親のためのニューディールプログラムに着目しながら，イギリスのひとり親家族の母親に対する就労支援について検討する．第3節では，ブレア政権が力を入れた貧困家庭の子どもや親への教育に着目しながら，イギリスのひとり親家族に対する子ども・家族支援について検討する．

1 イギリスのひとり親家族の状況

(1) 家族の個人化と家族の多様化

イギリスでも，他の欧米諸国と同様に，確実に家族の個人化と家族の多様化が進行している．家族の個人化の典型例は離婚であるが，2006年のイギリスの離婚率は婚姻カップル1,000あたり，12.3％であり，離婚率が高いアメリカよりは低いが，フランスやドイツよりも高い値を示していた[4]．また，婚外子率も高く，2007年の婚外子率は44.3％[5]と，その値は近年婚外子率が50％を超えたフランスに近づいている．

ここで着目したいことは，イギリスの特徴は，ひとり親世帯率がヨーロッパ諸国のなかでも高く，2006年，18歳未満の子どものいる世帯の内，24％がひとり親世帯であったという点である．1972年のひとり親世帯率は7％，1997年のひとり親世帯率は21％であったが，この率は年々上昇している．また，ステップファミリーの率も上昇しており，2005年には，子どものいる世帯の内，10％以上の家族がステップファミリー世帯であった[6]．

(2) ひとり親家族の低い就業率

2004年, イギリスでは, カップルで子どもを育てている (法律婚と法律婚でないカップル) 16歳から59歳の母親の就業率は71%であったのに対し (子どものいない女性の就業率は73%), ひとり親家族の母親の就業率は53%であった (ひとり親家族の父親の就業率は67%[7]). ここで着目したい点は, イギリスの特徴はひとり親家族の母親の就業率が低く, しかも, カップルで子どもを育てている母親よりもひとり親家族の母親の就業率の方が低いということである. この傾向は, 日本と逆の傾向を示している. つまり, 日本のひとり親家族の母親の就業率は高く, また, ひとり親家族の母親の就業率はカップルで子どもを育てている母親の就業率よりも高いのである.

また, 71%のカップルで子どもを育てながら就業している母親の内, フルタイマーは28%, パートタイマーは42%と, パートタイマーの割合がフルタイマーの割合よりも高かった. それに対し, 54%の就業しているひとり親の内, フルタイマーとパートタイマーの割合は, それぞれ28%と26%と似たような値であった. つまり, カップルで子どもを育てている母親の方がひとり親家族の母親よりも就業率が高いとはいえ, カップルで子どもを育てている母親はひとり親家族の母親と比べパートタイマーで働いている割合が高いのである.

さらに, 子どもの年齢が低いほどひとり親の就業率も下がるのだが, 0歳から4歳までの子どもを育てているひとり親の内, 34%の人だけが就業していた. また, 子どもの人数が多いほどひとり親の就業率が下がるのだが, 子どもが1人の場合, 59%の人が就業していたのに対し, 子どもが3人以上の場合, 36%だけが就業していた.

(3) ひとり親家族に対する家族給付など

イギリスには, 日本の児童扶養手当のような, ひとり親家族に限定された手当ては存在しない. 子ども全体に支給されるイギリスの児童手当 (child benefit) には所得制限がなく, この手当ては16歳未満の子ども (学生の場合に

は19歳未満の子ども）に支給される．支給額は，2009年度現在，第1子は週に20ポンド（1£＝150円として，約3,000円），第2子以降は週に13.2ポンド（約1,980円）である．1998年までは，児童手当に母子加算が存在したが，1998年以降，新規の児童手当受給者に対しては，母子加算は廃止された．

　低所得のひとり親家族は，公的扶助である所得補助（income support）あるいは失業扶助に相当するような所得調整求職者手当（income-based jobseekers' allowance）を受給することになる[8]．ここで注目すべきことは，ワークフェア政策の流れの中で，就労をした方が得になるような，給付付き税控除制度が存在するという点である．具体的には，就労の有無にかかわりない，16歳未満の子ども（就学中の場合は20歳未満）を養育している低中所得世帯に対する児童税額控除（child tax credit）制度と就労している低中所得世帯に対する就労税額控除（working tax credit）制度とが存在する．就労税額控除制度では，就労のために保育サービスを利用した場合，限られた範囲で保育料の控除もなされる[9]．

　同居していない親からの養育費については，チャイルドサポート局（Child Support Agency）という行政機関が，父親の追跡，養育費の算定，請求，回収，支払い強制に関する業務を行なっている．しかしながら，さまざまな問題が指摘されている．たとえば，チャイルドサポート局にコストがかかる，公的扶助である所得補助の支給額が養育費分だけ減額されるため，親の側にチャイルドサポート局に積極的に協力しようとするインセンティブがない，失業，再就職，複雑な家族関係のため個別ケースに対応することが困難などの問題である[10]．

(4) ひとり親家族に対する社会的排除

　先に述べたように，ブレア政権は，ニューディール政策を展開するとともに，子どもの相対的貧困率を下げることに力点を置いた．この政策の効果は，イギリスの好景気と相まって，ひとり親世帯の相対的貧困率の減少に見て取れる．OECDの調査によれば，2000年，イギリスのひとり親世帯の相対的貧困

率は40.7%であったが，2000年代中頃には23.7%へと急減した[11]．とはいえ，ひとり親家族に対する社会的排除の問題は解消されていない．

先に述べたロンドンのFamily and Parenting Instituteのスタッフは，ひとり親家族に対する就労支援と子どもの貧困を減少させた政府の方針を評価した上で，雇用はひとり親に自信を与え，その結果，ひとり親による子どもの教育にきわめてポジティブな影響を与えると述べる．しかしその一方で，Family and Parenting Instituteのスタッフは，労働市場におけるひとり親家族が直面する複数困難な状況を指摘した上で，ひとり親に対するニューディールプログラムがひとり親を助けるために限定的にしか成功していないという．たとえば，困難な状況とは，一番下の子どもが11歳以上のひとり親の内，25%の人は障がいのある子どもを育てている，所得補助を受けているひとり親の内，56%の人は学歴が低い，60%の人は運転免許をもっていない，41%の人は8年以上所得補助を受け続けているなどである[12]．

2 ひとり親家族の母親に対する就労支援

(1) Jobcentre Plus

ひとり親のためのニューディールプログラムは，一番下の子どもが16歳未満で，失業中，あるいは週に16時間以下しか働いていないひとり親に，ケースマネジメントに基づく就労支援を行なうプログラムである．これはあくまでも任意の（voluntary）プログラムとなっている．

ただし，所得補助を受けるためには，Jobcentre Plusの個人アドバイザーの面談を受けなければならない．また，所得調整求職者手当に焦点を当てるならば，2009年10月現在，稼働能力がある低所得のひとり親は，一番下の子どもが10歳になれば，所得補助から所得調整求職者手当てへと移行しなければならない．子どもの年齢は年々引き下げられており，2010年には子どもの年齢が7歳に引き下げられることになっている[13]．第8章で述べるが，稼働能力のあ

るひとり親は子どもが3歳になった際に，社会扶助（イギリスの所得補助に相当する）から失業給付Ⅱ（イギリスの所得調整求職者手当に相当する）へと移行しなければならないドイツと比較した場合，イギリスの方が子どもの年齢が高くなってから，所得調整求職者手当へと移行する制度となっている．所得調整求職者手当を受給するためにも，Jobcentre Plus で，個人アドバイザーによる面談を受けるとともに，求職活動をしなければならない．

2002年以降，公共職業紹介機関である Jobcentre を運営してきた雇用サービス庁と各種福祉給付を提供する給付庁が統合され，Jobcentre Plus 庁が設置された．そして，各地域の Jobcentre Plus では，就労のためのケースマネジメントと各種の給付を行うワンストップサービスが開始された．こうして，所得調整求職者手当を受給しているひとり親は，各地域の Jobcentre Plus で，給付を受けるとともに，担当のアドバイザーから就労のためのケースマネジメントを受けることになった．また，Jobcentre Plus の Web には毎日1万件の求人情報が追加されている．

(2) 支援策

ということから，ロンドンの Ministry of Work and Pensions の建物内にある Jobcentre Plus にインタビューのために訪問した[14]．失業者は毎週のように Jobcentre Plus に来室し，積極的な求職意欲を示さなければならない．話によれば，3分の2の人が6ヵ月以内になんらかの就労先を見つけ出しているものの，6ヵ月以上の未就職者の場合には，特別のサポートが必要となり，かつ12ヵ月以上の場合には，民間が実施している就労トレーニング受講や地域ボランティアプログラム等に参加することが必要になっている．とはいえ，イギリスの場合，特定地域での高い失業率問題，少数人種問題，公共アパートがある地域あるいはひとり親の失業等，これまでから問題となっていることから，この問題解決のための取り組みが Jobcentre Plus には求められている．多様な人種がいるイギリスでは，ひとり親の就労というだけでなく，それに文化的

問題が付け加わっている現状がある。たとえば、インド出身者は高い教育を受けている人が多く、そのことは高い就職率と給料獲得につながっていくが、しかしながら、パキスタンやバングラデシュ出身者の場合は失業率が高い。とくに、バングラデシュ出身のひとり親の母親の場合など、根強い偏見からなかなか就労先が見つからない。この場合、就労のためのスキルアップ・トレーニングによって本人の自信をもたせると共に、雇用先の開拓が Jobcentre Plus には求められている。あるスーパーマーケットなどの就労協力企業先を開拓して、就職面接に送り込むなどの Jobcentre Plus としての努力をしている。しかし、女性の労働力率が高いイギリスでも、年齢、性別、障害などによる就職差別は依然として残っているといえる。Jobcentre Plus は政府機関として、差別のない平等な雇用が促進されるように取り組んでいる。また、ひとり親が就職後も仕事上の悩みや不安、経済的問題などに直面しやすいことから、これらの解決のためのきめ細かな対処法が必要となっている。とりわけ給料よりも給付金額が高額になったケースとか、税金控除手続きを知らないとか、住宅入居サポート情報をもっていないこと等が起こっているので、最初の1年間は無料でのサービスが提供されている。

3 ひとり親家族に対する子ども・家族支援

(1) Sure Start Children's Centre

1) Sure Start とは

Sure Start は労働党に政権交代した翌年1998年に10年計画の貧困対策としてスタートしている。人生早期に介入する、つまり子どもの人生に最高のスタートを与えるという主旨である。設立財源は5億ポンド（1£ = 150円として750億円）であった。その業務内容は、貧困地域を指定し、地域レベルで就学前の子どもとその家族を対象にした幼児教育、保育、保健や家族支援サービスなどの総合的支援を提供することである。これは、「貧困は多くの子どもとそ

の家族の生活を困窮に貶め，子どもの生育に悪影響を与え，その結果貧困の世代間連鎖をもたらすという認識[15]」から Sure Start はスタートしている．イギリス国内の実験的プログラム，アメリカのヘッド・スタートやペリー・プレスクール・プログラムなどが参考にされた．

　Sure Start Local Programme（以下，SSLP）と呼ばれたが，SSLP は2003年までに全国524地域で実施された．それまでのイギリスの保育は，母親たちの自主的保育活動であるプレイグループと，家庭的保育であるチャイルドマインダーが特徴として取り上げられていた．しかし，この政策的関与実践が成果を上げたことから，政府は2003年より各地に設置した Sure Start Children's Centre（以下，SSCC）と呼ばれる全国的拠点にこのプログラムを移行し，現在は SSCC で中心的に取り組まれている．主に5歳以下の子どもとその家族を対象にしたサービス事業を展開し，2004年に発表された「チャイルドケア10年計画」では，2010年にはこのセンターを全国3,500ヵ所に設置することを目標に事業が進められている．また当初のねらいであった貧困地域の子どもや家族だけに限定されず，その地域のすべての子どもと家庭を対象にした乳幼児全体への事業を展開している．

2）ノーウィチの Sure Start Children's Centre

　ノーウィチはイギリス東部・イーストアングリア地方ノーフォークの州都であり，人口約13万人の地方都市である．ロンドンから電車や車で1時間50分，ケンブリッジからは電車で1時間10分の距離である．11世紀にノルマン人の支配下になったが，古くから商業都市として繁栄した町であった．歴史的建造物としては，1096年に建設された壮大な大聖堂が有名である．

　ノーウィチの Sure Start Children's Centre を調査のために訪問した[16]．この SSCC では，保育，児童ケア，家族サポート，保健，訪問看護，言語治療等，この地域内のサービス対象者への総合的サービスを行なっている多機能機関である．日本であれば，児童相談所，保健所，保育所，訪問看護，治療センター

が同じ建物内に所在し，ソーシャルワーカー，保健師，助産師，看護師，保育士，セラピスト等の専門職チームが，この地域に対するネットワーク・サービスを提供しているというような印象である．事務室にはいわゆる支援ケースのカルテボックスが並んでいたが，専門職チームがケース毎に支援記録を記入し，チーム員で共有している．

　Sure Start Children's Centre の建物内に入ると左手に受付があり，受付の奥が広い事務所になっている．ここに保育士を除く専門職チームの職種ごとの事務机が置かれている．事務所からは窓越しに緑に囲まれた広い園庭を見通すことができるようになっている．子どもたちが遊ぶ姿が観察できるようになっている．また受付向かい側には相談室や子どものための遊戯室（観察室），休憩室，図書室等がある．また遊戯室（観察室）の隣の部屋から奥のコーナーが保育所，デイケアの部屋となっていた．年齢別保育部屋，食堂，保育士職員室とともに，2部屋の多目的部屋が設けられていた．この部屋で，後述する各種の特定グループへの支援・治療プログラムが実施されている．保育は，子ども・家庭のためのサービスとして，すべての家族が受けられる普遍的サービスとなっている．

　説明のために対応してくれたディレクターはソーシャルワーカーであり，このディレクターのリーダーシップの下，多種専門職チーム員に指示を出しながら全員で対象ケースに取り組んでいる．この Sure Start Children's Centre のサービス提供地域内に，以前から貧困地域があり，そのためにこの SSCC が設置された．

　希望する支援サービスを利用者自らが来所し申請する．申請の場合，受付係がインテークして，ディレクターと相談をしながら次にどのサービス・プログラム担当者に，あるいはどの専門職者に引き継ぐかを決定する．また，地域内の関係者からの電話通報などを受けて，アウトリーチ支援を開始する場合がある．たとえば，虐待のように隣人からの連絡を受けるとすぐに訪問対応するなど，その通知内容によって，ディレクターが，まずどの専門職者が初回インテ

ークのために該当者の家庭訪問をするかを指示して行く。ケースが深刻化しないように，できるだけ初期段階でのアウトリーチ介入サービスの開始，あるいは発生予防を心がけているとのことであった。

保育所，デイケアのような日常生活支援サービス以外にも，父親，母親あるいは祖父母，養育者を対象にして，この地域特有の特定グループにアプローチするプログラムが実施されている。つまり，提供しているサービスのなかで，ひとり親家族に対する総合的子ども・家族支援を実施しているといえよう。この支援プログラムのひとつに，ひとり親のためのグループがある。また10代の母親や妊娠した少女を対象にしたプログラムが実施されている。ひとり親の育児不安や生活問題を話し合うセルフヘルプ・グループが実施されている。

このSSCCはひとり親などの経済的困窮家庭に直接に経済的サポートをしているものではないが，就労を可能とする保育サービスや日々の不安や悩みをサポートするプログラムとして考えられる。まさしく「貧困の連鎖を断ち切るための，未来への投資である。子どもの適切なケアと教育を与え将来に備えること，困難な現況を切り開こうとする親の意欲をかきたてることにその目的を置く」のがSure Start Children's Centreの取り組みといえよう[17]。

(2) National Council for One Parent Families and Gingerbread

1）沿革

ここでは，この90年間ひとり親のサポートを行なっているGingerbreadについて紹介する。

Gingerbreadの沿革は，Lettice FisherによるThe National Council for the Unmarried Mother and her Child (and for the Widowed or Deserted Mother in Need) (1918年) の設立にさかのぼることができる。この慈善団体は2つの活動目的を持っていた。ひとつが婚外子差別をしていた非嫡出子法 (the Bastardy Acts) と父子関係決定判決法 (Affiliation Orders Acts) の改正運動であった。今

ひとつは，母親と赤ん坊のための救貧院に代わる新しい施設を提供することであった．つまり，法改正をめざす政治的運動とひとり親と子どもへの直接支援を開始している．

1920年代になると，この団体はひとり親を援助する事例調査委員会を立ち上げ，また直接にひとり親への助言や支援を行なうようになった．1940年代には，施設としての救貧院は廃止され，未婚の母親が金銭的支援を受給できるようになった．未婚の母親たちは政府からの扶助資格をもち，慈善に依存する必要がなくなった．この団体では重要な役割としてこれらの運動を展開した．1956年，戦後は未婚の母親たちへの支援が就労と教育へと変化していくなかで，Lettice Fisher's 記念財団は教育資金計画とひとり親援助トレーニングを始めた．

さらに1970年にロンドンに住む離婚経験のある母親 Tessa Forthergill によって Gingerbread が設立された．彼女は，自分で設立したセルフヘルプ・グループのなかで，ひとり親の母親たちの苦しい生活を知ることになった．A Sunday Times は数百のひとり親の母親に接している彼女の活動に注目し，激励記事を掲載したことを契機にして，新しい慈善団体 Gingerbread が設立されたのである．

1974年には，イギリスの1970年代，1980年代のひとり親家族政策に大きな影響を与えた報告書「The Finer Report」（以下，ファイナーレポート）が発行されている．このファイナーレポートは，「the committee on One-Parent Families」（ひとり親家族に関する委員会）からの報告書であるが，Morris Finner 委員長の名前からファイナーレポートと呼ばれている．この報告書では，委員会でひとり親家族が直面するさまざまな問題が検討された成果として，法律，所得，住宅，雇用，親子関係に関する分析結果が出され，230にも及ぶひとり親のための具体的政策提案がされていた．[18]

この年，これまでの The National Council for the Unmarried Mother and her Child から The National Council for One Parent Families と団体名を変更

している．

　1980年代になるとひとり親家族への反感が増加していく動きのなかで，この団体はひとり親家族の貧困問題に取り組み，扶助と就労改善に取り組む重要な発展がみられた．

　2007年，これまで政策運動に主に取り組んできた the National Council for One Parent Families と，どちらかといえば支援のための実践に取り組んでいた Gingerbread が合併した．ひとり親のために同じく取り組んできたが，より強い運動力を発揮し，かつ高い水準の支援サービスを充実するためであった．2009年，この団体は，ひとり親を取り巻く政治的，経済的そして社会的風土を作り上げていくために Gingerbread として再スタートをした．

2）活動内容[19]

　現在，約1万5000人の登録会員をもっている．会員にはニューズレター配布，あるいはキャンプなどのレクリエーション活動が割引料金で参加できる特典がある．また電話やインターネットを活用した相談システムである Help Line が年間2万5,000件ぐらいあるとのことであった．また，ひとり親家族の実態調査を常に実施し，新しい就職や復職のためのトレーニングを実施している．運営費は政府からの補助金，企業や個人からの寄付収入であり，約300万ポンドである．主事務所はロンドンであるが，マンチェスター，ランカス，カーディフなどにも事務所をもち，合計で50名が働いている．その他，すぐに役立つ法律専門家が2名働いているとのことであった．

　今後に取り組むべき課題としては，子どもに対するサポートである．具体的には教育やケアがあげられる．次にはまだ生活困窮者問題がある．さらには，政府はひとり親に対して就労することを強く奨励しており，そのための取り組みが迫られているとのことであった．また依然としてひとり親家族に対するスティグマが強く残っており，引き続き取り組むべき課題となっている．

《注》
1）エスピン-アンデルセン．G.著，渡辺雅男，渡辺景子訳『福祉国家の可能性―改革の戦略と理論的基礎―』桜井書店　2001年　p.21.
2）ギデンズ．A.著，佐和隆光訳『第三の道』日本経済新聞社　1999年　pp.196-197.
3）Family and parenting institute, "One parent families, welfare reform," 2007.
4）Office for national statistics, "Divorces (numbers and rates): sex and age at divorce," 1996-2006. http://www.statistics.gov.uk.
5）Office for national statistics, "Live births: occurrence within/outside marriage and sex," 1997-2007.
6）Family and parenting institute, "Marriage, relationships and family trends," 2007.
7）Office for national statistics, "Families and work," 2005.
8）所得補助は，「常勤の仕事をもたない，働くことが難しい疾病や傷害を有する者や子育て中のひとり親，要介護者の介護をしているものなどを対象にしている」．（川原恵子「イギリス」荻原康生他編『世界の社会福祉年鑑2007』2007年　p.58）．一方，所得調整求職者手当は，稼働能力のある失業者を対象にしている．
9）両方の制度とも「就労により賃金収入が増えると課税最低限までは還付（給付）があり，実質的な手取り所得が増える．賃金収入がさらに増加し課税最低限に達すると，還付（給付）は終了するが税額控除（減税）がなされるため，やはり税引き後の所得は増加する．このように，賃金収入の増加が実質的な手取り所得の増加となるような仕組みになっており，就労インセンティブを高めることで労働市場への参入を促している．また，所得補助のような厳格な資産調査はともなわず，簡易な所得調査だけを要件とし，スティグマを排除するような工夫もとられている」（川原恵子「イギリス」荻原康生他編『世界の社会福祉年鑑2007』2007年　p.60）．
10）所道彦「ブレア政権の子育て支援策の展開と到達点」『海外社会保障研究』160　2007年　pp.92-94を参照．
11）OECD『図表でみる世界の社会問題』明石書店　2006年　p.65，厚生労働省「子どもがいる現役世帯の世帯員の相対的貧困率の公表について」2009年．http:// www.mhlw.go.jp.
12）Family and parenting institute, "In work, better off: next steps to full employment," 2007.
13）Family and parenting institute, "One parent families, welfare reform," 2007.
14）2009年8月3日，Jobcentre Plus, Caxton Houseにて，Eamonn Davern氏，Jobcentre Plus International Relations Teamにインタビューをした．
15）埋橋玲子「イギリスのシェア・スタート―貧困の連鎖を断ち切るための未来への投資・地域プログラムから子どもセンターへ―」『四天王寺大学紀要』48

2009 年　p.378.
16) 2008 年 3 月 25 日，Sure Start Children's Centre, Nowich, U.K. を訪問した．
17) 埋橋玲子　前掲書　2009 年　p.388.
18) 下夷美幸「イギリスにおける児童扶養政策の展開」『社会志林』53(2)　2006 年　p.2.
19) Gingerbread ディレクター Kate Bell 氏を訪問しインタビューをした．2009 年 8 月 3 日．

第8章
ドイツのひとり親家族における就労・子ども・家族支援

はじめに

　本章の目的は，2007年8月と12月にドイツのデュッセルドルフ市で行なった自由面接法に基づく面接調査と参与観察をもとに，ドイツのひとり親家族における就労支援と子ども・家族支援の現状を明らかにすることにある．調査対象は，雇用エージェンシー（Agentur für Arbeit）の労働共同体（Arbeitsgemeinschaft, ARGE），未来ワークショップ・デュッセルドルフ（Zukunftswerkstatt Düsseldorf），ディアコニー（Diakonie Kaiserswerth），福音家族施設デュッセルドルフ，エファー（Ev. Familienbildung in Düsseldorf），ドイツ赤十字（Deutsches Rotes Kreuz）[1]であった．デュッセルドルフ市は，ルール工業地帯が近くにある第3次産業を主体とした人口約60万人のノルトライン＝ヴェストファーレン州の州都である．

　周知の通り，アメリカの「福祉から就労への政策」（ワークフェア政策）を柱とする福祉改革は，イギリス，ドイツ，フランス，日本など他の国々の福祉政策にも影響を及ぼしている．もちろん，その社会的背景，理念，そして政策の内容は，各国で異なる．ドイツの場合，1990年の東西ドイツの統合後の失業者の増大に対応するために，労働市場政策を最重要課題とした．そして，2003

年に，シュレーダー政権は，ドイツの労働市場改革をすべく，「ハルツ改革」という名のもとに，ハルツ第Ⅰ法からハルツ第Ⅳ法までを随時成立させた．[2] この内，2003年10月17日に連邦議会で可決され，同12月19日に連邦参議院で成立したハルツ第Ⅳ法（2005年1月1日から施行）は，福祉から就労への政策を実行する内容となっている．

この改革によって「失業給付Ⅱ」が新設され，①旧制度において「失業扶助」を受給していた人と②日本の生活保護に当たる「社会扶助」を受給していた人の中で稼働能力がある人は，失業給付Ⅱを受けることになった．[3] そして，失業給付Ⅱを受給している人は，就労のためのケースマネジメントを受けた後，職業教育，職業の斡旋を受けることが義務化された．つまり，社会扶助を受給できる人は稼働能力のない人のみとなったのである．ここでいう稼働能力のある人とは，「現在またはその後6ヵ月以内に，一般労働市場の通常の条件の下で，疾病または障害のために，1日3時間以上就労できない状態にはない場合，と解されている（「6ヵ月」は文言にないが，一般にこのように解されている）」[4]．この改革によって，社会扶助受給者数は67万2千人から2万5千人へと激減した．[5]

ひとり親家族の母親に焦点を当てるならば，日本の特徴は，母子福祉制度に対してワークフェア政策に基づく福祉改革が導入されている点にある．一方，ドイツの場合，ひとり親家族に対して福祉改革が行なわれているわけではなく，先に見たように，稼働能力のある低所得者全般に対して福祉改革がなされている．

そこで，本章では，主に，失業給付Ⅱを受給しているひとり親家族の母親に焦点を当てながら，ドイツのひとり親家族における就労支援と子ども・家族支援の現状について明らかにする．具体的には，第1節では，ドイツのひとり親家族の状況について明らかにする．その上で，第2節で，失業給付Ⅱを受給しているひとり親家族の母親に対する就労のためのケースマネジメントの現状について明らかにする．さらに，第3節で，職業教育の現状について，第4節で

ひとり親家族における子ども・家族支援の現状について明らかにする．第1節では，できる限りドイツの国家データを使用するが，このデータが無い項目については研究者による調査データを使用する．

1　ドイツのひとり親家族の状況

　本節では，ドイツのひとり親家族の状況を，ひとり親世帯率とその動向，ひとり親家族になった理由，ひとり親家族の経済状況と就業状況，家族給付という観点から明らかにする．

　ドイツでは，シングルマザーという表現は用いられず，「ひとり親」(Alleinerziehende) という表現が一般的である．ひとり親が，母親を意味するのか，父親を意味するのかということを説明したい時のみ，「ひとり親の母親」(alleinerziehende Mutter) あるいは「ひとり親の父親」(alleinerziehender Vater) という表現を使用する．

　また，ひとり親家族の定義はさまざま存在する．狭義の定義では，ひとり親と児童手当の受給権がある25歳未満の子どもからなる家族を意味する．その他，離婚後，ひとり親が新しいパートナーと子どもと一緒に暮らしている家族を指す場合もある[6]．本章では，狭義の定義に基づいてひとり親家族の状況について述べるが，ドイツのひとり親家族に関する文献の特徴はさまざまなひとり親家族を対象にしている点にある．

(1)　ひとり親世帯率とその理由

　他のヨーロッパ諸国と同様に，離婚率の上昇に伴い，ドイツのひとり親世帯の率も上昇し[7]，今後もますます上昇すると予測される．ドイツ連邦統計庁によれば，2007年のドイツの離婚率は2.3%（人口千人対）であった（2007年の日本の離婚率は，2.02%であった）．2003年の離婚率は2.6%であった．その値は近年のドイツにおいて最も高く，それは71ヵ国中17番目の高さだった[8]（日本は27

第8章　ドイツのひとり親家族における就労・子ども・家族支援　165

番目だった[9]．ひとり親世帯率について見てみると，1970年代の西ドイツにおいて，18歳未満の子どものいる世帯の内ひとり親世帯の割合は10%以下であったのに対し，2007年にはドイツ全体で18%になった[10]．ひとり親家族の内，9割は母子家庭，1割は父子家庭であり，ひとり親家族の大半は母子家庭であるといえる．最近は父子家庭の割合が減少している[11]．

2007年，ひとり親家族になった理由は，離婚41.5%，非婚23.4%，死別20.8%，別居14.3%であった[12]．以前は死別によるひとり親が多かったが，近年は離婚や非婚によるひとり親家族が多くなっている．

非婚に関して見てみると，欧米では，結婚せずに，子どもを生み育てる非婚カップルの数が増加し，こうしたライフスタイルがめずらしくない状況になっている．ドイツでも，結婚に対する価値観は大きく変容し，多様な形態の家族が出現している．1960年代，ドイツ人にとって，結婚は必ず必要なものだったが，近年では，ひとり暮らしや非婚カップルの同棲を承認するドイツ人は大勢いる．非婚で子どもを生み育てることに対しては抵抗感がある人も存在するが，しかし，社会的に承認されているといえる[13]．この背景には，婚外子への法律上の差別が存在する日本とは異なり，ドイツには婚外子への法律上の差別がないという状況がある．ドイツ連邦統計庁によれば，2007年に生まれた684,862人の子どもの内，211,053人の子どもが非婚カップルから誕生した子どもだった[14]．

非婚のひとり親の場合，約半分の人が妊娠中に非婚のパートナーと別れる．また，子どもが3歳以下のときに別れて，ひとり親家族になる人が多い[15]．ドイツ社会では，非婚で子どもを生み，パートナーと別れてひとりで子どもを育てることに対して，日本ほど偏見はない．ドイツのひとり親家族の母親と父親のセルフヘルプ・グループである「ひとり親家族の母親と父親連合会」は，ドイツでは，近所，学校，役所などは，ひとり親を特別視していないと述べる[16]．また，1990年代にDorbritzとFuxがドイツで行った調査によれば，結婚せずに，ひとりで子どもを生み育てるという考え方を容認する20歳代，30歳代の

女性の率も高かった(旧西ドイツ地域80％,旧東ドイツ地域92％[17])．さらに,ドイツ連邦家族省大臣フォン・デア・ライエンも,ひとり親について,「ありがたいことに,今は個人的な欠点ではない」と述べた[18]．

(2) ひとり親家族の経済状況と就業率

ひとり親家族の経済状況について見てみると,ドイツの連邦家族省大臣フォン・デア・ライエンが「ひとり親家族の子どもはふたり親家族の子どもよりもずっと窮迫を経験している[19]」と指摘したように,ドイツの多くのひとり親家族も,経済的な問題を抱えている．ひとり親家族に関するさまざまな調査結果によれば,ひとり親家族として暮らすことそれ自体には不満はないが,経済的困窮や社会福祉制度の不足に対して不満を持っている人は多い．2000年代半ばのドイツのひとり親世帯の相対的貧困率はフランスやイギリスよりも高かった[20]が,ドイツのひとり親家族にとって,経済的問題や社会福祉制度上の問題が大きな問題となっている[21]．

ドイツ連邦家族省の統計によれば,ひとり親家族の半分以上は自分の給料で暮らせるが,低賃金のため経済的に困窮しているひとり親家族は少なくない．2008年,ひとり親家族の内,約4割の人は,失業給付Ⅱあるいは社会扶助で暮らしていた．その値は,ふたり親家族の値(5％から13％)よりも高かった．同年,自分の給料や失業給付以外の資金で暮らすひとり親家族は10％ほど存在し,彼／彼女らは両親などからの金銭的援助,育児手当,奨学金,貯金などで暮らしていた[22]．また,ひとり親家族の母親と父親連合会によると,現在ドイツのひとり親家族の3分の1は1ヵ月900ユーロ(1ユーロ＝約122円)以下の経済的に困窮した生活を送っている[23]．また別の観点から比較するならば,母子家庭がふたりの子どもにかける生活費は,ふたり親家族がふたりの子どもにかける生活費の半分である．また,離婚や別離後,ひとり親家族の母親になった女性の61％はひとり親家族になってから所得水準が低くなった[24]．

次に,就業率について見てみよう．日本の場合,ひとり親家族の母親の就業

率の方が，それ以外の母親の就業率よりも高い．一方，2007年，ドイツのひとり親家族の母親の就業率はそれ以外の母親の就業率に似ており，それぞれ約3分の2（67％）であった[25]．ただし，ふたり親家族の場合，パートタイマーで働いている母親が多いのに対し，ひとり親家族の母親の場合，半数の人がフルタイマーであった．とくに，旧東ドイツ地域は旧西ドイツ地域よりも，保育所が整備されているため，旧東ドイツ地域のひとり親家族の母親は旧西ドイツ地域のひとり親家族の母親よりもフルタイムで働く率が高い．また，ひとり親の失業率は比較的高く，とくに旧東ドイツ地域の失業率は旧西ドイツ地域のそれよりも高いため，ひとり親の就業に影響を与えている．さらに，子どもの年齢によってもひとり親家族の母親の就業率は異なるが，とくに3歳未満の子どもを対象にした保育所の数が足りない旧西ドイツ地域の場合，3歳未満の子どもをもつひとり親家族の母親の有業率は低い[26]．ドイツのひとり親家族の母親の就業意欲は高い．働いているひとり親家族の母親の約9割は仕事を大事に思っているし，働いていないひとり親家族の母親も，約8割は仕事を大切に思い，働きたいと思っている．働いていない理由には，就職活動が困難，子どもの年齢，ストレス，保育サービスの不足などがある[27]．

　ドイツのひとり親家族の母親の学歴について見てみると，全体の30％はハウプトシューレ（基幹学校）の卒業者，40％はレアルシューレ（実科学校）の卒業者，約25％はギムナジウムの卒業者，5％は学校を卒業していない．それぞれの率はふたり親家族の母親の率に似ているが，ギムナジウムの卒業率はふたり親家族の母親の方が高い．4人にひとりのひとり親家族の母親は職業訓練を受けていない．とくに，旧西ドイツ地域にその傾向が見られる[28]．

　ひとり親が，ワークライフバランスを保つことは重要であるが，そのためには，職場の理解と子ども・家族支援が重要となってくる．ひとり親家族の方がふたり親家族よりも保育所をよく利用する[29]．しかし，ドイツでは，3歳未満の子どもの保育所が足りない，あるいは小学校の生徒は基本的に昼食を家でとることになっているため，ひとり親家族の母親が仕事と子育てを両立することは

容易ではない．2007年，旧西ドイツ地域において，対象とされる3歳未満の子どもの1割だけが保育所に入所できた．それに対して，旧東ドイツ地域においては，社会主義体制のもとですでに多くの保育所が設置されていたため，対象とされる3歳未満の子どもの約4割が保育所に入所できた[30]．

デュッセルドルフ市役所の女性と労働・地域部局やハインリッヒ・ハイネ大学の家族相談事務所に対する面接調査でも，3歳未満の子どもの保育所の不足が指摘されていた．現在，ドイツの家族政策においては，3歳未満の子どもの保育所を増設したり，保育ママを拡充することが，大きな課題となっている．1996年，幼稚園に入園を希望する3歳から6歳までのすべての子どもに入園権が保障されたが，幼稚園の開園時間は短い[31]．以上のような状況のため，多くの場合，3歳未満の子どもの保育は，自己負担のベビーシッターか個人的なネットワークに頼らざるをえない状況である．ひとり親の69％は支援してくれる両親・親戚を近くにもっているが，ひとり親にとってこのようなネットワークは欠かせない[32]．とはいえ，近年の女性の年齢階級別労働率は，日本がいまだM字型をとるのに対し，ドイツはM字型を取らないことを看過してはならない．

(3) ひとり親家族に対する家族給付

ドイツには，日本の児童扶養手当てに相当するような母子家庭の子どもへ支給される手当ては存在しないが，養育費前払い制度（Unterhaltsvorschuss）が存在する．

2008年に，子どもに対する養育費および離婚した前配偶者への扶養に関する扶養法が改正された．裁判離婚制度をとっているドイツでは，裁判所が親の給料と子どもの年齢によって最低養育費額を決定する．18歳未満の子どもに養育費を支払う際，養育費を支払っている親が自分のために使う最低生活水準額は，770ユーロ（失業の場合），900ユーロ（有業の場合）である．たとえば，1500ユーロの給料の人の場合，5歳までの子どもに対しては279ユーロ（2008

年1月現在）が養育費として算定される．給料と子どもの年齢が上がってくると最低養育費額も高くなる．[33] 子どもが大学生であったり，職業訓練中の場合であっても，また，再婚の有無にかかわらず（別れる前に非婚だった場合も含む），養育費の支払い義務はある．もし養育費が支払われない場合，裁判においての告発も可能である．また，離婚後，各人が自分の生活に責任をもつことは法律によって規定されている．ただし，前配偶者が，失業している，高齢である，病気である，3歳未満の子どもを育てている場合，前配偶者への扶養義務が課される．[34]

だが，ひとり親がもう一方の親から基準の養育費を受けとっていない場合，または裁判所が各人の給料や子どもの年齢にしたがって決定した最低養育費より低い額しか受け取っていない場合，養育費前払い制度に基づいて，12歳未満の児童に対して最長72ヵ月，1ヵ月につき125ユーロ（6歳未満の子どもの場合），あるいは168ユーロ（12歳未満の子どもの場合）が支給される．しかし，養育費前払い制度と児童手当だけでは生活費が足りないため，社会扶助などを必要とする人もいる．子どもを育てているひとり親が再婚する際には，養育費前払いの給付は停止される．もちろん，この制度が存在するといっても，養育をしていない親の側に決定された養育費の支払い義務があるのは当然である．[35]

その他，ひとり親に限定されない給付は以下の通りである．日本の生活保護にあたる社会扶助，先に紹介した失業給付Ⅰ，Ⅱである．さらには，子育てをしている家庭に支給される手当てとして，母親手当て（Mutterschaftsgeld），児童手当（Kindergeld），育児手当（Elterngeld）などがある．

児童手当は，18歳未満のすべての子ども，3人までには，1ヵ月，ひとりにつき154ユーロが支給される（4人目からはその額が少し上がる）．子どもが18歳以上でも，子どもが職業訓練中あるいは学生であるとともに，子どもの給料による年収が7,680ユーロ以下の場合，25歳未満まで（以前は27歳未満まで）児童手当が支給される．ひとり親の場合，子どもを育てていない親に対しても，その親が養育費を支払っている場合，児童手当の半分の額が支給される．[36]

育児手当に関しては，育児手当法が改正され，2007年1月に改正された育児手当法が施行された．これは，働いている女性が安心して子どもを生み，職場復帰が上手くできるようにするために，また，父親が以前よりも積極的に育児休暇を取得するために提示されたメルケル政権の自慢の家族政策である．この手当は，出産後仕事を休み，育児をしている親に対し，出産前の実質所得の67％が支払われる（パートやアルバイトの場合には週30時間以下の労働であれば手当てを受給できる）．最低額は300ユーロで，最高額は1,800ユーロである．失業者には最低額の300ユーロが支給される．ふたり親のどちらか一方だけがこの手当てを受給する場合，この手当ては12ヵ月支給される．両親ふたりがそれぞれ仕事を休み，育児をする場合，合計14ヵ月間支給され，14ヵ月間を両親ふたりで自由に分けることができる（最低期間は2ヵ月）．ひとり親には（特別な事情があるときには親戚に）14ヵ月支給されるが[37]，14ヵ月後に職場復帰しても，子どもを預ける保育所がない場合がある．

2　労働共同体（ARGE）における就労支援のケースマネジメント

ハルツ改革以後，①職業紹介と失業給付の支給を行ってきた連邦直轄の雇用エージェンシーと②社会扶助の業務を行ってきた地方自治体の社会福祉部局が統合され，ARGE（労働共同体，Arbeitsgemeinschaft）という組織が誕生した（全国で353ヵ所）．個人相談担当者（Persönlicher Ansprechpartner）またはケースマネージャー（Fallmanager）が，このARGEで失業給付Ⅱを受給する人に対して就労のためのケースマネジメントを行なうことになった．ケースマネジャーは，失業給付Ⅱを受給している人が就労できるよう，受給者のアセスメントを行ない，失業給付の期間と職業に関する目標（方向性）について決定する．

雇用エージェンシー（Agentur für Arbeit）と失業給付Ⅱの受給者は，「職業復

帰のための合意書（Eingliederungsvereinbarung)」によって，雇用エージェンシーが何をなし，失業給付Ⅱの受給者は何をなさねばならないかを契約する．そして，失業給付Ⅱの受給者が，職業復帰のための合意書を締結しない，職業復帰のための合意書上の義務を履行しない場合，実行可能な労働，職業訓練あるいは就労機会を行わない場合，あるいは公共の場における実行可能な労働の遂行を拒否する，実行可能な労働への統合措置を中断するなどの場合，義務違反として失業給付Ⅱの減額という制裁が課される[38]．

　ひとり親家族が多いデュッセルドルフ市には失業給付Ⅱを受給しているひとり親だけに対応する専門の窓口が設けられている．また，デュッセルドルフ市のARGEは，ハルツ改革以前の2002年から就労のケースマネジメントのモデル事業を行なってきた．本研究では，ひとり親家族の母親に対する就労のためのケースマネジメントを担当している男性のソーシャルワーカーのAさんに面接調査を行った．本節では，この面接調査をもとに，デュッセルドルフ市のひとり親家族の母親に対する就労のためのケースマネジメントの現状について検討する．

　デュッセルドルフ市のARGEには150人の個人相談員とケースマネージャーが，就労のためのケースマネジメントを行なっている．ケースマネージャー1人につき，最大75名を担当する．面接調査実施時，約4,500人のひとり親家族の母親がケースマネジメントの対象となっていた．ひとり親家族の母親向けの専門の窓口を作ると，特別視される危険があるという負の部分もあるが，しかし，「子どもの問題など，共通の問題が解決できるため，この窓口があった方がよい」とAさんは述べていた．

　ケースマネジメントにおいて，ケースマネージャーは，まず，学歴，子どもの状況，子どもを世話する人，援助者の状況，経済状況，借金，心理的状況などを明らかにする．デュッセルドルフ市のひとり親家族の母親が抱えている生活問題として多い内容は，仕事をしている際に子どもを預けるところがないことと借金である．子どもが3歳未満の失業給付Ⅱの受給者に対しては，就労の

ためのケースマネジメントを受けることは義務化されていない（子どもが3歳に達すると義務化される）．しかし，デュッセルドルフ市では，子どもが3歳になる前に声をかけ，できるだけ早い段階からケースマネジメントを行っている．

次に，ケースマネージャーはクライアントの就労能力が以下の4つの段階のどの段階にあるのかを評価する．4つの段階とは，労働市場に一番近い段階から一番遠い段階までの4段階で，①最も労働市場に近い高学歴者，②状況は良いが，職業訓練に欠ける人，③心理的サポートの必要な人，④就労することがまったく難しい人の4段階である．

①最も労働市場に近い高学歴の人に対しては，すぐに仕事を斡旋できる場合が多い．デュッセルドルフ市の場合，事務系の仕事が多く，事務系の仕事に就く人が多い．この場合，パソコンの能力が必要となる．それ以外は，販売員やレストラン勤務などのサービス業，あるいは介護や教育などのソーシャルサービスである．ここで職業を斡旋したひとり親の内，約75％はフルタイマーとして働くようになり，約25％がパートタイマーになっている．ドイツの場合，近年パートタイマーが増加してきたといえども，未だフルタイマーの雇用枠が多く，雇用主がフルタイマーを好む傾向がある．そのため，子どもがいるひとり親家族の母親であっても，フルタイマーの方が職業斡旋しやすいという特徴がある．ただし，フルタイマーになっても，賃金が低くて，働きながら失業給付Ⅱを受給している人もいる．それゆえ，これは失業給付なのかという世論も存在する．

②の職業訓練が欠けている人に対しては，様々な民間の職業教育の場所を紹介する．

③の心理的サポートが必要な人に対しては，デュッセルドルフ市に所属しているソーシャルワーカーが対応する．多い生活問題は，借金，アルコール依存症，トラウマ，家庭内暴力などである．

④就労することがまったく難しい人に対しても，民間の職業教育機関を紹

介する．そこでのプログラムは，大きく4つの段階からなる．(a)まず，3ヵ月くらいは労働生活に慣れるようにするプログラムが用意されている．朝起きて人と会い，人の言う事が実行でき，挨拶ができる状況など，社会性を身につけるプログラムである．(b)それができたら次の3ヵ月間のオリエンテーションで，どのような仕事がしたいのか，またどのような仕事ができるのかを決定し，そのためにはどのようにしたら良いかを決める．(c)その後，たとえば，介護の仕事に就こうと思うならば，そのための職業教育機関に行き，職業教育を受ける．(d)最後は職業斡旋の段階である．介護の場合はすぐに職業に就ける場合が多いが，上手く行かなければ他の職業を斡旋するなどする．以上(a)～(d)の過程を終了する時間には個人差がある．早ければ3ヵ月くらい，長くても18ヵ月くらいのプログラムとなっている．いずれの段階の人にも，子どもの保育が必要な場合には，市と連携して保育所の確保などを行なう．

　ケースマネージャーは，クライアントの状況を把握し，そのクライアントが4段階の内，どの状況にあるのかを把握した上で，就労支援のストラテジーを考える．つまり，4つのそれぞれの段階によって，何が必要であるかを見分ける．具体的には，生活状況を安定すべきなのか，労働市場に慣れてもっと活動的になれるように支援するのか，仕事に近づけるようにするのか，職業訓練が必要であるのかなどについて考える．デュッセルドルフ市の場合，学歴が低く，専門教育を受けておらず，仕事をしたくない，経験もない，さらには，家族の問題を抱えている人が全体の約80％を占め，就労支援が容易ではない．そのため，ケースマネージャーは，就労のためのケースマネジメントにおけるプロセスを大切にしている．また，ケースマネージャーとクライアントとが今後の目標（方向性）を決めた後は，個々人の条件に応じて，ケースマネージャーと定期的に面会する場合としない場合がある．

　ハルツ改革後のケースマネジメントに対する評価として，Aさんは，改革後ケースマネジメントを受けることによって，これまで稼働能力があるのに働いていなかった人が働けるようになった点で評価できると述べていた．理由は，

① 良いケースマネジメント，② 良い職業教育・訓練，③ それを受けている間の財政的バックアップの3つにある．

3　民間組織によるひとり親家族の母親に対する職業教育

ARGEにおけるケースマネジメントの後，失業給付Ⅱを受給している人は，さまざまな民間の職業教育機関に行くことになるが，本節では，職業教育を行っている2ヵ所，未来ワークショップ・デュッセルドルフ（Zukunftswerkstatt Düsseldorf）とディアコニー（Diakonie Kaiserswerth）のスタッフに対する面接調査をもとに，ひとり親家族の母親に対する職業教育の現状について明らかにする．

まず，未来ワークショップ・デュッセルドルフについて．この組織は，ARGEやデュッセルドルフ市から委託を受け，家族や失業者の家族問題に対応する有限会社である（以前は非営利組織であった）．この組織は20年前に設立され，当初のプロジェクト名は「女性プロジェクト」であったが，最近「職業と家庭」というプロジェクト名に変わった．主な活動は3つある．ひとつ目は，ARGEから依頼された失業給付Ⅱの受給者に対する職業教育である．2つ目は，市から委託され，3歳未満の子どもを預かる場所の創設である．3つ目は，EUのプログラムの受託であり，このプログラムに基づいて，一旦仕事をやめた女性の再就職の支援を行っている．このプロジェクトの中で，30%の資金をひとり親家族の母親に使用している．スタッフは4人の女性で，ひとりは事務，3人はソーシャルワーク的な教育学を勉強した人である．3人の内，ひとりがひとり親家族の母親の支援を専門に行ない，ふたりがEUプログラムを実施している．

失業給付Ⅱを受給しているひとり親家族の母親に対する職業教育の内容は以下の通りである．最初，3ヵ月間はオリエンテーションを行なう．この期間

に，スタッフは，家族からの支援，子どものこと，経済状況など，ひとり親家族の母親の生活状況を分析したり，さまざまなテストを行なう．そしてこの間，算数やコミュニケーションスキルを高めるための基礎的なトレーニングによって，ひとり親家族の母親が自信を培うプログラムを実施する．これは，3人から5人のひとり親家族の母親だけのグループワークによって行なわれる．その際，自らのことを他者の前で話すが，離婚について話すこともある．

スタッフによれば，失業給付Ⅱを受給している人のなかで，とくに学歴の低いひとり親家族の母親に対して重要なことは，「自己をいかに高めるか」という点にある．スタッフは以下のように述べていた．「学歴が高くない人の女性像には，働かず家にいて夫の帰りを待つという意識が強く残っており，離婚した場合，自分のすべてが否定されたと感じ，仕事に就こうとしても，否定されたというネガティブな自我像が強く出てくるので，そこを転換し，自分のことに対しては自分で責任を持つことができるようにすることが非常に大切である．それは，これまでの古い自我像を改革することを意味するが，その内容がコミュニケーショントレーニングに入っている」と．

オリエンテーションの後は，3つのグループに分かれる．①ここに残ってトレーニングを続ける人（全体の30％），②インターンシップを行い，職を得る人（高学歴者に多い，全体の30％），③別の職業訓練機関で長期トレーニングを行なう人（全体の30％）である．残りの10％については不明である．①では，パソコンの訓練を行なったり，売り場を想定し，売り場でのコミュニケーショントレーニングを模擬的に行なったりする．また，外国人の場合，ドイツ語を習得する．

次に，ディアコニーについて．ディアコニーは，ドイツの6大福祉団体のひとつである[39]．この組織は，教会に関係する組織で，以前は修道院であり，約100年前から教会奉仕活動をしている歴史があり，就労支援も社会的な義務として行なっている点が特徴である．広い敷地のなかに，職業教育，職業訓練場，家族支援の場，老人ホームや障害者施設，保育所，幼稚園，青少年センタ

ーなどの教育施設，本屋などの店舗がある．そのなかで，職業教育を行なっている女性スタッフに対して面接調査を行なうとともに，職業教育の教室で参与観察を行なった．このスタッフの専門はコミュニケーションで，自宅では家族相談のオフィスを経営している．

　面接調査を行なった際，職業教育を受けている1クラスのメンバーは20名のひとり親家族の母親で，平均年齢31歳であった．全員，失業給付Ⅱを受け，ARGEから来所した人たちであった．この人たちがこの職業教育を受けると，1時間につき，1ユーロと交通費が支給される．注目すべきことは，職業教育の受講期間中，彼女たちには，子どもが習い事などに行くような経済的余裕はないが，失業給付Ⅱによって，健康保険もあり，家もあり，食べ物も足り，なんとか生活ができるという点である．ディアコニーの職業教育の運営費はすべて，ARGEによって賄われている．彼女たちは，皆，これまで専業主婦で何年間も家族のことだけを考えていたため，職業能力に欠けるか，外国から移住して来たために，以前有していた資格が役に立たなくなった人たちであった[40]．ただし，施設や病院も所有しているディアコニーは介護職や看護職などのより専門的な資格を得るための専門教育施設をもっているために，この職業教育の教室の後に，ひとり親家族の母親はディアコニーの専門的な専門教育施設で専門的な資格を得ることができる．それゆえ，ARGEのソーシャルワーカーは，「労働市場に近い人たちをディアコニーに紹介している」と述べていた．

　この職業教育の教室のプログラムは10ヵ月間で，その間に，ひとり親家族の母親の能力や意思を見極めることになる．最初の3ヵ月間は家庭生活から離れてディアコニーに「つく」ことを目的とする授業内容となっている．朝8時までにここに到着し，9時から14時15分まで（休憩30分），教室で他の人と一緒に勉強し，帰宅後にも宿題がある．勉強の内容は，ドイツ語，英語，数学，就労に関する発表，ディアコニーと関係のある学校のプログラムの理解，仕事，教育の紹介などである．最初，この授業では，チームを作るための授業を行う．教室でお互いに，子どものこと，子どもの父親のこと，経済的なこと

など，自分の生活事情について話し，お互いの信頼関係を作っていく．この間，スタッフは，多くの質問をする．また，1ヵ月に1回，スタッフとひとり親家族の母親との個別相談があり，その際に，ひとり親家族の母親は他人には言えない特別な相談もする．この3ヵ月間において，スタッフは，この教室のひとり親家族の母親の能力を理解し，誰に多くの相談が必要か理解し，誰が何をするのか，またどのような支援が必要かを考える．

　本研究では，最初の3ヵ月の間になされる実習に関する授業の参与観察を行った．授業は，以下のように，スタッフがひとり親家族の母親に多くの質問を投げかける形で展開されていた．内容は，チームワークについて，経験，仕事の意欲，仕事中のトラブルへの対処，ひとり親に対して先入観を持つ人への対処，子どもが病気になったときの対処などについてである．いずれも，ひとり親家族の母親であることの利点を活かしてポジティブに働けるようにエンパワメントする支援内容となっている．たとえば，スタッフはグループワークにおいて，以下のようにひとり親家族の母親に話しかけていた．

　　自分がひとり親家族の母親だというと雇用主は不安になるかもしれません．もし子どもが病気になったらどうしますか．ひとり親家族の母親に先入観を持つ人もいます．でも，職場で自分の能力を見せてください．ひとり親家族の母親でもよく仕事ができるところを見せてください．ひとり親家族の母親として働いても，子どもの教育ができるところを見せてください．ひとり親家族の母親は経験のない人よりも，もっとよく仕事ができますよ．よく責任を取りますから．さて，病気になったらどうしますか．手助けをする人を今から探してください．

　この後，それぞれの人が，子どもが病気になった際にだれを援助者にするのかについて回答し，このことについて教室で話し合いがなされていた．
　3ヵ月間教室で職業教育を受けた後，ソーシャルサービス部門，教育部門，

老人ケア、保育所など、関心のある場所で6週間の実習を行う。希望の仕事が自分にあっているかを確かめる実習であり、実習後、スタッフは、職場の人から各ひとり親家族の母親の職場での能力について聞き取りを行なう。

実習の後に行われる3ヵ月の授業では科目も増え、授業内容も難しくなる。数学、英語、ドイツ語のテストを行なう。1週間に1日、教室で、各自の能力や得意分野をもとに職業適性について考える個人的相談を行う。また、パソコンの証明書も取得する。

この後、2回目の実習を6週間行なう。最初の実習場所に適応できた人は、同じ場所に行き、適応できなかった人は、別の場所に行く。

最後のステージでは、はっきりした目標と希望の職業を決め、より専門的な職業教育の場所に行くことを決めるか、あるいは就職活動を行なう。この時の内容は、個別相談が中心である。会社の面接には、スタッフも同行する。この職業教育の後、看護師の資格の取得など、3年間のより高度な専門的な教育をディアコニーの別の教育機関で受けるひとり親家族の母親もいる。2006年には、21人中、3人が高度な専門教育機関に行った。注目すべきは、その際、ARGEから教育のクーポンが渡される点にある。その他、15人は就職し、3人はこの教室を卒業できなかった。ディアコニーのスタッフは、ハルツ改革に対して、「人が仕事に帰ることができる」点を評価していた。先に紹介した未来ワークショップ・デュッセルドルフと比べた場合のディアコニーの特徴は、ディアコニーは専門的な教育機関を有しているため、ディアコニーの中で専門教育ができる点にある。また、ディアコニーのもうひとつの特徴は、ひとり親家族の母親が最終的に専門的な職業に就けたかどうか、ディアコニーの教育結果を重視している点にある。

4 非営利組織によるひとり親家族に対する子ども・家族支援

本節では，子ども・家庭支援を行なっている2ヵ所の非営利組織，福音家族施設デュッセルドルフ（Ev. Familienbildung in Düsseldorf）とドイツ赤十字社（Deutsches Rotes Kreuz）の面接調査をもとに，ひとり親家族に対する子ども・家族支援の現状について明らかにする．

まず，福音家族施設デュッセルドルフ（以下，エファーとする）の活動について．この組織は，プロテスタント系の非営利の福祉団体であり，13人のスタッフが活動を行なっている．その内，20年のキャリアをもつ1人の女性ソーシャルワーカーがひとり親家族の支援を担当しており，そのソーシャルワーカーに面接調査を行なった．

エファーでは，ひとり親家族の子ども・家族支援を目的にしたグループワークを行っている．主な活動は大きく2つある．ひとつは，ひとり親のさまざまな悩みを解消するための，ひとり親に対するグループワーク（「会話の会」）である．グループワークをしている間は，参加者の子どもたちの保育も行なっている．もうひとつは，ひとり親家族のネットワークづくりを目的に，日曜日の朝にひとり親家族が集まって朝食をとる「日曜日の朝食会」である．財源は，市と州による．国の社会教育の法律に基づいて，この地域では2000時間の家庭教育がなされなければならず，その財源が使用されている．「会話の会」においては，参加者は1回保育料として2ユーロを支払う．参加者の約70％は，経済的な問題を抱え，学歴が低い人である．

まず，「会話の会」においては，6人から7人のひとり親家族の母親が集まり，お互いの経験をもとに，日常生活について話し合う．ソーシャルワーカーが毎回テーマを決めて，そのテーマについて次回までに考えてくる，あるいはグループワークのなかで明らかになった問題について次回までに考えてくる形式で進められる．

内容は，① 一般的な子育ての仕方と ② ひとり親家族の母親が抱える問題についてである．① としては，たとえば，「子どもの世話をする時間があまりない．」などである．② としては，たとえば，「父親が土曜日に子どもと過ごす約束をしたにもかかわらず，来なかった場合どうするのか．」というような問題や面会権について．また，「父親がいないから，子どもがまるで大人のように父親の役割を演じようとする場合どうするのか．」について．その他に，自分の母親との関係や，子どもが父親とよい関係を続けていくことについて．ただし，離婚後も子どもが父親と良い関係を続けていくことは非常に難しいという現状がある．

ここでのグループワークの目的は，個人の問題がその個人の問題だけでなく，他の人も同じ問題を持っていることを理解する，つまり，各人が抱えている問題は特殊な問題ではなく，普通の問題であることを理解することにある．そして，最終的に「ポジティブな考え」が持てるようにしていくことにある．ここに1年間くらい通うことによって，多くのひとり親家族の母親の自尊心は高まり，ひとり親家族の母親の気持ちは変化していく．

グループワークにおけるソーシャルワーカーの役割は，① それぞれの状況に最適なアドバイスをするとともに，② 会話のなかで，ひとり親家族の母親自らが変わっていけるように，ポジティブな考え方ができるように支援することにある．① のアドバイスの例としては，たとえば，子どもがいつも母親と一緒のテーブルで食事をしない時，今から一週間，皆一緒にテーブルで食事するようにアドバイスし，次回のグループワークで「できましたか．」と聞く．あるいは，子どもが言うことを聞かない場合の対処方法など．② の例としては，たとえば，3人のひとり親家族の母親は，前の夫に子どもを会わせたくないとともに，前の夫は子どもの面倒を上手く見ることができないと思っていたが，グループワークの中で考え方を変化させ，実際，前の夫と子どもが会えるようになった．その後，前の夫が子どもの面倒を上手く見ることができ，彼女たちも考え方を変化させた．また，別の事例では，あるひとり親家族の母親

が，関係が悪かった母の良い面をグループワークのなかで見つけ，彼女たちの関係が実際に良くなった．

また，個別相談も行なっている．たとえば，離婚して，デュッセルドルフ市に引っ越してきたが，人とのつながりのないひとり親家族の母親なども多く来所するため，スタッフはカウンセラーのように個別相談も行なっている．また，ドメスティックバイオレンスや経済的な問題など，エファーで対応できない問題については，専門の相談機関を紹介するようにしている．

次に，ドイツの6大福祉団体のひとつであるドイツ赤十字社によるひとり親家族への子ども・家族支援について．ドイツ赤十字社は，ひとり親家族に限定した子ども・家族支援のプログラムをもっているわけではなく，子育てをしているすべての親を対象にした「家庭教育」のプログラムを独自に作成し，実践している．その理由は，ひとり親だけを他の親から引き離したプログラムは良くないという考えのためである．本調査では，約30年間，家庭教育のソーシャルワーカーを務め，現在，家庭教育のプログラムを作成している女性ソーシャルワーカーに面接調査を行なった．

ドイツ赤十字社は，子どもから高齢者までの家庭教育プログラムを作成し，実践している．最近，ドイツでも，子どもをテレビの前に長時間座らせておくなど，両親があまり子どもと会話をしない，あるいは他の地域から引越してきたために祖父母が近くに居住していない人が多いデュッセルドフルにおいては，子育ての仕方が分からない親も多くいる．

そこで，ドイツ赤十字社では，子どもを対象にしたさまざまなプログラムを実践している．たとえば，以下の通りである．①16歳から19歳までの青少年が，ひとつの家族を選んで，週1回，その家を訪問し，子どもの世話をするプログラム．そして，家族が問題を抱えているときにのみ，ソーシャルワーカーが介入する．②ドイツ赤十字社ではベビーシッターの教育も行っており，各家族にドイツ赤十字社で養成したベビーシッターを紹介するプログラム．③ボランティアが，ドイツ語が正しく話せない，あるいは読めない子どもの家庭

に行って本の読み聞かせをするプログラム．④出産前の女性を対象にしたリラックスプログラム．ドイツでは，1994年から出産前教育は病院で行なうようになったが，医学的な教育に偏っているため，ドイツ赤十字社では，子どもが生まれても，母親自身の時間を大切にすることの必要性や出産後の家族関係の変化など，社会的な側面から教育を行なっている．また，よい食べ物や健康の教育，また母親と子どもがリラックスするためのセラピーの場所の紹介など．[41] ⑤1歳までの子どもを対象にした「エルバ」(Eltern mit Babys im ersten Lebensjahr, ElBa) という家庭教育プログラムと1歳以上の子どもを対象にした「シュピコー」(Spiel- und Kontaktgruppen für Eltern mit Kindern von 1-3 Jahren, SpiKo) という家庭教育のプログラム．エルバは，両親が集まって，小さい子どもに関する様々な問題についてソーシャルワーカーとともに話し合うグループワークである．シュピコーでは，子どもの体育（水泳も含む）や遊びを行なう．また，親が自分自身の時間をとり，リラックスすることが重要なため，ヨガなど，親がリラックスできるような内容もある．エルバとシュピコーに関しては，プログラム実施のための費用の内の国から7％から8％の補助金が出ているが，基本的には参加者の自己負担となっている．1回90分，20回で80ユーロである．経済的に支払いが難しいひとり親の場合は，半額負担となっている．⑥子育てに関する個別相談も無料で行なっている．

⑤のプログラムは，インタビュー対象者のソーシャルワーカーと研究者とが共同で，1997年から作成しているプログラムである．赤十字のメンバーの内，プログラム作りをしているのは，彼女ひとりだけで，家庭教育を担当しているソーシャルワーカー100名がこのプログラムをデュッセルドルフ市の21区の各市民会館のような場所において実践している．

おわりに

日本のひとり親家族の母親の就業率は約85％であり，今後必要なことは，

より専門性の高い仕事に就けるような就労支援の中身の検討にある．日本には，失業給付Ⅱに相当するような制度がないために単純に日本とドイツの状況を比較することはできない．しかしながら，本研究から，ドイツでは，失業給付Ⅱや他の手当てによって所得保障がなされるなか，ひとり親家族の母親が①「ひとり親家族の母親向けの質の高い職業教育」を，しかも，②「長期間」受け，専門性の高い資格を得ることができる点が明らかとなった．日本は，この点についてドイツから学ぶことができよう．以下，ドイツから日本が学ぶべき点についてまとめる．

　第1に，ひとり親家族の母親に対する就労のためのケースマネジメントが，以下の2点において充実されるべきである．

　ひとつ目は，就労のためのケースマネジメントの対象者について．日本の場合，2005年より，児童扶養手当者を対象にした母子自立支援プログラムや，生活保護受給者あるいは児童扶養手当受給者を対象にした生活保護受給者等就労支援事業に基づいて，就労のためのケースマネジメントが，福祉事務所，母子家庭等就業・自立支援センター（2003年にスタート），公共職業安定所の連携によって行なわれている．しかしながら，就労のためのケースマネジメントは義務化されておらず，「希望する」ひとり親家族の母親のみが就労のためのケースマネジメントを受けている．一方ドイツでは，労働市場に最も近い人から遠い人までを大きく4段階に分け，それぞれに見合った対策が採られている．本章では，日本における就労のためのケースマネジメントの義務化について結論を出すことは避けたい．だが，少なくとも，日本においても，ドイツのように，稼働能力があるが，就労することが困難な状況にあるひとり親家族の母親に対して，最も手厚い就労のためのケースマネジメントがなされるべきではなかろうか．

　2つ目は就労のためのケースマネジメントが行なわれる場所について．厚生労働省は，公共職業安定所と福祉事務所，および母子家庭等就業・自立支援センターとの連携を考えているが，筆者の行なったアンケート調査によれば，連

携が上手く行かないケースも少なくない[42]．一方，ドイツでは，ハルツ改革以後，ワンストップサービスをめざし，1ヵ所のARGEで，就労と生活に関するトータルなケースマネジメントが行なわれている．就労支援のためには，直接的な就労支援だけでなく，生活全体の支援が必要であるが，日本でもドイツのように，1ヵ所で完結した就労・生活支援のためのケースマネジメントが行われるべきなのではなかろうか．

　第2に，就労のケースマネジメント後の職業教育が以下の2点において充実されるべきである．

　ひとつに，職業教育の内容について．職業教育は，グループワークとケースワークを組み合わせて，長期間，体系的に行われるべきである．ドイツでは，ひとり親家族の母親だけを対象にした就労のためのグループワークとケースワークが長時間かけて十分になされていた．日本でも，母子家庭等就業・自立支援センターやセルフヘルプグループのNPO法人が就労のためのグループワークやケースワークを行なっている．だが，それらは，ディアコニーのような長時間かけた，体系的なプログラムにはなっていない．ディアコニーはドイツにおいても良いサービスを行っている典型事例といえるのだが，この点がドイツと日本との大きな違いであるといえる．日本でも，ひとり親家族の母親固有の，長時間かけた，体系的な職業教育が必要である．

　もうひとつに，職業教育と職業訓練時における所得保障について．職業教育や職業訓練時に所得保障が十分になされるべきである．日本では，ひとり親家族の母親が介護福祉士や看護師等の資格を取得しようとする場合，高等技能訓練促進費を受給する方法がある．2003年4月から2007年12月までに，これを受給し，就業したひとり親家族の母親は，1,902人で，その内，1,625人が常勤職員となった[43]．このことは，専門性の高い資格を有することによって，正規雇用者になれる道が開けることを意味する．だが問題は，自治体によっては，この制度を置いていないということである．2007年度現在の実施率は，都道府県が95.7％，指定都市が100.0％，中核都市が82.9％，一般市等が

59.2％であった．今後，国は，高等技能訓練促進費の設置の推進に努め，職業教育期間中の十分な所得保障を行なうべきである．

第3に，ひとり親家族を対象にした子ども・家族支援について．日本では，セルフヘルプ・グループが少し実践されている程度であるが，日本においてもソーシャルワーカーによるひとり親を対象にしたグループワークが各地で実践されるべきである．

《注》
1) 本研究では，各大学に設置されている家族相談事務所（Familienberatungsbüro）とデュッセルドルフ市の女性局に当たる，女性と労働地域部局（Regionalstelle Frau und Beruf）に対してもドイツの子ども・家族支援について面接調査を行った．本章を執筆する上でこれら2つの組織に対する面接調査も参考にしている．また，ひとり親のセルフヘルプグループである，ひとり親家族の母親と父親連合会（Verband alleinerziehender Mütter und Väter, VAMV）に対する面接調査内容も参考にしている．
2) ハルツ改革の法的解釈に関する文献は，日本で多くの先行研究がある．たとえば，以下の通りである．布川日佐史「ドイツにおけるワークフェアの展開—稼働能力活用要件の検討を中心に—」国立社会保障・人口問題研究所編『海外社会保障研究』第147号　2004年　pp.41-55．野川忍・根本到・ハラルト・コンラット・吉田和央「ドイツにおける労働市場改革—その評価と展望—」労働政策研究・研修機構編『労働政策研究報告書』No.69　2006年．田畑洋一「ドイツの労働市場改革と最低生活保障給付の再編」『福祉社会学部論集』第24巻第4号　鹿児島国際大学　2006年　pp.1-16．ただし，ドイツのひとり親家族の母親に対する就労支援に焦点を当てた日本の論文は筆者たちの知る限り存在しない．
3) 従来の制度で「失業給付」と呼ばれていた現在の「失業給付Ⅰ」は失業保険によるものであるのに対し，「失業給付Ⅱ」は連邦政府の一般財源による基礎保障である．失業給付Ⅰの期限が切れた人が失業給付Ⅱを受給するだけでなく，これまで専業主婦だった女性が離婚し，低所得の場合，失業給付Ⅱを受けることも可能である．

失業給付Ⅱを受給できる人は，社会法典第Ⅱ編7条で規定されており，①15歳以上65未満の者，②稼働能力がある者，③要扶助性のある者，④通常の居住がドイツにある者である．さらに，失業給付Ⅱの受給者とともに暮らす15歳未満の人，および失業給付Ⅱの受給者とともに暮らす稼働能力のない15歳以上65歳未満の人には「社会手当て」が支払われる．これに関しては，社会法典第Ⅱ編28条で規定されている．社会扶助には，すべての収入と資産は処分，利

用しなければならないという原則が存在する．失業給付Ⅱにも同じような原則が存在する．

ただし，失業給付Ⅱの場合には，一部の収入や資産は保有できる（野川他，前掲書2006）．失業給付Ⅱの基準給付月額は345ユーロであるが（2007年1月現在），失業給付Ⅰの期限が切れて失業給付Ⅱに移行する人に対しては，追加給付がある．このことに関して，U・ローマンは以下のように述べている．「失業給付Ⅱに関しては，期限を限った形での追加給付があります．この追加給付に関しては，以前の失業給付，すなわち現在の失業給付Ⅰですが，この失業給付ⅠとⅡとの差額の3分の2までが補助金として支給されます．1年目は3分の2までが追加的に支給されます．そして，2年目になるとその額は半減されます．したがって制度全体をまとめると，ある人が失業した場合に，失業1年目に関しては，失業保険の通常の給付で以前の3分の2程度の生活水準を維持することができますが，失業2年目になると，失業給付Ⅱの給付対象として，失業1年目から見るとかなり給付のレベルが下がってしまいます．しかしながら，失業給付Ⅱを受けるようになったその年，すなわち，全体で見れば失業2年目に関しては，まだ，以前に働いていたときの給料の額が給付の中に一部反映される部分が残っています．しかしながら，3年目になると，以前の収入が反映される要素が半減してしまうことになります．そして，4年目以降はほんとうの最低補償しか受けられない制度，月額345ユーロの給付しか期待できない制度となります．」(ローマン・ウルリッヒ，労働政策研究・研修機構編「ドイツ労働市場改革の現状（講演録）」『国際労働政策フォーラム』2005年)

4）野川忍・根本到・ハラルト・コンラット・吉田和央「ドイツにおける労働市場改革―その評価と展望―」労働政策研究・研修機構編『労働政策研究報告書』No.69 2006年 p.34を参照した．

5）岩村偉史『社会福祉国家ドイツの現状―ドイツ人の人生の危機への備え―』三修社 2006年 p.172を参照した．

6）Peuckert, Rüdiger, *Familienformen im sozialen Wandel*. VS Verlag für Sozialwissenschaften. 6. Auflage, 2005, pp.206-207.

7）Bundesministerium für Familie, Senioren, Frauen und Jugend (BMFSFJ), *Alleinerziehende in Deutschland - Potentiale, Lebenssituationen und Unterstützungsbedarfe*, Monitor Familienforschung, Beiträge aus Forschung, Statistik und Familienpolitik, 2008, p.6.

8）Statistisches Bundesamt Deutschland, *Bevölkerung. Eheschließ°ungen, Ehescheidungen Deutschland*, 2008. http://www.destatis.de (09.01.2009).

9）Nave-Herz, Rosemarie, *Ehe- und Familiensoziologie. Eine Einführung in Geschichte, theoretische Ansätze und empirische Befunde*, Juventa Verlag. 2. Auflage, 2006, p.64, p.167.

第8章 ドイツのひとり親家族における就労・子ども・家族支援 187

10) BMFSFJ, *op.cit.*, 2008, p.6.
11) *Ibid.*, pp.5-7.
12) Statistisches Bundesamt Deutschland, Bevölkerung und Erwerbstätigkeit. Haushalte und Familien, Ergebnisse des Mikrozensus 2007, Wiesbaden, 2008, p.72.
13) Peuckert, *op.cit.*, pp.38-40.
14) Statistisches Bundesamt Deutschland, *Natürliche Bevölkerungsbewegung. Geborene und Gestorbene*, 2008. http://www.destatis.de (09.01.2009).
15) BMFSFJ, *op.cit.*, 2008, p.6.
16) Verband alleinerziehender Mütter und Väter Bundesverband e.V. (VAMV) (Hg.), *Allein erziehend - Tipps und Informationen*, überarbeitete Auflage. Berlin, 2008, p.11.
17) Peuckert, *op.cit.*, p.227.
18) BMFSFJ, *op.cit.*, 2008, p.4.
19) *Ibid.*, p.4.
20) 厚生労働省「子どもがいる現役世帯の世帯員の相対的貧困率の公表について」2009年. http://www.mhlw.go.jp
21) BMFSFJ, *op.cit.*, 2008, p.9.
22) *Ibid.*, p.12.
23) VAMV, *op.cit.*, 2008, p.11.
24) BMFSFJ, *op.cit.*, 2008, p.13.
25) BMFSFJ, *op.cit.*, 2008, pp.10-11.
26) 保育所の拡大は，現在のドイツ連邦政権の家族政策のひとつの課題として実施中である．この政策で2013年に保育所入所可能数を現在の3倍にさせることが期待されている．その結果，75万人の子どもが保育を受けられるようになる．これは1歳から3歳の子どもの35％にあたる（Bundesministerium für Familie, Senioren, Frauen und Jugend (BMFSFJ), *Bericht der Bundesregierung 2008 nach § 24a Abs. 3 SGB VIII über den Stand des Ausbaus für ein bedarfsgerechtes Angebot an Kindertagesbetreuung für Kinder unter drei Jahren für das Berichtsjahr 2007*, 2008a, p.3, http://www.bmfsfj.de (23.01.2009)).
27) BMFSFJ, *op.cit.*, 2008, pp.10-12.
28) *Ibid.*, pp.9-10.
29) *Ibid.*, pp.16-17.
30) BMFSFJ, *op.cit.*, 2008a, p.5.
31) Rohde, Wiebke, *Arbeit statt Sozialhilfe? Der Einfluss von Sozial- und Arbeitsmarktpolitik auf die Situation von allein erziehenden Müttern in Deutschland und Schweden*, 2008, http://edok01.tib.uni-hannover.de (3.02.2009),

p.85.
32) BMFSFJ, *op.cit.*, 2008, p.8.
33) VAMV, *op.cit.*, 2008, p.207.
34) *Ibid.*, pp.115-126.
35) *Ibid.*, pp.124-125 と Bundesministerium für Familie, Senioren, Frauen und Jugend, Der Unterhaltsvorschuss, Eine Hilfe für Alleinerzehende, Berlin, 2008.
36) VAMV, *op.cit.*, 2008, pp.70-71.
37) Bundesminis terium für Familie, Senioren, Frauen und Jugend, *Elterngeld und Elternzeit. Das Bundeselterngeld- und Elternzeitgesetz*, Berlin, 2007.
38) より詳細な内容については、野川忍・根本到・ハラルト・コンラット・吉田和央「ドイツにおける労働市場改革―その評価と展望―」労働政策研究・研修機構編『労働政策研究報告書』No.69 2006年 pp.41-42を参照.
39) ドイツの6大福祉団体とは、ディアコニー奉仕団、カリタス連合、労働者福祉団、パリテーティシュ福祉団、赤十字社、ユダヤ中央福祉センターである.
40) 当初、ひとり親家族の父親に対しても参加を呼びかけたが、ひとり親家族の父親からの申し込みはなかった.
41) クア（Kur：治療）に対しては、健康保険が適用される.
42) 近藤理恵「シングルマザーの就労支援に際するNPOと公的機関とのパートナーシップに関する研究―母子家庭等就業・自立支援センターの母子自立支援プログラムに着目して―」岡山県立大学編『特別研究報告書（平成19年度）』2008年、pp.63-70.
43) 厚生労働省『平成20年度版母子家庭の母の就業の支援に関する年次報告』2008年 p.25.

＊本章の第1節「ドイツのひとり親家族の状況」以外の部分は、すでに、近藤理恵「リスク社会におけるドイツの低所得ひとり親家庭に対する就労支援」『社会分析』第40号 日本社会分析学会 2010年において発表した内容と重なる.
＊本調査は、ハインリッヒ・ハイネ大学の島田信吾教授の支援のもとに行なったものである.

第9章
フランスのひとり親家族における就労・子ども・家族支援

はじめに

　本章の目的は，2008年6月にフランスで行なった面接調査をもとに，フランスの低所得のひとり親家族における就労・子ども・家族支援の現状と課題について明らかにすることにある．調査対象は，Ile-de-France 地域の職業安定所（Agence Nationale pour l'Emploi, ANPE），全国家族手当金庫（Caisse Nationale d'Allocations Familiales, CNAF），さらに，Seine-et-Marne 県と Seine-Saint-Denis 県の家族手当金庫（Caisse d'Allocations Familiales, CAF）であった．

　近年，福祉から就労へのスローガンのもと，世界的にワークフェア政策による福祉改革が広がっている．フランスでも，イギリスなどの影響を受けながら，2009年に，公的扶助制度である積極的連帯所得（revenu de solidarité active, RSA, エレサ）が施行された．この福祉改革にともない，参入最低限所得（revenu minimum d'insertion, RMI, エレミー），ひとり親手当て（allocation parent isolé, API），雇用手当て（prime pour l'emploi, PPE）が廃止された．1988年に創設された RMI もワークフェア政策の特徴を有していたが，RMI における就労支援は成功しなかった．その理由として，以下のことが挙げられる．RMI は，支給認定の3ヵ月後に受給者が「参入契約」を結び，就労支援を受

ける制度であったが，しかし，RMIの受給の際に，就労の意思を支給要件にできず，実際「参入契約」に署名した受給者は全体の約半数だった．また，たとえ就職したとしても，就労支援後の就職先の多くが一般就労ではなく，有期の国庫補助雇用だったため，期限が切れると失業する可能性が高かった[1]．さらには，RMIの受給額の方が就労収入よりも高くなる場合，就労意欲が高まらないなどであった．それに対し，2009年に導入されたRSAでは，受給者が就労しても，一定額を支給し，受給者に就労意欲をもたせるような制度となっている[2]．

APIは，ひとり親家族の子どもが3歳に達するまで，ないしは16歳未満の子どもを養育している場合には1年間，家族保障所得額から本人の所得額を差し引いた差額（2007年の子ども1人平均748.24ユーロ，1ユーロ＝約122円）が支給される制度であった．そして，APIの受給者においては，資格の喪失後，RMIに移行していく人も少なくなかった．ANPEでの面接調査によれば，保育制度が相対的に整備されているフランスでも，フランス国内で考えた場合，やはり3歳未満の子どもの保育制度は十分ではない．それゆえ，APIは，3歳未満の子どもを育てているひとり親家族の生活を支えるために，重要な役割を果たしてきた．このように，3歳未満の子どもを育てているひとり親家族に対する優遇措置は，ドイツの失業給付Ⅱの制度や日本の児童扶養手当制度にも見られる．また，APIは，ひとり親家族になったばかりの母親に対しても，重要な役割を果たしてきたといえる．しかしながら，APIの廃止によって，ひとり親家族はAPIに頼ることができなくなり，最初からRSAを受け，就労できるように努力しなければならなくなった．

2003年4月以降，ひとり親家族の母親に焦点を当てた就労支援政策が積極的に採られている日本とは異なり，フランスでは，ひとり親家族の母親にのみ焦点を当てた政策は存在しない．フランスのワークフェア政策は，あくまでも，低所得者全体に対する政策となっている．本章では，RSAが本格的に導入される1年前に行なった面接調査をもとに，フランスの低所得のひとり親家

族における就労・子ども・家族支援について検討する．具体的には，第1節では，フランスのひとり親家族の状況，第2節では，ANPEによる低所得のひとり親家族の母親に対する就労支援の状況，第3節ではCAFによる低所得のひとり親家族に対する子ども・家族支援の状況について明らかにする．

1 フランスのひとり親家族の状況

(1) 家族の個人化と多様化

　周知の通り，家族の個人化や家族の多様化が進行している欧米社会における離婚率，ひとり親世帯率，そして婚外子率は，日本のそれらの値よりも高い．フランスもその例外ではない．

　離婚は家族の個人化の典型例といえるが，2005年の離婚率について見てみると，フランスの離婚率（人口千対）は2.47%[3]であり，日本の2.08%[4]と比較すると，フランスの方が高い値を示していた．

　法律婚をしている夫婦と2人の子どもからなる「標準家族」以外の多様な家族の例として，ひとり親家族や法律婚しない家族を挙げることができる．ひとり親世帯率について見てみると，2006年，フランスでは，メトロポリタンに住む18歳未満の子どもがいる世帯の内，ひとり親世帯が占める割合は16.5%であった[5]．それに対し，2005年，日本においては，18歳未満の子どものいる世帯の内，ひとり親世帯が占める割合は6.8%[6]であり，フランスよりもかなり低い値を示していた．また，フランスでは，ひとりの実の親と継母ないしは継父と住んでいる子どもの割合は7.6%であった．この割合とひとり親家族の割合を合わせると24.1%になる[7]．

　また，フランスの特徴は，婚外子の割合が高い点にある．婚外子はカップルのもとで育てられる場合と，ひとり親によって育てられる場合などがあるが，2006年にフランスの婚外子率は50%を超え，2007年にはその値は54%にもなった[8]．一方，2007年の日本の婚外子率は2.03%にすぎなかった[9]．フランスで

は，日本のような婚外子に対する法律上の差別が存在しないばかりか，1999年に，事実婚や同性愛カップルに税控除や社会保障などの法的権限を与えるPacs (pacte civil de solidarité, 連帯市民協約，パクス法) が制定されたため，法律婚をしないカップルがますます住みやすい社会となっている．

近代化の帰結として，日本においても家族の個人化や多様な家族形態が浸透してきているといわれているが，離婚率が高く，婚外子が多いフランスでは，日本よりも家族の個人化や多様な家族形態が浸透しているといえる．現代の日本とフランスを比較した場合，家族の形や出生にかかわる文化はかなり異なる．それゆえ，このように多様な家族形態が浸透しているフランスの方が日本よりも，ひとり親家族への偏見は少ない．また，フランスでは，シングルマザーという表現は差別的であると考えられ，現在ではほとんど使用されない．

(2) 男性と女性が共に働く文化

女性の労働力率について見てみると，欧米女性の就業構造は逆U字型をたどるのに対し，日本のそれはいまだM字型である．2007年，25歳から49歳までのフランスの女性の労働力率は83.0%と高かった[10]．それに対し，日本のそれは69.9%とフランスより低く，とくに，M字の底の部分である30歳から34歳の労働力率は64.0%と低い値を示していた[11]．

ひとり親家族の母親の就業率について見てみると，ひとり親家族の母親の就業率が低いヨーロッパ諸国も存在するが，フランスの特徴はひとり親家族の母親の就業率が高い点にある．2004年から2007年までの調査によれば，フランスのメトロポリタンに住んでいる25歳から49歳までの女性において，カップルで子どもを育てている女性の就業率は73.5% (労働力率は82.7%) であったのに対し，ひとり親家族の母親の就業率は70.2% (労働力率は88.5%) であった[12]．一方，2006年，日本のひとり親家族の母親の就業率は84.5%であった[13]．フランスのひとり親家族の母親の就業率は日本のそれに比べて低い．とはいえ，フランスのひとり親家族の母親の労働力率は88.5%と，高い値を示すと

ともに，イギリス，アメリカ，ドイツなどの欧米諸国と比較した場合，フランスのひとり親家族の母親の就業率は相対的に高い．

日本の場合，近年女性の社会進出が進んできたとはいえ，結婚や出産を契機に一旦仕事を止め，専業主婦になるという性別役割分業の文化がいまだ根強く残存し，人びとの身体に染み付き，ハビトゥス化されている．一方，第1次世界大戦以降，労働力不足を補うために女性の労働力率の拡大を国家政策として掲げ，1970年代に女性解放運動の歴史を有する現代フランス社会では，子どもが生まれても，男性も女性も働くことが当たり前となっている．このような文化やハビトゥスの違いに着目するならば，女性の労働力率が高いフランスのひとり親家族の母親の方が，日本のひとり親家族の母親よりも働きやすい環境にあるといえる．

(3) 社会全体で子どもを支える連帯（solidarité）の思想

RSAの導入によって廃止されるまで，フランスには，ひとり親家族に対する手当てとして，ひとり親手当て（allocation de parent isolé, API）が存在した．それは，1976年から存在した，低所得のひとり親家族に対し，ひとり親家族になってから1年間，あるいは末子が3歳の誕生日を迎えるまで支給される手当てだった．API以外のひとり親家族に対する手当てとしては，家族扶養手当て（allocation de soutien familial, ASF）が存在する．これは，両親あるいは一方の親からの支援がない（死別や扶養義務が果たされてない，養育費が支払われない）子どもを養育する家族に給付される手当てである．

ひとり親家族に限定した給付に着目した場合，フランスのひとり親家族への給付は日本のそれよりも貧弱であるかのように見える．しかしながら，フランスの場合，1932年に制度化された家族手当（allocation familiale, AF）の他に，乳幼児迎え入れ手当て（出産・養子手当て，3歳未満の乳幼児に対する基本手当て，就業自由選択補足手当，保育方法自由選択補足手当），新学期手当て，3人以上の子どもを養育する家庭に対する家族補足手当，家族住宅手当など，子どもに対す

るさまざまな種類の手当てが存在する．また，仕事と子育ての両立を可能にさせる，ヨーロッパの中でも充実した保育サービスが存在する．それゆえ，ひとり親家族に特化した形の制度は限定されているとしても，フランスの低所得のひとり親家族は，子どもに対するさまざまな給付やサービスを受けることができる．この点が日本と異なる点であるといえる．

　松村祥子が指摘するように，「フランスの家族政策は，狭い家族規範や特定の家族支援に個人や家族を統合し押し込めるものではなく，多様な人びとの生活基盤を支えるという目的と方法をもっている[14]」のである．そして，このように家族政策が世界的に見ても充実している背景には，子どもを社会の子どもと見なし，社会全体で子どもを支えるという，かつて E・デュルケムが希求したような連帯の思想が息づいている．子どもを家の子どもと見なす儒教思想の呪縛から逃れられず，社会全体で子どもを支える思想が脆弱な日本社会とは，この点が決定的に異なる．

(4) 社会的排除とプレカリテ（précarité）

　2000年代半ばのフランスと日本のひとり親家族の相対的貧困率について比較してみると，フランスの相対的貧困率は 19.3%（就業者は 11.8%，不就業者は 45.5%）であるのに対し，日本の値は 58.7%（就業者は 60.1%，不就業者は 58.4%）とかなり高い値を示している[15]．ここで注目すべきは，フランスでは，就業しているひとり親世帯の相対的貧困率は不就業のひとり親世帯よりもかなり低いが，日本の場合，就業しているひとり親世帯の方が，不就業のひとり親世帯よりも相対的貧困率が高いという点である．日本のひとり親家族がいかにワーキングプア状態にあるかが分かる．

　とはいえ，フランス国内においては，ひとり親家族に対する社会的排除，さらにはそこから派生するひとり親家族の生活の不安定性（précarité）を問題視する研究者は少なくない[16]．

　フランスのメトロポリタンに住んでいる 25 歳から 49 歳までの人に対する

2004年から2007年までの間の調査によれば[17]、フランスのひとり親家族の母親の非正規雇用率は26.8%（カップルで子どもを育てている母親の非正規雇用率は35.0%）である。フランスのひとり親家族の母親の非正規雇用率は、2006年の日本のひとり親家族の母親の非正規雇用率43.6%と比べると低い[18]。経済のグローバル化が進行するなかで、フランスでも非正規雇用化が進行している。とはいえ、日本と比較してフランスでは、いまだ正規雇用者の割合が高く、ひとり親家族の母親も正規雇用者として雇用される割合が高い。しかも、フランスは、日本よりも男女間の賃金格差が小さい。OECDのデータによれば、2000年におけるフルタイム労働者における男女間の賃金格差は、フランスでは10.8%であるのに対し、日本では33.9%となっていた[19]。とはいえ、先の調査によれば、ひとり親家族の母親は、カップルで子どもを育てている母親よりも、約2倍の失業のリスクを有している。

2 職業安定所（ANPE）におけるひとり親家族の母親に対する就労支援

面接調査を行ったIle-de-France地域は移民やひとり親家族が多く住んでいる地域であり、それゆえ、フランスのなかでも女性の就労支援に予算を割く額が大きい地域である。また、この地域には移民が多く住んでいる。フランスでは、日本のようにひとり親家族の母親だけに焦点を当てた就労支援プログラムが実施されていないため、ひとり親家族の母親は低所得層や低所得の女性向けのプログラムを受けることになる。

面接調査によれば、低所得のひとり親家族の母親が受けることができるIle-de-Franceの職業安定所（Agence Nationale pour l'Emploi, ANPE）で行なっている就労支援は、以下の通りである。

第1に、仕事における生産性を要求せず、仕事をすること自体を目的とするプログラムが存在する。このプログラムは、最大2年間、あらかじめ限定され

た期間に，① アソシアシオン（非営利組織）や公的機関，あるいは ② 一般企業に，低所得者を雇うプログラムである．プログラムの利用者は，アソシアシオンや公的機関では簡単な仕事を行い，一般企業では一般のポストに就く．このプログラムを利用する人の多くが，24 週から 30 週の間，短時間労働を行なう．

フランスの特徴は，国や地方自治体が協定を結んだ非営利部門と営利部門に低所得者を国庫の補助によって雇う雇用プログラム（国庫補助つき雇用）が発達している点にある．それゆえ，ここで着目すべき点は，低所得のひとり親家族の母親もこのプログラムを使用して，国庫補助つきの雇用に就く場合が多いということである．

第 2 に，1970 年代のオイルショック以降，各カウンセラー（conseiller）が各クライアントを担当して，就労支援と同時に生活問題の解決をめざす支援（accompagnement）が存在する．この支援には経費がかかるため，この支援は仕事を積極的に探していないひとり親家族の母親に対しては行なわない．Ile-de-France の ANPE にはこの支援を実践するカウンセラーが 2 人存在し，1 人が 40 人から 60 人の支援を担当している．

カウンセラーは，比較的に仕事を見つけやすい人には 3 ヵ月のコースを選択し，仕事を見つけることが難しい人には 6 ヵ月のコースを選択する．カウンセラーは，クライアントの学歴，経歴（クライアントがいつから働いていないのかなどに着目），家族構成，健康状態，保育の状況などさまざまな点から利用者の状況と能力を全体的に把握する．ひとり親家族の母親の場合，子どもの保育の状況，住環境，家族関係について十分に把握する．

このようなアセスメントの後，カウンセラーは個人の就労計画を作成する[20]．そして，カウンセラーは ① 職業に関する支援と，② 住宅，保育，また健康などの生活問題に関する支援を同時に行なっていく．その際，ANPE は，これらの支援を職業教育関係，福祉関係，住宅関係，健康，法律関係などさまざまなアソシアシオンと連携しながら行なっていく．そして，クライアントが仕事

を見つけた後も，ANPEのカウンセラーは継続的にクライアントと連絡をとると同時に，クライアントの職場にも出向き，雇用者ともコンタクトを取る．

たとえば，ANPEに来所したひとり親家族の母親は，失業後，夫から家を追い出された．家もない，仕事もない状況だったため，カウンセラーは，住宅関係と法律関係のアソシアシオンと連携し，この女性の住所を10日後に確定するとともに，離婚問題を解決した．ANPEは就労支援を行い，この女性は3週間後に仕事に就くことができた．ただし，この女性のケースは，ある程度高い学歴と仕事の経歴があったために，就労支援がスムーズにいったケースである．

カウンセラーがクライアントのために個人の就労計画を立てる際，以下の3点が重要であるとANPEのスタッフは述べていた．

ひとつ目は，個人の就労計画に関して，Ile-de-FranceのANPEには，第8章で示したドイツのように，アセスメント時にクライアントの状況をカテゴリー化して把握する指標は存在せず，あくまでも各個人に合った計画を策定することを重視している点である．

2つ目は，個人の就労計画を立てる際に，カウンセラーがクライアントとともに，就職先を見つける期限を決めることが雇用に対するモチベーションを高めるためにきわめて重要であるという点である．

3つ目は，ANPEにおいて，直接的な就労支援だけでなく，様々なアソシアシオンと連携をとりながら，生活支援を行なうことが重要であるという点である．

その他に，ANPEとEUによる手当てとして，子どものいる女性が，専業主婦を止め，再就職したり，職業訓練についたりする際に，最大6ヵ月支給される手当てが存在する．また，子どものいる低所得の女性が仕事を見つけたり，起業したり，職業訓練に行ったりする際に，保育費を支給する制度も存在する．

3 CAF（Caisse d'Allocations Familiales，家族手当金庫）によるひとり親家族に対する子ども・家族支援

フランスの特徴は，各県に設置された 123 の CAF（Caisse d'Allocations Familiales，家族手当金庫）とそれを統括する CNAF（Caisse Nationale d'Allocations Familiales，全国家族手当金庫）という，他国にはない機関によって，家族手当が運営されている点にある[21]．

面接調査を行なった Seine-et-Marne 県の CAF はパリから約 20 キロ離れた所に位置し，約 80％の人が県庁所在地に居住し，残りの約 20％の人はこの県の田舎に居住しているという地域的特徴をもつ．この地域のひとり親世帯率はフランスの平均よりも少し低い．もう一つの面接調査地である Seine-Saint-Denis 県の CAF はパリの郊外に位置し，アフリカ系やアラブ系の移民が多いという地域的特徴をもつ．P・ブルデューの著書『世界の悲惨（Misère du monde)』で，今や老朽化した 1970 年代に大量に建てられた公営住宅に住む，生活に困窮した人びとの姿が紹介されたが，それはこの地域に住む人びとの話であった．また，2005 年に，警官に追われた青少年 2 人が変電所で感電死したことをきっかけに，大暴動が発生したというニュースは日本でも有名だが，この事件が起こったのもこの地域である．この地域にはアフリカ系の移民が多いため多子の家族が多いとともに，ひとり親家族も多く住んでいる．

CAF の支援は大きく 2 つある．ひとつは，経済的支援，つまり，各種家族手当や RSA などの支給である．

近年，世界的に，ワンストップサービスの名のもと，職業安定所において公的扶助の支給と就労支援を行なう動きがあるが，フランスの場合は，RSA の支給は職業安定所である ANPE では行なわれない．フランスでは，RSA の支給は CAF で行なわれ，CAF と ANPE が連携しながら，RSA の受給者の就労支援を行なっている．その大きな理由のひとつは，CAF の有する情報処理能力にある．CAF は各個人に月々に支払われる手当てなどの個人情報が随時更

新される800台の情報処理コンピュータを有しており，その情報処理能力はヨーロッパのなかでも非常に優れているため，RSAの支給は，ANPEではなく，CAFで行うことが一番望ましいと考えられている．

また，先に，同居していない親から養育費が支払われないひとり親家族に対して，家族扶養手当て (allocation de soutien familial) が支給されると述べたが，この業務もCAFが行なっている．CAFは，①服役中や収入がないなどの理由により養育費の支払い能力のない親をもつひとり親家族に対してこの手当てを支給している．また，CAFは，②支払い能力があるにもかかわらず養育費を支払っていない親をもつひとり親家族に対して，一時的にひとり親家族に家族扶養手当てを支払い，その後，養育費を支払うべき親から養育費を徴収するという支援を行っている．さらに，裁判所で決定された養育費額が家庭扶養手当の額よりも低い場合には，CAFはその差額をひとり親家族に支給する．

裁判離婚制度を採用しているフランスでは，協議離婚制度を採用している日本と異なり，離婚する際には裁判所によって養育費額が決定される．すでに養育費額が決定されている場合は，たとえば，ひとりの子どもに毎月200ユーロ（1ユーロ＝約122円）の養育費を支払う取り決めがあるひとり親家族の場合，CAFは最初にひとり親家族に対して家族扶養手当額である84ユーロ（調査時点額）を支払う．その後，CAFは養育費を支払っていない親から全額（200ユーロ）を徴収するように努力し，200ユーロが徴収できた場合には，すでに支払っている84ユーロをCAFが入手し，残りの116ユーロをひとり親家族に支払う．

支払い請求の流れとしては，まず，CAFが，養育費を支払っていない親に，ひとり親家族の状況と養育費の支払い要求を示した手紙を送る．その後，養育費の支払いがなされれば，この段階で問題は解決する．しかし，養育費が支払われない場合，CAFは銀行口座や雇用者などを通じて養育費を徴収する方法を探る．たとえば，銀行口座から徴収する場合，養育費を支払っていない親に徴収することを通知した後，CAFが銀行口座から養育費を直接徴収する．そ

の際，銀行や雇用者はCAFによる養育費の徴収を拒否できないことが法律で決められている．だが，もし徴収に失敗した場合，CAFは税務署とコンタクトをとり，税務署が養育費を徴収する．これにも失敗した場合，CAFはこのケースを養育費徴収不可能ケースとして取り扱う．

　だが，法律婚をしていない場合，養育費の取り決めがない人びとも存在する．養育費の取り決めがない場合には，4ヵ月間，CAFが自動的に家族扶養手当をひとり親家族に支給する．そして，この4ヵ月間に，ひとり親家族の親は裁判所に養育費の取り決めを要望するなど，何かアクションを起こさなければならならない．ひとり親家族の親がアクションを起こさなかった場合，手当ての支給が停止される．4ヵ月たっても判決が出ない場合には，判決が出るまで，手当ては支給され続ける．養育不可能という判決が出た場合には，家族扶養手当てが支給される．また，養育費の額が決定された場合には，CAFは，先に述べたようなルートをたどって養育費の徴収を行なう．

　養育費の徴収ができない場合には，CAFのスタッフはひとり親家族の親に，養育費額の見直しの手続きをするようにアドバイスをする．低い養育費額になれば，親も支払うことが可能となり，CAFからも家族扶養手当を出すことが可能となる．Seine-Saint-Denis県には貧困層が多いため，養育費の支払いを放棄する人が多い．また，以前はフランスでも養育費を支払う人が少ないことが問題であったが，1984年に，両親がいない子どもだけでなく，同居していない親から養育費を受け取っていない子どもに対する改正された家族扶養手当制度がはじまって以降，CAFはこのような支援を行っている．

　CAFによるもう一つの支援は，社会福祉（action sociale），つまり，生活問題を抱えた家族に対するソーシャルワークに基づく社会福祉サービスの提供である．家族手当は1932年に公的制度として確立されたが，これまで長年，CAFの主なミッションは経済的支援にあった．しかしながら，家族問題の多様化，複雑化に伴い，近年CAFのミッションも変化し，経済的支援だけでなく，社会福祉の支援の重要性が増している．2008年以前は，社会福祉の支援

を行なっている CAF と行なっていない CAF とが存在したが，2008年から，政府の勧告により，すべての CAF で社会福祉の支援を開始することになった．家族手当の支給はすべての CAF で同じ基準に基づいてなされなければならない．しかし，社会福祉の支援に関しては，それぞれの CAF がそれぞれの地域の特徴に見合った支援を展開している．

面接調査を行なった2ヵ所の CAF では，2008年以前から，ひとり親家族の母親を対象にケースワークやグループワークを行なっていた．ケースワークでは，子どもと同居していないもう一方の親との関係などの家族に関する状況，親としての状況，住環境，雇用環境（仕事と家庭の両立についても含む），近所の人との交流など地域との関係，心理的な問題などさまざまな点から個人の状況をアセスメントし，生活問題の解決策を探る．Seine-et-Marne 県の CAF では，田舎の地域に住み，移動手段がないひとり親家族の母親に対しては，ソーシャルワーカーがその人の家まで行き，ケースワークを行なっている．

グループワークでは，最初は一般的な話題からはじめ，お互いをよく知ることを目的にグループワークを行なう．その次の段階では，保育の問題や子どもの育て方（子どもに食べさせるものなど），仕事のこと，交通手段のことなど，より具体的な問題についてグループで話し合う．たとえば，仕事については，どんな職歴や学歴をもっているのか，どんな職業訓練を受けているのか，どのような分野でどのように働きたいのかなどについて話し合う．ソーシャルワーカーは，「自分は経験がないから仕事ができない」と思っているひとり親家族の母親に対して，どのような仕事ができるか具体的に提示し，仕事ができるように励ます．Seine-Saint-Denis 県では，CAF の援助で，ひとり親家族の母親のセルフヘルプ・グループができ，その後，グループの親たちが自主的にグループの運営をしながら，親としてのあり方や思春期の子どもを抱える親の悩みなどを CAF のソーシャルワーカーや精神分析の専門家も交えながら話し合っている．その時，CAF で子どもたちの保育も行なっている．

Seine-Saint-Denis 県の CAF においては，社会福祉の支援を受けることがで

きる条件を設けている．ひとつは，CAFで支給する手当てを受給している（少なくとも20歳未満の子どもが1人いる）ことであり，もう一つは，家族の生活費が1人あたり毎月540ユーロ以下であることである．

この条件を満たしているひとり親家族の母親は，職業訓練のための補助金を得ることができ，職業訓練やフランス語の勉強に行く．Seine-Saint-Denis県では，移民が多いため，職業を得るために，フランス語を勉強しなければならない人が多い．

さらに，CAFは，Seine-Saint-Denis県に引っ越してきた低所得のひとり親家族の住居に関して，住宅に必要な最低限の家電製品など（テレビは含まれない）を援助している．

また，CAFは保育所に補助金を出しているが，その際に，ひとり親家族の子どものための枠を確保することを約束している．もし，保育所の定員が一杯で，空きがない場合，CAFはひとり親家族に対して，ヌリス（Nourrice）という保育ママを雇うための援助を行っている．期間は最長3ヵ月で，ヌリスにかかった費用の80％をCAFが補助し，20％がひとり親家族の自己負担となっている．

この他に，CAFは，家族調停（médiation familial）を行なっている団体に資金援助を行っている．これは，別れた夫婦が関係を良くし，子どもが別れた親とも十分に面会したり，養育できるようにする支援である．日本ではこの種の支援はいまだ十分になされていないが，フランスのひとり親家族のセルフヘルプ・グループや他の団体は家族調停に力点を置いている．

さらに，CAFはひとり親家族がバカンスに出ることができるように旅行券を渡す援助も行なっている．以前はすべてのCAFでバカンスのための援助を行っていたが，最近では，「バカンスの援助までする必要があるのか」という世論のもと，現在では全国で3分の1のCAFだけがこの援助を行なっている．

以上のように，CAFでは，各種手当てを支給するだけでなく，すべての家

族が権利にアクセスすることを目的に，社会的排除されたひとり親家族の生活をトータルに支援している．

おわりに

フランスでも，日本と同様に，ひとり親家族における社会的排除が社会問題として捉えられている．日本も，フランスも，ひとり親家族が働いていないとき，約4割から6割の世帯が貧困状態になる．だが，両国が決定的に異なるのは，フランスでは，ひとり親家族の親が働き始めると，貧困状態から抜け出せる家庭が急激に増加するが，日本のひとり親家族は働いても貧困状態から抜け出せないという点である．

この事実は，ひとり親家族の貧困問題は，日本の女性労働問題，あるいは労働問題一般を解決することによってある程度解決できるという結論を導き出す．もちろん，フランスにも女性労働問題が存在するのだが，少なくとも，日本においても，フランス並に，女性の労働力率を上げ，正規雇用率を上げ，男女の賃金格差をなくすことによって，ひとり親家族の貧困問題がかなり解決できるはずである．経済のグローバル化のもとで，非正規雇用者が増大しているが，日本においても，フランス並に，正規雇用を守るとともに，労働市場における女性の地位向上が早急に求められる．

女性の労働力率を上げるためには，仕事と子育てが両立できる環境を整える必要がある．その際にも，社会全体で子どもを支えるという連帯の思想のもと，多様な家族給付が存在し，保育サービスが充実しているフランスの家族政策は日本の家族政策を検討する上でも参考になる．今後，日本においても，社会全体で子どもを支えるという思想を浸透させ，多様な家族給付について検討すべきである．

さらに，多様な家族形態が存在し，多様な家族の権利が法的にも保障されているフランスではひとり親家族に対する偏見も日本ほど存在しないが，ひとり

親家族に対する社会的排除の問題を解決するために,早急に,婚外子への法的差別を撤廃するなど,日本においても,多様な家族が生きやすい社会がめざされるべきである.

2002年の日本の母子福祉改革に伴い,国は告示で,以下の通り述べている.「改正法においては,母子家庭等および寡婦に対する『きめ細かな福祉サービスの展開』と『自立の支援』に主眼を置いている.離婚後等の生活の激変を緩和するために,母子家庭等となった直後の支援を重点的に実施するとともに,就業による自立を支援するため,福祉事務所を設置する地方公共団体において,母子自立支援員が総合的な相談窓口となり,児童扶養手当など各種母子家庭等の支援策に関する情報提供,職業能力の開発,就職活動の支援を行う体制を整備しつつ,①子育てや生活支援策,②就業支援策,③養育費の確保策,④経済的支援策を総合的に展開することとしている.」と.

この福祉改革において述べられた,①から④を総合的に展開するという方向性は,ひとり親家族が必要な事柄にアクセスできることを保障するために,間違っていない方向性だと思われる.しかしながら,「総合的に展開」という言葉とは裏腹に,今回の母子福祉改革の論点は,児童扶養手当を受給後5年後（3歳未満の子どもを育てている場合には子どもが3歳になってから5年後）最大2分の1削減できる一方,就労支援を強化していくワークフェア政策にある.こうしたなか,ここでは,本フランス研究をもとに,総合的支援のために必要な政策のあり方を5点提言したい.

第1に,就労支援策について.先に述べたように,正規雇用を守るとともに,女性の労働市場上の地位の向上をめざすことを前提にした上で,ひとり親家族の就労支援について以下のように提言したい.

フランスでは,国庫補助で企業,地方自治体,あるいはアソシアシオンにおいてひとり親家族の母親を雇用する制度が発達している.日本でも,今後,ひとり親家族の母親に対する国庫補助つき就労支援の方向性について再度検討の余地がある.

また，ANPEでは，就労支援と生活支援の両方を行い，しかもこの支援だけを担当している職員が存在する．日本でも，近年，生活保護受給者等就労支援事業が開始され，職業安定所に非常勤のナビゲーターを設置し，福祉事務所のコーディネーターとともに，生活保護受給者ないしは児童扶養手当受給者に対して，就労のためのケースマネジメントを行なっている．しかしながら，就労支援の仕方に地域差があるなど，問題が生じている．フランスでは，常勤職員がこの支援を行なっていたが，今後，日本でも，ナビゲーターは非常勤職員ではなく，この事業にのみ専念する福祉の専門的知識をもつ常勤職員が行なうべきである．また，Il-de-Franceのスタッフがフランス的特徴として強調していたような，それぞれの個人に応じた就労支援を日本においても行なっていくべきである．さらに，日本の場合，母子家庭等就業・自立支援センターでも母子家庭の就労支援を行っているが，このセンターの機能を充実させる必要がある．そして，何もよりも，専門性の高い資格を取得するための職業教育とその際の所得保障が今まで以上になされるべきであろう．

　第2に，相談機関について．家族政策が充実したフランスでは，CAFという他国にはないフランス特有の組織があるため，ひとり親家族は，CAFに行けば，必要に応じた，各種多様な手当てを受給でき，ケースワークやグループワークによって総合的に支援される．また，フランスでは，ひとり親家族だけに対応する専門家は存在せず，CAFのスタッフが，ひとり親家族のみならず，子どものいる生活問題を抱えたすべての家族に対応する．それに対し，日本的特徴は，母子福祉の領域に特化した相談員が設置されている点にある．各福祉事務所では非常勤の母子自立支援員がひとり親家族に対応し，また，母子福祉改革以後設置された母子家庭等就業・自立支援センターでは，相談員がひとり親家族の相談に当っている．しかし，これらの相談員は，非常勤で，多くがソーシャルワークの知識をもたない人びとである．また，ひとり親家族を対象にしたグループワークは日本の福祉事務所ではほとんどなされていない．

　今後，日本も，母子福祉という枠ではなく，すべての子どもと家族を社会全

体で支えるという思想のもと，子ども家族福祉という大きな枠組みのなかで，福祉事務所に複数の子ども家族福祉に対応した「常勤の」ソーシャルワーカーを設置し，これらのソーシャルワーカーが専門的に，ひとり親家族に限らず，多様な家族に対して，経済的な支援やケースワーク，グループワークを行い，問題解決に臨むというシステムづくりをすべきなのではなかろうか．

第3に，保育について．日本でも，ひとり親家族に対し保育所を優先的に確保するという施策が採られているが，実際には保育所に空きがないため，優先的保育入所が難しい場合もある．この点に関して，フランスのような期間限定の保育のための給付金を支給する制度を創設する必要があるのではなかろうか．

第4に，養育費制度について．日本では，養育費に対する対策は不十分であるため，改革の余地がある．今後，フランスの制度を参考にしながら，日本の養育費制度の改革を検討する必要がある．

第5に，家族調停について．フランスを含めヨーロッパでは，別れた親子の面会権に関する家族調停を行う民間組織の活動が活発であるが，日本ではこの点がまだ十分ではない．今後，この点に関する研究および実践が求められる．

《注》

1) 都留民子「フランスの失業・雇用，そして貧困対策―『ワークフェア』と『セーフティネット』の現状」『総合福祉研究』第32号　全国社会福祉研究会　2008年　p.4.
2) たとえば，RSAの支給額の計算は以下の通りである．月収300ユーロ，家族扶養手当87.14ユーロ，住宅手当を受給している，6歳の子どもがいるひとり親家庭の場合．RSA支給額＝規定総額＋世帯賃金の62％－世帯収入－住宅援助規定額＝[690.14ユーロ＋(300ユーロ×0.62)]－(300ユーロ＋87.14ユーロ＋110.42ユーロ)＝378.58ユーロ（CAFホームページより作成した．http://www.caf/fr).
3) INSEE (Institut national de la statistique et des études économiques), "Données détaillées sur la situation démographique en 2005," 2006. http://www.insee.fr.
4) 厚生労働省『人口動態統計の年間推計』2005年．http://www.mhlw.go.jp.

5) INSEE, "1.2 million d'enfants de moins de 18 ans vivent dans une famille recomposée," 2009.
6) 厚生労働省『平成20年度国民生活基礎調査の概況』2009年.
7) INSEE, "1.2 million d'enfants de moins de 18 ans vivent dans une famille recomposée," 2009.
8) INSEE, "Bilan démographique 2007," 2008.
9) 国立社会保障・人口問題研究所「嫡出でない子の出生数および割合1925～2007」『人口統計資料集（2009）』2009年. http://www.ipss.go.jp.
10) 労働政策研究・研修機構「性別年齢階級別人口，労働力人口，労働率（2007年）」2009年. http://www.jil.go.jp.
11) 労働政策研究・研修機構「性別年齢階級別人口，労働力人口，労働率（2007年）」2009年.
12) INSEE, "Enquêtes annuelles de recensement 2004 à 2007, L'activité des femmes est toujours sensible au nombre d'enfants," 2008.
13) 厚生労働省『平成18年度全国母子世帯等調査結果報告』2007年.
14) 松村祥子「フランスの家族政策の現状」『月刊福祉』第87号(9) 鉄道弘済会 2004年 p.23.
15) OECD, "Poverty rates for children and people in households with children by household characteristics," 2008.
16) P. Cingolani, *La Précarité*, Que Sais-je, PUF, 2005 や G. Neyrand et P. Rossi, *Monoparentalité précaire et femme sujet*, Pratiques du champ social, 2004 などを参照.
17) INSEE, "Enquêtes annuelles de recensement 2004 à 2007, L'activité des femmes est toujours sensible au nombre d'enfants," 2008.
18) 厚生労働省『平成18年度全国母子世帯等調査結果報告』2007年.
19) OECD，高木郁朗監訳『図表でみる世界の社会問題2 — OECD社会指標，貧困・不平等・社会的排除の国際比較』明石書店 2006年 p.73.
20) フランスでは，2001年7月以降，失業保険の受給者のために就労のケースマネジメントのための「個別化活動プログラム（PAP）」が開始された．また，2009年現在，RSAの受給者は，職業安定所にて，カウンセラーとともに「パーソナライズド雇用促進計画（PPAE）」を立てることになっている．詳細については，リクルートワークス研究所『フランスの公的扶助制度』2009年（http://www.works）を参照されたい．
21) 図9－1は，縄田康光がフランス内閣府のホームページの図を翻訳したものである（縄田康光「少子化を克服したフランス—フランスの人口動態と家族政策—」『立法と調査』No.297 参議院常任委員会調査室 2009年 pp.63-85）．

第2部 ひとり親家族における就労・子ども・家族支援

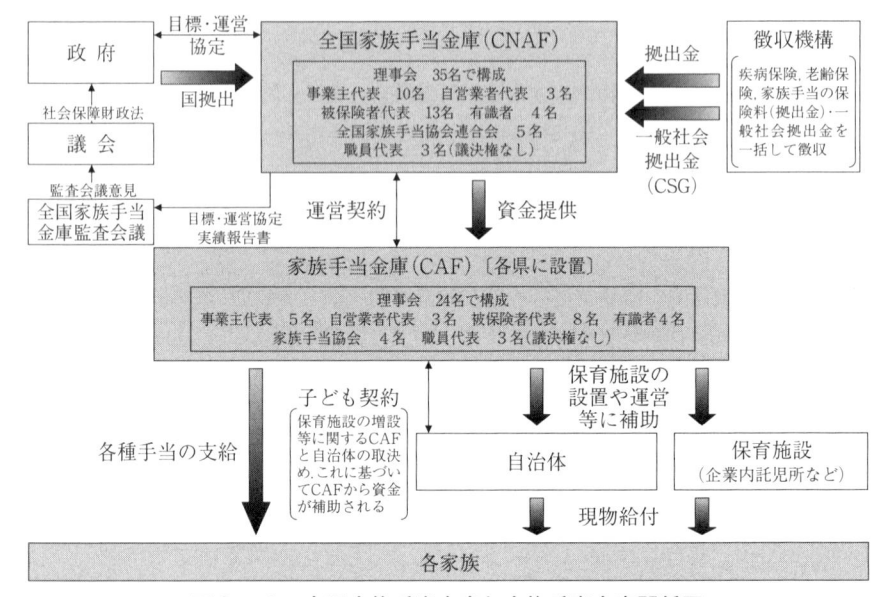

```
政 府 ──目標・運営協定──▶ 全国家族手当金庫(CNAF)          ◀──拠出金── 徴収機構
  ▲         ──国拠出──▶   理事会 35名で構成                     疾病保険,老齢保
  │社会保障財政法            事業主代表 10名 自営業者代表 3名      険,家族手当の保
  │                         被保険者代表 13名 有識者 4名         険料(拠出金)・一
 議 会                      全国家族手当協会連合会 5名   ◀──一般社会拠出金── 般社会拠出金を
  ▲                         職員代表 3名(議決権なし)       拠出金(CSG)    一括して徴収
  │監査会議意見                          │
全国家族手当              目標・運営協定   │資金提供
金庫監査会議   運営契約  実績報告書       ▼
                         家族手当金庫(CAF)〔各県に設置〕
                         理事会 24名で構成
                         事業主代表 5名 自営業者代表 3名 被保険者代表 8名 有識者4名
                         家族手当協会 4名 職員代表 3名(議決権なし)
                                                        │保育施設の
                  子ども契約                             │設置や運営
                  ┌─────────┐                          │等に補助
各種手当の支給     │保育施設の増設   │                   ▼              保育施設
                  │等に関するCAF  │        自治体                    (企業内託児所など)
   ▼              │と自治体の取決  │         │
                  │め,これに基づい│         ▼現物給付      ▼
                  │てCAFから資金 │
                  │が補助される   │
                  └─────────┘
                           各家族
```

図9—1　全国家族手当金庫と家族手当金庫関係図

*本調査は，パリ第5大学の Anne-Marie Guillemand 教授の支援のもとに行なったものである．

第10章
フィンランドのひとり親家族における就労・子ども・家族支援

はじめに

フィンランドは「手厚い福祉制度」と「男女平等」社会として知られる北欧諸国のうちの一国である．フィンランドの家族形態は60年代から70年代にかけて大きく変貌し，核家族化の進行とともに事実婚カップル，ひとり親家族，ステップ・ファミリーが定着し離婚も増えている．と同時に多様化する家族のニーズに答えるべくフィンランドの家族政策は，80年代から90年代にかけての改革が行われ，自治体保育サービスと自宅保育手当中心に，利用者の選択の自由を実現し多元化したサービスを提供している．

本章は，フィンランドにおけるひとり親家族（母親）の現状および支援策についてインタビュー調査を行った内容をまとめたものである．具体的には，公・民間機関担当者に対してインタビュー調査を行なうとともに，ひとり親家族の母親にフォーカスグループインタビューを行なった．インタビューや資料収集に協力していただいた機関は以下の通りである．社会保険研究所（Social Insurance Institute of Finland）Dr. アニタ・ハッタヤ，フィンランド人口調査研究所，家族連合会（The Population Research Institute, Family Federation of Finland, NPO）アンネリ・ミエティネン主任研究員，社会保健省（Ministry of Social and

Health Affairs) Dr. マリア-リーサ・パルヤネン.

1 フィンランドのひとり親家族の現状

(1) ひとり親家族の増加

　ひとり親家族「ウクシンフォルタヤペルヘ（Yksinhuoltajaperhe, single-parent family）」とは「18歳未満の子どもを扶養するひとり親」と定義しており，ひとり親家族の母親の場合は「ウクシンフォルタヤアイティ（Yksinhuoltajaäiti, single-parent mother）」，父子家庭の場合は「ウクシンフォルタヤイサー（Yksinhuoltajaisä, single-parent father）」と呼ばれる[1]．

　近年，離婚率の上昇とともにひとり親家族の母親の割合は年々増加しており（表10－1），結婚カップルの半数が離婚を経験すると言われている．現大統領のタイヤ・ハロネン氏[2]も就任当時，現在の夫であるパートナーと同棲状態にあり，大統領就任後正式に結婚した．また現在の夫と知り合う前はひとり親家族の母親として娘を育てていたという経緯についてはよく知られている．

　フィンランドの高い離婚率の背景には，女性の経済的自立と福祉システムが関係しているといわれている．専業主婦は少なくほとんどの女性がフルタイムで働いている．離婚の場合，養育権は母親にあり，父親には養育費を払うことが徹底して義務づけられており，その養育費は父親の所得に応じて決められる．

　また家族形態としては同棲カップルが子どもをもつ割合も高く，同棲解除からひとり親家族の母親になるケースも多い．フィンランドでは毎年，30,000人弱の子どもが親の離婚を経験し，1万人以上の子ども（17%，184,000人）がひとり親家族で生活している（2006年）．

　ひとり親家族の母親の年齢層としては40-44歳が最も多い（図10－1）．平均的ひとり親家族の規模はふたり親家族より小さく，子どもの数をみると，ふたり親家族では子どもひとりの割合が39.4%に比べ，母子家庭では57.1%，

表10—1　家族類型の推移

年	合計（%）	夫婦と子	同棲カップルと子	母子世帯	父子世帯
1960	100	88.7	…	9.9	1.3
1970	100	88.9	0.9	9.0	1.2
1980	100	83.1	4.7	10.9	1.4
1985	100	81.0	6.3	11.3	1.5
2000	100	65.1	15.5	17.0	2.4
2006	100	62.0	18.1	17.4	2.6

出所）Families, Population and Cause of Death Statistics, Statistics Finland, 2006 より作成．
http://www.stat.fi/til/perh/2006/perh_2006_2007-05-31_tau_001.html

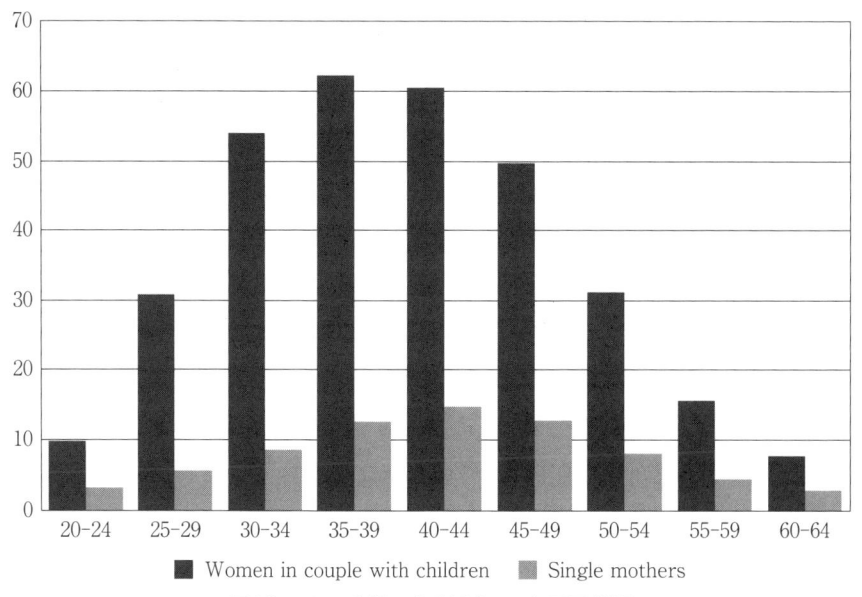

図10—1　女性の年齢別にみた同居状況
出所）Description of statistics / Families, Statistics Finland 2005. Statistics Finland より作成．

　父子家庭では67％と，ひとりの子どもの割合が高くなっている．また子どもの年齢も3歳以下の場合，ふたり親家族が28.8％と最も高く，母子家庭14.2％，父子家庭3％と低くなっている（表10—3）．

表10—2　子どもの数および年齢別にみた家族形態（％）2005

家族形態＼子どもの数	1人	2人	3人	4人以上	合計
母子世帯	57.1	31.4	8.8	2.7	103,044
父子世帯	67.0	26.1	5.6	1.3	15,063
夫婦と子	39.4	40.1	15.2	5.4	473,421
	3歳以下の子ども	人数	7歳以下の子ども	人数	
母子世帯	28.8	136,277	50.5	238,988	
父子世帯	14.2	14,613	35.3	36,366	
夫婦と子	3.0	457	14.9	2,247	

出所）Labour force survey 2003, Statistics Finland より作成．

(2) 経済的状況

　ひとり親家族の経済および就労状況としては，ふたり親家族より平均所得水準が低い傾向にある．また，ひとり親家族の経済状況は，ふたり親家族に比べ明らかに困難な状況にある．2005年現在失業率は，ふたり親家族の母親はわずか6.5％に比べひとり親家族の母親は15％と比較的に高い．そして，貧困基準（すべての家庭の収入の中央値以下の収入と定義される貧困率）以下のひとり親家族の数は1990年代中頃60％の収入の中央値（図10—2）から増加している．

　また，2005年現在，25％のひとり親家族は基本所得手当（日本の生活保護に当たる手当）受給しており，他の世帯に比べ受給率は高くなっている（表10—3）．

　Haataya（2002年調査，4,160世帯対象）[3]によると，1990年代では就学前児を持つ母親の85％が働いていたが，10年後の2000年調査の結果では53％のみが就労していることが明らかになった．その理由としては，①自ら子どもを育てたいというニーズが高い，②仕事と育児の両立のバランスが取れにくい，③仕事をしてもそれほど家計の助けにはならないから等が上げられた．

　また，1990年代に比べるとひとり親家族の母親の年齢と教育水準が上昇しており，ひとり親家族の母親の雇用機会の幅が広がっていることを示している

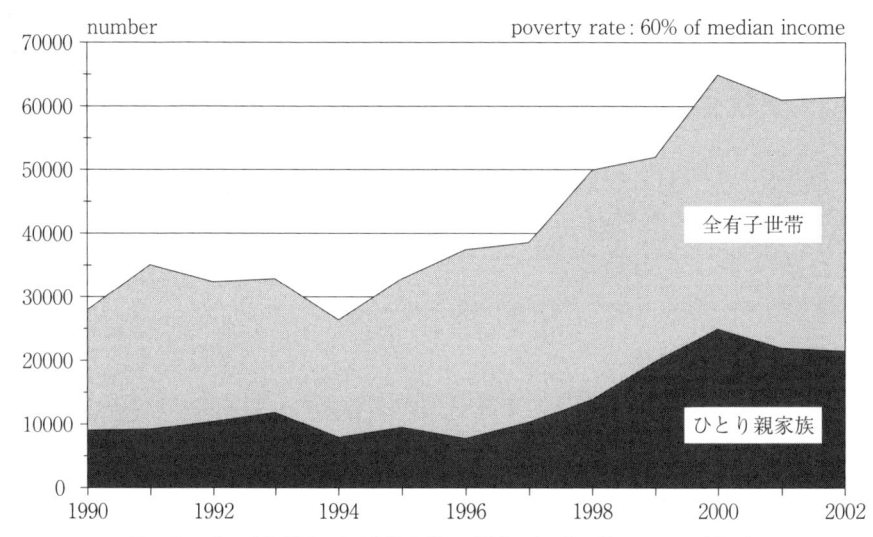

図10―2 低所得ひとり親家族の推移（平均所得の60％以下）
出所）Moisio 2005 より作成.

表10―3 生活保護（基本所得手当）受給状況

家族形態	1990	1996	2000	2002	2004	2005
未婚男性	…	19.8	15.4	15.3	14.8	14.1
未婚女性	…	11.8	9.4	9.2	9.1	8.7
ひとり親家庭	…	31.9	27.0	28.6	26.9	25.2
夫婦／同棲と子ども	…	6.1	4.2	3.0	2.6	2.4
夫婦／同棲カップルのみ	…	10.2	6.7	6.1	5.3	4.9
Total（％）	…	12.9	9.8	9.4	8.9	8.4

出所）STAKES http://www.stakes.fi/NR/rdonlyres/BFA1BBF3-09F6-4A4C-AFAE-EA7CD83237B6/0/Tt25_06_liitetaulut.xls より作成.

と述べている．（表10―4）

(3) 雇用状況

　フィンランドのひとり親家族の母親の就業率は，ふたり親家族の母親に比べやや低いものの，多くのひとり親家族の母親は働いている現状である．子どもの年齢が低く，子どもの数が多いほど母親の就業率は低くなっている．

表10―4　ひとり親および夫婦家族の母親の就業率（2003）

		ひとり家族の母親（%）	夫婦家族の母親（%）
末子の年齢	1-2歳	50	54
	3-6歳	69	83
	7-17歳	77	86
子どもの数	1人	78	77
	2人	71	79
	3人以上	57	67

出所）Hakovirta 2006年（Labour Force Surveys, Statistics Finland）より作成．

　一方，ひとり親家族の母親の失業率（15%）はふたり親家族の母親の失業率（6.5%）に比べがかなり高い．ひとり親家族の母親の高い失業率の原因は，労働形態がパート等の非正規雇用であること，契約期間が1年以下の短期間であり，次の雇用へ移行するまで時間がかかるといった点が挙げられる．

　ひとり親家族の母親の就業率はふたり親家族の母親に比べると低いものの，一般的な女性の就業率から考えると高い傾向にあるといえる．両方の家族において末子の年齢が上がるにつれ母親の就業率も高くなっている（表10―4）．また，子どもの年齢と数に注目すると，学童未満の子どもが2人以上の場合は両親，ひとり親家族の母親ともに労働力率は低くなるなっている．しかし，多くの場合，育児と就労を両立するケースが一般的である．

　また，雇用形態（表10―5）としては，男女ともに正規雇用が主であり，ひとり親家族の母親の場合でも73%以上の人がフルタイムとして働いている．非正規雇用で働くひとり親家族の母親のうち5-10%は正規雇用を選択しない．当調査によると，正規雇用を選択しない理由としては，子どもの養育問題をあげられ，その他の理由としては「フルタイムの仕事が得られない」，「まだ学生である」，「パートタイム退職をしている」等であった．

　2003年の労働力調査によると，ひとり親家族の母親の非正規雇用の割合（27%）は，他の女性の13-20%と比較して高い傾向であった．

　労働党フォースSurvey（2003）[4]によると，雇用者の大多数は彼らの労働時間

表10―5　家族形態や性別による雇用形態

性別	雇用形態	カップルのみ	カップルと子	母親と子	父親と子
男性	正規雇用	90.2	92.9	92.9	82.7
	非正規雇用	9.8	7.1	7.1	17.3
女性	正規雇用	86.6	81.7	73.2	80.2
	非正規雇用	13.4	18.3	26.8	19.8

出所）Labour force survey 2003, Statistics Finland より作成.

表10―6　母親の家族タイプによる勤務時間（2003）

仕事の時間	共働き家族の母親（％）	ひとり家族の母親（％）	その他
毎日（6時～18時まで）	73	73	64
正規の夕方勤務	0	1	2
正規の夜型勤務	1	1	1
シフト勤務（夜型勤務なし）	10	9	12
シフト勤務（夜型勤務あり）	2	2	3
シフト勤務，三交代	8	7	8
その他の非正規勤務	7	5	10
合計人数（N）	725	138	1304

出所）Labour force survey 2003, Statistics Finland より作成.

表10―7　8歳以下の子どもを持つ母親の労働時間の短縮（短時間家庭保育休暇）%

	子育てのため労働時間を短縮している人の割合Ⅰ(%)	フルタイムで働きながら労働時間を短縮している人の割合(%)	短縮しない人の割合(%)	合計（N）
夫婦家庭の母親	8.5	7.6	83.8	340
ひとり親家族の母親	6.7	11.1	82.2	45
労働時間を短縮していない人の理由	労働時間の短縮を考慮している	短縮したいけど現実には無理	短縮に興味なし	合計
夫婦家族の母親	34.4	26.1	39.6	311
ひとり親家族の母親	26.1	28.5	42.9	42

出所）Labour Force survey 2003 より作成.

を柔軟に調整することができると述べている．ふたり親家族の母親の75％，ひとり親家族の母親の70％が彼らの労働時間の柔軟性に満足していると答えた（表10―6）．

　フィンランドでは，子どもが8歳未満であれば労働時間を短縮することがで

きる.それは「短時間家庭保育休業」というプログラムとして,この期間に生計費補償を受けることも可能である.また3歳以下の子どもがいる場合,親は「短時間家庭保育手当 partial home care allowance」として月額70ユーロ(課税所得)を受けることができる.しかし,育児のための「短時間家庭保育休業」プログラムの利用度はそれほど高いものではない.子どもが8歳以下であるひとり親家族の母親でもふたり親家族の母親においても約6-8%のみがこのサービスを利用していた(表10-7).

(4) ソーシャルネットワーク

ソーシャルネットワークは,「個人が結ぶ対人関係のネットワーク構造に着目し,その人が他者と結ぶ特定の社会関係(連結)の特徴によって理解していく観点を示す概念である」[5].フィンランドは都市化や核家族化が進んでおり祖父母との同居は一般的ではないが,元夫やパートナー,祖父母や友人らのインフォーマルネットワークがひとり親家族の生活をサポートしている.また援助を必要とする家族をサポートするための非営利団体(NPO, NGO),教会の支援活動も活発に行われている.フォーマル・インフォーマルソーシャルネットワークの持つ重要性は,ひとり親家族の母親の場合そのネットワークの意味は大きいと言える.

以下においては,その概要について紹介する.

1) 元夫・パートナーや祖父母の援助

元夫やパートナー,祖父母などの親類や知人等によるインフォーマルネットワークはひとり親家族の母親の生活や育児を支える重要な資源となる.急な子どもの病気,学校の休み,母親親が交代制勤務をしている場合,近く祖父母の支援は不可欠である.

前述したように,フィンランドでは離婚した場合,特別なケースを除いて養育権は母親が持つのが一般的であるが,父親は子どもに定期的に会って時間を

一緒に過ごす権利と育児に協力する責任もある．

SuhonenとSalmi（2004）[6]の仕事と家庭生活の両立に関する研究によると，フィンランドではとりわけひとり親家族の母親が親類（とくに祖父母）と高い頻度で接触しており，その多くは経済的援助を受けていると指摘している．その他，祖父母から家事の手伝いや子どもの送り迎えなどの協力も得ていた．しかし，祖父母との同居のケースは稀である．

2）非営利団体（NGO）の活動

フィンランドには，ひとり親家族の親と子どもの生活を支援するための政府が資金を援助する非営利団体（NGO）支援事業を展開している．

以下では，2つの団体の活動内容について概要を紹介する．

① **ひとり親の共同養育協会**（Yksinhuoltajien ja yhteishuoltajien liitto, Union for single parents and shared parenthood in Finland）

離婚をめぐる親権や養育費負担の相談，事務的手続きの支援，離婚後の生活やパートナーとの関係，育児支援等について相談業務を行なう．当団体はひとり親家族の経済的社会的および法的地位の向上を目的とし1975年設立された．ひとり親家族に関する研究，情報公開，親子支援サービスを展開している．離婚前後における相談サービス，とくに離婚後の精神保健ケアについては，カウンセラーによる相談のみならずピアグループへの参加・活動を通して改善を図っている．子どものためのプログラムも実施しており，年齢に応じたキッツキャンプ，趣味クラブ，ゲーム大会等のプログラムを提供している．

② **養育費を払う人の会**（Elatusvelvollisten liitto Union for persons who are paying the alimony）

当団体は政府の児童福祉団体の助成を受けており，両親の別居や離婚後の子どもの権利や両親との良好な関係を維持することを目的とした活動およびサービスを行っている．とくに養育費を払っている人（大多数は父親である）を対象に養育費に関わる相談業務を行なっている．

その他，各自治体の福祉事務所においても離婚やひとり親家族の親を対象に相談サービスを提供している．

3）教会活動

① 教会家庭センター（Kirkon perheasiain neuvottelukeskukset）

フィンランド人80％以上は福音ルーテル教会に属している．信者数は2008年現在4,294,199人である．教会は独自の支援活動を展開しており，そのなかで家族を対象とする支援活動として教会家庭センターは，ひとり親家族をはじめ援助を必要とする家族を対象にさまざまなサポートを提供している．

当センターでは，家族問題に関するカウンセリング，経済的支援（就労支援，食料支援），ピアサポートグループ支援（精神保健，離婚，うつ病患者，失業者，薬物乱用者のグループ等），雇用支援，移民者支援活動などがある．雇用支援としては，各種書類による手続きの補助，連携組織における職業訓練，職業あっせん，地域における雇用開発などがある．

② ゴットファーザー財団（Tukikummit）

ゴットファーザー財団は福音ルーテル教会の牧師や企業家，政治家らによって2007年設立され，その活動の目的は生活の困難な若年親家族やその子どもの自立支援をサポートすることにより貧困緩和と社会的排除を防止することである．

サービスの内容は，資金援助，子どもや若者の学習支援，職業トレーニング，雇用支援，レジャー活動のための費用援助，またその他の保育援助や掃除などの育児支援も行なっている．事業初年度であった2007年には90,000ユーロ以上の資金援助および100以上の家庭に関連サービスを提供している．

2　フィンランドの家族政策

フィンランドでは，1960年代以降女性の社会進出が進んでおり，女性就業

率は就労年齢の女性の80％と高く，多くが正規雇用である．税収入を主要財源として市民生活を手厚くサポートする高負担高福祉型の北欧型福祉国家であり，その社会保障制度は，所得の再配分と社会サービスを主軸としている．社会福祉供給対象は特定の障害や社会的疎外を負う社会的弱者のグループや個人に限定せず，むしろ，社会的弱者とはみなされない一般市民を対象とする．つまり，特定の問題を抱えているグループや社会的弱者への救済として社会福祉サービスよりもさらに普遍的である．

フィンランドでは早くから多様な家族形態が社会的に受け入れられている．結婚についても法律婚や事実婚に対する社会的偏見や制約はほとんどない．最近では，離婚率の上昇（2007年現在0.50）により，ひとり親家族が増える傾向にある．また事実婚や同棲カップルによる子どもの出生も年々増加している．

フィンランドの女性労働は労働政策と家族政策の調和によって，出産・育児と労働両立について手厚く支援を受けているが，これは女性を社会的弱者扱いしたり，保護という視点でなされるものではない．社会保障制度においても女性保護ではなく男女平等が優先されており，たとえば，夫や父親としての男性がひとりで働いて家族を扶養する性別分業を強調するような妻・扶養者手当，女性のみを対象とする未亡人年金，世帯単位の課税という諸制度は，フィンランドではすでには撤廃されている[7]．

主な家族政策としては，所得再配分による経済的な生活保障，出産・育児休暇制度，保育サービスを充実させている．対象期間は，妊娠中の母性保護から子どもが17歳なるまでであり，さらに就学前子どもの保育のために広範で多様な支援がなされている．概要は，以下の通りである．

(1) 出産・両親休暇

263日（週日計算）で，このうち105日は母親のみを対象とする．父親休暇は，子どもの出産時に6-12日，さらに出産，両親休暇中に6日間取得できる．263日の出産・両親休暇期間から母親のみを対象とする105日間を差し引

いた158日間は両親休暇であり，母親か父親のいずれかが単独であるいは交代で取得できる．この両親休暇期の両親手当の金額は休暇前の労働収入の70%をカバーし，3歳未満の子どもの両親には，両親休暇期後に子どもが3歳になるまでの育児休暇を取得し，育児休暇終了後には以前の職場・仕事に復帰する権利が保障されている．出産手当は母親と子どもの健康を促進することを目的とし，140ユーロの現金か保育物品からなる母親セットが提供され，母親がどちらかを選ぶことができる．

(2) 育児休暇

158労働日（26週間）賃金が補償され，両親いずれにも認められている．加えて父親は18労働日（3週間）の父親休暇を1－4回に分けて取得でき，また，育児休暇期間の最後の2週間を父親が取得すれば，父親休暇がさらに2週間がボーナスとして追加されるなど父親の育児休暇取得を促す制度を設けている．[8] 2004年に出産・育児・父親休暇補償を支給された者のうち，女性は67.7%，男性は32.2%，給与補償は男女合わせて平均賃金の約63%であった．日額平均は父親58ユーロ，母親が38ユーロであった（2008年8月現在，1ユーロ＝約140円）．[9]

表10―8　出産・育児休暇（父親）および給付

出産休暇／父親休暇	出産・育児休暇給付	育児休暇
105就労日（21週）（産前30-50就労日，産後55-75就労日）．取得率100%（1998年）．父親休業は母親が出産休暇中の18日間父親が育児休暇の2週間を取得した場合，1-2週間追加可能	基本的に出産・育児休暇の給付は同じ．年収が25,515ユーロ以下の場合，70%（一日56.65ユーロ）25,516-39,256ユーロの場合40%（一日56.66-76.53ユーロ），39,256ユーロ以上の場合25%（一日76.54ユーロ）を追加．平均約66%支給	1980年に導入，1985年に改正．子どもひとりにつき出産休暇後に土曜日を含む158就労日（約26週間）多胎児出産の場合は60日就労日追加，早産の場合，208就労日追加．30時間までのパートタイム労働も可能．取得率：女性約100%

(3) 児童手当 (Lapilisä)

児童手当は17歳未満（障害児は年齢制限なし）を持つ親に対して全額国庫負担で支給される．手当の金額は家族のなかの子どもの数に基づいて算出され，ひとり親の場合は，各々の子どもにつき補助金が支払われる．2004年現在，第1子が月額90ユーロ，第2子が月額110.50ユーロ，第3子が月額131ユーロ，第4子が月額151.50ユーロ，第5子以降は172.00ユーロが支給される．さらに，ひとり親家族の子どもに対しては，通常の手当に加え補助金（46.6ユーロ）が支給される．2006年には152,000人の子どもたちに支給された．

また，親権共有者である同居しない親が養育費を払わない場合，あるいは低所得のひとり親家族に対しては，家庭生活を維持するための生活維持手当（Elatustuki，月額129.91ユーロ）が支給される．2006年には99,000人の子どもたちに支給された．

(4) 養育関連補助金

子どもの親は，市町村の託児サービスを利用するか，育児給付を利用するかを選択することができる．

① 児童自宅手当 (Lasten ja nuorten laitoshuolto)

児童給付は，全受給者とも同額であるが，家族人数や月収によって異なる追加額によって補足される．多くの市町村では，市町村補助として追加額を給付している．

② 児童自宅保育手当 (Kotihoiden tuki)

育児休暇給付が失効した後，3歳未満の児童を自宅で保育する場合に申請することができる．養育者が両親のうちのひとりでない場合も利用できる．給付額は，ひと月あたり294.28ユーロである．3歳未満の児童がひとり以上いる場合は，84.09ユーロが付加給付され，兄弟が学童年齢未満の場合は50.46ユーロが付加給付される．ひとりの児童にのみ168.19ユーロまで追加される．児童在宅養育給付は，社会保険庁から給付される．

③ 一時養育手当（Osittainen kotihoidon tuki）

子どもが3歳未満の場合，一時養育給付として，ひと月70ユーロが支給される．

④ 民間託児手当（Yusityisen hoidon tuki）

市町村託児所にいない学童年齢未満の子どもを対象とした，社会保険庁から支給される給付である．給付は養育者に対して支給されるが，申請は両親によって行なわなければならない．給付額は子どもひとりひと月137.33ユーロであり，所得関連の追加額によって子どもひとり当たり最大134.55ユーロが増額される．

⑤ 住宅支援（Asumistuki）

有子家庭を支援することを目的とする住宅支援は，住宅手当，州の保証付きの住宅ローン，住宅ローンの税助成が含まれる．また，住宅手当は，所得の低い家族のために住宅に必要な経費を全額または部分的にカバーする．住宅手当の金額は家族の規模，収入と家の築年数によって決められる．

(5) 保育サービス（Päivähoito）

保育サービスは就学前のすべての子どもに，自治体が運営する保育所あるいは家庭保育のいずれかをフルタイムで利用する権利が保障される．家庭保育では，保育者が自宅で4名までの子どもを保育する．これは，以前から女性同士が保育に関してインフォーマルな協力関係を行なってきたものが，公的な制度に組み込まれたサービスである．保育のための補助金は自治体が提供する保育サービスを利用しない場合，その代替として保育のための補助金を受ける制度である．補助金には自宅保育補助金と民間保育補助金がある．すべての子どもが保育所利用の権利を持ち，さらに両親が希望する場合は，自宅保育補助金を受けて，3歳未満の子どもを育てるために家庭にとどまることができる．自治体は親から入園申請を受けてから2週間以内に保育園を確保・提供しなければならない．費用負担は，親の所得に応じて決められ，1ヵ月18-200ユーロに

及ぶ．扶養者（親）の経済状況によっては無料で保育サービスを受けることも可能である．

また，小学生に対する学童保育については，小学校1，2年生までを対象に朝と放課後から夕方までしか提供していないなど学童保育サービスは必ずしも十分ではない．

なお，フィンランド60年以上の前から導入された学校給食サービスは保育園から高校および職業訓練施設において提供している．

(6) 就労支援

フィンランドの雇用政策は，1990年代後半以降，社会保障制度改革において就労支援を促す動きが顕著である．労働省が2003年10月に公表した「労働政策戦略7年計画」によると，「フィンランドは福祉国家であり，すべての市民に労働の可能性を保障する」として，2010年までに新しい労働状況および変容する労働状況に対処するために，雇用に関するサービスの改革を完了する」との目標を定めている．

フィンランドの就労支援策に見る特色としては，まず，就労支援と生活保障が併用して行なわれている点である．たとえば，就労に必要な職業訓練を受けている間，必要によっては日常生活に必要な援助（衣食主の保障と基本的な医療費，衛生管理，交通機関の利用，新聞，テレビ，電話サービスの利用など）を受けることが保障されている．ひとり家族の母親の場合，これらのサービスに加えて各種の児童関連手当が受けられる．次に，就労支援は多方面から行なわれている点である．最近では「家政サービス控除」制度の充実により，より就労しやすい環境を提供できるようになった．家政サービス控除所得税法の改正に基づき，2001年から家政控除が認められるようになった．制度の目標は，これまで家族のなかで行なわれていたケアや家事などのサービスを外部に発注するように奨励し，雇用状況を改善することにあった．控除額は年々改正され，2008年に控除が行われる家政サービスとしては，家事サービス，ケアサービスおよ

び住居の修理サービスなどがある．最高額は2,300ユーロと定められている．ただし，家の修理費の控除額は最高1,150ユーロとなっている．修理費とケア，家事サービスを組み合わせる場合は合計で2,300ユーロとなる．控除は個人対象であるので，夫婦の場合は合計6,000ユーロまで控除できることになる．控除額は2001年には900ユーロ，2003年に1,150ユーロ，2009年には，政府は3,000ユーロまでの控除を決定した．最後に，ワーキングプアに陥ることを防ぐために，母親の収入が安定するまで既存に受けているサービス（手当）を引き続き受給できる仕組みとなっている点である．母親の収入に応じて段階的に手当額を減らすことにより，ひとり親家族において無理のない就労への移行が実現できるといえる．

なお，就労支援の詳細については，第17章のフィンランドの高齢者雇用政策と支援の3）高齢者雇用促進のための教育および職業訓練プログラムを参照していただきたい．

3 事例調査（フォーカスグループインタビュー）

(1) インタビューの概要

① 調査目的：ひとり親家族の母親の生活の実態を把握することを目的とした．
② 対象：ヘルシンキ市居住の6人のひとり親家族の母親
③ 方法：フォーカスグループインタビュー[10]
④ 場所：ヘルシンキ市内の育児相談所（Lastenneuvole）
⑤ インタビュー内容

ひとり親家族の母親になった理由，生活のゆとり，子どもやその他の家族・親族との関係，就業支援，社会的差別や偏見，社会的支援等

インタビュアーは事前に現地の研究者をはじめ共同研究者によってまとめられた質問項目に沿ってグループディスカッションを進行した．なお，インタビュアーは，インタビューの円滑な進行のため，筆者に代わって共同研究者であ

る家族連合会 (The Population Research Institute, Family Federation of Finland) のミエティネン主任研究員が務めた.

⑥ 分析方法

フォーカスグループのインタビュー内容の分析は,テープレコーダーやビデオに録音された会話の内容を文字化する「テープ起し」を行った.最初のテープ起こし・翻訳の作業は非調査者により行われ,その後,調査者はビデオテープや録音テープを参照しながら調査材料から起こした記述の内容の正確さを確認し,内容の修正が必要な部分に関しては修正を行った.そして,内容の分析には,当研究所の研究員に参加してもらい行なった.

(2) 参加者の属性

インタビューには,6人のひとり親家族の母親を対象に行なった.参加者の属性は,以下の通りである.

	年齢	職業		子どもの数
Aさん	20歳	専門学校学生	未婚	1人 (1歳)
Bさん	34歳	美容師	離婚	2人 (4歳, 6歳)
Cさん	28歳	レストラン従業員	未婚	1人 (5歳)
Dさん	41歳	地方公務員	離婚	3人 (7歳, 11歳, 13歳)
Eさん	38歳	介護職	離婚	2人 (2歳, 6歳)
Fさん	35歳	自営業	離婚	2人 (6歳, 10歳)

(3) インタビュー結果および考察

1) 労働時間の柔軟性

老人ホームで働くEさんは,ひとり親家族の母親が仕事と育児の両立のためには,同僚や雇用主の理解とりわけ労働時間の柔軟性を確保することが必要と述べていた.「私の上司は私が育児などで悩んでいたとき相談相手になってくれる.ひとりで子どもを抱えている大変さもわかってくれる.もし,上司が人

の気持ちがわからなくて、また人に対する理解がないのであれば、ここにはいない。他の仕事を探したか、働かないで家にとどまるはず。しかし、私は自分の仕事が好き。そして、私の上司が「心配しないで、あなたの子どもが大きくなると、物事はよりスムーズに行くはず」と言ってくれたとき、そのアドバイスは私に力を与えてくれた」（2歳の子どもが病気だった老人ホームの従業員）。

「働く時間を柔軟に調整できることは、仕事と育児を両立させていく上でとても大事である。私は、自分のシフトと雇い主と話し合って決めている。たとえば、土曜日など他の従業員がオフにしたいとき、子どもたちを彼らの父（元夫）に預けて働ける。その代わり週中の仕事時間を少し短縮してもらい子どもと一緒に過ごす」（美容師、2児の母）。

労働党フォース Survey（2003）によると、雇用者の大多数は彼らの労働時間を柔軟に調整することができると述べている。ふたり親家族の母親の75％、ひとり親家族の母親の70％が彼女らの労働時間の柔軟性に満足していると答えた。

2）就業

ひとり親家族の母親にとって働くことは経済理由だけでなく、働くことそのものに意味があると述べる。「仕事は生活に活力をもたらす。職場では同僚とさまざまなことで話し合うこともできる。また働くことで社会の様々なネットワークにもつながる」（レストラン従業員、1児の母）。

フィンランド女性において仕事を続けることは重要な意味をもつ。とくにひとり親家族の母親はふたり親家族の母親より仕事を持つ意味について高く評価する傾向もある（Sutela 1999; Forssen 他、2005）。労働党フォース Survey（2003）によると、「生活に十分なお金を持っているならば仕事を辞めるか」という問いに、ふたり親家族の母親のわずか15％とひとり親家族の母親の20％のみが完全に働くことをやめると答えた。Hakovirta（2006）[11]の研究においても、70％

以上のひとり親家族の母親と 68％のふたり親家族の母親は働き続けると答えた．両方の母親のほぼ85％は，仕事があることが彼女らにとって非常に大切であると回答していた．とくに，ひとり親家族の母親は仕事を続ける理由として経済理由だけでなく，社会的ネットワークの維持，人生を豊かにするなど，仕事がもたらす意味について評価していた．また，この結果は Haataja (2005)[12] が行った量的調査の結果とも一致する内容として，ふたり親家族の母親と比べ，ひとり親家族の母親たちは仕事を持つことが「自分の人生において大きな意義をもたらす」と強く認識している．

3）社会的差別

6人のインタビュー参加者は，家族形態（ひとり親家族の母親）である理由で，社会的偏見や差別を受けてことはないと答えた．しかし，ひとり親家族の母親の非正規雇用に関する研究結果（Lähteenmäki, 2004）[13]によると，調査対象者のうち多くの母親は，「仕事について同僚が非常に支えてくれる（とくに女性の支配された仕事場）」と答えた．と同時に「いつも同僚に勤務時間やシフト変更をお願いしていて，迷惑をかけている」と答えた．

労働党フォース Survey（2003）によると，ひとり親家族の母親が「仕事中になんらかの差別を経験したか」という問いに対して「家族のことで差別を受けたことはない」という答えが多く，ひとり親家族の母親の2％，ふたり親家族の母親の4％は，なんらかの差別を経験したと答えた．その内容は，勤務時間の割り当てではふたり親家族の母親対ひとり親家族の母親で―（14％対9％），仕事の評価で（19％対16％），賃金についてはふたり親家族の母親が17％とひとり親家族の母親の10％より高い割合で差別を経験したと報告している．

4）インフォーマル・フォーマルソーシャルサポートネットワークの役割

インタビュー参加者の母親のうちひとりは，以下のように述べた「今の子ど

もたちとの生活はパズルのピースを組み立てるようなものである．すべてのスケジュールをタイムテーブルに並べ，うまく稼動するかを確認する．私が子どもたちを保育園と学校へ連れて行き，午後になると上の子は私の職場に来るか子どもの友人の母親に自分の子どもを習い事のクラスへ連れて行ってもらうよう手配する．私の父（祖父）には，幼稚園児の下の子の迎えに行ってもらい，私の仕事が終わるまで実家で預かってもらう．夜，仕事を終え友人宅や実家にいる子どもたちを迎えに行く」（自営業，2児の母）．

多くのひとり親家族の母親は，子どもの世話については元夫やパートナーと共有することが一般的である．元夫やパートナーと育児について責任を共有することは，母親や子どもにとって生活の安定感をもたらす．今回の6人のインタビュー参加者は彼女らの子どもたちの日課（たとえば，保育園，学校，習い事の送り迎え，週末の時間）を組む際，元夫やパートナーの協力を得ることができたと言う．

また，祖父母については，「祖父母はとても頼りになる．しかし，祖父母と友人からの援助に対する頼ることは，実は簡単ではない」という．インタビュー参加者のうち，祖父母から援助を受けている者は「祖父母がすでに年をとっていて，手伝ってもらうことは申し訳ないと思っている」と言う．「祖父母に頼めない場合は，一時的に友人や地域の教会や民間機関のサービスを利用している」（地方公務員，3児の母）．今回のインタビューの参加者全員は元夫やパートナーとの関係が比較的良好であったが，必ずしもすべてのケースが元夫やパートナーとうまくやっているわけではない．

しかし，「子どもが病気のとき，周りに誰もいなく，孤独感を感じる．病気の子どもの看病のために夜中起き，翌朝には兄弟を学校へ連れて行き，また自分の仕事やその他のこともやらなければならない」（美容師，2児の母）．この意見ついては全員が同意する反応を見せた．ひとり親家族における母親の肉体的・精神的大変さが垣間見られた．

「私は両親や元夫から離れて住んでいる．ふたりの子どもは近くの保育園に

通っている．来年から長男は小学校に上がるが，今の保育園に併設している学童保育サービスを利用する予定である．週末に緊急の仕事が入る場合は，近くの教会でやっている保育サービスを使うか，近所の女子高生をベビーシッターとして雇う」（老人ホーム介護職，2児の母）

　ひとり親家族の母親は，他の家族タイプより公共保育サービスや他の支援サービスの利用率が高い．とりわけ元夫やパートナーまたは親類から援助を受けられないケースの場合，公共保育サービスは重要な役割を果たす．

おわりに

　フィンランドでは1960年代以降，女性の社会進出が進み，とくに既婚女性を労働市場に正規労働力として定着させた．その以前は女性の労働が一部の低所得層女子を中心に行なわれていたがもはやその層だけにとどまらず，育児中の母親にまで浸透している．ひとり親家族の母親の就業率はふたり親家族の母親より低いものの，多くの母親は子どもの成長につれ仕事へと復帰している．フィンランドではひとり親家族はマイノリティではなく，ひとり親家族の母親だけを対象とする政策は設けられていない．家族政策はすべての子どもに対し，平等に尊重され質より生活環境を保障するという視点から政策が講じられている．

　フィンランドのひとり親家族の就労，収入のデータからはひとり親家族の母親のものがふたり親家族より経済的に困難な状況にあることは確かである．とくにふたり親家族の母親との就労，雇用，失業率等での比較においてもひとり親家族の母親がふたり親家族の母親より厳しい状況であった．

　家族政策の内容としては，1980年代後半では自宅育児手当の導入や保育サービスの十分な供給がなされており，1990年代後半では民間保育の利用についても補助金の支給が開始されている．福祉改革とともに，地方当局は保育サービスを必要とするすべての家族にサービスを提供する責任があると同時に保

育サービスを受けることは子どもの権利であると解釈できる．これらの施策によりフィンランドでは，子どもをもつ母親が働きながら育児をすることできている．また，生活の困難な家庭にはげ現金給付型援助として，失業給付，健康保険給付，年金，学生手当，子ども手当，出産・育児手当，住宅手当，生計費補助を提供しており，安心して子育てや仕事ができる環境が整備されている．

　女性の労働力率と就業率の向上は現政府のひとつの目標でもあり，そのためにも仕事と育児の両立するための制度は比較的に整備されてきているものの，一方では，女性が育児のため仕事から長く離れることによって予想されるネガティブな結果（低い年金，経歴に比べ低い給料など）ついての懸念もあるが現実的にあまり議論がなされていない．最近では家族政策に関連しては男性（父親）の育児休暇の取得率の向上や家族介護休暇の運営が議論の焦点となっている．実際に，育児休暇期間の最後の２週間を父親が取得すれば，父親休暇がさらに２週間ボーナスとして追加されるなど父親の育児休暇取得を促す制度を設けている．

　女性の就業率は他の北欧の国に比べ多少低い傾向にあるものの，近年の就労支援プログラムの充実の成果もあり職業訓練や再教育プログラムにおいて女性の受講者は年々増えている．職業プログラムの特徴は，基本的には無料で行なわれる．受講期間について在職中の者は在職期間に応じて職業休暇が保障され，失業者は職業訓練の間に失業手当を失うことはない．

　フィンランドの家族政策は多様なライフスタイルに対応しており，とくに女性の労働参加を促進する施策が豊富なことから，その目的は育児と仕事の両立を支援することにあるといえる．また育児期間中の充実した所得保障は，子どもをもつ家族に安定した経済的基盤を提供し，家族生活の質の向上に寄与しているといえる．

　以上のことから，フィンランドではひとり親家族の母親だけを対象とする政策はないが，多様な家族のニーズに対応できる家族政策が施行されている．ひとり親家族の現状は厳しいものではあるが，そのバリアーを緩和するため各種

手当をはじめ，充実した保育サービス，ソーシャルサポート・ネットワーク，子どもと過ごす時間の確保，比較的に安定した就業環境という多元的な子育て環境が整備されているといえる．

《注》

1) Source: Statistics Finland (a governmental agency): Population 2009 / Description of statistics / Families [http://www.stat.fi/meta/til/perh_en.html] ただ，日常的には「ひとり親家族」を使い，日本のような「母子家庭」あるいは「父子家庭」のように父母の性別を区別した呼び方は日常的には使わない．
2) 2000年3月に就任，2006年1月に再選，2期目を務めている．任期は6年まで．
3) Haataya Anita, "Outcomes of the Two 1990s Family Policy Reforms at Turn of the 2000s in Finland," The Population Research Institute Helsinki, Finland, 2005.
4) Labour force survey, Statistics Finland, Helsinki, 2003.
5) 小松源助「ソーシャルネットワークの動向と課題」マックワァイア，L. 著，小松源助他訳『対人援助のためのソーシャルサポートシステム』川島書店　1994年　pp.245-246.
6) Suhonen, Anna-Stiina & Salmi, Minna, Yksin vastuussa arjesta [Sole resposibility over the family life], in: Puhelin, mummo vai joustava työaika STAKES, Helsinki, 2004.
7) 高橋睦子「フィンランドの福祉国家と女性労働」『大原社会問題研究所雑誌』No.485　1999年　pp.16-31.
8) The Population Research Institute, Synthesis Report on Demographic Behaviour, Existing Population Related Policies and Expectations Men and Women Have Concerning the State, The Family Federation of Finland, 2005.
9) Social Insurance Institution, Finland, 2008.
10) フォーカスグループインタビューは参加者の自発的な発言に依拠し，潜在化するニーズを掘り起こすことができる調査法であり，同じ質的調査手法である面接調査に比し，短時間で信頼できるデータ収集が可能であるため用いた．ある参加者の発言が他の参加者の反応を促し，その反応の強さが情報としての重みを判断する上で重要な指標となることがある．
11) Hakovirta, Mia, "Yksinhuoltajaäitien työllisyys, toimeentulo ja työmarkkinavalinnat. [Employment, income and labour market choices of lone mothers]." Väestöliitto Väestöntutkimuslaitos, Helsinki, 2006.
12) Haataya Anita, 2005, 注3参照．

13) Lähteenmäki, Liisa, "Onks tää nyt ihan reiluu? [Now is this fair?]," *Sociological discussions* B 43, University of Turku, Dept. of Sociology, Turku, 2004.

まとめ

　第2部では，日本，韓国，アメリカ合衆国，イギリス，ドイツ，フランス，フィンランドのひとり親家族の状況や就労・子ども・家族支援の状況について明らかにした．詳細については各章をご覧いただき，ここでは，各章で明らかにされた各国のデータを比較した上で，今後のひとり親家族を対象にした政策のあり方について提言したい[1]．

1　家族の多様化

　日本においても，欧米諸国と同様に，現代は家族の多様化の時代であるといわれて久しい．だが，法律婚外で生まれた子どもの率に関しては，日本と韓国は欧米の5ヵ国と比べると極端に低い値を示していた（表1）．また，ひとり親世帯率に関しても，日本や韓国は，欧米の5ヵ国と比べると低い値を示していた（表2）．そして，欧米の5ヵ国のなかでも，イギリスとアメリカ合衆国のひとり親世帯率は高い値を示していた．

　法律婚やひとり親家族の割合という観点から見れば，日本や韓国では，欧米

表1　法律婚外で生まれた子どもの率（%）

2007年	日本	2.0
2008年	韓国	1.8
2005年	アメリカ合衆国	35.8
2007年	イギリス	44.3
2007年	ドイツ	30.8
2007年	フランス	54.0
2003年	フィンランド	40.0

出所）韓国，アメリカ合衆国，フィンランド以外は，各章のデータをもとに作成した．

表2　18未満の子どもがいる世帯におけるひとり親世帯率（%）

2006年	日本	6.8
2005年	韓国	7.6
2007年	アメリカ合衆国	28.7
2006年	イギリス	24.0
2007年	ドイツ	18.0
2006年	フランス	16.5
2006年	フィンランド	20.0

出所）この表は，各章のデータをもとに作成した．

諸国ほど家族の多様化は進んでいない．この背景には，フランスのPacs法などとは正反対のベクトルにある法律婚外の家族に「冷たい」法律が横たわっている．また，パートナー間の愛情が消えても，婚姻関係を解消しない，家族システムの維持を重んじる儒教的なハビトゥスが日本人や韓国人の身体に染みついているといえよう．

2　女性労働とひとり親家族の母親の就労

25歳から54歳までの女性の労働力率に関しても，日本や韓国は欧米の5カ国に比べて低い値を示している（表3）．欧米のなかでは，フィンランドとフランスの労働力率が高い値を示している．

労働力率と就業率とを単純に比較することはできないとはいえ，少なくとも，ひとり親家族の母親の就業率に関しては，女性の労働力率とは逆の現象が起こっている（表4）．つまり，日本や韓国のひとり親家族の母親の就業率は欧米のひとり親家族の母親の就業率よりも高いのである．欧米5ヵ国のなかでは，イギリスのひとり親家族の母親の就業率が低いが，ワークフェア政策以

表3　25歳から54歳までの女性の労働力率（％）

2007年	日本	70.0
2007年	韓国	62.0
2007年	アメリカ合衆国	75.4
2007年	イギリス	77.6
2007年	ドイツ	80.5
2007年	フランス	82.4
2007年	フィンランド	85.6

出所）フィンランド以外は，労働政策研究・研修機構「性別・年齢階級別人口・労働力人口・労働力率（2007年）」2009年をもとに作成した．

表4　ひとり親家族の母親の就業率（％）

2006年	日本	84.5
2005年	韓国	89.8
2006年	アメリカ合衆国	69.0
2007年	イギリス	57.0
2007年	ドイツ	67.0
2004年〜2007年	フランス	70.2
2000年	フィンランド	67.0

出所）アメリカ合衆国とフィンランド以外は，各章のデータをもとに作成した．なお，フランスのデータは，フランスのメトロポリタンに住んでいる25歳から49歳までのひとり親の母親のデータである．

後，好景気の影響もあり，その就業率は上昇した．また，かつてアメリカ合衆国のひとり親家族の就業率も低かったが，ワークフェア政策と好景気の影響により，その就業率は上昇した．

3 ひとり親家族における社会的排除

OECDのデータによれば，2000年代中頃において，日本と韓国においては，就業しているひとり親世帯も不就業のひとり親世帯も相対的貧困率はそれほど変わらなかった（表5）．それに対して，欧米5カ国では，就業しているひとり親世帯の相対的貧困率は，不就業のひとり親世帯の相対的貧困率よりもかなり低かった．

その要因として，ひとつに，第2部の「序論」でも述べたように，日本と韓国のひとり親家族の場合，欧米の5ヵ国と比較して，女性の労働条件が悪いため，働いてもワーキングプアー状態から抜け出せないということが考えられる．もう一つに，ひとり親家族の母親の約85％あるいはそれ以上の人が就業している日本と韓国では，あらゆる階層のひとり親家族の母親が働いているわけであるから，自動的に相対的貧困率も上昇するということが考えられる．

表5 ひとり親世帯の相対的貧困率（％）

	不就業のひとり親世帯	就業しているひとり親世帯	ひとり親世帯全体
	2000年頃→2000年代半ば	2000年頃→2000年代半ば	2000年代半ば
日本	52.1→60.1	57.9→58.4	58.7
韓国	データなし→29.5	データなし→25.7	26.7
アメリカ合衆国	93.8→91.5	40.3→36.2	47.5
イギリス	62.5→39.1	20.6→6.7	23.7
ドイツ	55.6→56.1	18.0→26.3	41.5
フランス	61.7→45.5	9.6→11.8	19.3
フィンランド	25.0→46.3	7.2→5.6	13.7

出所）この表は，OECD "Income distribution and poverty in OECD countries in the second half of the 1990's," 2005 と OECD "Poverty rates for children and people in households with children by household characteristics," 2008，および，厚生労働省「子どもがいる現役世帯の世帯員の相対的貧困率の公表について」2009年 http://www.mhlw.go.jp をもとに作成した．

とはいえ、第2部の研究において、程度の差はあるものの、各国において、ひとり親家族における社会的排除が社会問題として捉えられていた。その際、欧米諸国では、移民や人種との関わりでもひとり親家族の社会的排除の問題が論じられていた。また、日本ではあまり着目されていない障がいのある子どもを育てているひとり親家族の生活問題なども解決すべき論点として取り上げられていた。

4 福祉改革とひとり親家族における就労支援

日本では、2002年の福祉改革によって（2003年4月施行）、児童扶養手当の受給5年後に（3歳未満の子どもがいる場合には、子どもが3歳になってから5年後）、児童扶養手当を最大2分の1に削減し、就労支援を強化する政策が採られた。しかし、2003年4月から5年経過した2008年4月の段階になってもなお、貧困な母子家庭が多いことを理由に児童扶養手当の削減は見送られ、現在に至っている。

第2部の研究をまとめるならば、ひとり親家族に焦点を当てたワークフェア政策を展開しているのは、アメリカ合衆国（TANF）、イギリス（ひとり親のためのニューディールプログラム）、そして日本だけであった。ひとり親家族の就業率が低かったアメリカ合衆国とイギリスがひとり親家族に焦点を当てたワークフェア政策を開始したことには一定の理解を示すことができる。そして、ブレア政権がニューディールプログラムや子どもの貧困を減少させるための政策を展開して以降、就業しているイギリスのひとり親家族の相対的貧困率が、フランスのそれよりも低くなり、7ヵ国のなかでもっとも相対的貧困率が低かったフィンランドに近づいてきていることは注目に値する。だが一方で、ひとり親家族の就業率が高い日本で、なぜひとり親家族に焦点を当てたワークフェア政策がこれほどまでにも展開されるようになったのかという疑問が生じてくる。日本の福祉の「場（Champ）」（P. ブルデュー）におけるアメリカ化を感じざる

を得ない.

　7ヵ国の研究を終えてわかることは，結局のところ，男女平等への理念の基に，男女が平等に安心して働ける個人単位を基本にした社会システムの構築（社会保障制度や税制度改革，労働時間の短縮，最低賃金の引き上げ，子どもとその家族へのサービスなど）と男女がともに働く文化を育てなければ，ひとり親家族の就労支援をいくら行ってもあまり効果がないということである．7ヵ国の研究を終えた今，第3章と同じ結論に至った．

　日本や韓国では，まず，男女が平等に働ける社会システムづくりが早急に求められる．その上で，ソーシャルワーカーなどの専門家が，ひとり親家族に対して，就労のためのケースマネジメントや生活問題の解決を行なうとともに，ひとり親家族の状況に対応した時間をかけた職業教育や職業訓練，そして，その際の所得保障を充実させるべきであろう．職業教育や職業訓練を受けやすい体制を構築しているフィンランドの例や，すぐに職につけそうな人にだけでなく，稼働能力はあるが働くことが難しい状況にあるひとり親家族の母親に対しても，長期間かけて，ソーシャルワーカーなどの専門家がていねいな就労支援を行っているドイツの事例は参考になる．日本も，公共職業安定所や母子家庭等就業・自立支援センターで，ひとり親家族の母親を対象に就労支援のプログラムを展開しているが，ドイツのそれと比べた場合，それは，職業教育にかける時間，そして内容において十分ではない．このような違いが出てくる大きな理由は，日本では就労意欲のある職に就けそうな人のみに就労支援のプログラムを提供し，稼働能力はあるが，働くことが難しい状況にある人には就労支援のプログラム（生活保護受給者等就労支援事業）を提供していないことにある．しかし，貧困の再生産を食い止めるためには，稼働能力はあるが働くことが難しい状況にある日本のひとり親にドイツのようなプログラムを提供すべきである．そして，もちろん，ひとり親家族の母親の就業率がすでに高い日本では，より専門的な仕事に就けるような職業教育とその際の所得保障が必要である．

238　第2部　ひとり親家族における就労・子ども・家族支援

5　ひとり親家族政策と家族政策

　日本において，ひとり親家族を対象にしたワークフェア政策が実施された理由のひとつとして，伸び続ける児童扶養手当を抑制しようというねらいがあった．まず，児童扶養手当に相当するようなひとり親家族を対象にした手当の状況について見ると，7ヵ国中この種の手当が存在するのは，日本と韓国だけであった．フランスにも API というひとり親家族のための手当が存在したが，2009 年の福祉改革以後，この手当は廃止された．アメリカには TANF は存在するが，これは子どものいる低所得の家族に支給される．分野別の生活保護に相当するものであるから，そもそもアメリカには児童扶養手当に相当する手当は存在しないといえる．

　7ヵ国を比較した際，児童扶養手当に相当するような手当以外のひとり親家族への給付として，① 子ども全体を対象にした児童手当にひとり親家族のための加算を行なう方法と ② 同居していない親から養育費が徴収できない場合，公的機関が養育費に関わる手当を支給する方法があることがわかる．前者の児童手当に加算を行う方法を採用する国はフィンランドである．イギリスにも，同様の加算が存在したが，1998 年以降，新規の受給者には加算されなくなった．後者の養育費に関わる手当を採用しているのは，ドイツ，フランス，フィンランドである．アメリカとイギリスには養育費徴収のシステムはある．しかし，そのシステムは，養育費が徴収できなかった家族への対処方法において，ドイツ，フランス，フィンランドの手当制度とは決定的に異なる．

　次に，法律名について見てみると，韓国にはひとり親家族支援法が存在し，法律名に「ひとり親家族」という言葉が使用されている．それに対し，日本においては母子及び寡婦福祉法が存在し，母子家庭と寡婦を強調する法律名となっている．この法律と連動して，日本には母子自立支援員が各福祉事務所に非常勤職員として配置されている．

　さらに，日本では，ひとり親家族を支援する非営利組織名にも母子家庭やシ

ングルマザーという言葉がよく使用されているが，日本以外の国では，母子家庭と父子家庭を区別しないひとり親家族という表現がよく使用され，非営利組織名にもひとり親家族という言葉が使用されている．また，フランスでは，シングルマザーという言い方は差別的な表現として受け止められており，シングルマザーの代わりに，ひとり親家族の母親（mère de famille monoparentale）という表現が用いられていた．

　以上の状況からわかることは，日本はあまりにも母子家庭という家族の枠組みを，法律上，手当上，人びとの社会活動や意識上も強調しているということである．しかも，母子家庭に，寡婦という枠組みが追加されている．7ヵ国を見渡した時，この点が日本の特殊性であることがわかる．しかも，その特殊性は，戦後65年たってもなお，戦争未亡人とその子どもへの対策としてはじまった日本の母子福祉政策の歴史を引きずった特殊性である．

　このように母子家庭や寡婦に焦点を当てた政策が展開されているにもかかわらず，皮肉なことに，2000年代中頃の段階で，ひとり親家族の相対的貧困率が最も高い国は日本なのである．その理由として，①男性稼ぎ手モデルを前提にした男性中心の労働市場と②子どもやその家族への社会支出が低いことが挙げられる．今後は，第1に，男女平等への理念を基に，男女が平等に働ける，個人単位を基調とした社会システムの構築と男女がともに働く文化を育てなければならない．第2に，現代社会においては多様な形態の家族が存在し，その多様な家族のニーズに対して多様な支援メニューを用意することを通じて，すべての子どもの幸せを社会全体で保障することが必要である．こうした考えに基づけば，母子家庭，父子家庭も多様な家族の一形態にすぎないわけであるから，将来的には，母子家庭や寡婦に焦点を当てた母子及び寡婦福祉法は廃止し，また，韓国にあるようなひとり親家族のみに焦点を当てたひとり親家族支援法といった法律をつくるのでもなく，児童・家族福祉法を創設し，その法律の一部においてひとり親家族の子どもと家族に対する支援について規定すべきなのではなかろうか．ひとり親家族には，第4章で述べられていたよう

に,手当,就労,住宅,保育,教育,医療などの多様な分野から生活をトータルに支えることが必要なわけであるが,将来的には,こうした支援も上記の法律の下,ひとり親家族という枠組ではなく,子どものいる家族への支援という枠組みによる支援の方向に向かって行くべきではないか(この場合,所得制限のあるサービスと所得制限のないサービスが混在することになる).また,相談の専門家についても,現在福祉事務所にいる母子自立支援員と家庭児童相談員を統合し,ひとり親家族に限らず,子どものいるすべての家族の相談に対応する子ども・家族支援員(常勤のソーシャルワーカー)を新たに設置すべきではないか.

　上記の論理にしたがえば,たとえば,ひとり親家族に対する手当はどうなるのか.児童扶養手当のような,ひとり親家族に特化した手当を継続していくか,それとも児童手当のひとり親家族加算や養育費に関わる手当てという方式をとるのか,今後検討していく必要がある.だが,女性労働状況が悪く,経済的に困窮したひとり親家族が多い日本においては,当分の間,引き続き児童扶養手当制度を継続していくしか選択肢はないだろう.母子家庭を対象にした高等技能訓練促進費についても同じことがいえる.

　ひとり親家族に対する政策が子どものいる家族の政策へ統合されていった場合,ひとり親家族に限定した支援としては何が残るのか.家族調停,ひとり親の悩みを共有できるグループワーク,同居していない親からの養育費に関わる支援などではなかろうか.そして,7ヵ国の研究を終えて,これら3点とも,日本のひとり親家族への支援においてまだ充分ではないことが明らかとなった.[2] 第1に,家族調停について.フランスなどでは両親が別れた後も,子どもの視点に立って,子どもに両親の別離を理解させるとともに,同居していない親と子どもとの関係が上手くいくように支援する家族調停がかなり進んでいる.今後日本でも,このような家族調停に関するシステムづくりを急がなければならない.第2に,ひとり親家族の親を対象にしたグループワークについて.日本ではひとり親家族を対象にしたグループワークは一部のセルフヘルプ・グループ以外ではほとんどなされていないが,ドイツやフランスではこの

グループワークがソーシャルワーカーのもとで盛んになされ，ひとり親家族の抱える生活問題の解決や心理的安定に大きく寄与している．ひとり親家族の親を対象にしたグループワークの開催が求められる．第3に，養育費について．日本では，養育費徴収のシステムづくりが充分でないが，今後，各国の養育費徴収システムや養育費が徴収できなかった場合の養育費に関わる手当のシステムを参考にしながら，養育費に関わるシステムについて検討していく必要がある．

そして最後に，第5章でも触れられていたが，ひとり親家族の子どもとその親が，日常的実践（pratique）（P. ブルデュー）によって，主体的に生きることができるような，さまざまな次元のネットワークの構築が必要であることを記して，第2部を終わりにしたい．

《注》
1) 各章で使用していないデータを「まとめ」で使用する際には，各章の担当者が各国の機関によって集計されたデータを入手し，「まとめ」に使用した．
2) その他に，地域での親教育について述べるならば，イギリスやドイツでは，ソーシャルワーカーが，子どもを育てている親に対して，地域で，親教育を行っている．日本にも，地域子育て支援拠点事業があるが，プログラムが充分でない上，多くの場合，保育士が親教育を行う役割を担っている．日本では当たり前のように保育士がこの種の業務を行なっているが，7ヵ国の研究を終え，この点も日本的特殊性であることに気付かされる．しかし，親教育にはソーシャルワークの知識が必要であるため，今後は，ソーシャルワーカーが親教育プログラムを作成し，各地域で親教育を展開していく政策転換が必要ではないか．

第3部

高齢者における就労支援

序　　論

　現代社会における傾向として，高齢化や貧困に対する社会保障策だけではその限界が表れ，給付とともにワークフェア（workfare）[1]が要求されるのが大きいな流れである．それは多くの国や地域では人口の減少により生産労働力が大幅に減少し，経済成長への至大な影響をもたらした現実を背景としている．すなわち今まで社会的弱者に給付された生活扶助などの伝統的な社会保障は財政難を加重させる主な要因となるので高齢者就労を求めるワークフェアがその補充案として浮上している．一方日本の高齢者の就労政策の流れにも変化があって，2006 年 4 月から施行されている高年齢者雇用安定法の改正から，全国民の多様な生き方の選択の余地が広がり，さらにその選択されたものの実行に応じて必要な社会構築のためのワークライフバランス憲章が 2007 年 12 月から制定されている．これらの流れからも高齢者雇用に関する新たなシステム構築が緊急を要する課題であると認識している．

　こうした状況の中で，2008 年度日本社会福祉学会主催の第 56 回全国大会が岡山県立大学で開かれ，主催側の配慮によって大会の企画プログラムとして「現代社会と高齢者問題」というテーマの下で国際学術シンポジウムを設けることができた．そこでは，シンポジストとしてフランスのパリ第 5（ソルボンヌ）大学の Anne-Marie Guillemard 氏，ドイツのデュッセルドルフ，ハインリッヒ・ハイネ大学の島田信吾氏，そして韓国の群山大学の嚴基郁氏の 3 氏を迎えての開催となった．しかしながら今回のシンポジウムでは充分なシンポジストの確保や時間的制限などで，本来の「東西の高齢者就労問題における政策比較」は不十分であったため，本紙面を通してイギリスは群山大学の嚴基郁氏，アメリカは岡山県立大学の桐野匡史氏，フィンランドは大東文化大学の呉栽喜氏，日本は元ウソン大学の岡田節子氏，そして台湾については筆者がそれぞれの研究成果を報告することに至った．なお，各国の執筆者には高齢者就労

支援の検証に基づく，課題や問題点を指摘した上で対応策としての提言をお願いした．

こうした試みは，高齢社会化とは逆に高齢者の就業率がますます低下すると予測されるなかで，高齢者の就労環境の改善と促進を図ることにある．したがって本書は東西諸国における高齢者の就労実態と阻害要因を明らかにし，高齢者の就業意欲の向上を図るための環境整備の課題を探ることが前提とされる．その意味で，第3部は，「高齢者の就労環境整備に関する研究」の一環として位置づけられるであろう．付け加えて言えば，第3部を通して，高齢者を囲む社会・経済的就労環境を理解した上で，高齢者の就労が余儀なくされるものではなく，生きがいを感じ人間らしく生きるために適切な選択なのかどうかを問い直すきっかけとしたい．

《注》
1) 公的扶助対象者の増加には給付権による安定した収入が影響し，さらに勤労への意欲を軽減させるとの見解が広がるなかで，社会保障財政の悪化により，公的扶助受給者の勤労意欲を促し経済的自立を図るために，「労働」を意味する「work」と「福祉」を意味する「fare」を合成して「workfare」が作られた．すなわち「条件付給付」制度ともいえるが，アメリカで積極的に取り入れられている．

第11章
公共政策と年齢文化
―― 国際的観点からの検討 ――

はじめに

　人口の高齢化と長寿は，老齢年金の案件以外にもさまざまな問題を引き起こしており，たとえば高齢化する賃金労働者の雇用問題の原因にもなっている．人口の高齢化に関する大多数の研究では，定年制の意義あるいは扶養高齢者のケアや管理責任の意義について検討されている．このようなアプローチは極端に還元主義的である．人口の高齢化と関連する問題は，単に60歳以上の人口比率の上昇あるいは扶養高齢者数の増加によって発生しているわけではない．労働力の高齢化は経済活動人口ピラミッドにも影響を及ぼしている．このような先進社会に対する深刻な問題については十分な研究が行なわれていない．著者は，この点に注目して本研究を実施した．

　すべての先進国では労働年齢人口の高齢化という前例のない現象が発生しており，その原因として2つの傾向が挙げられる．第1の傾向は，大量のベビーブーム世代の存在が，まもなく定年を迎える50歳代の人口を大幅に膨張させていることである．第2の傾向は，労働市場に入りかけている若年層（これらの若年層は出生率が低下した1975年以降に生まれた青年で構成されている）の人数が少ないことである．EUに加盟している15ヵ国の場合，45-64歳の成人が労

働年齢人口に占める割合は1995年には35％であったが，2015年には43％になると予想されている．一方，2015年までに15-29歳の年齢層が減少する割合は16％と推定されている[1]．労働力は上述の2つの傾向によって固定されているのである．労働年齢ピラミッドの最上層と最下層で発生している現象によって労働力の高齢化が進んでいる．労働力が高齢化しているばかりでなく，労働年齢人口も減少しているのである．少数の若年層が労働市場に入っても，定年を迎えつつあるベビーブーム世代の大量退職を補うことは難しい．

　このような現象の結果として発生する労働力の欠乏と緊縮の程度を予測することは困難である．労働生産性が向上するかどうか，労働生産性がどの程度向上するかが重要な要因となる．われわれが確実に把握していることは，欧州において，このような労働力の減少が2006年から2011年の間に始まり，2011年までには全域に波及するであろうということである．移民を除外すると，労働力が欠乏した場合に主として利用できる労働力プールは経済活動率の増大が可能な高齢者であり，一部の国々では中年女性も労働力となる．

　人口の高齢化と長寿はわれわれの社会のあらゆる側面に影響を及ぼしている．これらの現象は，人間の生涯を一定の年齢で区切って社会的に定義する年齢区分に基づく文化モデルばかりでなく，ライフコース全体における労働の分配と社会的扶養をわれわれが進める方法にも疑問を投げかけている．これらの現象は，年齢および年齢管理の概念の再構築をわれわれに迫っているのである．

　このような変化のアセスメントを行なう場合，労働市場における相互依存的傾向，福祉制度，ライフコースと関係する社会組織を含めた理論的観点が必要である．これら3つの要素はシステムを形成しており，個別に検討することはできない．したがって，労働力の高齢化の問題に対してグローバルアプローチを導入することによって，これら3つの要素の間の相互作用を解明することが可能である．Robert Castel[2]が明確に示しているように，「勤労社会」では，賃金労働者の地位（雇用者の下で働いて賃金を得ること）とリスクからの保護を含む

拡大福祉制度が組み合わされている．ひとつの真実の両面となっている福祉と雇用は，弁証法的関係において検討されなければならない．著者は，ライフコースに関する社会学的論文から収集した所見を考察した結果，福祉と雇用のペアに第3の要素としてライフコースと関係する社会組織を追加することを提案する．産業社会の出現に伴い，ライフコースは規則的で予想可能な3つの期間あるいは3つの世代（若年者のための教育期間，成人のための就労期間，高齢者のための定年後の期間）で構成されるようになった．

著者は，労働市場，福祉制度，ライフコースと関係する社会組織の再編成について分析し，第2キャリアに注目するようになった．たとえば，公共政策が，高齢者の労働時間を延長している場合に人生における第2キャリア期間が問題となる．過去20年以上にわたり，第2キャリア期間は2つの相反する影響を受けてきた．第1に，知識ベースの情報化社会の出現により，一部の国々では，キャリアと将来が変化したばかりでなく，労働市場からの早期退出計画が浸透する結果となった．第2に，人口の高齢化は，社会保険資金の帳簿を合わせるために「活力ある高齢化」の要求に拍車をかけた．しかしながら，青少年期および青少年が労働市場に入る時期と比べると，第2キャリア期間についても十分な研究が行なわれていないため，われわれが把握しているのはごく一部の情報に過ぎない．

本章の目的は，人口動向に対する各種政策を，第2キャリア期間における労働市場での多様な職業経路と関係付けるための比較理論を提案することである．本章は著者の最新刊の書籍[3)]に基づくものである．拙著では，第2キャリア期間の勤労者に対して公共政策が用意している雇用あるいは福祉の状態と高齢者を労働に導いている結果について解明するため，3大陸（欧州，北米，アジア）の国々を比較した．労働力から完全に退出する年齢の中央値は，フランスとベルギーでは58歳と低いが，スウェーデンでは63歳，日本ではこれを上回る年齢であることに注目しなければならない．55歳の時点では，個人の雇用状況とキャリアの展開は国によって大幅に異なっている．

この例が示しているように，労働社会における高齢化の問題および「高齢」労働者の分類方法は，生涯年齢と世代の関係に依存し，とくに雇用，職業訓練，福祉における公共政策が加齢に付与している意味にも依存している社会構造なのである．

1 相対的に共通性の高い人口動向とは対照的な政策

先進各国が導入している政策については，国家間でいちじるしい相違が認められたのは驚くべきことであった．欧州大陸の大多数の国々では，雇用の保護が訴えられているものの，1971-1995年の間には，55-64歳の就業率がほぼ半減するまで労働市場からの早期退出が進められた．現在では，55-64歳の就業率は50％以下であり，OECDのデータによれば，2003年のフランスにおける労働力率は38％であった．スカンジナビア諸国や日本と比べると非常に低い割合である．これらの国々では，労働市場の状況が悪化したとしても，45歳以上の人びとが解雇された場合あるいは退職した場合に所得を補償するのではなく，積極的雇用策を推進する方法が常に選択されてきたのである．その結果，1971年から2001年の期間をみると，55-64歳の年齢層における就業率の低下率は10-16％と相対的に小さい割合であった．人口動向が相対的に等しい国家が上記のように異なる公共政策を導入するのはなぜであろうか．

このような政策選択における著しい相違は，高齢化と労働力の関係についての考え方におけるいちじるしい相違を反映している．早期退職者に対して補償を提供するか，あるいは高齢の被雇用者を労働力のなかで再分類するかという決定には，年齢についての多様な定義および高齢化への妥当な対策に関する多様な規範が関与している．いずれに決定されるかにより，第2キャリア期間にある人びとの職業経路は大幅に異なる展開となる．比較理論では，これらの決定とその影響を，その背景となる認知的，政治的および社会的コンテキストに位置付けて検討しなければならない．たとえば，一部の欧州諸国では，過去

20 年間において，早期退職制度を強化することによって労働力からの完全退出年齢を下げた結果，世代全体の「社会的年齢」が上昇する結果となっている．このような社会では，人びとが早期に「高齢」者となる．というのは，早期に非活動的となり，次のさらに高齢な世代に属する人びとと同様に社会的扶養によって生活しなければならないからである．また，労働市場から退出する時期が迫っている 50 歳代の人びとが「高齢労働者」に分類される．労働年齢と退職年齢の社会的定義については，人口の高齢化プロセスとは別の問題として徐々に認識されるようになっている．

　今回の分析は，雇用および福祉政策と，これらが第 2 キャリアに及ぼす影響の動的関係を比較することからはじめる．このようにして，社会が年齢，労働，福祉の間の関係を構築して調節している多様な方法を特定することが可能となる．また，すべての先進諸国に影響を及ぼしている共通の人口動向に対する各国の多様な対応を把握して分析することも可能である．

　本研究で使用する理論的枠組みは，社会分析の側面，歴史的ネオ・インスティテューショナリズム派，公共政策に対する認知アプローチを総合したものである．前述したように，ライフコースの観点も取り入れている．国際比較は年齢という概念の「脱自然化」ためのひとつの方法であると同時に研究上の戦略でもある．というのは，年齢という概念が社会的構造であり，年齢の組織的コンテキストと社会的コンテキストがこの構造にほぼ完全に由来しているからである．周知のように，「社会分析」として知られている最近の学問の潮流に依拠する学者は，分析対象の社会的コンテキストにとくに注目する．したがって，第 2 キャリア期間は，雇用と福祉の問題における規範的構造，機関，政策の相互依存関係のネットワークに認められる「社会構造」である．

　社会分析を行なう学者が，特定のコンテキストで組織と行為者を「構築する」メカニズムに付与する優先順位は，著者の国際比較戦略に関係している．ある国家においては，この優先順位が，福祉政策と雇用政策における選択を高齢化する勤労者を定義して分類するプロセスに関係付けることを可能にしてい

る.このようにして,公共政策の形態およびこの形態によって作り出された年齢構造を総合的に解釈することができるのである.社会に注目したアプローチを取り入れることにより,組織および組織の仕組みが及ぼす影響とこれらの形態と関連する価値の判断ならびに分類を解明できることはとくに重要である.

2　政策決定組織と年齢文化

著者の比較研究では,国家と組織を重視するネオ・インスティテューショナリズムのアプローチにしたがい,第2キャリア期間に影響力をもつ公共政策の組織形態タイプを構築することを試みた.本比較研究の目標は,これらの形態が多様な政策選択ならびに対照的な労働力参加パターンをもたらした経緯を説明することである.個々の形態には,福祉体制[4](第2キャリア期間中の人びとに対して,経済的不活動であることをカバーして補償すること)と労働市場政策(第2キャリア期間中において,人びとの雇用可能性および雇用状態を労働政策が確実に維持する度合い,あるいは労働力として復帰することを労働政策が確保する度合い)が組み合わされている.

これらの公共政策形態が,第2キャリア期間の勤労者が進む職業経路を形成するのである.これらの公共政策形態は給付やサービスおよび(雇用または福祉における)処遇を提供する一方で,個人を対象に一定範囲の代替案(雇用への統合,賃金と生活保護の組み合わせ,補償を受けて早期退職すること)を定めている.これらの公共政策形態は,高齢勤労者の雇用について労働市場に関わる人すべてが期待していることを実現しているのである.インスティテューショナリズムの観点からみると,これらの形態は,関係する人すべてにとって「行動の回廊」[5]のように機能している.

これらの公共政策形態から多数の規範が発生している.福祉国家は,雇用,訓練,社会扶助等への介入やこれらの調整を通して,年齢に関する規範を作り出している.このような介入により,筆者が「年齢警察」と命名したように,

文字通りの年齢管理が行なわれる結果となっている．これらの「年齢を規制する」ための政策手段とそれを使用する労働市場の「行為者」の相互作用は，国家的コンテキストに特異的である．このような政策手段は，著者が「年齢文化」と命名した形態，すなわち加齢の問題に関する一連の共通の価値観と規範ならびに年齢と関係する資格と義務という形態を徐々にとることになる．年齢文化は，種々の行動カテゴリーおよび行動規則，年齢集団／世代間で公平かつ公正であることについての原則に基づいている．高齢化する勤労者に対する政策は単なる一連の行動規則ではない．このような政策が採択されると，認知領域が影響を受ける．これらの政策はモチベーション，正当化，労働市場の全プレーヤーの行動を形成する基準を作り出すのである．「年齢文化」のこのような意味は，「われわれは公共行動の認知的および規範的性質の両方を認識するようになる．というのは，社会を説明付けることと社会を標準化することは分離できない2つの次元であるからである[6]」としたPierre Mullerの見解と一致している．個々の公共政策形態については，それが推進する年齢文化との関連性から検討することが可能である．

3 第2キャリアに関する4つの公共政策形態

雇用政策と非就労に対する補償政策の2軸を交差させることにより，公共政策の4つの組織形態を特定した[7]．労働市場において高齢化する勤労者を統合するための政策手段によってこの年齢層の機会は増大するが，経済的不活動の「リスク」に対する寛大な補償は，早期退職スキーム等の多様な形態をとることになる．4タイプの組織形態およびこれらの形態が第2キャリアの期間にある人びとに提供しているコースを表11－1にまとめた．表11－1には，これらのタイプを示す国名も記載した．著者の比較研究では，これら4つの理念型を使用して各国を分析した．紙面の都合上，詳細について言及することはできなかった．今回，単純化した類型を提示したが，機械的あるいは確定的にでは

表11—1　第2キャリア期間に影響を及ぼす4つの公共政策形態

雇用政策	経済的不活動に対する福祉給付[a]レベル	
	低	高
高齢勤労者を労働市場に維持するための政策手段はほとんど存在しない	4 「拒絶または維持」 高齢勤労者は，労働市場の状況によって追放されるか維持される． アメリカ合衆国，イギリス	1 「低い評価と解雇」 高齢勤労者は低く評価されて労働市場から追放される． ドイツ，フランス，ベルギー
高齢勤労者を労働市場に統合あるいは再統合するための政策手段が多数存在する	3 「維持」 高齢勤労者が労働市場に維持される． 日本	2 「統合または再統合」 福祉が受給者の求職努力と結合されるため，高齢勤労者は維持されるか，労働市場に引き戻される． スウェーデン，デンマーク

[a]「給付レベル」は，労働市場からの早期退出の規模ばかりでなく給付の量と持続期間を意味している．

なく，動的にこれらの類型を解釈しなければならないことを述べておく必要がある．

　なお，比較対象の各国については，以下の事項を考慮し，過去15−20年間における典型的な公共政策パターンと傾向を示した．

—第2キャリアに影響を及ぼす雇用政策と福祉政策の特別な分類

—この政策分類に関して，労働市場の行為者間に存在する調和，緊張あるいは対立の形態

—この分類に加えられた再調整とこの分類に影響を及ぼす改革[8]

　著者は，今回の国際比較の方法を可能にするため，合理的で多様な先進国サンプルを選択した．フランス，日本，イギリス，スウェーデンのケースについて，さらに深い検討を加えた．というのは，これらの国々のケースが文献で取り上げた4つの福祉社会体制を示しているからである．これらのケースを比較検討することにより，個々の福祉社会体制によって実現されている人口の高齢化への多様な対応を明確に示すことが可能である．他のケースも取り上げたの

は，全体像を鮮明に示すためである．たとえば，アメリカ合衆国のケースは，EU 指令に最近組み込まれた原則である雇用における年齢差別の撤廃に関する法律がもたらす結果を検討するのに有用である．オランダとフィンランドのケースは，両国が早期退職傾向をどのようにして逆転させたのか，また今まで浸透していた「早期退職文化」からどのようにして脱却したのかを検討するために取り上げたのである．

本章では，これら 4 つの公共政策形態の力学，標準的な公共政策構造，年齢文化の間における密接な関係と公共政策形態が高齢化する勤労者を労働市場内で誘導しようとしている経路を見つけ出すことができた．ここで，著者は，個々の公共政策形態がそれぞれの年齢文化を構築するプロセスを簡単に説明する．これらの年齢文化には，高齢労働者と労働年齢に関する社会的定義があり，第 2 キャリア期間にある人びとに非常に幅広い機会を提供している．

(1) 第 1 タイプ：低い評価と解雇

欧州大陸は第 1 の形態を非常によく表わしており，フランスはほぼ完璧な例を示している．このタイプの国は，高齢勤労者の経済的不活動に対する寛大な補償と高齢勤労者を労働市場に統合／再統合するための政策手段の欠乏が組み合わされている．

年齢グループ間における仕事と福祉の分布を正当化するために採用される原則に関しては，この形態では所得保障が優先されている．高齢勤労者に対して雇用の喪失を補償するという理論的根拠により，「早期退職文化」の形成が徐々に誘導されていったのである．これらの国々の勤労者にとっては，雇用の維持よりもむしろ社会的扶助を受ける方がもはや当たり前のこととなってしまったのである．フランスの例は，行為者，政策手段，規範，規則の間における相互作用から「早期退職文化」が形成される経緯を示している．

フランスでは，20 年以上にわたって，企業と社員の両方に非常に魅力的な公共政策が実施され，公共財源でまかなわれる寛大な給付金，すなわち所得税

に直接的に由来する公共財源による給付金(「国家雇用財源(Fonds National de l'Emploi)」から早期退職者に交付される給付金)あるいは社会保障給与税に間接的に由来する公共財源による給付金(たとえば,失業に関わる財源によって補償されている,求職免除の増加は,早期退職の偽装形態である.)が交付されてきた.このようなプログラムは1980年代後期まで広く普及していた.同プログラムは,労働組合,雇用者組織,公共企業の間のコンセンサスによって生み出されたものであった.労働組合,雇用者組織,公共企業の3者は,それぞれの理由から,若年者と高齢者間に仕事を再分配することによって上昇する失業率に対応することで合意した.したがって,退職前の高齢勤労者への仕事の分配は制限された.早期退職スキームには膨大なコストがかかったが,期待されていた若年者のための雇用の創出を実現することはできなかった.

1990年代初期に公共企業が採用した一連の介入は,公共企業の立場がシフトすることを示唆していた.退職前の雇用に関するコンセンサスが長期的に維持された後,議論の焦点が変わった.もはや失業や就職危機の管理が最優先事項ではなくなった.その代わりに,2000年紀初期における人口の高齢化の急速な進行が,年金基金残高の調整に関する問題を深刻化させた.この新しい問題にいち早く気付いたことにより,早期退職者の増加傾向が原因で発生する矛盾に目が向けられるようになった.早期退職者の増加傾向は,福祉制度に対する過大な財政負荷に加え,高齢者の労働力への参加率を向上させる取り組みを阻止し,同時に人口の高齢化予測に基づいて年金基金が増大した.

このような新しいコンテキストにより,公共的な介入は退職前の黄金期に終止符を打った.キャリアを延長して年金制度の財政平衡を再建するための新しい要件を満たすように,早期退職スキームを阻止するための取り組みが導入された.雇用者組織と労働組合が従来のアプローチを強く支持していたため,これらの取り組みが成功することはなかった.雇用者組織の場合,公的な早期退職スキームは労働力の高齢化に対応する好ましい手段であり,高齢労働者と新規形態の労働および生産活動のあいだの不適合に対する最善の改善策であっ

た．労働組合の場合，新たに獲得した「社会的権利」を単に防衛しているだけであった．労働組合は，早期退職を，労働市場で若年者が遭遇していた大量失業や困窮といった問題に対する人道的解決策とみなしていた．

法律専門家の Marie Mercat-Bruns は，1970年代後期にフランスの法律が過剰な給付を却下するように改定された経緯を報告している．この時期において，フランスの法律では，失業者には支援するという原則が変化し，高齢労働者とは雇用における「脆弱者」であって再分類ができない者という概念が定着するようになった．間もなく，年齢は，人を労働から除外する法的要件となったのである．この新しい原則は，高齢労働者に早期退職を提供することによって高齢者を「保護」するという年齢に基づく労働政策に反映されている．このことが「仕事の再分類によって利益を受ける勤労者と他の人びと，とくに再分類への適合が困難と思われる高齢者の間のギャップを拡大した」[9]．高齢勤労者が脆弱で再分類が困難であると判断された場合，福祉給付を受けやすくすることが公正かつ公平であった．労働市場からの早期退出は高齢者に対する法的な解決法となり，直ちに「社会的権利」あるいは資格となることが予想された．このようにして，労働市場の行為者はスパイラルにはまり込み，政策決定が行われたのである．「早期退職文化」はこのような結果であり，失われた賃金に対する補償としての社会扶助に対するアクセスという観点からのみ労働年齢に関する問題が提起されたのである．

これらの法的規範は，多様なテキストやプログラムで定義されて具体化され，労働市場の行為者に行動の枠組みを提供した．労働市場の全行為者にとって，これらの法的規範が一連のモチベーション，正当性，標準基準となった．このことが，勤労者が年齢の上昇と共に低く評価されるプロセス，すなわち若年層にも段階的に浸透していく労働者評価のプロセスの原因となったのである．勤労者が55歳を超えると，再分類に適合しないと判定されて除外された．50歳前半の勤労者は「ほぼ高齢勤労者」に分類され，労働市場におけるポジションが危険にさらされた．このような年齢の上昇に伴う勤労者の評価の低下

は40歳代の人びとにさえ影響を及ぼすようになり，それは各国の企業を対象に実施されたケーススタディで証明されている[10]．企業は，退職間近の従業員の昇進あるいは訓練には消極的である．退職間際の高齢勤労者の場合，完全に除外される前に不安定な雇用期間を経験しなければならない．このような状況は，まさに射出座席にたとえることが可能である．

この第1のタイプの公共政策形態は，雇用における年齢差別を促進するものである．多数の年齢障壁が築かれるにしたがって年齢差別に基づく理論的根拠が直ちに浸透する．このような理論的根拠は年齢を基盤とするプログラムに組み込まれ，各年齢層に対して異なる処遇を提供する企業にインセンティブが与えられる．最高齢の被雇用者には早期退職スキーム，労働力としての若年者には統合あるいは再統合のためのプログラムが提供される．

「早期退職文化」の形成は，第2キャリアを脅かしているスパイラルプロセスの原因となっている．欧州大陸の社会福祉制度下において高齢勤労者に対する社会的扶助の分配を正当化する原理は，高齢勤労者の雇用維持あるいは就職を困難にする結果となった．Esping-Andersenは，このプロセスを欧州大陸の社会福祉制度に特徴的な病理とみなしている[11]．この社会制度では寛大な福祉給付（主として失業に対する受動的補償として与えられる給付）が認められていることから，多様なカテゴリーの高齢勤労者を対象とする求人の削減が注目されるようになった．このような欧州大陸の社会福祉制度の特徴は「就労なしの福祉」という悪循環の原因となり，失業と経済的不活動が増加する一方で求人の対象は主に中年者であった．

(2) 第2タイプ：統合または再統合

第2の公共政策形態はスカンジナビア諸国に特徴的であり，第1タイプとは正反対の「年齢文化」と高齢勤労者像を形成している．長期間にわたり，これらの国々は，積極的な雇用政策を追求すると同時に第2キャリア期間における失業に対して社会的保護プログラムによる寛大な給付を与えてきた[12]．しかしな

がら，積極的な労働市場政策の範囲内で多様な政策手段と社会サービスを提供し，高齢者を労働市場に統合または再統合することをめざした．ルール体系は第1タイプと異なり，高齢勤労者を雇用におけるリハビリテーションおよび再統合のためのプログラムの対象にしている．高齢勤労者の雇用の権利を保護することが目的である．

スカンジナビア諸国の場合，経済的に活発な集団に対して均等な機会を提供するため，(欧州大陸の社会福祉制度下のように)単に給与の代わりに社会扶助を認めているわけではない．この第2の公共政策形態の下では，雇用可能性と仕事への適合性を維持するための複数の予防策ならびに雇用におけるリハビリテーションと再統合のプログラムが，全国民に労働を継続するための手段を提供しているのである．高齢勤労者は，労働市場で危険にさらされることが予想されるが，再分類という選択肢も存在する．

スウェーデンでは，1990年代中期以降，経済活動期間の延長が優先されてきた[13]．改革により労働意欲の修復，福祉の復活，キャリア末期におけるパートタイム雇用の機会の創出が実現した．第1に，早期退職を促進していた福祉プログラムが縮小あるいは停止された．第2に，1999年，就労期間の延長に対してインセンティブを提供する目的で退職制度を抜本的に改革した．勤続年数が長いほど老齢年金が増大した．第3に，高齢勤労者のリハビリテーションをめざして積極的な雇用政策が強化され，労働に費やされる時間の再調整が行われた．就労期間中を通して職業資格を取得した場合にインセンティブが与えられた．さらに，企業は「学習組織」となるように要請された．

この第2のタイプの政策形態では，労働生活の概念と行動を導く原理の両方が活動的な加齢を目標としている．この形態は，第1のタイプに特徴的な「早期退職文化」とは異なり，「あらゆる年齢における雇用の権利を伴う文化」をめざすものである．スカンジナビア諸国では，キャリア後期の労働者の場合，超高齢に至るまで労働力として完全に残るか，あるいは部分的に残るかについて多様な可能性が用意されている．

(3) 第3タイプ：維持

　第3の公共政策形態は日本のケースに対応している．第2のタイプと異なっているのは，高齢勤労者が早期に退職しても補償を受け取る可能性がほとんどないことである．高齢勤労者の労働義務が補償の資格によって相殺されることはない．日本の勤労者は活力のある高齢化以外に選択の余地はなく，個人と社会の両方にとってプラスであると考えられる．しかしながら，社会がこのような労働の義務を要求する場合，社会も高齢勤労者に対して労働力として残るための機会を提供しなければならない．

　日本の公共政策手段は，長期にわたり，超高齢に至るまで高齢勤労者を労働力として維持するための一連の確固たるモチベーションと理由を提供してきた．1960年代以降，国家機関は，高齢勤労者の雇用を維持し，高齢勤労者が長期的に就労できるように年齢に関する問題に介入している[14]．1980年以降の日本における急激な高齢化により，このような傾向が徐々に浸透しているのである．

　企業にインセンティブを提供する助成金のおかげで国家機関は指導的役割を果たしている．1986年に制定された「中高年齢者雇用促進法」では，企業が定年を55歳から60歳に延長することが要請された．45歳以上の社員を維持している企業に助成金が提供される．職業安定所には，とくにシルバー人材センターを通じて高齢労働者の雇用機会を増大するための追加措置が認められている．

　1995年以降，公共政策の対象年齢は60-64歳となっている．これらの政策は，国内労働市場を近代化するために企業が取り組んでいる抜本的な改革を支えている．これらの政策は，企業に対して，高齢の従業員と雇用契約を延長するか，あるいは高齢の従業員を再雇用することを求めている．いずれのケースにおいても，終身雇用に基づく無言の雇用契約は停止されている．高齢の従業員の職務と賃金については，新たに契約が結ばれる．通常，このような契約では責務と賃金が減少し，年齢と共にこれらが増大することはもはやない．公共

プログラムにより，一定額を超える給与の喪失分には補償が与えられる．

日本の場合，高齢労働者は，とくに終身雇用からフレキシブルな雇用へ変換された人としてみなされている．公共雇用政策は，この年齢層に対する労働コストの抑制，企業態度の管理，あるいは最終手段としての公共セクターにおける雇用機会の開放によってこの変換を支持し，かつ調整してきた．

(4) 第4タイプ：拒絶または維持

第4の公共政策形態では，失業リスクに対する補償と労働市場における高齢勤労者を維持するためのプログラムの両方が制限されている．規制が市場動向に強く依存しており，きめ細かな福祉セーフティーネットが整備されていないため，高齢勤労者には「コスト」に関係なく労働市場内に留まる以外の選択肢はない．

Esping-Andersenの福祉国家の類型論[15]では，このような形態は，市場動向にほぼすべてを任せている「リベラル」あるいは「その他」の福祉国家に対応している．結果的に労働市場次第で，高齢勤労者の雇用状況は拒絶あるいは維持のいずれかとなる．このような職業経路は，労働供給および労働需要に直接的に依存している．労働力が削減される不景気の時期には，高齢労働者は過剰となって拒絶される．「落胆」[16]した高齢労働者は労働市場からの退出を余儀なくされる．このような高齢労働者は仕事に復帰する希望のない失業者となる．他方，労働者が不足した場合，高齢者は労働力として再動員され，雇用者は，勤務態度が良い高齢労働者の維持，さらには採用に努めるようになる．このような第4タイプの場合，高齢労働者のイメージおよび高齢労働者の処遇は，市場の必要性に応じて変化する．高齢者の労働力プールから必要時にだけ労働力が供給されるのである[17]．

第4の公共政策形態を示しているのはアメリカ合衆国とイギリスのケースである．この形態には，給付の支給に所得制限を設ける福祉プログラムに基づく補償制度が欠如している．さらに，雇用政策によって提供される手段，すなわ

ち「仕事を保証する福祉政策」（どのような状況であっても労働市場への早期復帰を支援すること）[18]も不足しているのである．

4 活力のある高齢化に関する比較理論のアウトカム

　本研究のために打ち立てた比較仮説が示すように，4タイプの公共政策形態のそれぞれが，雇用政策と福祉政策の特異的組み合わせによって発生する「年齢文化」に対応することが証明された．また，個々の年齢文化には高齢勤労者のイメージがあり，第2キャリア期間には労働市場を介して固有の職業経路が存在している．これらの年齢文化が公共機関，雇用者，労働組合，勤労者の行動の枠組みを形成している．個々の年齢文化には固有のダイナミクスが存在し，特異的な組織規定および上記行為者（公共機関，雇用者，労働組合，勤労者）間における相互作用と関係している．

　ここまでの説明により，どのような理由で人口の高齢化に対して（国家の社会福祉体制によって説明付けられる）多様な政策オプションが導入されるのかを理解することが可能である．政策オプションがどのように社会的現実の意義，価値，構造に影響を及ぼしているのかも明らかになった．公共政策の個々の組織形態は，雇用および福祉と関連する特殊な年齢の定義に対応している．組織形態には，年齢と関連する権利と義務についての固有の定義ならびに公平と公正の固有の原則が存在する．

　第2キャリア期間における雇用に影響を及ぼすプロセスを解釈するためのグリッドに加え，本研究で使用した公共政策に対する認知アプローチも，われわれが現状を理解するのに役立っている．とくに，先進諸国が現在取り組んでいる人口の高齢化と関連する問題の多様な尺度を理解するのに有用である．公共政策形態における多様性とこれに伴って発生する年齢文化について考えると，これらの問題に対する単一の解決策が存在していないことは明らかである．

　2001年にストックホルムで開催された会議では，欧州理事会が，55-64歳

の人びとの就業率について定量目標をはじめて採択した．この目標では，2001年当時の就業率を2010年までに少なくとも50％上昇させることが定められた．OECDが提唱して欧州委員会によって採択されたこの目標就業率は，EUの現行の雇用戦略の重要な一部となっている．この雇用目標の意義は，国家の公共政策形態と年齢文化によって評価が大幅に異なっている．

　若年者や女性ばかりでなく高齢者の就業率も相対的に高いレベルに維持されているスカンジナビア諸国と日本の場合，職業経路を設計し直してすべての年齢層に対して労働を魅力的なものにしなくても，活力のある高齢化という目標を実現することは可能であると思われる．高齢勤労者や女性を対象とする取り組みは継続されなければならない．周知のように，スウェーデンではこのような調整が既に行われている．

　「早期退職文化」が浸透している欧州大陸の場合，労働力として残留するベビーブーム世代の人びとを増やすためには，文字通りの「文化改革」が必要である．数年後には，高齢勤労者の労働市場への参入率が上昇し，これより低い割合とはいえ若年者と女性の参入率も上昇した場合，労働市場の全行為者の行動を大幅に変更する必要が生じるものと思われる．このような取り組みは短期的に実行することは不可能である．中期的あるいは長期的な期間を設定して計画する必要がある．また，就労への適性の低下を防止するための包括的な戦略に基づく計画でなければならない．50歳代の人びとを労働市場に維持するためには，雇用可能性とスキルが維持されていなければならない．さらに，労働条件と製造組織を高齢労働者に適応させなければならない．最後に，この戦略は，職業経路を設計し直して，労働者が習得した経験が維持され，労働力となる世代の急速な交代の期間中に継承されるようにしなければならない．欧州大陸の社会体制を改革するのが最も難しいことはよく知られている．欧州大陸の社会体制は組織ととくに密接な関係にある．[19] 改革を実行するための唯一の方法は，福祉の基盤となっているパラダイムの見直しを行なうことである．これを行わない限り，リスクに対して補償を提供することの受動的根拠となっている

欧州大陸の福祉国家の主要な問題のひとつを克服することはできない．この受動的根拠により，福祉が雇用から分離され，福祉と雇用の対立を招いているのである．

今回の比較分析の結果を使用することにより，われわれがスカンジナビア諸国や日本に認めたのと等しい規模の活力ある高齢化に最終的にたどり着くことができるように，欧州大陸の社会福祉体制の構造改革を実行するための条件を探ることが可能である．オランダとフィンランドは，欧州大陸において，早期退職という悪循環から脱出することが可能であることを証明している．著者は，これら2国を観察して以下の結論を導いた．

早期退職の傾向を逆転させるためには，45歳以上の人びとの資格を維持し，これらの人びとの職場における福祉を向上させるための緻密な政策を継続的に実施することが不可欠である．労働市場における全行為者のメンタリティを変革するための訓練プログラムや教育キャンペーンを実施することが必要である．このことは，被雇用者と雇用者のために新しい展望を開くための唯一の方法であり，公共機関が介入のための新しいパラダイムを創生するための唯一の方法でもある．年齢の多様性を管理することは，年齢差別に基づく管理を改めることである．このようにして，人的資本や人材の流動性に対する投資が優先されるようになる．労働力の高齢化が雇用と社会的一体性を強化するための機会となる場合，このような投資は当然である．

年齢に基づく差別を撤廃するためには文化革命が必要である．われわれは年齢概念に適合する思想がなく，モチベーション，正当化，期待によって行動を推進する認知的枠組みを支える思想も欠如しているため，改革は奏効していないように思われる．既存の組織の変革，年金制度のパラメーターの変更，あるいは早期退職に終止符を打つことを実行しても，メンタリティに深く根付いている「早期退職文化」を改めることは困難である．このような戦略では問題に対処することはできない．こうした取り組みは，未来の問題を過去の方法で解決しようとしているに過ぎない．上記の方法では失望する結果をもたらすだけ

であり，欧州大陸における人口の高齢化に対処するために労働力を動員するという前例のないニーズに対応することは非常に難しい．

現行の組織制度を部分的に調整しても，若年者や高齢者を労働市場に誘導することはできない．50歳以上の人びとを労働市場に維持するためには，雇用の可能性を維持しなければならない．また，この年齢層の人びとが継続的に働くことができ，働きたいと思うように労働条件を変更しなければならない．他方，若年者を労働に誘導して労働市場に維持するためには，新しく魅力的な職業コースが作成される必要がある．

5 年齢に基づく雇用の拒絶／差別を撤廃するために有効な公共政策としての年齢に寛容な文化の構築をめざして

(1) フィンランドからの教訓

フィンランドとオランダだけが「早期退職文化」と決別し，高齢労働者の就業率を有意に上昇させた国家である（表11－2a，表11－2b）．フィンランドでは，年齢の多様性と世代間の継承を管理し，生涯にわたる労働計画を動的に管理するための方針が提案され，これによって年齢に基づく評価が変更された．このような取り組みが，人口の高齢化という大きな問題に対処することができる唯一の方法であると思われる．労働現場における急速な世代交代は，生産と労働を再編し，世代間における協力と補完関係を強化して経験を次の世代に伝えなければならないことを意味している．世代間の連帯は，もはや「ワークシェアリング」としてみなされるべきではない．このような連帯は，職場における協力および世代間における経験の伝承としてみなされなければならない．

フィンランドでは，多数のグループレベルで長期的な協議が行なわれた後，45歳以上の人びとの雇用を推進するための最初の国家プログラム（1998-2002年）が実施された．当時の失業率は9％であり，今日のフランスの失業率に匹敵している．この5ヵ年プログラムの目標は，過去の公共政策で定められてい

表11—2a　EUにおける55-64歳の就業率

1996-2005（％）

	1996	1997	1998	1999	2000	2001	2002	2003	2004	2005
オーストリア	29.1	28.3	28.4	29.7	28.8	28.9	29.1	30.1	28.8	31.8
ベルギー	21.9	22.1	22.9	24.6	26.3	25.1	26.6	28.1	30.0	31.8
デンマーク	49.1	51.7	52.0	54.5	55.7	58.0	57.9	60.2	60.3	59.5
フィンランド	35.4	35.6	36.2	39.0	41.6	45.7	47.8	46.6	50.9	52.7
フランス	29.4	29.0	28.3	28.8	29.9	31.9	34.7	36.8	37.3	37.9
ドイツ	37.9	38.1	37.7	37.8	37.6	37.9	38.9	39.9	41.8	45.4
ギリシャ	41.2	41.0	39.0	39.3	39.0	38.2	39.2	41.3	39.4	41.6
アイルランド	39.7	40.4	41.7	43.7	45.3	46.8	48.0	49	49.5	51.6
イタリア	28.6	27.9	27.7	27.6	27.7	28.0	28.9	30.3	30.5	31.4
ルクセンブルク	32.9	23.9	25.1	26.4	26.7	25.6	28.1	30	30.8	31.7
オランダ	30.5	32.0	33.9	36.4	38.2	39.6	42.3	44.3	45.2	46.1
ポルトガル	47.3	48.5	49.6	50.1	50.7	50.2	51.4	51.6	50.3	50.5
スペイン	33.2	34.1	35.1	35.0	37.0	39.2	39.6	40.7	41.3	43.1
スウェーデン	63.4	62.6	63.0	63.9	64.9	66.7	68.0	68.6	69.1	69.4
イギリス	47.7	48.3	49.0	49.7	50.7	52.2	53.4	55.4	56.2	56.9
EU-15	36.3	36.4	36.6	37.1	37.8	38.8	40.2	41.7	42.5	44.1

出所）Eurostat

表11—2b　EUにおける15-24歳の就業率

2004-2005（％）

	2004	2005		2004	2005
オーストリア		53.1	ルクセンブルク		24.9
ベルギー	27.8	27.5	オランダ	65.9	65.2
デンマーク	62.3	62.3	ポルトガル	37.1	36.1
フィンランド	39.4	40.5	スペイン	34.2	38.3*
フランス	30.4	30.1	スウェーデン	39.2	39.0*
ドイツ	41.9	42.0*	イギリス	55.4	54.0
ギリシャ		25.0	EU-15	40.0	
アイルランド		48.7	EU-25		36.8
イタリア	27.6	25.7			

＊一部抜粋
出所）Eurostat

た原則および優先順位と決別することであった．同プログラムの予防的戦略の中心は，第2キャリア期間を通して働くことができる能力を維持することであった．企業では，このプログラムにより，高齢労働者の求人を増大すると同時に労働力供給の改善も進められた．この総合的な統合プログラムはあらゆる側面（キャリアマネジメント，訓練，健康状態の改善，労働条件の改善，労働の再編）を

考慮して展開された.同プログラムでは40以上の対策が調整され,長寿と流動性によって特徴付けられる社会において「持続可能」な労働を実現させることが目標に設定された.国家プログラムでは,加齢についての考え方を改め,早期退職を重視する従来の偏った考え方を撤廃するため,情報と教育の普及に重点がおかれた.同プログラムでは「経験こそ国家の財産」というスローガンを打ち立て,高齢労働者が企業と国家の両方の競争力を高めるための重要なリソースであることを示すことにより,高齢労働者に対する一般国民の意識を向上させるようにフィンランド当局に求めた.

2003年から2007年までの国家プログラムが策定され,これまでのプログラムの方向性が標準化された.第2のプログラムでは,第2キャリア期間中の高齢者ばかりでなくすべての年齢層の人びとが対象とされた.VETO(フィンランド国家プログラムの略称)が提唱しているのは,訓練,労働,健康管理についての一連の調整された政策であり,これらの政策に年齢が影響を及ぼすことはない.プログラムの目標は,すべての年齢層の人びとが就労を魅力的なものと実感できるようにすることである.

フィンランドは,この新しいプログラムにより,年齢の多様性を総合的に管理できることを証明した.このような取り組みは,高等教育を受け,自立性が高く,流動的な勤労者を必要としている知識を基盤とする社会にはよく適合している.フィンランドは,「人的資本」の開発に重点をおくことにより,社会保障の概念を改革した.賠償とリスクに対する補償の提供に専念する福祉制度の代わりに,人的資本を新たな焦点として位置付けることにより,個人を社会的に保護するための柔軟性と選択性の高い制度(安定した職業計画を確保するための予防策)を構築するための道が開拓されたのである.

(2) 年齢に基づく管理から年齢の多様性に基づく管理への移行

年齢に基づいて労働力を管理することは,その限界に到達したように思われる.時間の柔軟性とライフコースを3分割することを考慮すると,年齢に基づ

く労働力の管理はもはや機能していない．この管理体制では，流動性と柔軟性の社会，すなわち時間という社会組織のなかで改革が発生した社会において，保護と保障に対するニーズを満たすことができないことは明らかである．さらに悪いことには，このような年齢に基づく管理体制が機能不全に至る悪循環の原因となっているのである．このような管理体制は，年齢に基づく障壁やステレオタイプを強化し，雇用における年齢差別を促進しているのである．今こそ，知識を基盤とする社会に適合した年齢管理体制のための新しいツールを発明しなければならない．年齢差別の代わりとなるこれらのツールは，年齢に関して中立的であり，ライフコースの視点に基づくものでなければならない．この新しいアプローチは，就労計画の概念によって決定されなければならない．

　フィンランドの例から，年齢の多様性を管理するための体制を構築する方法が明らかにされた．生涯にわたって就労計画とスキルを前向きに管理することが新しい社会政策における重要な要素である．フィンランドをはじめとするすべてのスカンジナビア諸国では，終身的な訓練がすでに現実のものとなっている．フィンランドの国家プログラムによって大きな成果が成し遂げられ，職業訓練へのアクセスの年齢格差が縮小された．フランスの場合，訓練プログラムによる恩恵を受けているのは主に35歳以下の人びとであり，45歳以上の勤労者にとって，就労期間中に訓練を受ける機会は非常に限定されている（図11－1）．

　ライフコースを管理するために重要なもうひとつの政策手段として，労働条件の変更および職場に対する満足度の向上が挙げられる．この政策手段がフィンランドの国家プログラムの最重要事項であった．このような年齢に中立的な政策はすべての年齢集団に利益をもたらすことが可能である．長寿によって特徴付けられる社会では，このような政策が年齢管理のための基本的なツールである．というのは，就労期間が延長される場合，労働の消耗を抑制しなければならないからである．このようなライフコースに関する新しい政策目標は，人口の高齢化と長寿によって特徴付けられる社会において，人口動向と就労計画

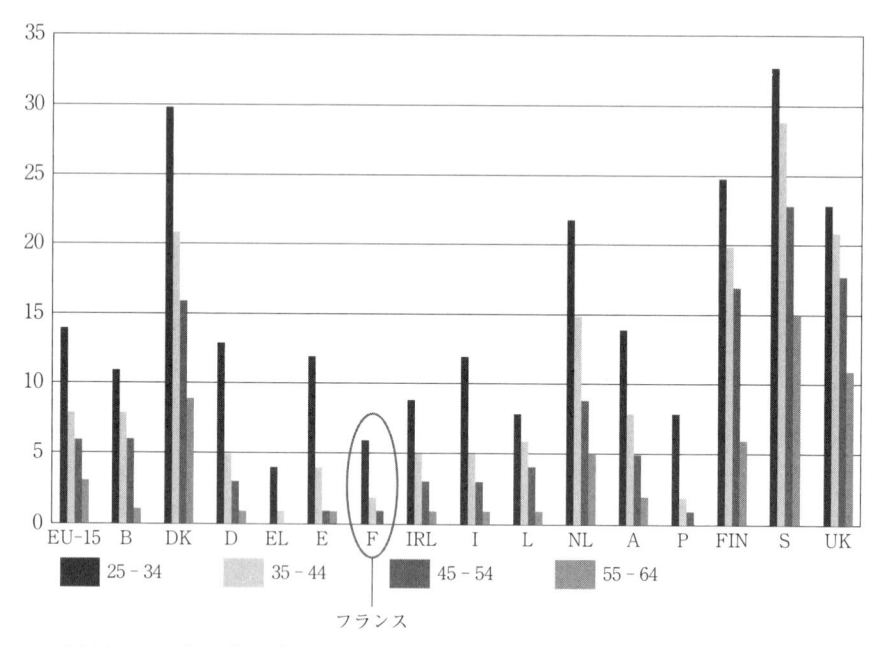

図11—1 雇用期間中に，4週間の職業訓練を受けた年齢集団別比率（％）
出所）Eurostat 1999

をより良くコントロールすることである．政策が求めているのは，ライフコースにわたる就労計画を前向きに管理し，新しい移動経路（垂直方向ではなく水平方向の移動経路）を考案することである．

このようにして，長寿と高齢化という人口学的問題が，伝統的な年齢差別と決別し，知識を基盤とする社会により良く適合する新しい年齢管理体制を創出するための機会を提供したのである．さらに，知識を基盤とする社会では，流動性の高い勤労者に生涯にわたる高度の自立性と教養が要求される．

(3) リスクに基づく社会的保護から就労計画に基づく社会的保護へ

柔軟なライフコースの登場により，生涯全般にわたる新しいリスクが発生し

ている．産業時代において，社会給付の対象となっていたリスクのリストしか持ち合わせていない「従来の福祉国家」には，新しいリスクに対処することはできない．現在の不安定な状態ではなく，個人に対して継続的な就労計画を保証するための社会的保護制度を構築することが目下の急務である．このためには，産業時代のように，雇用保障に対するリスクを「責任の社会化」による補償でカバーして福祉制度を運営することはもはや不可能である．現在，重要であることは，ライフコースを通して反復される移動や移行に対処するために必要な手段を提供することにより，個人の計画を保障することである．

　これらすべてを考慮すると，Supiot (1999) が提唱した「雇用を超える」範囲までカバーするように保障制度を設計し直さなければならない．問題は，もはや予知できる社会的リスクから保護することではなく，人びとに対してその責務と自主性を予測するための具体的手段を提供することである．柔軟なライフコースのためには，福祉と保障の概念を再構築しなければならない．

　将来，保障が社会的保護の中心的なパラダイムとなるはずである．しかしながら，Ewald (1992) によれば，19世紀には責任や罪の概念が一般的であり，20世紀の福祉国家の基盤となっていたのは連帯とリスクに対する補償であった．主要な目標は，重大なリスクに対して補償することや安定した職業を提供することではない．その代わり，個人の流動的かつ不安定なライフコースの進路を確実性の高いものにすることが目標となる．柔軟な人生行路の継続に対して支援を積極的に提供することが目標の実現につながるのである．近年，保障と柔軟性を組み合わせて福祉を再構築することをめざして各種の方法が提案されている．「社会投資 (social investments)」(Esping-Andersen 1996)，「社会引き出し権 (social drawing rights)」(Supiot 1999)，「資産担保福祉 (asset-based welfare)」または「過渡期労働市場 (transitional labor markets)」(Schmid 2002) 等の各種名称でよばれているが，これらすべては，産業時代から受け継がれてきた福祉制度の基盤となっているパラダイムを定義し直して「不安定性に対する最適な管理」を提供することをめざしている[20]．これらの解決策は，部分的な

改革またはビジネスサイクルへの単なる適応を完全に否定するものである。これらすべてが福祉構造自体の問題に取り組もうとしているのである[21]。

　このような観点から，所得補償は各種福祉政策のひとつの機能に過ぎない。今日，福祉国家は，経済的活性と経済的不活性の期間が繰り返される中で，継続性を確保することによって個人の自主性を支援して促進しなければならない。就労能力と「雇用可能性」を維持することが，新しい福祉構造に不可欠な要素である。このことが，Esping-Andersen が提唱した「社会投資」という言葉の本当の意味である。ここで，Esping-Andersen にとっての機会均等の目標は，所得を再分配するための通常の施策とは異なる手段を意味している。これらの新しい手段は，人的資本を開発し，教育と職業訓練に対するアクセスを提供しなければならないし，また貧困者には積極的な手段が提供されなければならない。「社会投資」という言葉で表現された施策は依然として非常に明確に説明されているわけではない。福祉国家における複数の大きな柱（国家，市場，企業，個人，家族）の行動をどのようにして組み合わせて調整するかについては何も具体化されていないのである。

　福祉制度を再構築するための施策案の場合，対象となる新しいリスクの社会化の程度が異なっている[22]。施策案の基盤が広義の概念であればリベラルな社会民主的アプローチとよばれるが，狭義の概念であれば欧州大陸的アプローチとよばれる。欧州における「社会保護の活性化」における2つの明確なタイプを指摘した Barbier（2005）の見解に基づいて，福祉国家の主要な柱が支える重力の機能として，福祉制度を再構築する2通りの方法を挙げることが可能である。資産担保福祉のための施策は家産制的社会国家の原則を守っている。家産制的社会国家では，人びとの適正評価を再度実施して市場に復帰させることをめざし，個人が各種の「資本（金銭，不動産，人的資本〈教育，訓練〉，社会的資本）」を獲得することができるように，市場の川上から予防的に干渉する。この資本は個々の口座に蓄積され，国家によって直接的に補充され，種々の公共（とくに財政的）インセンティブによって間接的に補充される。これらは，個人

が蓄え，企業が社員の口座に送金するのが目的である．このアプローチの提唱者は，個人の独立性，自主性，選択肢が増大し，人びとが自分自身の将来を形作り，各自のキャリアと生活の「経営者」になることが可能である主張する．要約すると，このアプローチは個人に「権限を与える」ためのものである．この施策は，「働くための福祉」という概念に従い，個人に対して重要な役割を課している．この施策は，現在の労働市場に人びとを「再統合」して保障を提供することをめざしている．これとは対照的に，「社会引き出し権」に基づく施策および「過渡期労働市場」とよばれる施策案では，中心的行為者，とくに国家による包括的統制と調整が強調されている．個人では労働市場をどうすることもできないが，労働市場プレーヤーのネットワークと各種プログラムこそが，個人の進路を一層確実なものにする決め手となる．

　資産担保福祉モデルの中心は自由で責任ある個人であるが，移行市場モデルでは積極的に雇用された人びとの「社会的権利」と規則が強調される．これらの規則は，キャリアを形成する多数の活動状態と不活動状態の間で移動を作り出して誘導する．移行市場モデルの中心は，これら2つの状態の間の経路を交渉に基づいて体系的に配列し直すことであり，このことが「移行市場」という名称を説明付けている．移行市場モデルの基本原則は，単に雇用だけではなく，これらの移行に報いることである．この目的のため，労働市場と福祉は継続性と保障を提供するように改革されなければならない．ただし，不連続なキャリアパスは活動と不活動の変動期間の間で前後運動を繰り返している．したがって，失業保険は，一定の所得水準を維持しようとする代わりに，個人の収入獲得の可能性を強化するための「雇用可能性保険」となる．第2の改革は，転職あるいは活動状態の変化を保障するための「移動保険」を創出することである．Supiot (1999) が提案した各種の「社会的引き出し権」がこのような考え方，すなわち職業あるいは就労状態ではなく個人と「権利」を関係付ける新しい手段を考案しようとする取り組みに一致している．これらの権利が過去または現在の雇用状態によってもはや条件付けられることはなく，リスクへの唯

一の対策を示しているわけでもない．このように雇用から分離されると，これらの権利は蓄積されて雇用者から雇用者に移行される「クレジット」を意味するようになる．これらのクレジットを使用する場合の決定は，リスクの発生時に限定されるのではなく，所有者が自由に行なうことが可能である．これらすべての福祉再構築案には柔軟性と保障の確保（flexicurity）という共通の目標がある．すなわち，キャリアパスの不安定性が増大し，もはや直線的ではなくなった人生経路が規則的な移行ポイントを失った世界において，人生経路に継続性を提供することが可能な柔軟性と選択性の高い保障体制を構築することである．しかしながら，われわれが見てきたように，提案された解決策は，柔軟な労働市場と個人的な社会保障をどのように組み合わるかという点で異なっている．

　資産担保福祉の例では，公的資金のおかげで個人がステークホルダーとなるが，個人がその責任で給付を用いて個人保障を増大することになる．ここで危険なのは，個人が自分ひとりでライフプランの選択および作成を行なわなければならないことであり，Osterman（1999）は，「自分のパラシュートは自分で荷物に詰めるという戦略」にたとえている．他方，過渡期労働市場または「社会的引き出し権」と関連する解決策は，個人給付の制度化された財源と使用についての共同責任に基づいている．しかしながら，この場合，労働市場と福祉に関与するすべての行為者で構成されたスーパー組織を介して実行される調整は過度に複雑化していることが判明しており，調整が不十分であれば，それは生涯全体にわたる積極的な保障の提供において亀裂を発生させる可能性がある．

　われわれが見てきたように，福祉の再構築は依然として実験段階にある．このような取り組みによって問題が発生している．提案された解決策が，完全に機能しているわけではない．しかしながら，再構築が進められている福祉国家は治療的というよりも予防的な性質を有している．なぜなら，福祉国家は年齢で区分されたプログラムではなくライフコース政策に基づいているためであ

る．このような観点から，上記の政策が欧州社会の将来的な発展のための重要な課題となる．

　就労計画に対する社会的保護の目標は，雇用者と勤労者の間の新しい譲歩案に基づいている．産業時代に策定された譲歩案では，勤労者は雇用保障の代わりに雇用者に対する服従を受け入れた．新しい譲歩案では，若年勤労者と高齢勤労者の両方が（一層の流動性，自主性，参加が認められると同時に）就労計画の確保について新しい保証を入手することが可能である．この新しい譲歩により，産業時代から続いていた世代間の契約も見直さなければならない．経済的活動と経済的不活動を年齢に基づいて区別することは，柔軟なライフコースにはもはや適合しない．時間を仕事，教育，補償された休暇に分配する方法を見直さなければならない．仕事をする時間と仕事をしない時間の分配については，さらに多くの選択肢を用意すべきであり，補償を伴う経済的不活動の期間は，生涯を通して提供されるべきである．

　上述したすべての施策は，人生における年齢差別の撤廃と年齢の多様性に基づく新しい年齢管理をめざし，活力のある高齢化に向けた総合的かつ予防的戦略を伴っている．また，誰もがやがて退職することになるが，その退職時点には多くの選択肢が用意されているべきであろう．仕事に費やす時間を短縮することができる場合，ライフコースに上手に割り当ててサバティカルや育児休暇等を増やすことが可能である．フィンランドの場合，年齢基準あるいは最低就労期間に関係なく自由に退職を選択することができるようにし，2002年の年金改革で上記の施策が実行された（フランスでは，2003年に同様の改革が実現した）．

　人口の高齢化と長寿の問題が，欧州に深刻な事態を招くとはいえない．新しい連帯が世代間の結合を促進しているため，これらの問題が欧州を寛容性と結合性の高い社会に導いている．一部の専門家が予見した世代間戦争とはまったく違う状況である．ただし，われわれが，年齢の多様性を管理する目的で年齢に中立的なツールを用いた新しいライフコース政策の導入を延期した場合，こ

の戦争が勃発する危険性がある．これらのツールは，柔軟性と多様性を急速に増している就労計画に対して保障を提供する唯一の手段である．

《注》
1) Eurostat は，出生率と寿命が緩徐に増大するというベースラインのシナリオに基づいて推定している．
2) Castel, R., *Les métamorphoses de la question sociale*, Paris: Fayard, 1998.
3) Guillemard, A. M., *L'âge de l'emploi: Les sociétés face à l'épreuve du vieillissement*, Paris: Armand Colin, 2003.
4) ここでは，レジームという語は，G. Esping-Andersen の著作，*The three worlds of welfare capitalism*, Princeton, NJ: Princeton University Press, 1990 で使用されているように，現在では古典的とされる意味を表わしている．G. Esping-Andersen は，それぞれが固有の一貫性の原理を有する3つの定性的に異なる「福祉資本主義世界」を識別した．この点において，著者の研究は，歴史的ネオ・インスティテューショナリストの公共政策に対するアプローチと一致している．社会的アプローチとネオ・インスティテューショナリストのアプローチが，組織の仕組みの重要性を強調すること，国家的コンテキスト，歴史的コンテキストに関して共通点をもつ場合，実際の研究において，これらを組み合わせることが可能である．
5) Mayntz, R. and Scharpf, F. W. "Institutionnalisme centré sur les acteurs," *Politix*, 14-55, 2001, pp.95-123.
6) Muller, P. "L'analyse cognitive des politiques publiques: vers une sociologie politique de l'action publique," *Revue française de science politique, numéro spécial: Les approches cognitives des politiques publiques*, 50-2, 2000, pp.189-207.
7) この類型論で使用されている次元は，Gallie, D. と Paugam, S. が *Welfare regimes and the experience of unemployment*, Oxford: Oxford University Press, 2000 で使用している次元とほぼ等しい．Gallie, D. と Paugam, S. は，「失業福祉社会体制」を以下の3つの次元で定義している．失業補償でカバーされる程度，給付のレベルと持続期間，積極的な公共政策の重要性．最後の次元が，著者の類型論における労働市場への高齢勤労者を統合するための政策に対応する．
8) この3番目の観点は，社会分析の重大な限界のひとつ，すなわち社会分析が明確にする社会的一貫性についての動的な視点の欠如を補う目的で含めた．公共政策パターンの変化および傾向についての著者の分析では，静的アプローチを回避するように努めた．
9) Mercat-Bruns, M., *Vieillissement et droit à la lumière du droit français et du droit américain*, Paris: LGDJ, 2001, p.129.

10) Gautié, J. and Guillemard, A. M., eds., *Gestion des âges et rapports intergénérationnels dans les grandes entreprises: Étude de cas*, Paris: CEE, 2004.
11) Esping-Andersen, G., "Welfare states without work: The impasse of labour shedding and familialism in continental European social policy" in Esping-Andersen, G., ed., *Welfare states in transition: National adaptations in global economies*, London: Sage Public ations, 2001, pp.66-87.
12) Barbier, J. C. and Gautié, J., ed., *Les politiques de l'emploi en Europe et aux États-Unis*, Cahiers du CEE, 37, Paris: Presses Universitaires de France, 1998.
13) Guillemard, A. M., *L'âge de l'emploi : Les sociétés face à l'épreuve du vieillissement*, Paris: Armand Colin, 2003, pp.122-131.
14) Guillemard, A. M., *L'âge de l'emploi : Les sociétés face à l'épreuve du vieillissement*, Paris: Armand Colin, 2003, pp.107-121 et pp.184-196.
15) Esping-Andersen, G., *The three worlds of welfare capitalism*, Princeton, NJ: Princeton University Press, 1990.
16) Laczko, F., "Older workers, unemployment and the discouraged worker effect" in Di Gregorio, S., ed., *Social gerontology: New directions*, London: Croom Helm, 1987, pp.239-251.
17) Phillipson, C. は，以前から著書 *Capitalism and the construction of old age*, 1982 の中で，イギリスにおけるこのような傾向を指摘していた．
18) Barbier, J. C., "Peut-on parler d'activation de la protection sociale en Europe?," *Revue française de sociologie*, 43-2, 2002, pp.307-332.
19) Pierson, P., *The new politics of the welfare state*, Oxford: Oxford University Press, 2001.
20) Ewald, F., "Responsabilité, solidarité, sécurité, La crise de la responsabilité en France à la fin du 20ème siècle," *Risques*, 10, 1992, pp.9-24.
21) Esping-Andersen, G., *Why do we need a new Welfare State?*, Oxford: Oxford University Press, 2002.
22) これら施策案の詳細な考察については，Guillemard, A. M., *L'âge de l'emploi : Les sociétés face à l'épreuve du vieillissement*, Paris, Armand Colin, 2003. を参照．

第12章
日本の高齢者における就労支援

はじめに

　わが国では，定年退職と老齢年金支給の開始はセットで進行し，その時期は永年60歳であったが，今日それらは制度的にもまた社会通念的にも大きく変わってきている．

　まず，老齢年金の変遷過程を概観してみると，1961年に国民年金法が制定され，従前の厚生年金，共済年金と合わせて「国民皆年金制度」が確立された．その後，1985年の年金制度改正により，基礎年金制度が導入され，現在の年金制度の骨格ができた．産業構造が変化し，都市化，核家族化が進行してきた日本では，従来のように家族内の「私的扶養」により老親の生活を支えることは困難となり，社会全体で高齢者を支える「社会的扶養」，すなわち公的年金制度が老後の所得保障のために必要不可欠となったのである．こうした公的年金制度は，60歳定年制を前提し，60歳から支給されるのが通例となっていた．

　しかし，21世紀の日本は，かつて人類が経験したことがない少子高齢，人口減少社会に突入しており，加えて高度経済成長の終焉と世界的不況にみまわれて，公的年金，社会福祉，医療等の社会保障費の維持がきわめて困難になっ

てきている．とくに，戦後ベビーブーム世代が高齢期に突入する2012年（1947年生まれ）−2015年（1950年生まれ）は，毎年100万人ずつ高齢者が増加すると推定されている．一方で将来の社会保障の担い手である年少人口は持続的に減少していく状況にあり，最近の3年間は若干の上昇がみられている合計特殊出生率も，後述するように来年以降再び減少に転じることが予測されている[1]．

このように，高齢人口が加速度的に増加し，現役世代や年少人口が暫時減少していく状況下で，社会保障費の負担と給付のバランスを確保するためには，高齢者，女性，若者，障害者の就業を促進し，制度の担い手を拡大してゆく必要がある．その一環として政府は，公的年金の支給開始年齢を65歳に段階的に引き上げていくと共に，雇用期間も65歳まで段階的に引き上げていく仕組みを制度化しつつある．これによって，高齢者の就業の機会は確保され，高齢者の高い就業意欲に応えつつ，増加する年金給付の抑制や高い年金依存度の緩和が可能となっていくとされている．

しかし，この政策はあくまでも，老齢年金の給付の抑制と現役世代人口の減少を補完するためのものであり，一般的意識としての「就労における年齢制限撤廃（エイジフリー）」の合意の基で提起されているとは言いがたい．さらに今日日本の現役世代の30％は非正規雇用（派遣・定期契約・請負等）という不安定就労であり，かれらは「世界的な大不況」の中で，いとも容易く解雇の対象になっている．こうした現役世代に就業の場を確保するためには，高齢者の定年延長・定年制廃止などあり得ないという見解も多く聞かれる．果たして，「年齢制限廃止」は若者の就労の機会を高齢者が奪うという「若者VS高齢者」の図式に当てはまるのだろうか．あるいは，就労を希望する若い世代と高齢者の就業の場を共に確保することは可能なのであろうか．これらの問題に関して，高齢化社会の実態や高齢者の就業状況・就業形態や勤務形態，賃金・処遇を把握した上での総合的な検討は必ずしも十分行なわれているとはいえない．

本章では，これらの問題について検討しつつ，少子高齢化の急速な進展に対

応し，高齢者がその就労意欲と能力に応じて自立的に職業を選択することができるような「エイジフリー」社会確立のための基礎的資料を得ることを目的とする．

1　日本の高齢化の特徴

わが国において 65 歳以上の高齢者が総人口に占める比率は，1920 年の第 1 回国勢調査以降 1950 年までは 5％以下であった．その後次第に上昇し，1970 年には 7％，1994 年には 14％，2005 年には 20％以上に達している．総人口は 2004 年 12 月をピークに減少に転じており，2009 年現在の人口は 1 億 2,739 万 5,000 人，この中高齢者人口は 2,898 万 7,000 人（高齢化率 22.8％）であり，わが国の現状は，世界に類を見ない急速度に進展した超高齢社会になっている．国立社会保障・人口問題研究所の推計（中位推計）では，第 1 次ベビーブーム世代（「団塊の世代」）が高齢期に入る 2012 年以降の高齢化率はさらに急増し，2015 年 26.9％，2020 年 29.2％，2025 年 30.2％と予測されている．その中でも 75 歳以上の後期高齢者の割合は，2010 年 11.3％程度であるが，2017 年には前期高齢者人口を上回り，2020 年には 15.3％に達する．その後も増加する高齢者数の中で後期高齢者の占める割合は，一層大きなものになることが推定されている[2]．

このように，わが国の高齢化の特徴は，第 1 に 1970 年以降急速に進展していること，第 2 に総人口の減少が持続的に経過するなかで，2010 年前後には高齢化率が世界一の水準に達すること，第 3 に後期高齢者の増加が著しく 2017 年にはその比率が前期高齢者を上回ることである．

人口の推移を年齢区分で概観すると，1960 年における高齢人口と生産年齢人口の比率は 1 対 11.2 であり，日本の高齢化率が 7％に達した 1970 年では 1 対 9.8（即ち生産年齢人口約 10 人に対して高齢者人口 1 人の割合）であった．しかし，その後の高齢化の急速な進展に伴い高齢化率が 14％に達した 1994 年には

その比率は，概ね1対5に変化した．

図12−1により，その後の推移を見てみると，2005年にはその比率が1対3.3になっている（高齢人口20.2％対生産年齢人口66.1％）．2007年からは団塊の世代が60歳に到達するために定年世代が大幅に増加し，以降生産年齢人口の割合が低下の一途をたどる．そのために高齢人口1人に対する生産年齢人口の比率はさらに加速度的に減少し，2015年には1：2.3，2025年には1：2.0，2035年には1：1.7，2055年には1：1.3に至ると推定されている．

一方で，年少人口（0−14歳）は減少し続け，1975年には総人口比28.5％であったが，2005年には総人口比13.8％，2015年には11.8％，2025年には10.0％，2035年には9.5％，そして2055年には8.4％まで低下すると推定されている（図12−1）．

年少人口の低下の要因は高齢化が急速に進展する一方で出産児数が継続的に減少していることにある．出生児数の推移を「合計特殊出生率」によって概観してみると，高齢化社会になった1975年の頃までの合計特殊出生率は人口対置水準（2.08）を維持していたが，その後徐々に低下し，2000年には1.36，2005年には過去最低の水準である1.26になった．その後，政府や地方自治体の少子化対策・子育て支援策の影響もあり合計特殊出生率は3年連続で増加し，2008年現在で1.37になっている．しかし，2009年は世界的な景気悪化に見まわれており，各家庭でとくに第2−3子の出産を手控える傾向が生じ，合計特殊出生率は再び低下することが予測されている．今日の民主党政権は「子ども手当」の創設等新たな少子化対策を提示しているが，長期的にみた場合には出生数の大幅な改善は望めないと推測されている[3]．

2008年度の日本人の平均寿命は，男性が79.29歳，女性が86.05歳で過去最高を更新している（2009年7月，厚生労働省公表）．この日本人の平均寿命は，世界各国の平均寿命上位国のなかで男性は4位であり，女性は24年連続で1位を記録している（表12−1）．

このように，21世紀の日本は，かって人類が経験したことがない極端な人

図12—1 年齢3区分別 将来人口推計

棒グラフ外数値：総人口
棒グラフ内数値：総人口比（％）

凡例：年少人口　生産年齢人口　高齢人口
出生中位（死亡中位）推計

年	総人口（万人）	年少人口(%)	生産年齢人口(%)	高齢人口(%)
2005年	12729	13.6	66.1	20.2
2010年	12718	13.0	63.9	23.1
2015年	12543	11.8	61.3	26.9
2025年	11927	10.0	59.5	30.5
2035年	11068	9.5	56.8	33.7
2045年	10044	9.0	52.8	38.2
2055年	8993	8.4	51.1	40.5

出所）『高齢社会白書』（2008年版）を基に修正・加筆

表12—1 平均寿命の上位5ヵ国・地域

男　　性		女　　性	
① アイスランド	79.6歳	① 日本	86.1歳
② スイス	79.4歳	② 香港	85.5歳
③ 香港	79.4歳	③ フランス	84.3歳
④ 日本	79.3歳	④ スイス	84.2歳
⑤ スウェーデン	79.1歳	⑤ イタリア	84.0歳

出所）厚生労働省（2009）

口構成の歪み，少子高齢，人口減少の時代に突入しているのである．

2　高齢者就労支援政策の特徴

　高齢者の就業・雇用政策に関しては，今日までさまざまな改定が実施されているが，それは公的年金制度と連動している．そこで，まず公的年金に関する

制度・政策の変遷過程を概観してみることにする．

(1) 公的年金制度

日本の公的年金は，基本的には社会保険制度に基づき積み立て方式（現役時代に払い込んだ保険料を積み立てておく）と賦課方式（働く現役世代が払い込んだ保険料を，現在の高齢者に支給する）を併用して運営している．戦後の公的年金は，まず1950年-60年代前半に，公務員や私立学校教職員を対象とした「共済年金」と民間勤労者を対象とした「厚生年金」の法制度が確立した．次いで，1959年に自営業者や無業者を対象とした「国民年金」法が成立し，これら3つの体系を持って「国民皆年金制度」が完成したとされている．これらの公的年金は，縦割りで職域ごとに異なるシステムで運用されたが，いずれの年金保険にも老齢年金，遺族年金，障害年金が含まれている．

こうして出発した公的年金は，1960年代から1970年代中盤までの日本経済の高度成長期には給付水準の引き上げが続いていた．しかし，1970年代後半の高度成長終焉期には，財政状態の悪化，高齢化社会の到来，制度分立に伴う不合理（給付格差，保険料格差），女性の年金保障の不安定性といった問題が浮上し，公的年金制度の改革が始まる．

今日まで行なわれてきた改革を概観する下記の通りである．

1985年改革
- 国民年金を共済年金や厚生年金対象者にも拡大して，基礎年金とする．
- 厚生年金と共済年金に関しては，報酬比例部分を基礎年金に上乗せし「2階建てとする（多くの大企業は独自の「企業年金」を，共済は職域年金を上乗せして「3階建て」としている）．
- 女性の年金権の確立（厚生・共済年金は世帯単位の加入であり，妻が離婚した場合無年金になる．これに対して，妻に個人年金が給費されることになった）．

1989 年改革
- 学生への強制適用（1991 年から 20 歳以上の学生は，従来の任意加入から強制加入へ変更する）
- 国民年金に自営業者のための「国民年金基金」を新設．

1994 年改革：バブル経済の崩壊，少子高齢化の急速な進展の結果，将来の保険給付の増額が避けられない状況のなかでの改革．
- 厚生年金の支給開始年齢の引き上げ（将来，段階的に 65 歳まで引き上げる事を決定）
- 在職老齢年金（在職高齢者雇用促進のために年金を減額支給）
- 特別保険料の徴収（期末手当・ボーナスからも保険料を徴収）その他

2000 年改革
- 年金水準の見直し（厚生年金の比例報酬部分の年金額の減額，年金額の基準を賃金スライド制から物価スライド制へ変更）
- 厚生年金に報酬比例部分の支給開始年齢の変更（段階的に 65 歳に引き上げ）
- 保険料率の凍結（国民年金と厚生年金の保険料率の据え置き．国庫負担増額）

2004 年改革
- 基礎年金の国庫負担引き上げ（2004 年－2009 年まで 3 分の 1 から 2 分の 1 へ）
- マクロ経済スライド方式導入（保険料を 2004 年－2017 年まで，毎年引き上げ 2017 年度に 18.3％で固定．年金額は逆物価スライド制にする）

　現在の公的年金制度は，上記のプロセスを経て国民年金（基礎年金）を共通基盤とし，厚生年金・共済年金を上乗せし（2 階部分），さらに厚生年金基金を 3 階部分とする制度として確立された（図 12 − 2）．しかし，一方で，年金の支給開始年齢は 2013 年からは 65 歳に引き上げられることになった．次いで報酬比例部分の給付開始年齢も 2013 年から 2025 年にかけて段階的に 60 歳から 65 歳に引き上げられる．

　公的年金は大部分の高齢者世帯にとって重要な収入源であるが，実際の年金受給額はどの程度なのであろうか．受給額は勤続年数や収入によって大きく異

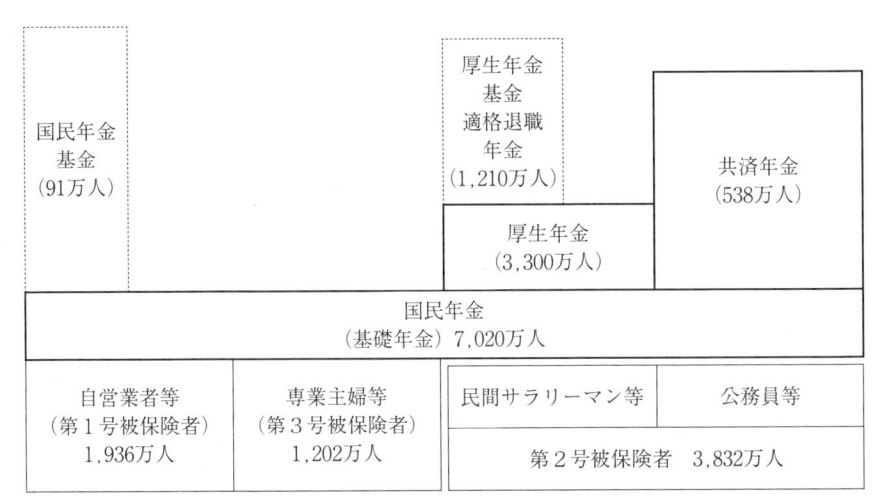

図12―2 日本における現在の年金制度

国民年金基金 (91万人)		厚生年金基金 適格退職年金 (1,210万人)	共済年金 (538万人)
		厚生年金 (3,300万人)	
国民年金 (基礎年金) 7,020万人			
自営業者等 (第1号被保険者) 1,936万人	専業主婦等 (第3号被保険者) 1,202万人	民間サラリーマン等	公務員等
		第2号被保険者　3,832万人	

出所)『高齢社会白書』(2008年版)

なるが，受給者が最も多い「厚生年金に20年以上加入していた人」の場合の平均受給額は，月16万5000円（基礎年金を含む）であり，定年前の給料の3分の1程度の収入となる．男女別にみると，男性が月平均19万円であるのに対して女性はその60％にも満たない11万円である．女性は，出産や子育てで継続的勤務が困難であったばかりか，男女の賃金格差の影響を受けている者が多いことが原因である[4]．

(2) 高齢者の雇用政策の変遷過程と現状

日本においては，公的年金の本格支給が65歳となることが決定されていることから，65歳までの雇用の確保が必至になってきている．そこで次に65歳までの雇用継続を可能にする施策がどのように進められているかをみてみることにする．

雇用政策面では，日本の高齢化率が7％に到達した1970年代初頭から高齢者の雇用に関する政策の必要性が述べられるようになり，その後次に記すよう

に何回か施策が改定された．

① 1971年に「中高年齢者等の雇用の促進に関する特別措置法」が制定され，1986年に同法は「中高年齢者等の雇用の安定等に関する法律」（通称 "高年齢者雇用安定法"）と改称され施行されるようになった．この法律では，高年齢者の安定した雇用の確保，再就職の促進，とくに40歳代以上の応募や採用の差別を原則的に禁止して，雇用機会の平等化を促すことが示された．しかし，この法律でいう「高年齢者等」とは「55歳以上」または「45歳以上55歳未満」の求職者および「45歳以上65歳未満の失業者等」を言い，定年退職後の一般高齢者を対象とするものではなかった．また，企業は「正当な理由」を示すことで年齢制限をすることができるとされていた．

② これに対して，1994年の高年齢者雇用安定法の改正では，60歳を下回る定年制が禁止され（1998年から施行），2004年の改正高年齢者雇用安定法では，事業主は65歳まで勤労者の雇用を延長することが義務付けられ，2006年4月から施行されることになった．その際の雇用の延長方法は，a．定年年齢の65歳までの引き上げ，b．継続の雇用，c．定年制の廃止の3種類から各企業・事業所が選択することになった．こうした雇用の延長を円滑に進めるために，国は中小企業者へ一定の補助金を従業員数に応じて支給することを決定している．この，補助金を受給するためには，希望者全員を65歳以上まで継続雇用する制度を定めることが必要となっている．

以上で明らかなように，公的年金の支給開始年齢が段階的に引き上げられていくのに対応して，段階的な雇用延長年齢の引き上げも実施されていくが，その関係を整理すると表12－2に示す通りである．

表12—2 段階的な雇用延長の引き上げと公的年金の開始年齢引き上げ

時期[1]	雇用延長年齢	年金支給開始年齢	
		基礎年金部分	報酬比例部分[2]
2001年 – 2006年	62歳	62歳	61歳
2007年 – 2009年	63歳	63歳	61歳
2010年 – 2012年	64歳	64歳	61歳
2013年 – 2015年	65歳	65歳	61歳
2016年 – 2018年	65歳	65歳	62歳
2019年 – 2021年	65歳	65歳	63歳
2022年 – 2024年	65歳	65歳	64歳
2025年以降	65歳	65歳	65歳

注1) 雇用延長年齢の時期は「年度」,年金開始年齢は「年」時の年齢.
　2) 報酬比例部分とは,厚生年金または共済年金の部分を言う

3　高齢者の就業実態

　上記の法制度によって,意欲と能力がある高齢者が働き続けることができる環境は徐々に整備されてきたことになっているが,現実はどのような就業実態なのであろうか.

(1)　一般の実態

　総務省統計局の「労働力調査報告」により,1970年 – 2006年の「60歳代の男女別・労働力率の推移」を見ていると高齢者の就業状況は大きく改善されたとは言い難い.男性の場合60 – 64歳の労働力率は,1970年代において80％以上を示していたが,1990年前後で70％程度まで減少した.その後若干増加に転じたが2000年以降漸減し,2006年では再び70％程度に低下している.65 – 69歳では1970年代に70％近くに達していた労働力率は2000年以降50％以下にまで低下している.女性の場合は60 – 64歳の労働力率は1970年前後一貫してほぼ40％程度を維持しているが,65 – 69歳の労働力率は1990年代以降低下し2006年では25％程度になっている.2004年 – 2006年では,高齢者の就業促進政策の実施にともなって男女の各年齢層の就業率には若干の改善が見られ

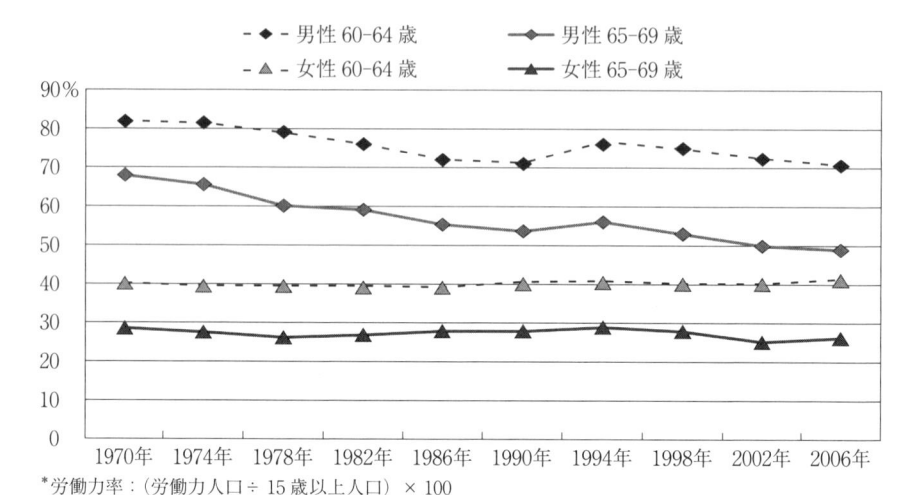

図12―3　60-69歳の男女別・労働力率*の推移
*労働力率：(労働力人口÷15歳以上人口)×100
出所）総務省統計局「労働力調査報告」(1970-2007年度版)より著者作成.

るものの，労働供給は必ずしも増加しているとはいえない状況である[5]（図12―3）．

　さらに，2008年度高齢社会白書によれば，高齢者の就業実態は男性の場合60-64歳で68.8％，65-69歳で49.5％となっており，就業していない者の中でも60-64歳の50％以上，65-69歳の40％以上が就労を希望している．女性の就業状況は，60-64歳で42.3％，65-69歳で28.5％であり，就業していない者の中でも60-64歳の30％以上，65-69歳の20％以上が就業を希望している（図12―4）．

　就業を希望している者は「働きたいが適当な仕事が見つからない」と述べており，今日の経済的不況のなかで，ますますその傾向は強まっている．就業の目的としては，「収入を必要とする」が最も多いが，他に経験・知識などを生かした生きがい的なもの，ボランティアや社会参加，健康維持などさまざまであるが，これらの目的に適した就業の場は必ずしも確保されてはいない[6]．

　一方，高年齢者の雇用形態に注目してみると，男性の場合55-59歳では

■ 就業者　□ 就業希望者　■ 就業希非望者

男性
- 65-69歳：（就業）49.5　21.0　（非就業）29.5
- 60-64歳：68.8　16.1　15.1
- 55-59歳：90.0　7.7　2.3

女性
- 65-69歳：（就業）28.5　18.3　（非就業）53.2
- 60-64歳：42.3　19.7　38
- 55-59歳：62.2　14.1　23.7

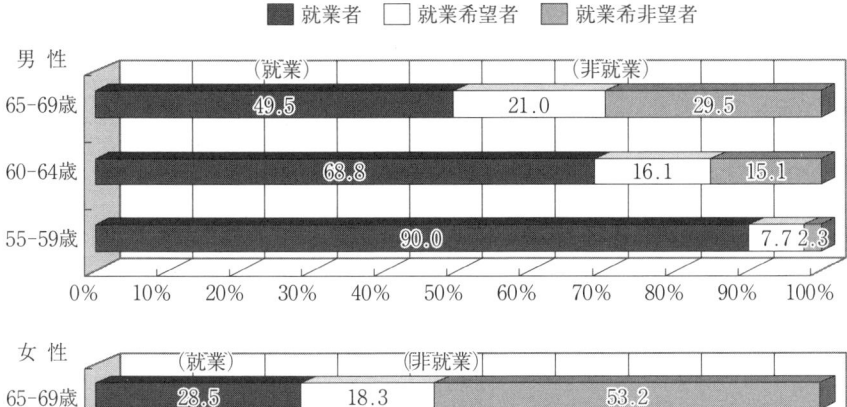

図12—4　高年齢者の就業実態

出所）厚生労働省『高齢社会白書』(2008年版)，「高齢者就労実態調査」(2004) より著者作成

74.3％が正規職員・従業員として就業しており，会社役員や自営業者を加えるとその率は90％以上であった．しかし60-64歳での正規雇用者率は37.3％，65-69歳では15.7％に低下する．即ち，定年前は大部分の男性は正規雇用であったのに対して，定年後はその率が激減している．女性の場合は55-59歳で約40％が正規の職員・従業員であるが，60-64歳では25.7％，65-69歳では22.5％になり，男性同様年齢が高まるとともにその率は低下している（図12—5）．

図12—5　高年齢者の雇用形態

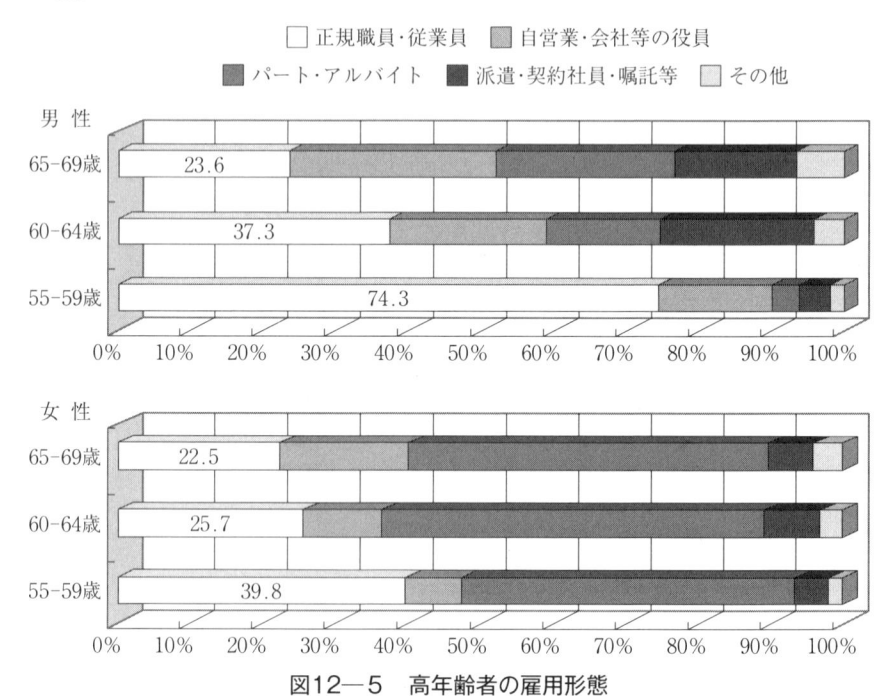

出所）厚生労働省『高齢社会白書』(2008年版) より

(2) 国家公務員の実態

　人事院職員福祉局は，2006年度に60歳で定年退職した一般職国家公務員（3,400人余）を対象に「退職公務員生活状況調査」[7]を行なっている．調査の目的は国家公務員の定年退職後における再任用*および民間企業等への就業の状況ならびに生活状況を把握し，その後の高齢者雇用，退職管理，年金制度等の在り方を検討する際の基礎資料を得ることとしている（2－3年ごとに実施しており，前回調査は2004年度に実施された）．

　＊再任用：定年退職後再び公務員として任用する（雇用期間は1年更新）．

　調査結果の概要は，つぎの通りであった．

　① 定年退職後仕事に就いている者の割合は，男性が約65％（前回調査約60

%),女性が48%(同38%)であり,定年退職者全体に占める再任用者の割合は約21%(同17%)であった.
② 働きたいと思った理由は「生活費が必要」が最も多く,男性の75%(前回調査82%),女性の64%(同73%)に達していた.
③ 全体の約7割が65歳以上まで働きたいと回答し,前回調査の約6割より増えていた.
④ これからの生活についての不安の内容は,「自分の健康」が男性67.2%(前回調査71.0%),女性76.7%(同78.3%)で最も多かったが,「日常の生活費等の家計」を挙げる者の割合も男性58.9%(同64.3%),女性51.3%(同53.4%)と高かった.(複数回答)
⑤ 今後の高齢者雇用制度に関しては「定年制の引き上げが適切」と回答する者が56.2%で最も多かった.

以上のことから,比較的年金制度が安定している国家公務員ですら,定年後も"生活費の必要上"仕事を継続したいと思っていることが明らかにされた.

(3) 東京都職員の実態

東京都知事部局では,定年退職後の継続雇用制度としては,従来再任用と再雇用があったが,2010年度からは再雇用をなくし再任用に一本化する方針である.その主たる理由は,2007年度から本格化した「団塊の世代」の大量退職によるマンパワー不足にある.今後の雇用情勢を考慮すると新規採用の大幅拡大は困難であるが,再雇用では常勤職員と同等の職務を担うことが不可能なためである(東京都では「再任用」職員は,常勤職員と同等の職務を担い,「再雇用」職員は常勤職員の補助的業務を行うと位置づけられている).

知事部局等での2008年度の退職者は1,014名であるが,再任用申込者は794名(申し込み率78.3%),そのうち採用決定者は732名(採用率92.2%)となっている.任期は1年で65歳まで更新可能である.職務内容は定年前と同様に本格的な業務に従事するが,退職時に任用されていた職に係わらず再任用時

には「係長級以下」の職になる。勤務形態は，常勤者と同じ「フルタイム」（週5日，40時間勤務）と「短時間」（週4日，32時間勤務）があるが，特別に必要でない限り短期間勤務となる。再任用時の給料は，退職前の業種別等級によって異なるが，行政職（一）5等級（一般事務職）で退職時の給料が月46万2,800円程度の場合，月31万7,100円（税込み）である。しかし，短時間勤務者の給料月額はその8割（税込み：25万3680円）と定められている。休暇や支給する手当て（通勤手当等）は退職前に準ずるが，期末・勤勉手当は年間2.35ヵ月と定められている。[8-9]

(4) 企業の高齢者雇用に関する意識

　厚生労働省が2004年に全国の民間企業を対象に定年制に関する調査を行なったところ[10]，定年制を定めている企業は多く91.5％に達しており，その中でも60歳定年制が90％程度であった。またこれら定年制を定めている企業において，勤務延長制度および再雇用制度を設けている企業の割合は73.8％となっていた。

　一方，「雇用における年齢差別研究会」が2006年に全国の官公庁・企業・団体を対象に「定年制の廃止の是非」について調査したところ[11]80％近くが「廃止すべきではない」と回答している。また，定年年齢については，90％近くが「60歳」と回答していた。この調査は，「改正高年齢者雇用安定法」施行後実施されているにも係わらず，企業団体等の意識は「エイジフリー」という概念からは程遠いところに位置していた。

　以上で明らかなように，民間企業の社員であれ，公務員であれ，定年後60〜65歳まで仕事を継続している人の割合は70％程度にまで達しており，65歳以上まで働きたいと思っている人も70％程度に上っていた。しかし，一方で，企業・団体，官公庁の側は，今後とも60歳までの定年制を維持することを是としており，「雇用者と被雇用者」間には大きな意識のギャップがあることが示唆された。また，2007年に政府は「70歳まで働ける企業推進プロジェクト

チーム」を設けているが，65歳定年制にすら大きな抵抗が示されている現状では，「70歳までの雇用」には反発はあっても賛同を得られる状況ではないのである．

4　インタビュー

(1)　公的機関における退職職員の場合

　A氏：現在63歳，女性．在職中は東京都立介護老人福祉施設職員，職種保育士，在職40年．

　東京都の場合，今日まで60歳定年退職後の再任用と再雇用期間は本人の生年度ごとに異なる移行措置がとられている（A氏の場合は，再任用期間3年，再雇用期間2年とされていた）．しかし，2010年度からは再雇用制度はなくなり，満65歳に達する年の年度末までの再任用に1本化されることになった．A氏の勤務日数は週4日の「短時間」であるが，施設の直接処遇職員として常勤者と同じ業務を行っている（したがってルーティーンで日勤も夜勤も行っている）．給料は退職年度の年収が約843万円であったのに対して現在は年収360万円程度であるが，年金が一部支給されている．再任用で3年目を迎えるが，施設利用者の「個別支援会議」や職員会議等にも出席し常勤と同じ責任をもつことができるので，とくに仕事上のやりにくさを感じてはいない．週4日勤務になったので，自分の好きな余暇活動やボランティアに打ち込めている．A氏と同期の退職者の大部分は，再任用制度を利用して就業している．

　今後の課題について，A氏は，次のように述べている．

　65歳以降も仕事を継続したいと考えているが，その道が閉ざされている．個人差はあるが現在65歳でも心身ともに健康な人は多く，その知識と技術を社会は有効に活用すべきである．65歳後の就労に関して多様な選択肢があってよいのではないかと思う．また，年金取得額が比較的多い自分でさえ年金だけで生活していくためには，相当生活を切り詰めなくてはならない．家族や親

族に対する不意の出費に対応する余裕はまったくないので，貯金を取り崩して生活して行かなければならず，将来のことを考えると不安が多い．

(2) 民間機関における退職社員の場合

A．K氏：現在62歳，男性．現職中は大手自動車メーカーN社の工場長，在職44年．

N社の場合，定年は60歳．ただし60歳を越えても勤務することもありうる．その場合は，本人の希望のみではなく，会社が必要とする人材だと判断した場合に限られる．条件が揃ったとき1年ごとの契約更新で最長65歳まで延長可能である．K氏の場合は，1年間工場長勤務を延長．61歳の時，上司の紹介で系列子会社に1年毎の契約社員として再就職した．しかし，2009年3月，自動車業界全体の不況で再契約がされず「派遣切り」で解雇されたが1ヵ月後に，やはり上司の紹介で別の系列子会社に就職した．賃金は時給制で6ヵ月ごとに契約を更新する．勤務日数は最大でも常勤者の4分の3日以内に限られている．こういった形態であれば最長65歳まで契約を更新することが可能となっているが，再契約が成立しなければ，その時点で打ち切られる．

年金に関しては，勤続年数が44年なので，「長期加入特約」に該当し現在でも満額支給されている（本来ならば，満額支給は64歳から）．そこで，この年金が減額されない範囲で勤務日数を調節して勤務しているので，給料は定年退職前の5分の1にも満たない．給料は微々たるものであるが，退職前のキャリアを生かして仕事ができるので，やりがいを感じている．この会社の社員は，工場長時代から顔見知りであり，皆気を使ってくれており，働き難さや年齢による差別を感じることはない．しかし，会社としての重要な会議に出席することはなく，あくまでも「一戦力」として扱われていることは痛感させられている．

K氏は在職中管理職でもあり上司にめぐまれていたので，定年退職後も再就職できたが，こういう例はあまり多くない（推定，全退職者の10％以下）．他の

退職者たちをみてみると、大部分の者は退職後も再就職しているが、個人的に苦労して再就職先を探している。職種は限られており、マンションや駐車場の管理人、幼稚園等のマイクロバスの運転手などが多く、現職時代の専門性を生かした職場に再就職している者はほとんどいない。

N社の場合、本社は実質的に60歳定年制を維持しているが、系列子会社はむしろ65歳まで定年を延長しているところが多い。

B．J氏：現在64歳、女性。在職中はM印刷会社のF支店に正規の事務職として30年間勤務。

F支店は、従業員が100程度いるが、正社員は20名程度で他はアルバイトや派遣社員である。その中でJ氏は長年勤務してきたベテラン事務員として重要な役割を担ってきた。60歳定年後も再雇用され退職前とまったく同じ仕事と役割をもっていた。しかし、給料は日給月給制に切り替えられ、定年前の3分の1以下になった。再雇用として3年間余り勤務した昨年、不眠から体調を崩し様々な心身の症状が生じたので、病院に行ったところ症状は軽いが「うつ病」と診断され、1ヵ月の自宅療養を進められた。会社にその旨連絡したところ、「再雇用者には病欠は認められない。ただちに替わりの事務員を採用しなければならないので退職してほしい」と言われた。J氏は自分は永年会社のために尽くしてきており、会社にとってなくてはならない存在だと自負していたので、こうした扱いに大変ショックを受けた。うつ状態はさらに悪化し、役割喪失感や無力感に襲われ、立ち直るのに1年以上を費やしたという。

おわりに：課題・提言

第11章でGuillmardは世界各国における高齢者の雇用政策と公共福祉政策の関係を、次の4つに類型化している。

タイプ1：公共福祉給付レベルは高い水準であるが高齢者雇用は低い水準

（低い評価と解雇）（フランスを中心とした欧州諸国）

タイプ2：公共福祉給付レベルは高い水準で，高齢者雇用も高い水準（統合または再統合）（スカンジナビア諸国）

タイプ3：公共福祉給付水準は低い水準で，高齢者雇用は維持（日本）

タイプ4：公共福祉給付レベルが低く，かつ高齢者雇用は低い水準（拒絶または維持）（イギリス，アメリカ）

このなかでGuillmardは，日本に関して老齢年金等の公共福祉給付が不十分なので，勤労者は「活力ある高齢化以外に選択の余地がなく，それが社会と個人にとってプラスであると考えられている」と述べている[12]．このことは，日本の高齢者就労と社会保障の問題にたいする非常に的確な指摘といえよう．

今日の日本では，戦後ベビーブーム世代（団塊の世代）が高齢期を向えるのを目前にして，「70歳まで就労できる社会」，「世代を通じた仕事と生活の調和（ワーク・ライフ・バランス）」等をめざすとする政策提言がなされ，高年齢者の労働市場への参入が提唱されるようになった．その前提として「公的年金の65歳への段階的な引き上げ」と「65歳までの雇用延長」が制度化された．先行研究においても現役世代と高齢者の負担と給付のバランスを確保するための最も重要な対策は，就労意欲と心身の健康を保っている高齢者の就業を促進することであることが指摘されている[13]．

しかし，企業や団体の雇用における年齢差別はいちじるしく，それが社会的一般的な意識にも反映し，高年齢者の就労の機会は十分保障されておらず，就労している高年齢者もその能力を十分発揮して仕事ができ，それに見合った賃金が保障されているとは言いがたい．日本においても，フランスやドイツ等に存在する"実質的な雇用における年齢差別（たとえ，EUの「年齢差別禁止法制」が成立しているとしても）"はきわめて根強く，スカンジナビア諸国のような「年齢制限なく就職する権利という文化」[14]の形成には程遠い実態である．雇用されている高年齢者は，高齢であるがゆえの不当な賃金の格差，組織内での合意形成の場からの排除，組織にとって都合のよい働き方の強制がなされている

といっても過言ではない．高年齢者は「高齢になっても働かしてもらっている」という意識を持たざるを得ず，遠慮がちに且つ不満や要求は表明せず働かざるを得ないのである．

一方で，今日の日本は少子高齢・人口減少社会に中で100年に1度といわれる経済不況の真只中にある．厚生労働省の発表によれば，2009年7月現在，自動車産業等を中心とした非正規雇用（派遣，パート，請負）の労働者の23万人が解雇され，完全失業率は5.4％，有効求人倍率は0.43にまで悪化しているという．こうしたなかで，高齢者雇用の促進は若者の就業の機会をさらに奪うことになるという見解が研究者の中にも根強く存在している．

以上のことから，高齢者雇用政策に関して法制度と現状のねじれ現象が生じているといえよう．

今日の日本において，高齢者の雇用問題を考えるとき，すべての就業者が自分の雇用を守るという観点からワーク・シェアリングの必要性に気づき，さらに発展させて"ワーク・ライフ・バランス"の大切さに気づくことが重要であろう．「日本社会が理想とするのが"男女共同参画社会が横軸で老若共同参画社会が縦軸"であるならば，人はそのなかで"成長を縦軸にトレンドを横軸"に据えて樹木が年輪を重ねて成長し続けるように，年齢に関係なく生涯現役として成長を続ける責任がある」[15]と言えよう．

こうした視点に立って高齢者就業支援のための提言を，①から④に要約して記述する．

① 定年制を廃止するシステムの確立：高齢者の高い就業意識に対応し，意欲と能力のある人が，生涯現役という選択肢がもてるように定年制そのものを廃止するシステムを確立する．ライフワークの中でいつまでどのように仕事を継続するのかの決定権は本人自身にあり，それこそが自立支援の基本である．

② すべての年齢層の働き方を見直す：高齢者のみならず若年層も含めた「雇用におけるエイジフリー」のシステムを確立する．同時にすべての職

種にサバテカル制度やワーク・シェアリング，育児休職制度を取り入れ，現役世代が余裕を持った働き方（働く時間と賃金の保障）ができるようにする．それによって，現役世代は老後に備えての再教育や趣味活動を行なうことができ，高齢者はワーク・シェアリングとして就労することができるようにする．

③　高齢者雇用に関する啓発活動の促進：社会的・一般的意識として存在する高齢者雇用に対する否定的な見解を払拭し，高齢者雇用の意義と必要性を啓発し，普及促進する活動を国・地方公共団体・企業の3者が共同責任において積極的に展開する．

④　高齢者雇用の創出と働き方の選択肢拡大：高齢者の技術・技能，専門能力，職種などの登録制度や職業斡旋制度を確立すると同時にこれらの能力を活用できる雇用の場を創出する．また多くの企業・団体が60歳を境に一律に賃金を中心とした処遇条件を低下させているが，それらを年齢に関係なく仕事の内容や就業日数で決定する体制を整える．その上で，高齢者に対しては就業日数，一日の就業時間等の働き方に多様な選択肢を用意する必要がある．

以上の内容を具現化することによって，日本の高齢者の就労支援は，就業に関して年齢制限がない文化の形成，エイジフリー社会を確立することが可能となっていくであろう．

《注》
1) 国立社会保障・人口問題研究所統計資料　2008年.
2) 厚生労働省:『2008年高齢社会白書』　2009年.
3) 国立社会保障・人口問題研究所統計資料　2008年.
4) 社会保険庁統計資料　2006年.
5) 総務省統計局『労働力調査報告』(1990-2007年度版).
6) 厚生労働省:『2008年高齢社会白書』　2009年.
7) 人事院職員福祉局『退職公務員生活状況調査』　2007年.
8) 東京都総務局人事部　資料　2009年.
9) 東京都庁職員労働組合　資料　2009年.

10) 厚生労働省『雇用管理調査』 2004年.
11) 黒澤眞澄『雇用における年齢差別研究会「企業のエイジフリー度調査」について』 2008年.
12) Guillemard　本書11章　2009年.
13) 清家篤編『エイジフリー社会』社会経済生産性本部　2006年.
14) 黒澤眞澄『雇用における年齢差別研究会「企業のエイジフリー度調査」について』 2008年.
15) 黒澤眞澄『雇用における年齢差別研究会「企業のエイジフリー度調査」について』 2008年　p.6.

第13章
韓国の高齢者における就労支援

はじめに

　韓国は現在，OECD加盟国の中で，人口の年齢層が若いほうに属しているが，21世紀半ばになると，日本に続いて，人口の高齢化が急速に進んだ国になることが推定されている．2050年には，65歳以上人口が総人口の1/3以上を占め，労働者全体の約半数が50歳以上になる．このように，社会全体が高齢化することで現れる主な問題点には，労働人口の高齢化と高齢者の就業問題がある．

　しかしながら，韓国はいまだに政府，社会の努力不足，使用者と労働組合の社会的責任の欠如などの理由により，高齢者の雇用に積極的に対応できていない状況がある．一方，2013年には国民年金の支給開始年齢が60歳から61歳に引き上げられる予定であり，2016年には生産年齢人口の減少，2018年には総人口の減少と高齢社会への突入，2026年には超高齢社会への突入が予測されており，これらの現実を考慮するなら，持続可能な成長をなすための高齢者の活用が必須の課題となってくる．[1)]

　高齢者の経済的活動の意義は2つの側面から捉えることができ，それは経済的側面と心理・社会的側面である．まず，高齢者の就業問題が重要視される主

たる理由のひとつは，未就業ゆえに高齢者が経験する経済的困窮である．韓国は，伝統的に家族が高齢者を扶養することを美徳としてきたが，急速な社会構造の変化により扶養意識が低下し，それはもはや十分に機能するものとはなっていない．[2] 一方で，福祉国家とは異なり，社会保障制度の歴史が短く，家族の高齢者扶養に代わる制度的条件も十分整備されておらず，多くの高齢者が老後に対する経済的対策もないまま，老年期に向かっている．

1998年と2004年の韓国保健社会研究院の調査結果によると，65歳以上の高齢者の50％程度は経済状況を否定的に捉えている．このように大多数の高齢者が貧困であると感じている理由はまず，社会的な次元で福祉国家とは異なり，年金制度の歴史が浅く，給料をもらってない高齢者が多いためである．また，個人的な次元では，老後の準備ができてないことや再就業が難しく，子どもからの支援も十分ではないことも挙げられる．このような高齢者の貧困問題は，経済的扶養という課題を残すとともに，さらに2050年には老齢人口指数がほぼ70％に達することが予測され，高齢者を扶養するための負担が最も大きくなると思われる．[3] このような状況にあって，高齢者の経済活動は高齢者に対する経済的扶養負担の軽減のための対案としての意義をもつ．

第二に，経済的困窮とともに高齢者の就業が重視される理由は，就業がもつ社会的価値である．フォンジンス（2000）は，高齢者の就業に対する高いニーズは就業が貧困の解決法としての価値のみならず，疎外感の排除，社会貢献または社会的参加者としての能動的役割を通して身体的・精神的健康を増進させることを指摘している．またMonk（1979）は，高齢者にとって仕事とは，経済的ニーズおよび社会的ニーズを充足させる手段と機会を提供し，そして人間の存在的ニーズも充足させるとその重要性を強調した．このような見方は，高齢者の就業がもつ経済的側面だけではなく，人間の存在意義に価値をおく重要な条件であることを意味する．したがって，所得保障と社会参加，心理的安寧を図る手段として，高齢者の就労準備および雇用政策の準備は，高齢化社会のなかで解決されなければならない重要な課題といえよう．本章では韓国の高

齢者の雇用現況と高齢者の雇用のための政策とその課題を検討する.

1 韓国高齢者の経済状態と就業ニーズ

社会の不平等の程度を表すジニ係数を利用して，2008年OEDC諸国の65歳以上の退職後世代の所得不平等度をみると，韓国のジニ係数は0.396で，メキシコ（0.560）の次に高い国であることがわかった．また，OECD諸国の勤労世代（18歳-64歳）と退職後世代（65歳以上）の所得不平等度を比較すると，多くの国では退職後世代のジニ係数が勤労世代より低くなっているが，韓国とメキシコなどの国家では退職後世代のジニ係数が高いことがわかった．こうした老年期における不平等状態の悪化は，公的年金の未整備等にその原因をみることができる．実際，2007年では65歳以上人口のうち，公的年金（国民年金，公務員年金，私立学校教職員年金）受給者は107万9,000名で65歳以上人口の22.4％に過ぎない．

日本の国際比較調査によれば，高齢者の主な収入源として「勤労所得」に限定した場合，韓国では1980年の21.8％から2005年の42.2％に増加したのに対し，日本では1980年の41.0％から2005年の27.7％に減少した．一方，「公的年金」を主な収入源とする者の割合は，韓国，日本ともに増加傾向にあるものの，韓国では2005年に14.8％であるのに対し，日本では90.6％と顕著な差がみられた．また，「子どもからの援助」を主な収入源とする者の割合は韓国が60.7％，日本が10.0％であった（表13-1）．このような結果は，日本の場合，年金制度をはじめ社会保障体制が成熟期に入ったために経済的な側面において子から扶養をうける必要性はほぼなくなったと見られるが，その反面，韓国の場合には，いまだ本格的な年金受給者が出てないために子をはじめ家族に対する経済的な依存度が高い傾向にあることがわかった．

また，OECD主要国の基準年齢別の相対所得（仮処分所得を基準とした，41-50歳=1）をみると，韓国では50歳以降の相対所得が激減している．多くの

第 13 章　韓国の高齢者における就労支援

表13―1　韓国と日本の高齢者の主な収入源

（複数回答，単位：％）

	韓国					日本				
	1980	1990	1995	2000	2005	1980	1990	1995	2000	2005
勤労所得	21.8	37.4	32.4	34.2	42.2	41.0	34.1	35.0	33.4	27.7
公的年金	1.7	3.4	4.3	9.5	14.8	64.6	81.2	84.0	84.9	90.6
私的年金	0.0	0.5	0.5	1.2	6.6	8.4	7.8	7.5	11.1	7.1
貯金引き出し	3.5	6.0	11.0	21.7	31.1	11.4	22.7	21.4	22.1	23.8
財産収入	5.5	8.4	10.2	10.1	7.6	15.6	13.9	11.4	8.2	6.5
子ども援助	78.2	73.6	70.8	59.4	60.7	29.8	18.9	15.4	12.0	10.0
生活保護	2.0	3.2	5.0	6.1	5.7	1.7	1.4	0.7	1.0	0.5
その他	3.6	2.2	0.5	2.5	3.2	4.8	3.2	3.8	3.2	3.3

出所）内閣府『第6回高齢者の生活と意識に関する国際比較調査』2006年

表13―2　所得満足度（韓国）

（単位：％）

		所得あり	とても満足	少し満足	普通	少し不満足	とても不満足	所得なし
1999	15歳以上	60.2	0.4	9.6	40.9	37.1	10.8	39.8
	65歳以上	48.9	0.8	9.6	40.0	35.6	12.2	51.1
2003	15歳以上	63.5	1.3	10.6	39.0	35.5	13.6	36.5
	65歳以上	52.4	1.8	8.6	37.4	37.4	14.8	47.6
2007	15歳以上	64.0	1.1	8.9	36.5	35.7	17.8	36.0
	65歳以上	56.3	1.5	8.4	37.9	36.1	16.0	43.7

出所）統計庁―社会統計調査／各年度．

OECD加盟国は，51-60歳の年代の仮処分所得が41-50歳の仮処分所得より高いかあるいは多少低い90％後半代を維持しているが，韓国の場合は40歳代の所得の90％まで低くなっており，66-75歳では60.2％まで相対所得の減少幅が大きくなる．全般的に韓国は所得減少がほかの国に比べ，より早いライフサイクルで現れ，その減少幅も相対的に大きいことがわかった[5]．したがって韓国は，老年期の不平等の緩和および老後所得保障のための政策努力が求められる状況にある．

　韓国の社会統計調査による高齢者の所得に対する満足度をみると，1999年と比較して，2003年と2007年は「所得がある」と回答した者の割合は少しずつ増加しているものの，満足感に関しては「とても不満足である」と回答して

いる者の割合が徐々に増加しており，勤労所得が生活水準の向上や意識変化についていっていない結果となった（表13－2参照）.

このように老年期の貧困問題が深刻化する一方，65歳以上人口の経済活動の参加率は31.3％で前年より0.8％上昇したが，それは微々たる状況である[6]. 経済活動を行う高齢者人口のうち，過半数が農・漁・畜産業に従事し，次に単純労務職に従事する高齢者と事務職種とサービス・販売職に勤務する高齢者が多くを占めているが，社会経済的地位が高い職種群で働いている高齢者は全体の5％にも達してない．つまり，現在就業している高齢者が従事している職種はおおむね年齢制限がない単純な業務が中核である.

2008年における高齢層（55-79歳）人口のうち，今後の就業を希望する者の割合は57.1％であり，主な就業の希望理由は「生活費のため」であった．性別からみると将来の就業希望の割合は男性が71.8％で女性の44.5％より高く，年代別には55-64歳の将来就業の希望割合は71.5％で，65-74歳の就業希望割合の41.7％より高くなっていた．将来の勤労希望者の就労の選択基準は賃金水準が54.8％で最も多く，次には継続勤労可能性が13.8％，仕事の量と時間帯が12.2％であった.

以上，家族の扶養機能の低下と社会保障制度の未整備のため，韓国の高齢者の経済状態は劣悪な状況にある．老後所得保障の対案としての高齢者の経済活動参加率もけっして高くはなっていない．しかし，高齢者の仕事をしたいとするニーズは高く，彼らの所得保障と社会参加が可能な雇用の促進準備が求められている.

2　韓国の高齢者雇用政策

韓国の高齢者雇用政策は高齢者（55歳以上）および準高齢者（50-54歳）を対象とする労働部の高齢者雇用促進制度と65歳以上の老人を対象とする保健福祉家族部の老人仕事事業に分けられる．これについて，詳しく見てみると次

のようになる．

(1) 労働部の高齢者雇用促進制度

1）年齢差別禁止制度

　高齢社会の到来に備え，個人の能力とは無関係に年齢を基準とした差別的な慣行の解消を通じて，高齢者等の雇用要件の改善および年齢差別禁止の実行性を確保するため，「雇用上年齢差別禁止法」を制定した．募集・採用分野は2009年3月22日から実行され，賃金，賃金外金品支給，福利厚生，教育，訓練，配置，転補，昇進，退職，解雇などの場合は2010年から実施される．これにより，2009年3月22日から，事業主が労働者を募集するか，採用する際に，不合理な年齢制限が禁止され，これに違反した場合には罰則や過料が賦課される[7]．

2）賃金ピーク制保全手当支援制度

　賃金ピーク制は一定年齢を過ぎると，生産性によって賃金を減らす代わりに定年を保証するか，または一定期間の雇用を延長する方式の賃金制度で，定年保障型，定年延長型，雇用延長型がある[8]．

　2006年の韓国政府は，賃金ピーク制保全手当を導入し，賃金ピーク制の拡散のため努力しているが，2007年末現在を基準として，導入率は4.4％にとどまっている．賃金ピーク制は労働組合と勤労者の反発と同時に，企業の消極的な反応が理由で広まっていないのが実情である．導入率が低い理由として会社としては賃金ピーク制を導入した方よりは，リストラが自由にできる雇用環境をもった方が効率的であるとの認識が多いためであり，勤労者と労働組合の立場では雇用も保障されないまま賃金だけが削減される可能性があるのではないかという不信感があるためである[9]．

3）雇用促進支援制度

雇用促進支援制度では，高齢者雇用安定コンサルティング費用支援事業，高齢者雇用環境改善融資支援事業，高齢者新規雇用奨励金，高齢者多数雇用奨励金，定年退職者継続雇用奨励金，定年延長奨励金がある．これらの制度の内容を表に整理すると表13－3のようになる．

4）雇用促進指導制度

① 基準雇用率制度

300人以上の勤労者を雇用する事業主は基準雇用率[10]以上の高齢者（55歳以上）を雇用するようにしなければならない．高齢者雇用比率が基準雇用率に満たない事業主に対して基準雇用率履行に関する計画を作成，提出するよう要請し，

表13－3　労働部の雇用促進支援事業

細部制度名	内容
高齢者雇用安定コンサルティング費用支援事業	高齢者の雇用安定および就職の促進などのため，賃金体系の再編成や職務再設計などについて，専門機関の診断を受ける事業主および労使団体に対して，それにかかる費用の一部を支援することで，賃金・職務体型の硬直性などによる高齢者の雇用不安を緩和するための事業
高齢者雇用環境改善支援事業	高齢者の雇用安定および就職の促進のために関連施設・装備を設置あるいは改善しようとする事業主に所要費用を融資してくれる事業
高齢者新規雇用奨励金	雇用支援センター等（高齢者人材銀行，国家および地方自治体が高齢者雇用促進に関する業務を委託した機関を含む）に求職を申請した日から一定失業期間を超えて失業状態にある準・高齢者を雇用支援センターなどの斡旋を通じて雇用した事業所に奨励金を支援する事業
高齢者多数雇用奨励金	毎分岐当該事業の月平均勤労者数に対する月平均高齢者（雇用期間が1年以上である高齢者）の比率が労働部長官が告示する比率以上である事業所に奨励金を支援する事業
定年退職者継続雇用奨励金	定年を57歳以上に決めた事業所で18ヶ月以上継続的に勤務した後，定年が来た者を退職させず，また定年退職後3ヶ月以内に再雇用した事業主に奨励金を支給する事業
定年延長奨励金	定年を56歳以上で，1年以上延長した事業所で，18ヶ月以上勤務した高齢者を定年延長で継続的に雇用した事業主に奨励金を支援する事業

履行するよう勧告している．

② 準高齢者優先雇用職種雇用指導制度

労働部長官は，準高齢者（50歳以上-55歳未満）および高齢者（55歳以上）の雇用を促進するため高齢者などに適合した職種（優先雇用職種）を選定し，告示している．2007年に告示された優先雇用職種は韓国雇用職業分類基準で公共部門の47職種，民間部門83職種が最終的に選定された．

③ 定年延長指導制度

事業主が勤労者の定年を定める場合は，定年が60歳以上になるように努力することを勧告しており，300人以上の勤労者を使用する事業主として定年を大幅に低く定めた場合には，定年延長計画書の提出を要請するなど，定年延長を指導している．

5）職業能力開発支援制度

① 高齢者短期適応訓練プログラム

就職を希望する準高齢者（50歳以上）を対象に職務遂行に必要な最低限の実務的な機能，素養教育および安全管理など短期無料職業訓練を実施する．

② 高齢者ニュースタートプログラム

50歳以上で，失業者として労働部の雇用支援センターに求職登録をした者を対象とした高齢者職業能力開発プログラムで2009年3月から新しく改編され実行されている．50歳以上の準高齢者に一定期間の就業能力向上パッケージプログラム（職務訓練＋就業能力向上プログラム＋現場研修）を提供することで準高齢者の職業能力開発および再就業を促進するとともに人手が足りない中小企業には，働く意欲があり，トレーニングされた高齢者を活用することができる機会を提供し，人材難を解消することを目的とする．

6）職業斡旋事業

高齢者就業斡旋のため全国雇用支援センター（82ヵ所），高齢者人材銀行，

中堅専門人材雇用支援センターなどを設置し，求職希望者へ仕事の斡旋をしている．また，高齢者ワークネット（http://senior.work.go.kr）を通じて人材情報と仕事情報を管理している．

① 雇用支援センターによる就業斡旋

高齢求職者に対する相談および職業進路プログラム運営などにより，あつらえ型就業斡旋をしている．求職希望者が雇用支援センターを訪問またはワークネットを通じて求職登録をした後，求職申請日以降，3カ月間有効に管理し，適合する仕事情報提供および就業斡旋を支援する．

② 高齢者人材銀行による就業斡旋

高齢者の優先雇用を目的とした就業斡旋機能を強化し，高齢者の雇用機会を拡大し，高齢者の効率的活用のため，高齢者無料職業紹介事業をする民間団体を高齢者人材バンクとして指定し，高齢者の就業斡旋を実施している．

③ 中堅専門人材雇用支援センターによる就業斡旋

一定の経歴を持つ中堅専門人材に対する再就業斡旋による雇用安定と専門スタッフを活用した企業の経営難の解消のため，無料職業紹介事業を行う地域経済団体などの民間団体を指定し，中堅専門人材の就業を斡旋する．

(2) 保健福祉家族部の老人雇用の促進制度[11]

1) 老人仕事事業制度の推進

老人仕事事業とは，急速に進んでいる高齢社会の老人問題に対応しようと，政府・地方自治体・老人人材開発院・民間事業遂行機関が事業運営の主体となって，65歳以上の老人を対象に「老人適合型仕事」を創出・提供することにより，老人の健康，社会参加の拡大，補充的所得支援などの効果を得ることができる主な老人福祉事業のひとつである．「老人適合型仕事」とは，就労を希望する65歳以上の老人に対し，能力と経験を活用した社会参加の機会を拡大し，元気な生活を送れるよう，ほとんどの公共または民間部門によって創出・提供される「社会的仕事」の一種として，一部の市場内で作られる自立型の仕

事が含まれる．「社会的仕事」とは，社会発展や国民の生活の質を向上させるために必要不可欠ではあるが，収益性が低く，民間市場から排除された仕事のことを指す．たとえば，教育・医療・社会福祉・環境・地域社会開発などで，主に非営利組織によって創出される仕事を意味する．老人仕事事業の法的根拠は老人福祉法第 23 条の「老人適合職種の開発および普及の施策を講究し，勤労能力がある老人に働く機会を優先的に提供するよう努力しなければならない」という規定と第 23 条の 2 での「老人適合仕事の開発・普及および教育訓練などを専門に担当する機関を設置・運営するか法人・団体などに委託することができる」という規定による．そして低出産高齢社会基本法第 11 条の「老人に適合する仕事創出など安定的な老後生活ができるよう，必要な措置を講究しなければならない」という条項とも関連付けられている．

　老人仕事事業の推進体系は大きく保健福祉家族部と韓国老人人材開発院，地方自治体，事業遂行機関に分けられる．保健福祉家族部は，老人仕事事業関連法・制度を整備し，改善するか，または予算支援などの政策の全般を総括し，韓国老人人材開発院は，保健福祉家族部と協議し，老人仕事事業の全般を管理しながら，具体的な政策開発と事業進行を担当する．地方自治体は，地域内の事業を総括し，事業遂行機関の役割も一部担当する．自治体外の事業遂行機関としてはシニアクラブ，老人福祉館，大韓老人会，在宅福祉施設があり，一部の地域では社会福祉館などの社会福祉機関がある（図 13 − 1 参照）．

　老人仕事事業の類型は 2004 年以降，公益型，教育福祉型（教育・福祉型），自立支援型（人材派遣型，市場型）の 5 つの類型に分類されてきたが，2009 年からは創業モデル型が新設され，公共分野と民間分野に大分類した後，計 6 つの類型に区分し，実施されている（表 13 − 4 参照）．しかし，それぞれの性格と特性が異なる類型が，同一事業のカテゴリーに含まれており，事業の目標と展開過程などに混線をもたらしているという問題が提起され，仕事事業の類型の再分類が要求されている．

　各事業別に細分化してみると，次のようにまとめることができる．公益型

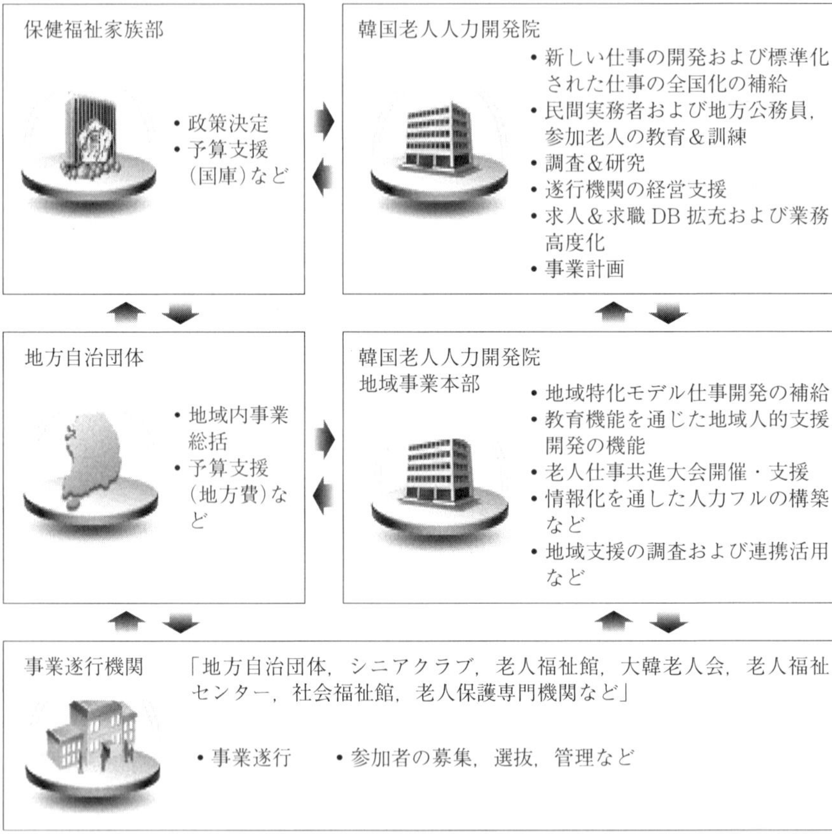

308 第3部 高齢者における就労支援

保健福祉家族部		韓国老人人力開発院
	・政策決定 ・予算支援 （国庫）など	・新しい仕事の開発および標準化された仕事の全国化の補給 ・民間実務者および地方公務員，参加老人の教育＆訓練 ・調査＆研究 ・遂行機関の経営支援 ・求人＆求職DB拡充および業務高度化 ・事業計画
地方自治団体	・地域内事業総括 ・予算支援（地方費）など	韓国老人人力開発院 地域事業本部 ・地域特化モデル仕事開発の補給 ・教育機能を通じた地域人的支援開発の機能 ・老人仕事共進大会開催・支援 ・情報化を通した人力フルの構築など ・地域支援の調査および連携活用など
事業遂行機関	「地方自治団体，シニアクラブ，老人福祉館，大韓老人会，老人福祉センター，社会福祉館，老人保護専門機関など」 ・事業遂行　・参加者の募集，選抜，管理など	

図13—1　高齢者就労事業の推進体系

出所）保健福祉家族部「2009年高齢者就労事業の案内」p.15 再引用

表13—4　老人仕事事業の類型区分

区分	類型	内容
公共分野	公益，教育，福祉型	老人仕事に関する予算から参加老人の人件費と附帯経費を全額支援
民間分野	人材派遣型，市場型，創業モデル型	企業などの老人人材の活用企業から人件費を支給し，老人仕事に関する予算から附帯経費を支援

出所）保健福祉家族部「2009年老人仕事事業の案内」p.15 再引用

は，地方自治体および公共機関で公共サービスの向上を目的とした業務領域（環境，秩序維持，施設管理など）および地域社会の懸案問題の解決などのため創出された仕事として，公共の利益に符合し，社会的にも有用性が強い仕事を意味しており，自然環境の整備，街の環境の整備，共通秩序系図，防犯巡察，行政機関補助などの仕事がその例である．

教育型は，経験と教育によって得られた知識を持つ老人が，さまざまな層を対象に，自身の経験と知識を提供することで，世代間の文化の伝承の効果を生かし，教育対象者の能力を向上させる仕事を指す．この中で学習型は，さまざまな教科目や特技科目などの学習を必要とする地域内の教育機関および関連施設に講師を派遣する事業であり，解説型は地域内の主な文化財施設や自然生態体験学習が可能なところに高齢解説者を派遣し，専門的な解説を実施する仕事を意味する．

福祉型は社会・経済・文化的疎外階層を対象に提供される社会サービスの中で老人適合型仕事を創出・提供し，社会サービス拡大を図り，サービス利用者の社会適応および安定的な生活を維持できるように支援する仕事を指す．独居老人・高齢および重症老人，障害者などの保護・管理業務に老人を活用することが例となる．

人材派遣型は，需要先の要求によって一定の教育を修了するかまたは関連する業務能力がある者を，その需要先に派遣するもので，勤務期間に対し，一定の報酬が支給されるタイプの仕事を指す．仕事の例として，ガソリンスタンドの職員，販売員，運転手，給食指導員，レストランの補助，結婚式の司式，家政婦，公園管理人，出札員，トイレ掃除人，駐車管理人，介護人，学校内学習場管理などが挙げられる．

市場型は，老人に適当な業種のうち，小規模の創業および，専門職種の事業団を共同で運営して創出させる仕事として，一定期間の事業費または参加者の人件費を一部補充支援し，追加の事業所得に年中運営する仕事を指す．地下鉄の宅配，洗濯屋，お弁当事業，リサイクル店，通訳・翻訳事業団，有機農事

業，シルバー用品店の運営，シルバー代行運転，介護などの仕事が挙げられる．

創業モデル型は，購買力がある老人世代の登場に備え，老人創業を誘導する一方，老人創業アイテムの発掘と創業の障害要因の分析および除去により，老人に適合し，所得創出効果の大きい事業のモデルを開発し，民間老人勤め口事業の活性化に寄与し，老人創業の社会的な拡散および波及の効果を図るための仕事を指す．これは，既存の民間分野の仕事のうち，初期投資費が多くかかり，仕事の波及の効果が大きい事業を公募して選定・支援する．事業類型別の予算支援基準を見てみると，2009年は116,631百万ウォン（国費）を割り当て，計160,000の仕事を創出することを目標としている．

これまでの老人仕事事業の類型に基づく事業実績を見ると，公益型が大部分を占め，教育福祉型や自立型は微々たる程度だった．そのため，2007年からは，政府の老人仕事の事業のうち，まちの掃除などの公益型事業の比重が大幅に減っている．代わりに老人講師のような教育福祉型，自立支援型の事業の比重が増えている．すなわち，保健福祉家族部の老人仕事の事業のうち，仕事の数は多いものの，社会的有用性の低い公益型の比重を50％以下に削減し，教育福祉型と自立支援型の事業を拡大しようとすることが政府の方針である．とくに，2006年には4年ごとに行われる地方選挙に便乗した公益型が多く増えており，これにより2006年前半期を基準に公益型の比重は55％を超える一方，教育福祉型と自立支援型はそれぞれ30％と15％に過ぎなかったという点からみると，教育福祉型と自立支援型を拡大する改善が継続的に要求される．

しかし，韓国の老人人材開発院の内部データによると，2007年8月末の時点での，参加者の数を基準としたら，公益型の事業量が52.1％，福祉型が28.1％で，全体の事業量の約80％が公益型と福祉型に集中している一方，教育型や自立型は11.1％，人材派遣型9％にとどまっている水準である（表13－5参照）．

表13—5　老人仕事事業の実績（2007年）

区分	総計	公益型	教育福祉型		自立支援型	
			教育型	福祉型	市場型	人材派遣型
事業団数	2,472 (100%)	623 (25.2%)	474 (19.2%)	859 (34.7%)	398 (16.1%)	118 (4.8%)
参加者数	110,240 (100%)	57,392 (65%)	12,250 (11.1%)	31,019 (28.1%)	8,316 (7.5%)	1,691 (1.5%)

出所）保健福祉家族部および韓国老人人材開発院内部資料

2）老人就業支援センターおよび老人共同作業場運営

　老人就業斡旋センターは，1981年から社団法人大韓老人会が老人を対象に職業紹介所の性格が強い老人人材銀行を1997年に統合開設することにより始まった．老人能力銀行が事業遂行過程から専門性の不足と小規模運営などで活性化できなかった短所を補完し，就業相談，斡旋，教育，事後管理および老人共同作業所の運営等の事業を専門的に施行することを目的に改編されたのが老人就業斡旋センターである．1996年まで60ヵ所運営していた老人能力銀行を1997年の就業斡旋センターに拡大・改編し，2004年前半期まで運営していた．

　老人就業斡旋センターは2004年9月から老人就業斡旋センターを統合し，全国の大韓老人会の市・道連合会と地会に設置し，老人のための就業支援の事業を展開しているが，2009年現在，250ヵ所が運営されている．老人就業支援センターは，一般就業が難しい老人に自分の能力と適性に合う職業生活を通じて，人間らしい生活ができるように適当な就業機会を提供する就業支援センターの設置運営に必要な事項を決めて職業を通じた老人の所得保障および社会参加の拡大を図ることに目的がある．一方，ソウル市から委託運営する高齢者就業斡旋センターでは，ソウル市に13ヵ所が運営されており，ソウル老人福祉センターで中央高齢者就業斡旋センターを運営している．これは，55歳以上の老人および老人求人企業を対象に相談と就業斡旋をしている高齢者就業斡旋専門機関である．

　老人共同作業場は，老人たちの余暇を活用し，所得の機会を与えることを目的に設置され，2000年には敬老堂，老人福祉館等に約510ヵ所が，2009年基

準600ヵ所が設置・運営されており，そのうち約150ヵ所（25%）が敬老堂で運営している．作業内容の多様化と不十分さ，地域産業体との連携不足，政府の財政規模の不備などで参加する老人が少なく，継続的な仕事の提供が行われず，参加老人に対する実用的な所得保障の機能を果たさなかった面もあったが，仕事創出事業の経験的な基盤になった．

3) 老人人材開発院運営

　保健福祉部（現保健福祉家族部）は，急速に増加する老人人材を効率的に活用し，老人福祉のみならず，国家生産性の向上に寄与することができるツールとして，2003年6月に老人人材運営事業推進団を組織し，老人人材運営活性化のためのモデルを開発する計画を発表した．主な推進内容としては，地域の特性に合う老人の仕事を継続的に拡大し，老人の仕事7万5,000個の創出（社会的な仕事4.25万個，政府雇用型0.25万個，就業支援3万個）と，老人人材運営センターを設立・運営するという．政策推進の主体は当初，保健福祉部の老人支援課，国民年金管理公団，老人人材運営センターとなり，地方自治体の老人担当部署との連係を推進する体系だった．所要予算は2004年に，老人人材開発センターを設立・運営することに国庫13億ウォンと，民間（基金）12億ウォン等，総25億ウォンを投資し，2005年には国庫13億ウォンと民間20億ウォンを割り当てた．

　老人人材運営センターは2006年に韓国老人人材開発院と名称を変更し，今日に至っており，全国の老人仕事事業の推進の総括および支援を行なってきた．具体的には老人仕事事業の企画および広報，地域の老人仕事事業の遂行機関間の連携・調整，老人仕事プログラム新規開発訓練，老人人材運営事業の情報システムの構築，老人人材に対する需給動向の分析および政策開発を務めるなど，実質的に老人人材運営活性化事業を総括している．

4）シニアクラブの運営

老人人材運営活性化のための保健福祉家族部の政策は，シニアクラブ（SC: Community Senior Club）から見つけられるが，これは，経験のある老人の積極的な経済・社会活動の参加を普遍化し，社会に望ましい老後の生活パターンを確立し，高齢化社会に備えることにその目的がある．

2001年にパイロット事業として，ソウル市の鍾路区，京畿道の富川市，江原道の東海市，忠北道の忠州市，大邱市の中区などの5ヵ所が指定されて以来，2004年からの「老人仕事事業計画」でその名称が「老人人材支援機関」とも呼ばれるようになった．シニアクラブは，65歳以上の老人が社会生活の経験を中心にボランティア活動をしながら，所得も上げることができる仕組みで2001年からパイロット事業を通じて，市・道別に1～2ヵ所ずつ，全国30個くらいに拡大する計画だった．所要予算は1ヵ所あたり年間1億5,000万ウォンを割り当て，人件費に1億2,000万ウォン，事業費に3,000万ウォンを支援し，老人福祉館，宗教団体，職能団体退職者の集まりなどが中心になって，事業団を結成し，環境保護，防犯，青少年教育，警備，駐車，建物の管理，家の修理，自営業の訪問などの役割を事業内容にしている．2009年を基準にシニアクラブ（SC）は計78ヵ所が運営されている．

5）創業モデル型の事業管理

創業モデル型の事業管理とは，購買力がある老人世帯の登場に備え，老人創業を誘導する一方，老人創業のアイテムの発掘と創業の障害要因の分析および除去を通じて，老人に適合し，所得の創出効果が大きい事業モデルを開発し，民間老人の仕事事業の活性化に寄与し，老人創業の社会的拡散および波及の効果を図るための事業を指す．

創業モデル型の事業管理の目的は，政府が老人に市場（保護された市場を含む）に再進入するための基盤を構築し，提供することによって，老人の継続的な所得創出と社会的認識改善を図るため，そして公募などを通じて選定された

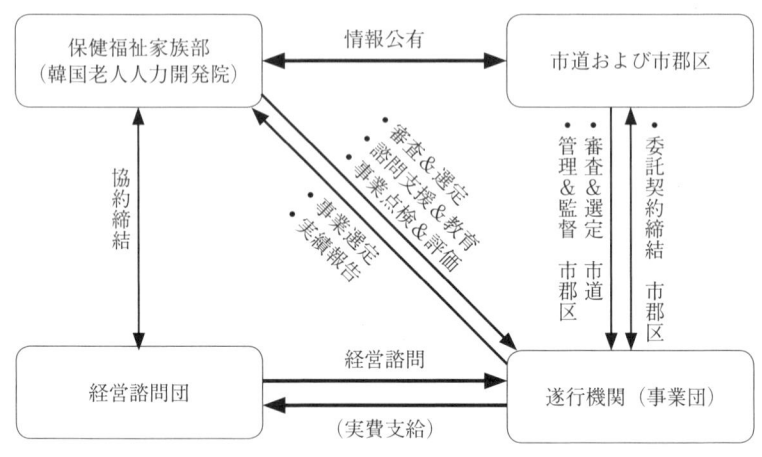

```
┌─────────────────┐   情報公有   ┌─────────────────┐
│ 保健福祉家族部  │◄──────────►│ 市道および市郡区│
│(韓国老人人力開発院)│            └─────────────────┘
└─────────────────┘                    │  ▲
        │  ▲         ・審査＆選定      │  │
        │  │         ・諮問支援＆教育  審 委
        協 │         ・事業点検＆評価  査 託
        約 │    ・事業選定           ＆ 契
        締 │    ・実績報告           選 約
        結 │                          定 締
        │  │                          管 結
        ▼  │                          理
┌─────────────────┐   経営諮問   ＆  市
│   経営諮問団    │◄──────────  監  郡
│                 │──────────►  督  区
└─────────────────┘  (実費支給)  市
                                  道  市
                                  ・  郡
                                  市  区
                                  郡
                                  区
                                        ▼  │
                                ┌─────────────────┐
                                │ 遂行機関(事業団) │
                                └─────────────────┘
```

図13—2　創業モデル型事業管理の推進体系

老人適合創業アイテムの普及の可能性を打診し，モデル化して，社会的な拡散のための基盤を備えることを目的とする．創業モデル型の事業管理の推進体系は図13—2になる．

6) 老人仕事共進大会 (博覧会) 開催

老人仕事共進大会を開催した目的は，第1に，「老人も働くことができる」という社会的機運の醸成および時代の変化に合わせたダイナミックな老人像の具現を通じて，老人に対する認識改善と社会的波及効果を図るためである．第2には，老人仕事事業の各主体 (遂行機関，自治体，公共機関，企業体，参加者など) 間の相互協力と発展方案を図るためである．とくに老人人材の活用優秀遂行機関 (自治体)，公共機関，企業体の発掘および広報の場として発展させる機会である．第3に，老人仕事事業内に多様な生産品および老人人材の活用事例発掘を通じて，老人仕事事業の社会的有用性に関する認識企図と民間労働市場内の競争力を確保するためである．

おわりに：韓国の高齢者雇用政策の課題

(1) 高齢者雇用政策関連機関間連携および協力体系構築

　現在，行政は法制や政策に基づかなければならないという限界制のため，教育科学技術部は生涯教育法，労働部は雇用上の年齢差別禁止および高齢者雇用促進法，保健福祉家族部は老人福祉法で規定する関連プログラムに偏っている．そのため，重複的，散在的に事業が遂行されている．したがって，政府省庁は利己主義的な思考を離れ，統合的な運営システムを備えるように業務協議が行なわれなければならない．現在，中央政府の単位からは，省庁事業が重複しないように，協議を行っているが，実際に地域でその政策を行う過程で混同されたり，個人的に協議なしに推進されているのが実情である[12]．したがって，高齢者雇用政策関連機関間連係および協力体系を構築し，効率性を高める努力が必要である．

(2) 高齢者の能力開発促進

　人口の高齢化が労働力の高齢化を伴うことは避けられない現実であり，将来の産業技術の発展速度がより速いことを考慮すると，高齢者の生産性を保たせるための訓練と教育は，非常に重要である．

　韓国の場合，高齢者および老人の人的資源開発および活用のために「老人福祉法」，「少子高齢社会基本法」，「雇用上年齢差別禁止および高齢者雇用促進に関する法」，「雇用政策基本法」，「勤労者職業能力開発法」などに高齢者および老人のための雇用，生涯教育，職業能力開発体系，職業能力開発，高齢者雇用促進支援，仕事創出など多様な条項があるが，法条項の強制性不備，予算および伝達体系の不備で高齢者の能力開発に実質的な支援が行きとどかない状況である[13]．実際，韓国の50歳−64歳の中高齢者の職業訓練の参加率は9.6％で，デンマーク44.5％，ノルウェー40％，アメリカ合衆国39.9％に比べ著しく低い[14]．また，短期適応訓練後の就職率が低く，現制度では，今後の訓練の人員

を拡大していくには難しいと判断される[15]．

したがって，老人の特性に合う職種に関連する職業能力開発のための職業訓練を開発し，拡大する必要がある．とくに，急速な技術の変化は，個人の生涯を通して，新しい技術を常に学ばなければならない生涯学習を要求しており，職業訓練は，職務の技術だけでなく，大人が生涯学習者として備えるべき能力までを包括しなければならない．また，現在のように限られた職種の能力開発および経歴開発教育プログラムから離脱して，既存の経歴をもとに深化された経歴開発が可能な高度な再教育プログラムの開発が要求される．

一方，高齢者は，生涯職業の時代にふさわしい独自の中核能力を強化するための積極的・主体的な努力をしなければならない．大量リストラが行なわれる社会では，雇用安定の意味も変更されている．すなわち，労働者が現在勤務している職場での雇用保障を意味する職場の安定（job security）の概念よりも，どの職場に勤務しても就職が安定していることを意味する雇用の安定（employment security）の概念がより重視されるため，企業がどのような人材を必要とするのかを継続的に確認し，自身の雇用可能性を高めなければならない．これまで経歴開発は，青・壮年層にこそ必要だという認識が広がっていたが，中高齢者も企業が要求する能力に合わせて，自分の能力を開発する必要があることを確認する必要がある．

(3) 年齢差別禁止および定年制の改善

韓国政府は，雇用上の年齢差別禁止の法制化を試みて，2009年には募集・採用の分野に限り実施しており，2010年からは，賃金，賃金外の金品の支給，福利厚生，教育訓練，配置，電報，促進，退職，解雇についても適用するようにしている．これまでの定年の努力規定は，罰則規定もなければ，法的な強制力もなく，1991年の法制定以来，企業の自発的な定年延長の努力が不十分であった．実際，韓国企業の定年年齢は50代半ばのレベルを脱することができずにいた．しかし，この法の制定によって実質的な定年延長を可能にするもの

と判断される．

　年齢差別禁止を制度化しようとする目的は，高齢労働者の雇用の安定である．しかし序列型賃金体系の改善が難しい企業の多くには抵抗があると予測される．そのため，年齢差別の禁止を可能にするための現実的な条件をセットにして設けることが必要である．すなわち，労働市場の柔軟化は必要だが，それが難しい場合は，まず，雇用労働者の賃金体系の改善がなされなければならない．年齢，勤続年数などの要素よりも職務の価値と性能によって賃金が決定される職務中心の賃金体系を確立することで，企業の雇用者の雇用を避ける要因を最小化しなければならない[16]．これと共に定年制を改善していく努力が必要である．

(4) 高齢者への適切な労働環境の改善

　高齢者に利用可能なより多くの雇用の機会を保障し，その仕事に主体的に参加して，蓄積された経験と技術が発揮できる職務および組織の設計が行なわれなければならない．社会の高齢化が急速に進展しているにもかかわらず，高齢者への適切な労働環境は整備されていない．年齢とともに身体能力は落ちるが，経験や技術など精神的能力は，むしろ増加するため，これらの特性に合わせて職務や勤務システムを設計し，管理するための環境を整備することが必要である．現在，高齢労働者の安定・保健を促進するために，高齢者の身体的・精神的負担を軽減する作業設備・機器等を設置する事業所については，融資による支援がなされているが[17-18]，これらのサポートをさらに拡大していく必要がある．また，高齢者に配慮した就業形態の状態の選択的勤労時間制，パートタイムの転換等による労働時間の短縮で賃金が減額される場合は，賃金ピーク制の保持手当を通して収入減少分の一定額を保持する案も可能である．高齢者への適切な労働環境の改善のためにもっと積極的な努力をし，今後の高齢社会のなかで高齢者が主体的に参加し，社会から疎外されず，自立して，市民として活動するようにしなければならない．

(5) 高齢者への適切な賃金体系の定立

多くの韓国企業の賃金支給の基準は，年功序列級に依存している．このような賃金体系は，従業員の平均年齢が高くなる場合は，賃金総額の上昇と退職金の増大を招き，最終的に企業の経営上の人件費負担の増大と経営の悪化をもたらす．労働者個人の能力開発や生産性などの動機誘発の側面とは関係なく，勤続年数に比例して賃金が上昇するため，賃金と生産性の乖離が大きくなり，企業の立場では，定年退職という制度を通じてこれらの問題を解決しようとする．

このため，人件費の過重負担の解消のために，現行賃金体系の見直しや改善と同時に合理化に重点を置かなければならない．これらの代案のひとつが賃金ピーク制である[19]．現行の年功給制の下で従業員の雇用の安定を図り，企業の人件費負担を軽減させることができる道具である[20]．高齢者の雇用の維持や雇用の拡大を向上させる方策としての賃金ピーク制の成功定着のためには，個人別賃金ピーク制の導入，賃金ピーク制と保持手当制度の常時サポート製への変更，支援要件の改善と支援手続きの簡素化，高齢者適合職務開発と高齢者の雇用安定コンサルティング費用の支援事業の活性化，広報活動の強化などの課題を解決しなければならない．

(6) 実質的所得に貢献する老人仕事の準備

高齢者雇用の促進のための事業は，主に50歳や55歳以上の高齢者を対象としており，年齢が高くなるほど事業の対象から除外される場合が多い．これにより，発生する死角を解消するための手段が，まさに老人福祉法によるさまざまな老人就労によるプロジェクトである．しかし，少ない予算で多くの雇用を創出しようとするため，仕事の性質が就職課に属しているか，ボランティア部門に属しているか，その区別が明確でないままプログラムが量産されているのが実情である．これにより，低い給与への不満が提起されることもあるし，未払い制というボランティアの本質を毀損する事態が発生することもある．その

ため，老人の経済的ニーズに対応するための就業型の仕事は，適正な賃金を通じて実質的な収入に貢献することができるように改善されるべきであり，ボランティアは，適正な実費サポートと社会参加のニーズに対応するメカニズムとして分離して行なわれなければならない．

(7) 地域単位の老人雇用の組織構成

　地域によっては，高齢者人口の比率に差があり，産業構造が異なるため，地方自治体を中心に，地域の特性に合う老人の人的資源の活用と開発政策を樹立して執行するようにしなければならない．そのために地域単位の老人のための福祉，雇用，教育機関間の連携システムを構築し，地域社会に住む老人の人的資源の活用と開発のための総合的な情報，サービス，および教育プログラムを提供しなければならない．

《注》
1) キム・ジョンハン「賃金ピーク制の導入実態及び政策課題」『労働レビュー』2008年　pp.33-44.
2) キム・ヒョンス「老人扶養の限界と生産的高齢化の方案」『老人福祉研究』22　2003年　pp.175-192.
3) ジョン・ヒョンウ『国の経済』韓国開発研究院　2004年.
4) 韓国で高齢者あるいは老人の範囲は法令によって異なる．「老人福祉法」では65歳以上の者をサービス対象としており，「国民年金法」では60歳からを老齢年金の給与対象者と定めている．そして，2009年3月22日から全面改正され，施行している「雇用上年齢差別禁止および高齢者の雇用促進に関する法」では，高齢者を55歳以上，準高齢者は50歳以上，55歳未満である者と定めている．
5) バン・ジョンホ「老年期の所得不平等に関する国際比較」『労働レビュー』2009年　pp.63-64.
6) 統計庁『2008高齢者統計』2008年.
7) http://www.molab.go.kr/policyinfo/aged/
8) http://www.molab.go.kr/policyinfo/aged/
9) キム・ジョンハン「賃金ピーク制の導入実態及び政策課題」『労働レビュー』2008年　pp.33-44.
10) 業種別の高齢者基準は製造業2％，運輸業・不動産および賃貸業6％，その他

産業3％である．
11）次の内容は保健福祉家族部の『2009年老人仕事事業案内』，コ・スヒョン（2009）の内容を抜粋・要約したものである．
12）コ・スヒョン「高齢化社会の老人人的資源開発と活用戦略」『2009韓国老人福祉学会春期学術大会』資料集　2009年　pp.17-41.
13）キム・グァンア「老人就業活性化の方案研究」『光州女子大学校』修士学位論文　2008年．
14）OECD, Employment outlook, 2005.
15）ソ・ギュンソク「高齢社会に対応した高齢者の雇用促進策」『人的支援管理研究』14(2)　2007年　pp.61-76.
16）イ・ホソン「年齢差別禁止法導入の虚と実」『労働レビュー』2007年　pp.76-79.
17）2006年50億ウォンの規模当たり最大10億ウォンまで年3％利子，5年据え置き5年均等分割を引き換え条件として支援している．
18）コ・ジュンギ「高齢者雇用促進のための定年制の問題点と法制化方案に関する研究」『ハンヤン法学』21　2007年　pp.177-200.
19）ほかの対案で年俸制など成果中心の報償管理への転換がある．
20）キム・ジョンハン「賃金ピーク制の意義と課題」『労働レビュー』2004年　p.23.

第14章
台湾の高齢者における就労支援

はじめに

　多くの国が子どもの出生率の低下とともに平均寿命の延長による影響を受けている．とくに人口の高齢化は労働力構成と経済活動に大きく支障を及ぼすだけではなく，生活保障や年金などの増加をもたらし社会保障財源を圧迫している状況に置かれている．このような状況は，台湾も例外ではなく，1993年65歳以上の高齢人口割合が7％に至り，高齢化社会に進入したが，その増加速度は著しく速く，行政院経済建設委員会の人口推移データによると，2018年には高齢化率が14％にいたり，「高齢社会」になると予測し，さらに2026年には高齢化率20％を超え，国連が定めている「超高齢社会」になると予測している．これは欧米先進国のおよそ1世紀にわたる婉曲で余裕のある変化とは異なり，東アジアの日本や韓国に見られる急激な人口老化現象と似ている．このような急激な人口の高齢化は少子化対策とともに経済活動層の確保の両側面からのアプローチが要求されるが，少子化対策は相対的に臨機応変に即効を期待することはできない一方，長期的政策による漸進的な改革による効果が期待されるため，本章では前者である経済活動層の確保，すなわち高齢者の就労問題を主に取り上げることにしたい．

322 第3部 高齢者における就労支援

　台湾が高齢社会へのソフトランディングを図るには生産労働層の維持のための労働市場の環境改善が当面の課題になると予測される．そのために社会全体が抱えている高齢者に対する認識や労働市場の環境，そして政府の政策意志などを検討し，その可能性を模索することにした．

　本章は，主に文献調査とインタビュー調査によるものである．文献調査は台湾の行政院労工委員会の発行資料と行政院労工委員会職業訓練局が主催で2008年11月に行なわれた『高齢社会来臨與就業政策因応研討会』の2次資料を主に活用している．なお，インタビュー調査は2回にわたって行なわれ，1回目は2007年12月28日に台北市社会局で，H氏と高齢者担当職員の同席の下で，主に高齢者就労における公共政策に関する調査を行なった[1]．2回目は2009年2月20日に中華民国老人福祉協会で，本協会のC氏と関連職員2人の同席のもとでインタビューを行ない主に民間による高齢者就労に関する内容を調査した[2]．

　本章の構成としては，第1節で，台湾における人口高齢化をはじめ労働市場の特徴を取り上げまた，退職年齢に関する規定による制限などの高齢者就労の背景を分析した．第2節では，国際機構と欧米，そして東アジアの日本と韓国を中心に法的根拠や制度変遷をもとに検討し，台湾の高齢者就労環境の実態を比較分析した．第3節では，政府の高齢者就労政策はどのように構想されているのか，そして高齢者就労政策の課題は何なのかを考察した．そしておわりに，政府の政策を実現するにいくつかの提案を試みた．

1　台湾の高齢者就労の背景

(1)　人口高齢化の特徴

　社会的環境の変化による特殊出生率の持続的低下と平均寿命の延長がもたらした人口構成の変化の深刻性は幅広く影響し，とくに社会のセイフティネットの根幹である経済発展に大きく反映されている．国民の平均寿命の延長は，人

類の永遠の課題ともいえる長寿社会に向けて医療・科学技術の進歩をもたらす一方，医療費の増加や高齢者年金などの社会保障財源の破綻を促し，国家財政を苦しませる側面もみられる．こうした人口の高齢化は人口頂点に至るまで漸次速いスピードで進んでおり，高齢化社会（7％）より高齢社会（14％）までが25年所要し，高齢社会（14％）より超高齢社会（20％）までは8年と短くなっている．結局，高齢化社会より超高齢社会に進入するまでは33年と日本より3年も速いことになる．すなわち，1993年から2026年の33年の間に高齢化率はおよそ3倍に到ることになる．

表14—1　台湾と各国の高齢化進行表

（単位：年）

国別	高齢化社会 (7％)	高齢社会 (14％)	超高齢社会 (20％)	7％→14％ 所要年数	14％→20％ 所要年数	7％→20％ 所要年数
台　湾	1993	2018	2026	25	8	33
韓　国	2000	2019	2026	19	7	26
日　本	1970	1994	2006	24	12	36
ドイツ	1932	1972	2010	40	38	78
アメリカ	1949	2014	2030	65	16	81
イギリス	1929	1976	2020	47	44	91
フランス	1864	1979	2019	115	40	155

出所）OECD（2006）Health Data と行政院経済建設会の2006年〜2015年の人口推計により再編成した．

表14—2　台湾と各国の65歳以上高齢者の人口率

（単位：％）

年度	台湾	日本	韓国	イギリス	アメリカ
1993	7.1	13.5	5.5	14.3	12.4
2000	8.6	17.4	7.2	15.9	12.3
2006	9.9	20.2	9.8	16.0	12.4
2010	10.6	22.5	11.3	16.5	12.8
2015	12.3	26.0	13.2	18.1	14.1
2018	14.4	27.4	14.5	18.5	15.1
2020	15.9	28.1	15.6	18.8	15.8
2025	19.8	29.5	19.6	19.9	17.8
2050	37.0	37.7	35.1	24.1	21.0

出所）http://laborsta.ilo.org/（EAPEEPDATA）と台湾の資料は内政部統計年報（1993〜2006年）および行政院経済建設会（2006〜2015年）の人口推計により再編成した．

人口の高齢化進行率を主な国別に比較すると，以下の通りである．

台湾の人口の高齢化は世界最速の韓国の進行率とほぼ同じようなスピードで進んでいることが分かる．一方，日本とは現在20年程度遅れての進行率を見せているが2025年以降急激に高齢化し，2050年にはほぼ同じような比率が予測されている．なお，第2次世界大戦後に生まれた第1次ベビーブームに生まれた団塊世代が高齢者になる2010年以後からは急速な高齢化が予測されている．表14−2によると，2000年から2010年の10年間は2％の高齢化率の増加を表しているが，団塊世代が高齢者になる2010年から2020年の10年間には5.3％増加の予測が示されている．さらに，2040年を前後に第2次ベビーブームが含まれるとは言え，2025年から2050年の25年間には以前の25年間の増加率11.2％を大きく上回る17.2％の増加率が予測されている．これは台湾の高齢化が年々加速していることを示しているとともに，素早く対応策を模索しなければならないことをも意味している．

(2) 労働市場の特徴

台湾では15歳以上を労働生産人口と規定し，その上限は定められていない．なお，労働力や人力資源の側面から45歳より64歳までを中高齢者とし，65歳以上を高齢者としている．

最近，台湾では，45歳以上の失業率が増加している．この失業問題はただ中高年層にとどまらず，青年層の失業も深刻な社会問題として現している．これは台湾の経済が長期沈滞に落ちているのを反映する証でもある．そのうえに，雇用と関連している環境は容易に政府が介入して導いていける体制でもない．なぜならば，台湾での雇用は一般企業の場合，労働組合と企業側の協議によって決定・成立される構造だからである．

台北市社会局のH氏によると，「台湾の産業構造の特性上45−64歳に対する中高年老後対策としての雇用が中心になっているため，アジア国家では独特な形態を現している．つまり，台北の場合一般的な就業状況から見ると，工業中

心産業構造を志向しているため,高齢者の再就業が容易ではない.それは,尖端産業が主流である産業構造では中高年齢層の競争力が若い層に比べて落ちるからであり,結局は中高年層の雇用敬遠につながる構造を生み出している.[3]」と指摘している.たしかに戦後から1970年代に到るまでは工業化中心の経済建設政策が主流ではあったものの現在は自営業を中心とするサービス業がおよそ7割に到る[4]ことも事実であることから,今後の高齢者就労政策において新たな側面からのアプローチが求められるだろう.

(3) 退職年齢の特徴

台湾の定年退職の年齢は男女の差は企業ことに有るものの一般的に民間企業は60歳,公務員は65歳とされている.しかし表14―3によると,近年の退職年齢を見ると民間企業の場合,1991年は60歳以上が74.12%を示しているが,10年後の2001年には44.68%と激減していることが分かる.それは年々減って2005年にはおよそ3人に1人の比率で60歳以降に退職していることになり,60歳以降に退職する人はこの15年の間半分以下に激減している.なお,中高年の50-59歳に退職する人は1991年に21.77%であったのが年々増加を重ね2004年には51.73%と頂点を経て2005年には就労者のちょうど半分が退職することになった.40-49歳の退職率も1991年からすると2005年には4倍以上増加を見せている.結局,台湾の退職年齢は,50-59歳に集中し

表14―3 民間企業(工業・サービス業)就労者の退職年齢割合

(単位:%)

	30-39歳	40-49歳	50-59歳	60歳以上
1991年	0.19	3.92	21.77	74.12
2001年	0.79	9.59	44.86	44.68
2002年	1.36	12.20	45.75	40.69
2003年	0.95	10.55	49.18	39.25
2004年	0.95	15.19	51.73	32.13
2005年	0.40	16.90	50.00	32.70

出所) 行政院主計処『人力資源統計年報』2006年度より作成

ているほか，中高年の59歳までにおよそ7割が退職することを示している．

このような傾向は，「労保老年給付」額を増やす原因となり，いずれは社会保障システムの根幹を揺るがし，国家財政難を招く可能性さえ考えられる．行政院の労委会の資料によれば，2005年「労保老年給付金」を受給する年齢層の割合は55-59歳が最も多く30.02％を示し，50-54歳の20.56％を合わせると50代の給付率は50.58％と年金給付額の半分以上を占めることになる．このような中高年層の早期退職の傾向は社会保障財政の負担を加重させるだけではなく，熟練した経済活動層の損失による社会的負担も増加させている．またこうした台湾の実態はOECDの平均値をはるかに上回る状況で，高齢者就労推移にも逆行する流れに置かれている．

2 高齢者就労環境と現状

(1) 国際就労環境と現状
1) 国際機構の動向

人口の高齢化は，国を問わず経済活動の低下と社会保障財源の低下をもたらしているため，国際社会の高齢者就労問題への関心は高まる一方である．国際社会が高齢者就労に関心を持ち始めたのは，1948年12月26日にアルゼンチンで開かれた第3回国連総会での「高齢者権利宣言」からである．本宣言は，人権保障の側面において高齢者に関する内容をより具体化することで高齢者の福祉に関する研究と活動が始まるきっかけを提供したことにその意味があった．アルゼンチン代表によって提議された「高齢者権利宣言」では，「すべての高齢者は労働能力がある限り労働する権利が有り，国家と緒機関は高齢者の生産能力を評価し，労働の可能性を考慮すべきである．」とする第8条「労働の権利」条項を設けている．

国際労働機構（ILO）は，1960年代に中高齢および高齢労働者の職業訓練に格別な関心を表した．1970年代には科学技術の発展と産業の自動化によって

中高齢および高齢者の就労権が主な話題となった．1980年には，ILO第66回総会で，① 年齢の高齢化によって差別を受けることなく，労働に関して均等な待遇と機会が与えられるべきであること，② 職業の再訓練，職業紹介の際には差別しないこと，③ 老化を早める労働条件，作業環境は可能なかぎり改善し，超過勤務などを制限すること，④ 引退は任意に行われ，年金受給年齢についてはより柔軟なものにすること，などの勧告案を採択した．このように中高年層の労働希望者に対する就労環境は，十分とはいえないまでも徐々に改善されつつあることが言える．

経済協力開発機構（OECD）傘下の雇用労働社会問題委員会（ELSAC: Employment Labor and Social Affairs Committee）は，2001年に中高齢および高齢者（50-69歳）の就労を改善する政策と具体的措置を各国に促した．なお，2003年には「高齢化社会とエスカレートする年金危機」という報告書を通じ，「メンバー国がそれぞれ年金制度の改革に取り組んでいるが，早期退職を防げるような制度と価値観の変化が並行してこそ，危機は克服できる」と警告した．なお，OECDメンバー国の平均高齢者扶養率が2003年現在の22％から2050年には46％と増えるだろうと展望し，各国の早期対応を促している．こうした影響を受け，2005年10月にはOECD雇用労働社会問題委員会とベルギー連邦政府の雇用労働労使関係委員会の共同主催で，「高齢化と雇用政策に関するハイレベル政策フォーラム」が開かれ，① 政府は，高齢者がやる気をなくすことがないよう，むしろ積極的に働けるように支援するため，年金やその他の福祉を保障すべきである．② 使用者は，差別することなく，さまざまな年齢の労働力を活用する労働慣行を準備すべきである．③ 高齢者自身もさらに長い期間にわたり働き，新たな技能を身につけるのだという意識と態度を持つことが期待される．などの3つの重点において提議している．現状では，確かに若者と高齢者では職業訓練のあり方に大きなギャップが存在し，いくつかの国においてはとくにギャップが大きいことが調査の結果から明らかになっている．

2) 欧米の就労政策と動向

1970年代以降のヨーロッパの雇用政策は、典型的な若年者雇用対策であり、中高齢者の就労促進という発想はなかった。高齢者はむしろ自発的に早期に退職し、若年者に働くチャンスを与えるという、世帯間における「ワークシェアリング」が積極的に推進され、若年失業の解消に焦点が合わされた。ヨーロッパの各国ではこうした高齢者の早期退職を促すための政策として、① 高齢年金の繰上げ受給制度、② 長期間受給できる失業保険制度、③ 早期退職を奨励する一時金などがあったが、当政策の狙いでもあった「若年者失業対策」としてはほとんどその効果が見られないことが多くの研究者によって明らかとなった。[5]

それからヨーロッパでは少子高齢化が進んでおり、その影響をうけた社会保障制度は深刻な財政難に陥り、各国政府は、社会保障システム改革の一環として高齢者の早期退職を促す施策を廃止または縮小し、高齢者の継続就労を奨励する政策転換を図ることとなった。こうした背景を踏まえたヨーロッパでは、2001年に高齢者雇用指針として「アクティブエージング（active ageing）」を掲げるなど高齢者就労に積極的な姿勢を表している。この高齢者就労対策は、生涯学習（life long learning）、就労延長（working longer）、退職の遅れ（retiring later）、定年以後の活躍（being active after retirement）、を含む健康維持（health sustaining）に努ことを基本原則としている。

2000年にリスボンで開かれたヨーロッパ連盟会議（Barcelona European Council）では「リスボン戦略（Lisbon Strategy）」を採択し、2010年には女性労働率を60％に、中高齢および高齢者の労働率を50％まで引き上げ、全体の労働率を70％までに引き上げることを目標として提示している。さらに2002年バルセロナ会議では、その目標を達成するには2010年までに平均退職年齢を5歳以上伸ばすことが必然とし、リスボンで採択した目標の達成を促している。

イギリスで2005年出版された『高齢社会政策白書（Opportunity Age: Meeting

the Challenge of Ageing in the 21th Century)』では，自立，機会，選択の3つの キーワードを基本原則とし，高齢者の就労を促している．その内容を簡単に紹 介すると，①高齢者就労を百万人以上とし，全体就労率80%をめざす，②就 労活動において年齢の平等化を明文化する，③労働者年齢の延長と雇用主の 意識変化を求める，④年金制度を見直し，持続的就労活動を励む，⑤再就労 訓練や生涯計画そして退職に関する充分な情報を提供する，⑥保護対象者に 新たな権利を提供する，⑦学習の機会を提供することで中高齢および高齢者 の就労を励む，⑧機能喪失手当てを改正し，就労意欲を促す，⑨失業後ふた たび就労できるよう協力する．などの具体的な目標を提示している．

　アメリカは高齢者の年齢差別をめぐる論議の際，高齢者の雇用を促進する手 段として，1967年「雇用上の年齢差別禁止法（ADEA: Age Discrimination in Employment Act)」が制定され，40歳以上の者に対する年齢を理由とした雇用 上の差別が包括的に禁止されることになった．ただしその保護の対象となるの は40歳以上65歳までと「保護対象年齢」が制限されている．しかしこの年齢 上限は，まず1978年の改正で70歳に引き上げられ，さらに1986年の改正で は完全に撤廃されることになった．しかしながら，ここで注意しなければいけ ないのは，あくまでもADEAは能力主義が前提であるため，職務遂行能力の 欠如という理由で解雇することは合法的に可能である．このようなADEAの 成立背景には当時アメリカでの公民権運動による人種差別や性差別などの人権 問題が社会的イシューとなり大きく影響していたと見られる．さらに「全米退 職者協会（AARP: American Association of Retired Persons)」をはじめとする全米 の高齢者圧力団体，いわゆる「グレイ・ロビー（gray lobby)」の活動による社 会的意識の向上も法成立に至大な影響を及ぼしたに違いない．

3) 日本と韓国の就労政策と動向

　日本の中高年層の就労率は，国際的に高労働参与モデルとして分けられる が，それは最長寿国である日本政府が早々と人口の高齢化問題に積極的な対応

を検討したことと繋がる.

　2005年すでに超高齢社会に突入した日本の高齢者雇用政策のきっかけは，失業高齢者の雇用確保措置から始まったが，1963年「職業安定法・緊急失業対策法」が改正される折に，「中高年齢者就職促進措置」を設けることで失業対策事業を廃止することになった．こうした背景を下に労働省傘下には，「高齢者雇用対策部」が設けられることになる．それから1976年には企業は必ず55歳以上の労働者を雇用しなければならないと規定するが，1986年には60歳以上定年の努力が義務つけられる「高齢者雇用安定法」が制定された．その後1994年には60歳未満定年制が禁止されるとともに65歳までの継続雇用が努力義務とされる内容で改正された．さらに2004年には65歳までの雇用確保措置を企業に義務つけることに改正し，2006年4月1日から実施されている．この法律改正により，従業員301人以上の大企業は2008年3月31日まで，300人以下の中小企業は2010年3月31日までに65歳までの雇用確保を実施することが義務付けられた．

　人口構成や高齢化進行率が台湾と似ている韓国は，OECDによると，メンバー国のなかで平均退職年齢が2008年現在67.1歳で，日本（69.1歳）に次いで2番目に高い．これは退職後の社会保障システムの不備などの理由で欧米先進国に比べて早期退職しがたい仕組みによる結果であると指摘されている．こうした背景を下に1988年退職後の所得保障のために「国民年金制度」が実施されるが，その3年後の1991年に「高齢者雇用促進法」を制定し，年金受給年限に満たない退職者および退職年が年金受給資格の60歳に満たない勤労者の経済的安定を保つための補充措置を行なった．これは韓国企業の90％が55歳を定年としている特徴が背景にある．すなわち2006年の年金給付率は19.0％に過ぎないため，2007年現在65歳以上の高齢者就労率はOECD平均より高い30.5％を示している．これは退職後の所得が保証されない空白の数年間と年金外の世代の経済活動の続きを意味すると推測される．一方，保健福祉部は2004年に高齢者の社会的雇用の名分の下で「高齢者仕事創出事業」を打ち

出した．また，2008年には高齢者の雇用および就業において年齢を理由とする差別を原則として禁じる内容が「雇用上年齢差別禁止および高齢者雇用促進に関する法律」に追加された．

台湾人口の発展推移を概観してみると，韓国の変遷と近接し，20年前の日本と似ている．しかし，日本と韓国は各自の特徴的弱点を補う策として，中高齢者就労を促進する委員会の組織を始め専門法律の制定のために国民の理解を求め，いち早く高齢化社会の対策を図った．台湾においても変化する人口構造が今後の社会にどのような影響を及ぼすのか素早く緻密に検討する必要があるだろう．

(2) 台湾の高齢者就労と現状
1) 高齢者就労の概観

台湾の高齢化の速度は速い，また人口増加率と関連する特殊出生率は1.2％程度で低いほうだが，中華民国老人福祉協会のC氏は，「労働力確保のために悩まされる兆候は現れてない．台湾の退職年齢は一般的に男性は60歳，女性は55歳，そして公務員は65歳である．とくに，専門職や技術職などに対しては続いて働くのが奨励されるが，生産職などに対しては早く退職するのを期待しているのが社会的雰囲気である．しかしながら，高級労働力のための再雇用構造は確立されていないのが現実である．[6]」と指摘している．

表14－4によると，台湾の2006年の就労人口率は男女平均57.9％であり，男性が67.4％で，女性は男性よりおよそ20％も低い48.7％を示している．しかし，15-24歳までの女性就労率が男性の義務兵時期などと重なることや男性の高い大学進学率などで一時上回るものの，全般的に女性の就労率が低いのは一般的に女性の定年退職の年齢が男性60歳に比べ5年早いことや子ども養育時期が重なる25-44歳に男性との格差が20％以上広がりその後も再就業が容易では無いことが窺える．一方，男性の就労率は25-44歳の93.3％を頂点に徐々に減少していくが60歳を超えると46.9％と急激な減少を表し，公務員

が定年になる65歳以上になると11.2%まで激減し，高齢者の就労環境の劣悪さが推測できる．

　こうした両性の就労率の変化により，女性の場合は育児期以後の再就労に焦点を置き，男性の場合は60歳以後の労働環境をサポートすることが重要なポイントであることが示された．

　また，台湾と社会文化的共通点を持っている東アジアの日本と韓国の女性の労働参与率を表14－5で比較してみると，15-24歳までの台湾女性は韓国とはほぼ同じ参与率を見せているが，日本は大学進学率（2008年現在52%）や早期自立度の高いことが原因で20歳以降の労働参与率は急激に増加している．韓国の女性の場合結婚適齢期および育児期に入る30代はいちじるしく低い参与率を表していながら40代からは再び就労活動を行なう傾向を見せている．一方，台湾女性は20代と30代の平均からは日本や韓国よりも多くの女性が就労活動を行なっているが，40代に入ってから徐々に減少し，男性より5年早い定年を向かう社会通念から55歳を基点に急激な減少を表している．

　こうした結果，どの国においても中高齢者の再就業を含む高齢者雇用政策の拡大は，結局若い層の就業を脅かすという側面からジレンマに落ちることが多

表14—4　2006年度年齢別・性別の就労率

(単位：%)

	平均	15-24歳	25-44歳	45-49歳	50-54歳	55-59歳	60-64歳	65歳以上
男性	67.4	28.5	93.3	91.1	83.4	83.4	46.9	11.2
女性	48.7	34.3	72.8	59.4	46.4	46.4	17.1	4.0
総計	57.9	31.5	83.0	75.2	64.9	64.9	31.6	7.6

出所）行政院主計処『人力資源統計年報』2006年度より作成．

表14—5　2006年台湾・韓国・日本の女性労働参与率

(単位：歳，%)

	15-19	20-24	25-29	30-34	35-39	40-44	45-49	50-54	55-59	65-64	65〜
台湾	9.6	56.0	79.9	73.7	70.4	66.8	59.4	46.4	28.7	17.1	4.0
韓国	8.9	59.1	67.5	53.1	59.6	65.6	64.4	58.5	49.7	43.8	22.7
日本	16.6	70.1	75.7	62.8	63.6	71.4	74.0	70.5	60.3	40.2	13.0

出所）行政院主計処『人力資源統計年報』2007年度と国際労働機構（ILO）の http://laborsta.ilo.org/ により再編集．

い．台北市社会局のH氏は「台湾もまたこのような現実的な矛盾を避けることができない状況に置かれている．やはり高齢者の再就労が拡大すれば青年層の就業率が減っていくと心配している．[7]」と労働市場の雰囲気を伝える．また，「台湾政府とともに社会の全般的な雰囲気は高齢者の再就労より青年層の就労に重点を置いているため，高齢者就労の拡大政策のための本格的議論は行われていない状況ではあるが，福祉財政や長引く経済沈滞を考えると高齢者の再就労への政策転換は避けられない[8]」と高齢者就労に関する期待をほのめかした．結局，H氏とのインタビューを通して，台湾政府は2007年12月現在では高齢者の再就業のための政策は行なわれていないことが分かった．しかしながら，このような状況を中華民国老人福祉協会のC氏は「こうした社会的雰囲気や政府の政策的基調の影響を受けて，高齢者は自らの余生の責任を担うことになり，結局家族に依存するか自営業に従事ことが多く，不安定な生き方を余儀なくされる」と指摘し，政府の政策転換を促している．

2）インタビューによる高齢者就労の現状

高齢者の就労と関連する政府および研究機関の2次資料をもとに，これと関連する労働市場の柔軟性を正確に把握するのは難しいが，黄と陳のインタビューを含めて，その主な特徴をまとめると，次のようなことが推察できる．

① 高齢者および労働市場のニーズ

高齢化率が急速に増加しているなかで高齢者自身と彼らの家族は収入が低く不安定な自営業よりは企業や公務員などのより安定した収入と老後生活の保障を求めるのは当然であるといえる．しかしながら，台湾の労働市場や社会的ニーズは，高齢者の就業より青年層の就業により多くの社会的関心が高いとされている．このような相反した就業環境は，個人と労働市場，そして政府の間で非常に密接な影響を与えているため，相好の利害関係を補う観点からアプローチすることから高齢者就業の活性化方案を模索することが望ましいであろう．

② 労働市場の柔軟性

　台湾では，高齢者就業の必要性を切実に受け入れる雰囲気ではないことや青年層の就業が優先順位であることを勘案すると，高齢者就業活動や労働市場の受け入れ態勢は非常に劣悪な状況であると判断される．こうした就業環境が経済的効率化を図る結果としてなのか，高齢者を囲む文化的要素からなのか，あるいは両方の影響を受けているのかは今後の調査を通して，具体的な資料の基で判断することが妥当であると考える．

③ 自営業中心の高齢者就労

　結局，少なくともインタビュー時点では台湾政府の高齢者に対する再就業を含む就労政策は行われていないと確認された．したがって，このような台湾政府の政策的基調と社会的雰囲気の影響で，高齢者は自ら老後の生活責任を担うことになり，その大部分が家族に頼りながら小資本の自営業に従事する傾向を現している．

④ 民間団体の役割

　台湾政府はむしろ高齢者の福祉向上のために民間の自らの参加を期待している．たとえば，老老介護や高齢者のための多様なコミュニティの設置および運営など高齢者福祉の中心的役割を果たすことを望んでいる．一方，台湾政府は老後所得対策として年金制度を準備しているとしながら，2007年12月現在，まだ実施していない状況である．一方，民間組織の活動として中国老人教育協会附設の「老人社会大学」や「中華民国老人福祉協会」などが挙げられる．「老人社会大学」では，高齢者スポーツを始め日本語，スポーツ，歌，書道，などの教養プログラムを主に実施し，比較的に経済的余裕のある高齢者層を主な対象としている．また，「中華民国老人福祉協会」では福祉機器展などを開き福祉用具の紹介や使い方を教育するほか，ボランティアなどの社会公益活動を行い，生活のサポートを行い高齢者の自立をめざしている．さらに海外の高齢者状況を国内に紹介するなど幅広く活動し，台湾の高齢者福祉の一端を導いているともいえる．

3 高齢者就労政策と課題

(1) 政府の高齢者就労政策

　台湾政府は少子高齢化の対策の一環として行政院労工委員会の所管において高齢者雇用対策を模索することになり，その結果として2008年2月『高齢化社会労働政策白書』が発刊されることになった．これは台湾政府の高齢者就労対策に関する政策意志を表したはじめての単行本でもある．とくに，台湾政府の強い政策意志を感じさせるのは，短期と中長期に区分けされる「4の政策と11の計画」である．これには，台湾が抱えている高齢者就労環境および課題点がその背景にいちじるしく現れているため，その主な内容を紹介しながら高齢者就労政策の特徴と方向性を見極めることにする．

政策1）システム環境の改革

　政府は高齢者就労政策を計画し，その計画を実行するには既存の高齢者就業に障害となる社会的システムの改革を必然的に考えなければならない．そこで台湾政府は最優先事項として，まず，①高齢社会に向かえる国民の理解を得るとともに高齢者就業の位置づけとなる基本法令「高齢社会就業促進法（仮称）」を合意制定することで，②既存の退職制度の見直しとともに退職年齢や年金給付最低年齢を新たに定められ，③関連する年金制度を見直すことで，社会的公平性を促し，④社会的年齢軽視風潮を排除するとともに年代間が融合する職場環境づくりをあげている．

政策2）雇用主の参与と労働需要の満足

　こうした労働市場環境の土台を変えることを前提に労使の市場原理の下での双方満足を得るには，高齢労働者の就労を促すとともに雇用主の理解を求める誘引努力として，⑤労働者の継続就労を励むために，職場学習，就業促進手当て，高齢者就労効果，高齢者健康状態による職務配置などを行い，⑥雇用主をサポートし，高齢者就業願望を満たすために企業の職種別および規模別の違いを考慮した奨励策を設けるとともに優良な企業・事業単位の認証制を導入

するほか，公共事業進出の便宜を図る．

政策3）政府と民間のパートナーシップ

こうした政策を実行するには，民と官の緊密な連携が不可欠とも言えるので，⑦既存の民・官で行なわれる就業機関の励ましと効率を高める窓口の多元化を行ない，⑧労働者の職務能力開発のための職業訓練の提供を行ない，適切な職務探しをも民・官協力の基で行なう．

政策4）生涯計画と就業需要の満足

最後に労働者の多元的就労機会を開発提供し，生涯学習の推進と退職準備の教育を行なうために，⑨多元的に就労機会を開発提供し，能力に合わせた再就業を通して適材適所に再分配する，⑩シルバー人材センターを設置することで高齢者に就業機会を提供し，地域活性化を促す，⑪そして生涯学習および生涯計画と退職準備教育の機会の提供などを骨子とする11項目の具体的政策を明らかにした．

(2) 高齢者就労政策と課題

こうした高齢者就業に関する条項を具体的で多方面に模索提示することで，政府の政策意志を表明することができた．この政府の高齢者就労政策案は大きく分けると，就労環境改善のための関連法整備とそれを実行する執行団体の確立運用であると考えられる．しかし既存の「就業服務法」，「労働基準法」，「労保条例」などにも中・高齢労働者の就業関連議題が含まれているにもかかわらず，「高齢社会就業促進法（仮称）」などの「専門法」を制定するのは素直に疑問がする．すなわちまったく新たな法律を設けるのかあるいは既存の法律を修正するのかを含め，内容の重複されるところや法理的に矛盾する概念や定義は無いのかなどを総合的に考慮した上で，時間的余裕の有無を確認し順番に実行すべきである．たとえば台湾の既存の高齢者の年齢に関する法的規定の一貫性の問題として，すでに1992年制定された「就業服務法」ではサービス対象年齢を45−65歳の中高齢者と設定しているが，その後2003年に制定された「就

業保険法」では，その第12条に失業労働者雇用奨励協力対象を40-65歳と定めるなど，その法的措置の対象範囲が一貫性を欠いていることを指摘せねばならない．

　高齢者就労環境の改善のための「専門法」制定に向けての論議が，国民の健康増進や医療技術の発達などにより平均寿命が年々伸びている最中で行なわれるもので一層注目を浴びているが，一方では産業構造の変化により高齢者就労環境も低体力業種に変貌しつつあり相対的には高齢者就業の機会が増えているとも言える．しかしながらここ数年中高齢者の女性の労働参与率がわずかに増加しているだけで，むしろ男性の労働参与率は下がっている傾向であり，65歳以上の高齢者は男女ともにわずかな増加率を現している．その背景には2007年の雇用調査によると55.3％の職場に年齢制限があり，その内90％が40歳以下と規定している厳しい現実がある．これは端的にいえば既存の法的制約によるものであり，これが根拠に新たな「専門法」制定の構想が説得力を得ているとも言える．さらに言えばこうした状況の打開を求め，国民的同意を得るための企業と労働者の両側に均衡の取れた法律の提示ができるかが今後の課題であろう．

　もう1つの課題として執行団体を如何するかである．台湾の平均定年退職年齢は55.2歳であるが，定年後の平均余命は持続的に伸びている中で，政府は政策のなかに「シルバー人材センター」の設立を提示していた．国家科学委員会の高齢社会研究チームが行った全国調査資料（周玫琪：2008）によると，45歳以上の就職者に「将来定年退職後再就職を希望するか」を聞いたところ，46.9％が定年後も引き続き働きたいと答えた．その中で91.9％は報酬のある仕事を希望しており，わずか8.1％の人が報酬のないボランティアや家族面倒などを希望していた．また「フールタイムまたはパートタイムなどの仕事の類型」を聞いたところ，兼職をしたい人が47.4％で最も多く，フールタイムで働きたいと答えたのは30.4％であり，自己創業を希望している人が22.2％に達していた．さらに「将来定年後の生活のため準備した資金が足りなくなった

ときに如何するか」を聞いたところ74.6%が再就職すると答えた．このように労働者の再就職への願望は大きく，その類型も兼職，専任職，パートタイム，創業までそれぞれ分かれている．これは「シルバー人材センター」の役割が単なる職業案内ではなく，多様化する社会認識に伴う多様なニーズに備えた緻密な計画の基で実行しなければならないことを示している．

おわりに

今回の台湾における高齢者就労に関わる文献調査と2人のインタビューを通して得られたメッセージと言えば，人口の高齢化は社会において課題でもありチャンスでもあるということである．もし何もしなければ，社会の高齢化は深刻な経済的・社会的問題となるに違いない．しかし，もし健康で長生きできる人生と長く安定した職業生活とが調和できれば，それはまた大いなるチャンスにつながるであろう．しかしながら，もしより長く働くことが高齢労働者にとって魅力的でやりがいのあるものであるならば，政府，使用者，労働組合が三位一体となって，需要と供給の均衡の取れた調和を生み出さなければならない．それには現実的に超えなければならない多くの課題が散在していることも事実である．そのために，考慮すべきいくつかを提案をまとめると，次の通りである．

第1．働き続けることへの経済的インセンティブが保障されるだけではなく，身体能力がいちじるしく衰える高齢者のために既存の助成金付きの早期引退への道を選択筋として残さねばならない．

第2．企業に対する政府の支援として，使用者が高齢労働者を採用し継続雇用することで政府によるインセンティブが保障されるように具体的で積極的なサポートが必要である．

第3．高齢労働者には，その就業能力を改善するよう適切な支援と奨励策が必要となるが，政府と企業，そして第3セクターである市民団体の共同参与が

望ましい．

　最後に，高齢者就労政策の成功のカギは当事者である高齢労働者を含む社会全体の認識の変化が第一歩とも言える．

《注》
1) 1回目のインタビュー調査は，人口問題研究所の佐々井司氏が中心になって主に公共政策に焦点を合わせて日程が組まれた．インタビューには日本と韓国で筆者を含む7人が参加して質疑応答式に行われた．インタビュー内容は事前の打ち合わせによって設けられたが，現実とのずれは大きく満足する答えを得ることは難しかった．
2) 2回目のインタビュー調査は，民間による高齢者就労活動などの情報を目的に中華民国老人福祉協会のC氏と職員2人含む4人でディスカッション形式で行われたものである．
3) 台北市社会局H氏，インタビュー，2007年12月28日．
4) 戦後の台湾の農産物輸出規模は8割を占めていたが，国民政府が立てられてからは農業所得を工業への投資に転換していた．1953年に第1期経済建設計画を立案し労働力集中型工業の育成による輸出振興を図るようになった．その結果1959年まで毎年10％の工業成長率を成し遂げた．2005年現在の全労働人口は1060万人で，業種別比率は農業が6％，工業が35.8％，サービス業が58.2％を占めている．
5) 岩田克彦「欧州の高齢者雇用対策と日本」『海外委託調査員国別報告会資料』労働政策研究・研修機構　2006年．
6) 中華民国老人福祉協会C氏，インタビュー，2009年2月20日．
7) 台北市社会局H氏，インタビュー，2007年12月28日．
8) 中華民国老人福祉協会C氏，インタビュー，2009年2月20日．

《参考文献》
岩田克彦「欧州の高齢者雇用対策と日本」『海外委託調査員国別報告会資料』労働政策研究・研修機構　2006年．
行政院主計処『人力資源統計年報』2006年度．
行政院労工委員会編印『高齢化社会労動政策白皮書』2008年度．
行政院労工委員会『高齢社会来臨與就業政策因応研討会』2008年度．
行政院労工委員会『延後労工退休年齢方案』2007年．
黄英忠「中高齢者職務再設計的運用」『高齢社会来臨與就業政策因応研討会』行政院労工委員会　2008年　pp.87-110.
長世璋「我国未来人力規画発展方向」『高齢社会来臨與就業政策因応研討会』行政

院労工委員会　2008 年　pp.7-44.
周玫琪「中高齢者及高齢者人才運用中心的設立」『高齢社会来臨與就業政策因応研討会』行政院労工委員会　2008 年　pp.49-82.
辛炳隆「台湾高齢社会就業促進専法制定之研究分析」『高齢社会来臨與就業政策因応研討会』行政院労工委員会　2008 年　pp.171-179.
成之約「他山之石―如何協助中高齢就業（日本及新加坡経験）」『高齢社会来臨與就業政策因応研討会』行政院労工委員会　2008 年　pp.115-161.
内政部『統計年報』2007 年度.
EU ホームページ（European Employment Strategy）http://ec.europa.eu/employment_social/employment_strategy/index_en.htm
ILO ホームページ http://laborsta.ilo.org/
OECD, *Ageing and Employment Policies: Live Longer, Work Longer*, 2006.

第15章
アメリカの高齢者における就労支援

はじめに

　アメリカでは，第2次世界大戦後に誕生したベビーブーム世代が高齢化していくなか（2010年には3人に1人が50歳以上になると予測されている），労働力構成の高齢化や生産人口の減少が見込まれている．こうした状況にあって，アメリカでは引退した高齢者の増加による減収や社会保障費の増大を視野に，高齢者を労働力として活用する動きがみられるようになった．

　これまで，アメリカにおける高齢者の就業率は，長期的には減少傾向にあった．そのため，多くの研究者は高齢者の就労よりはむしろ，彼らの余暇活動に着目し，さまざまな研究知見の蓄積を図ってきた．しかし，最近では高齢者の就業率はわずかではあるが，横ばいから上昇傾向に転じてきている．アメリカでは，古くから年齢差別禁止法（Age Discrimination in Employment Act; 1967）による雇用における年齢差別の禁止や高齢アメリカ人法（the Older American Act; 1965）に基づく高齢者地域社会サービス雇用事業（Senior Community Service Employment Program; SCSEP）など，高齢者が就業する上で特別な配慮がなされてきた．しかし，それらの成立背景には，高齢者の就業意欲の助長や，彼らの生きがい創出を図るような意味合いよりはむしろ，人種差別や性差別といっ

た人権問題に対する社会的関心の向上や当時のロビー（lobby）活動による影響が大きいとも言われている．ただし，近年のアメリカでは，高齢化率（65歳以上人口の総人口に占める割合）は上昇傾向にあり，2015年には14.3%，2050年には21.6%に達するものと推計されている[1]．こうした状況にあって，高齢者はもはやリタイアし，保護される対象ではなく，彼らと社会との接点を切り離さない方法の1つとして，また現在のアメリカ社会を構築してきたベビーブーム世代の多様な価値観やライフスタイルの選好に応える方法のひとつとして，高齢期における就業のあり方が問われている．

本章では，アメリカにおけるAARP（旧全米退職者協会；American Association of Retired Persons）ニューヨークオフィスおよびニューヨーク市高齢者局（New York City Department for the Aging）におけるインタビュー調査（2008年1月実施）をもとに，アメリカにおける高齢者の就業状況と両機関における高齢者就業支援について概観し，これらを取りまとめた上でわが国における高齢者就業支援のあり方についていくつかの示唆を提示したい．

1　アメリカにおける高齢化の現状

アメリカの人口は，歴史的にみれば1950年には1.6億人程度であった．それまで出生に歯止めをかけていた世界恐慌と第2次世界大戦の2つの脅威の終焉は，豊かなアメリカを謳歌する時代へと変遷を加速させていった．とりわけ，アメリカでは1946年から1964年にベビーブーム世代が誕生し，それ以後，人口は増加の一途をたどっていった．1965年には約2億人，2005年には約3億人に達し，今もなおアメリカの人口はゆるやかに増加している．この傾向は，将来的にも続く見通しであり，2010年には約3.2億人，2050年には4億人を突破することが予測されている[1]．

アメリカの高齢化率を概観すると，1950年には総人口の約8％程度，2005年でも約12％程度と，この半世紀の間の高齢化率の上昇率はわずか4％程度

であった.しかしながら,アメリカの高齢化率は,今後のベビーブーム世代の高齢化も相まって,2010年には13.0%(約4100万人),2050年には21.6%(約8700万人)にまで達するものと予測されている(図15-1).とりわけ,ベビーブーム世代が65歳以上になる2010年前後から2030年前後にかけて,高齢化率の大幅な上昇が見込まれており,これと同時に生産年齢人口(15-64歳),年少人口(14歳以下)の総人口の占める割合は相対的に低くなることが予測されている.

こうした高齢化の進展の中で着眼すべきは,次世代の働き手として期待される年少人口の動態である.アメリカにおける合計特殊出生率をみると,1950年では3.02,1960年では3.64と高い数値を示してきたが,その後減少に転じ,1970年代中頃には1.80を割り切るところにまで低下した.しかし,1980

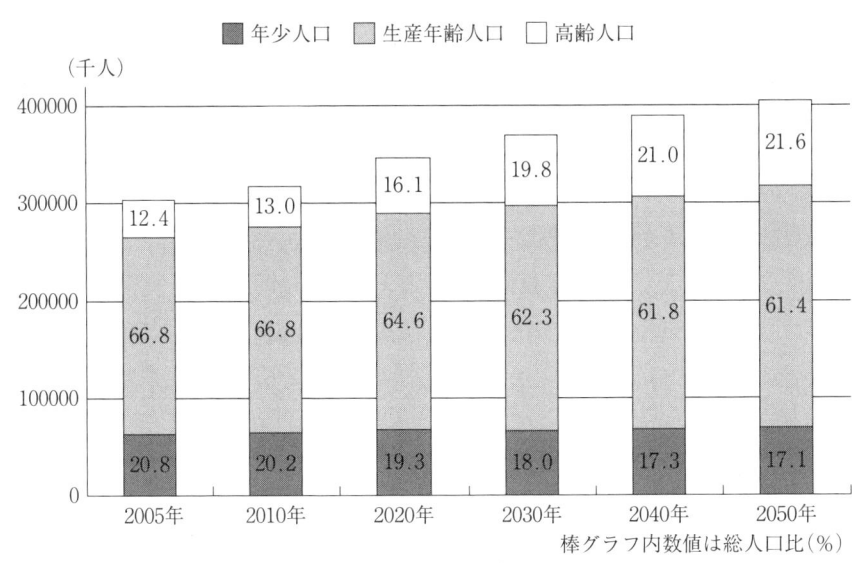

注)年少人口(14歳以下),生産年齢人口(15歳から64歳),高齢人口(65歳以上)

図15-1 アメリカにおける年齢3区別将来推計

出所)United Nations, "World Population Prospects: The 2008 Revision Population Database" の中位推計を参考に作成

年には1.84とわずかな上昇に転じ，1989年には2人を超え，以後ほとんど横ばいになっている[2]．ただし，長期的な推計によれば，2020年から2025年にはアメリカの出生率は1.88とやや低下することが予測されている[3]．その意味では，将来減少が見込まれる年少人口，さらには生産年齢人口も含め，高齢者の再雇用は今後のアメリカにおける労働力として無視できないものになるといえよう．

2 アメリカにおける高齢者の就労支援政策

(1) アメリカにおける雇用

アメリカにおける雇用は，雇用者（使用者）と被雇用者（従業員）が，両者の自由意思に基づき，平等な交渉力のもと契約の締結を行なうことが一般的である．この原則は，伝統的に「随意的雇用（employment-at-will）」の原則として広く知られており，一方の当事者が他方の当事者に契約の解消をいつでも伝えることができる．そのため，被雇用者が雇用契約等においてとくに適用規定をもたない場合，雇用者は被雇用者との雇用関係を理由の有無にかかわらず，いつでも解消することができる．

ただし，アメリカではこうした原則が基本になっているとはいえ，労使間の平等性を保持するため，公序良俗に反するような差別的な理由による解雇は制限されている．その一例として，たとえば高齢者の場合，アメリカが他国に先駆けて制定した年齢差別禁止法の存在が挙げられよう．年齢差別禁止法は，1967年に制定されてからというもの，これまでに数回にわたり改正が行なわれてきたが，その基本は年齢を理由とした募集，採用，解雇，報酬，労働条件等の雇用差別の禁止である．そのため，わが国では定年退職として知られる，いわゆる強制退職年齢の制定は，アメリカでは原則禁止されている．また，強制退職年齢でなくとも，年齢を理由とした雇用差別は禁止されており，これに違反した場合には，連邦機関である雇用機会均等委員会（Equal Employment

Opportunity Commission: EEOC）に救済の申し立てができるようになっている．事実，年齢差別に関する EEOC への申し立ては，過去 10 年間で 1 万 5,000 件を割り切ることはほとんどなく，むしろ最近では，近年の経済情勢の悪化に伴って申し立て件数は増加している（図15―2）．とりわけ，サブプライムローン問題を発端に，リーマン・ブラザーズの破綻など世界的な金融危機を引き起こした 2008 年には，年齢差別による救済の申し立て件数が 2 万 5,000 件を超えるなど，経済情勢と雇用との関係は切っても切り離せない関係となっている．もちろん，こうした制度は高齢者の就業を支える基盤となっていると考えられるが，実際には年齢差別に対する申し立て件数のうち，「正当な根拠がある」とされるケースは少なく，その割合は全体のわずか数パーセントでしかない．年齢差別禁止法は，あくまでも個人の能力主義を前提とするものであり，職務遂行能力の欠如という理由であれば，合法的に解雇することができる．

なお，高齢労働者に限定されるものではないが，労働組合において長期勤続者の優先的待遇を認める先任権（seniority right）制度の存在なども高齢労働者にとって有利に働くことがあるとされている．ただし，こうした諸制度が高齢

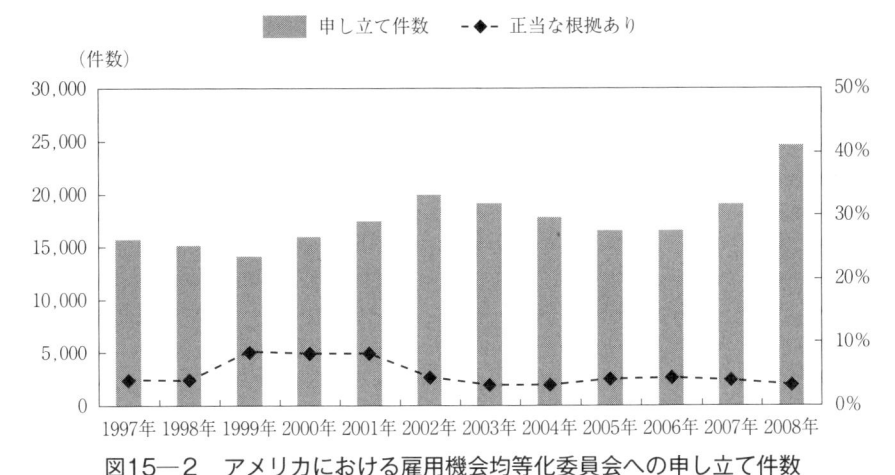

図15―2　アメリカにおける雇用機会均等化委員会への申し立て件数

出所）The U.S. Equal Employment Opportunity Commission（http://www.eeoc.gov/stats/adea.html）

者の就業促進を図ってきたのか，また年齢差別禁止法の存在が高齢者の就業機会をどれだけ改善してきたのかを具体的に示す証左はない[4]．

(2) アメリカにおける高齢者の労働力率の変遷と公的年金制度

　アメリカにおける高齢者の労働力率（labour force participation ratio）を概観すると，これは20世紀半ばより数十年も前から低下し始めたといわれている．とりわけ，65歳以上の男性高齢者の労働力率は，1950年には45.8％と高かったものの，1985年には15.8％にまで低下した[4]．しかし，その後多少減増しながら，2000年には17.7％にまで回復し，2008年には21.5％まで上昇している．全体的な労働力率の推移を概観するなら，アメリカでは1980年代半ばまで，富の増大や社会保障制度の整備，私的年金の普及，若年労働力の増大等により高齢者の就業率は大きく低下し，早期引退が助長されてきた経緯がある．一方で，1980年代後半以降は，こうした早期引退に歯止めがかかり，高齢者の就業率は少しずつではあるが上昇傾向に転じている．

　直近のデータによれば，65歳以上高齢者の労働力率は2000年では12.9％，2008年には16.8％となっており，65歳以上の女性高齢者は，2000年では9.4％，2008年には13.3％となっている（図15-3）．同様の傾向は，55歳から64歳の中高年者においても観察され，彼らの労働力率は2000年の59.2％から2008年の64.5％とゆるやかな上昇傾向を示している．

　また一般に，高齢者が引退を決断するには，少なくとも引退後の生活基盤の確保が必要である．その意味では，老後の収入源として，わが国と同様，年金制度の存在を無視することはできない．

　アメリカにおける公的年金は，老齢・遺族・障害年金（Old-Age, Survivors and Disability Insurance）と呼ばれ，一般には社会保障年金と呼ばれる．連邦政府職員，鉄道労働者，州・地方政府職員以外の，一般被用者と自営業者は一部の例外を除き強制加入が義務付けられている．年金の受給には，社会保障税を10年間以上納めていることが原則であり，平均支給額は単身の退職者で1,044

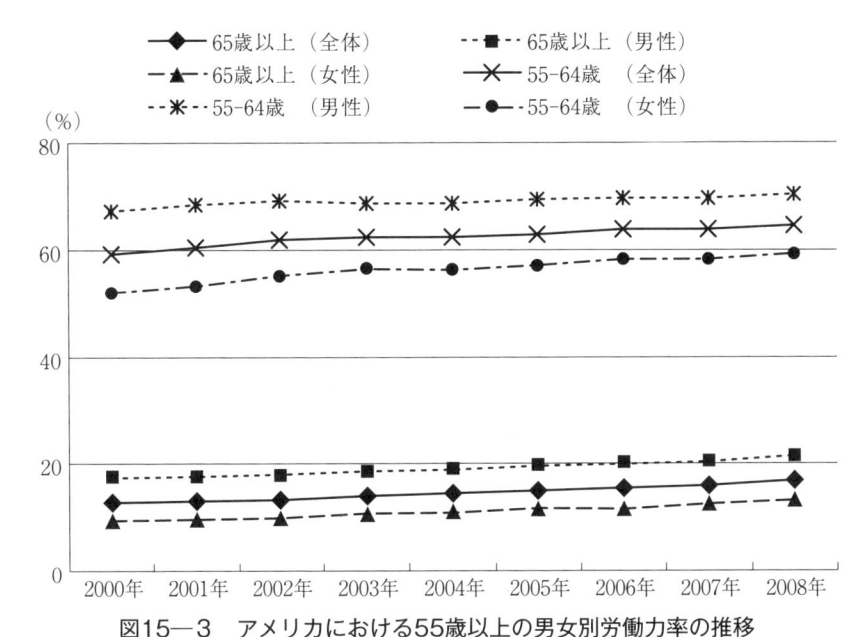

第 15 章　アメリカの高齢者における就労支援　347

図15―3　アメリカにおける55歳以上の男女別労働力率の推移
出所）OECD. Stat Extracts（Data extracted on 28 Aug 2009, Labour force participation ratio）

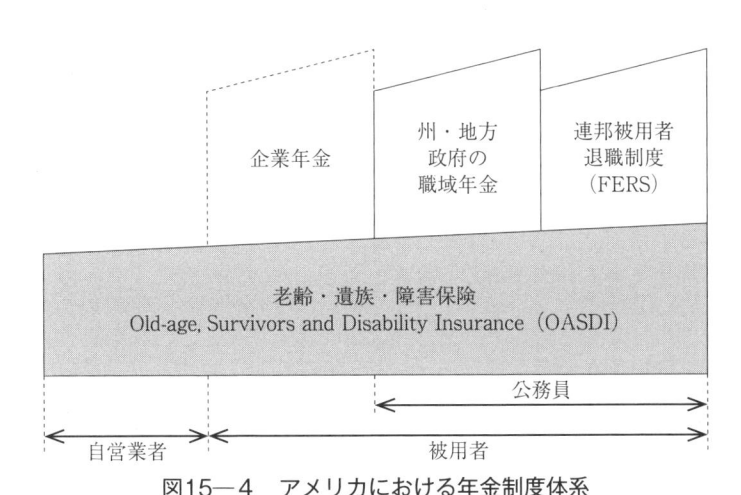

図15―4　アメリカにおける年金制度体系
出所）厚生労働省「2005～2006年　海外情勢報告」より抜粋し，一部改変した．

ドル，退職者と62歳以上の配偶者で1,712ドル（2006年推定平均支給額）となっている[5]．年金制度の概略は，図15－4に示したとおりである．

なお，年金の支給開始年齢は，従来65歳であったが，現在は支給開始年齢の段階的な引き上げの最中である．具体的には，2003年から2027年にかけて65歳から67歳まで段階的に引き上げていく予定となっている（2009年現在66歳）．なお，ここでは詳細は触れないが，公的年金である社会保障年金に上乗せされるものとして，企業年金，連邦被用者退職制度，州・地方政府の職域年金があり，いずれも高齢者の引退後の生活を保障する大きな基盤となっている．

(3) 定年に対する就業意識

AARPはアメリカを含めた先進10カ国において30歳から65歳の者を対象に，定年に対する国際意識調査（International Retirement Security Survey）を行っている[6]．ここでは，高齢者雇用と関連のある「老後に対する楽観度」，「引退（退職）年齢」，「老後に期待する収入源」，「退職後の仕事の継続」の4点について概観する．

まず，老後に対する楽観度に関しては，アメリカでは68％が「非常に楽観的」または「多少楽観的」と回答している．欧州諸国では老後に対して楽観的に捉えている者の割合は，ドイツ35％，フランス36％，イタリア34％と非常に低く，日本はアメリカと同じ68％が「非常に楽観的」または「多少楽観的」と回答している．全体的な傾向として，年齢が高い者（45歳以上）ほど，収入が高い者（USD$40,000以上）ほど，高学歴な者（学士以上）ほど，老後に対して楽観的に捉えている傾向がある．ただし，反対の意味では，3人にひとりは老後を悲観的に捉えていることを意味する．

また，引退計画年齢は，アメリカでは「65歳から69歳」が30％，「60歳から64歳」が29％とほぼ同率であったが，実引退年齢は「60歳から64歳」が26％，「65歳から69歳」が24％，「55歳から56歳」と「70歳から74歳」が同率で13％となっていた．全体的な特徴としては，日本と類似しているが，

アメリカでは早期引退を行なう者がいる一方，70歳以上になっても労働者として従事するなど，そのあり方は非常に多様であることが伺える．

さらに，老後に期待する収入源については，日本は「公的年金給付」が63％と最も高いのに比べ，アメリカでは28％とかなり低い．一方，アメリカでは「職場での積立金」が最も高く48％，次いで「企業年金・職場年金」「職場（就労）による収入」が36％，「個人的な貯蓄や投資収入」が35％となっている．また，退職後の仕事に関する意識では，「完全に仕事をやめる」と回答した者の割合はわずか14％に止まり，「パートタイム就労」は34％，「仕事と余暇を半々」は25％，「フルタイム就労」は10％となっており，何らかの形での就労を希望している者が多くなっている．その意味では，アメリカにおいて高齢者の就業支援は，彼らの就業に対するニーズを反映させるのみならず，多様な老後の選択肢のひとつとして評価できるものといえよう．ただし，実際には自己実現や社会参画といった意味合いよりはむしろ「収入源」として労働が期待されている部分が大きく，今日の経済不況も勘案して，さらなる高齢労働者数の増加が加速される可能性が考えられる．

(4) アメリカにおける高齢者の就業支援政策

アメリカが連邦政府で行っている就業支援政策のうち，高齢者を対象としたものは，高齢者地域社会サービス雇用事業（SCSEP）である．

高齢者地域社会サービス雇用事業（以下，SCSEPとする）は，1965年の高齢アメリカ人法を基本法とし，55歳以上の低所得者（連邦政府規定の貧困レベルの125％以下）で雇用機会の乏しい高齢者に対し，就業訓練プログラムに基づく地域サービスを提供する労働省唯一の雇用支援施策である．具体的には，SCSEPの参加者に対しては，公共機関や非営利団体（NPO）を通じてパートタイム就労の機会が提供され，1週間あたり平均20時間のパートタイム就労に従事し，連邦政府または州（あるいは地方）における最低賃金のうちいずれか高い金額が支払われる．参加者は，学校や病院，高齢者施設，保育所，図書

館,家庭訪問等のさまざまな地域サービスへの従事を通じて職業訓練活動を行っている.なお参加者は,個人雇用計画,講義,指導,コミュニティカレッジの受講といった訓練活動や求職活動への支援を受けることができる.

　SCSEP への参加に関しては,通常,60歳以上の者や退役軍人およびその配偶者,英語力が乏しい者やマイノリティ,ネイティブ・アメリカン (Indian) が優先される.ただし,特別な経済的事情があり,SCSEP への参加が必要な者については,上記の優先者と同様に優先的に SCSEP へ参加することができる.ここ数年の SCSEP の参加者数は,概ね年間8万人から10万人程度で推移している.2007年度実績によれば,SCSEP 参加者のうち,39％が65歳以上,69％が女性であると報告されており,11％がヒスパニック,32％が黒人またはアフリカ系アメリカ人,20％が障害のある者,10％が英語力の乏しい者であるといった特徴がみられる.プログラム修了後の就職率は52.4％,雇用定着率は71.0％であった[7].なお,2009年5月にオバマ大統領が連邦議会に提出した2010年度予算によれば,SCSEP には5億7,542万ドルが請求されており,2008年度の5億2,165万ドル,2009年度の5億7,192万ドル(補正予算含まず)と同程度または多少の増額が見込まれている.

3　アメリカにおける高齢者の就労支援

　ここでは,連邦政府唯一の高齢者就業支援政策である SCSEP を中心に,著者らが訪問したニューヨーク市高齢者局 (New York City Department for the Aging) と AARP ニューヨークオフィスにおける取り組みを概観する.

(1)　ニューヨーク市高齢者局における高齢者就業支援

　ニューヨーク市高齢者局は,ニューヨーク市に在住する高齢者のエンパワメント,自立,尊厳,生活の質の向上を図るとともに,アドボカシー,教育およびサービスの調整や提供によって彼らとその家族を支援することを目的とした

機関である．ニューヨーク市高齢者局は，高齢者の自立助長のみならず，地域や一般市民への啓発活動も含めた総合的かつ中核的な機関としての業務を担っており，高齢者のエンパワメントの助長を図る目的で，高齢者を対象とした就業支援が行われている．対象者は，55歳以上の者であり，主に室内研修や求職スキルの習得，パートタイムおよびフルタイムでの雇用機会を提供している．

　具体的には，局内の研修ルームでは，初級または中級程度のコンピュータスキルに関するトレーニングが行なわれている．ここでは，文書作成，表計算，プレゼンテーションソフト等のオフィス総合ソフトの操作方法を学ぶことができる．プログラムの期間は，8週間から10週間程度であり，事務職としてのデータ入力や文字入力，インターネットの基本的理解，雇用者と被雇用者の関係の理解，求職スキル，履歴書の記述方法に関する研修が行なわれている．また，他の研修ルームでは，食品小売店（Food Emporium）やレストランでの顧客サービス（接客）等についての研修が行なわれている．食品小売店に関する研修ルーム内では，食品棚に並べられた商品の販売・管理業務のシミュレーションが行えるよう配慮されており，同様にレストランに関する研修ルームでは商品販売やレジ操作など，実店舗さながらのシミュレーションが行なえるよう配慮されている．プログラムの期間は，8週間～10週間程度であり，顧客サービスに関連したスキルやレジ，ファックス，コピー操作も含め，幅広く全般的な就業スキルが身につくよう配慮されている．

　この他，非営利な事業所や政府機関等での一時的なパートタイムでのトレーニングの機会の提供や効果的な履歴書の書き方や就職面接のためのテクニックを身につけるためのワークショップが行なわれている．また，キャリアカウンセリングも提供されるようになっている．

　このように，ニューヨーク市高齢者局では，コンピュータスキル，各種業界における専門的な顧客サービススキルを身につけるための研修機会を提供すると同時に，一方では研修生に対する動機付けにも配慮されている．たとえば，「SUCSESSES」や「HIRE」と記載されたボードには，研修卒業生の「成功

(採用)例」が掲示されており，研修の成果が実際の雇用へと結びつくことが目に見えて分かるようになっている．また当局では，高齢者雇用が企業にもたらす肯定的な影響やポスターや案内書の制作など企業に対する広報活動も積極的に行なっており，高齢者の再雇用がもたらす社会への貢献について意欲的な啓発活動が行なわれている．

ところで，著者らの訪問時に行なったインタビューによれば，ニューヨーク市で積極的に高齢者の再雇用や就労支援プログラムが展開されるようになったのは，主に経済的理由によるところが大きいという．とくに，ニューヨーク市では物価上昇や保健医療費の上昇により，従来はパートタイムや最低限の賃金保障に年金を加えることで生活できていたものが，もはやそれだけでは生活できなくなってしまったとのことである．高齢者は自らの選択というよりはむしろ，収入を得るために働かざるを得なくなった．こうした状況の改善に向けて，現在，高齢者雇用のインセンティブを与える方向で支援を行なっているとのことである．また，実際問題，若年層の仕事の離転職が多くなってきているなかで，彼らに対する教育や指導を行なう部分を考えれば，高齢者のキャリアを活かした人材の提供は，企業側にとっても人件費の負担軽減を図りつつ，業務の効率化を図ることができるという．一方で，SCSEPは退役軍人や障害のある者，高年齢な者が優先される傾向にあるため，とくに雇用に関しては企業倫理や社会的認識を転換させていく必要があると指摘する．その意味では，クライエントをひとつのマーケットのようにして1対1で時間をかけたケースマネジメントができるようなシステム作りが必要である．最終的には，企業側，高齢者双方に利得をもたらす関係（win-win）を築き，それを根気強く支えていく体制作りも必要であるとのことであった．

(2) AARPにおける高齢者就業支援

AARPは，アメリカ最大の高齢者非営利団体（NPO）のひとつであり，全米の50歳以上の高齢者約3,700万人の会員数を誇っている．AARPは，アンド

リュース博士（Dr.Ethel Percy Andrus）により1958年に設立され，すでに50年もの歴史がある．従来は，全米退職者協会の略称として使用されていたが，現在では「AARP」の名称が定着してきたことや50歳以上の現役の会員が増加してきたことも踏まえ，退職者団体の略称よりはむしろ，「AARP」そのものを名称として用いている．AARPは，以下の3つの基本理念にしたがってさまざまなサービスを提供している．

① 高齢者の自立，尊厳，目的を助長する
② 高齢者の生活の質を向上させる
③ 高齢者のイメージを改善する "奉仕されるのではなく奉仕する"

この基本理念を具体化すべく，AARPでは雇用を希望する中高年者の支援のため，就労を求める個人に対していくつかの就業支援プログラムを提供している．そのうちのひとつが，AARP財団によるSCSEPであり，SCSEPの基準を満たす55歳以上の中高年者を対象に，さまざまな研修や職業スキルを強化するプログラムを提供している．また，上記のSCSEPの基準に満たなくとも，AARP財団ワークサーチ・アセスメント・システムにより，地域レベルでの仕事や職業に関する情報提供等が行なわれる仕組みとなっている．

AARPは1969年よりSCSEPの運営団体に認定され，1996年にAARPの公益部門であるAARP財団へその権限を移管させている．現在では，このAARP財団が主体となって高齢者の就業支援プログラムを実施している．AARP財団の職業斡旋率は高く，米国労働省が目標としている数値を大きく上回っている．また，2008年度にはSCSEPのみでおよそ2万1,500人にサービスを提供しており，非営利機関を通じて800万時間の貢献をしている．なお，筆者らが訪問したニューヨークオフィスでは，大きく表15—1に示した4つの就業支援サービスが提供されている．

まず，クライアントの来訪時には，個人に合わせて支援プランを立てるためのアセスメントが行なわれる．そのなかでは，クライアントの現在の状況と希望する状況を把握し，クライアントの意向を見極めつつ，就業支援プログラム

表15—1　AARP財団ニューヨークオフィスにおける就業支援プログラム

プログラム	概要
地域プログラム (Community Program)	公共機関や非営利団体等を通じて，地域社会における仕事に従事し，一定期間，就労経験を積むためのプログラムである．いわゆる職場研修（OJT）として1週間に20時間働き，その間は最低賃金が支払われるようになっている．
専門的プログラム (Specialized Program)	コンピュータ，セキュリティガード，保健医療サービスといった専門的知識や技術が必要な職に向けた専門職業訓練である．
職場体験 (On-the-Job Experience: OJE)	地域プログラムと類似しているが，OJEでは民間（営利）企業を通じて1～2週間トライアル雇用が行われる．トライアル機関として就業希望者を受け入れた企業は，当該期間内に彼らの適正等を判断し，雇用の可否を決める．
集中的サービス (Intensive Service)	地域プログラムを通してある程度の職業スキルを習得した後に，30日間で自ら勤務できる職場を探す機会を提供するものである．30日間の給与は保証される．

が計画される．この就業支援プログラムは，最低限半年に1回は見直しをすることになっている．従来，こうしたプログラムは，トレーニング（職業訓練）が中心であり，個人の能力を向上（develop）させることによって，就職させることが目的であった．しかし最近では，個人にあった職を見つけ，そこから雇用（employment）に結びつけることが，支援の目的とされている．プログラムが修了し，雇用された際には，3ヵ月ごとに1年間のフォローアップが行われ，雇用から1年経過後に，完全に就労したと判断されるようになっている．

ところで，著者らの訪問時に行なったインタビューによれば，こうしたプログラムのうち，地域プログラムはアメリカ社会において重要な役割を果たしているという．とりわけ，プログラム参加者の多くは，黒人やマイノリティの人びとが多く，仕事を望んでいるというよりはむしろ，賃金を得るために仕事をしなければならないことが主な理由となっている．しかし最近では，将来的な労働人口の減少や社会保障費等の増大を見据え，助成金に頼るプログラムのみでは十分ではなく，むしろ一般雇用へ転換を図ることが重要視されている．こうした状況もあって，ニューヨークオフィスでは，地域プログラムのみならず

雇用強化としての集中的サービスに着眼し，可能な限り，雇用促進と自立の助長を図っている．しかしながら，言語や健康上の問題がある者，高年齢者など，何らかの不利な条件を抱える者に対して十分な雇用が提供できるかどうか，あるいはその受け皿があるかどうか，ここに大きな課題が残されているという．

また，高齢者にとっては，自らの老後の生活基盤を支えるために，就労をライフスタイルの中に組み込んでいく必要性が生じてきているともいう．こうしたなか，企業側の努力もみられ，高齢者が就労しやすいように，高齢者の特性に合わせ，スケジュールやトレーニングの調整を図っている企業もある．つまり，企業側としても長年の経験や知識のある高齢者を雇用することが自社に利益をもたらす存在として認識されつつあるとのことである．とりわけ，こうした高齢者をパートタイムで雇用することができれば，企業側としては人件費の削減を図った上で長年の経験に基づくノウハウを提供してもらえるなど，大きなメリットがある．その意味では，ベビーブーム世代の高齢化が社会全体としての高齢者への認識を変えつつあると指摘する．

おわりに

アメリカでは，これまで富の増大や若者労働力の増大等により順調な経済成長を遂げてきた．しかしながら，その基盤である豊かな労働力を提供したベビーブーム世代は引退の時期を迎え，労働人口の減少，医療費や年金等の社会保障費の増大が見込まれている．事実，公的年金を支える社会保障信託基金は，現時点では大きな問題はないとされるものの，2017年には赤字に転じ，その後は急速に減少し，2040年には基金は底をつくことが予測されるなど[8]，けっして楽観視できる状況にはない．現在，アメリカでは公的年金の支給開始年齢を引き上げている最中ではあるが，これがベビーブーム世代の就業期間の延長にどれだけの意味をもたらすのかは未知数である．また何より，企業側（使用

者）が高齢者の雇用を維持するかどうか，あるいはそれを十分に受け入れられるだけの受け皿があるかどうかも問題となっている．

こうしたなか，AARPの定年に対する国際意識調査によれば，引退計画年齢は「60歳から64歳」または「65歳から69歳」に集中し，59歳以下で引退を計画している者の割合は全体の23％である．また，退職後の仕事に関する意識では，「完全に仕事をやめる」と回答した者の割合はわずか14％に止まり，「パートタイム就労」は34％，「仕事と余暇を半々」は25％，「フルタイム就労」は10％と何らかの就労を希望している者が多い．その意味では，退職後の再雇用に対するニーズは高く，雇用機会の提供が適切に行われれば，高齢者のなかには早期引退ではなく就業期間の延長といった選択をする可能性もあるだろう．ただし，一般的にはフルタイム就労の希望者が10％しかいないことからも容易に推測できるように，長期に労働市場に残りたくない，仕事をしたくないという者も多い．とはいえ，アメリカ社会が従前よりも高齢者の雇用を受け入れやすくなっていることは事実である．

ところで，最近わが国でも高年齢者雇用安定法の改正により，高齢者の雇用確保措置がとられ，定年退職年齢の段階的な引き上げや継続雇用制度の導入が行なわれている．アメリカではすでに定年制はなく，年齢差別禁止法によって，高齢者が就労機会の制限を受けることはない．しかし，わが国において年齢差別を禁止することが労働市場にどのような影響を与えるのかについては慎重に検討していく必要がある．たとえば，川口は，ニューマーク（Neumark, D）[9]らやアダムス（Adams, S.）[10]らをはじめとするさまざまな研究者らの年齢差別禁止法に関する文献をレビューし，アメリカにおける年齢差別禁止と労働市場との関係から学ぶべき点として，大きく以下の2つのポイントを整理している[11]．第1のポイントは，年齢差別禁止法による定年退職の禁止は保護対象年齢の雇用確率を引き上げる可能性が高いことである．このことは仮にわが国において定年退職を廃止した場合，おそらくは保護対象となる労働者の雇用確率は引き上げられることを示唆している．また第2のポイントとしては，年齢差別

禁止法が労働市場の効率性に与える正の影響はあまり期待できないことである．その一例として，たとえばアダムスの研究では[11]，保護対象年齢に上限を設けた場合，年齢差別禁止法の導入が保護対象年齢の労働者に有利に働く一方，保護対象年齢以上の労働者の雇用確率を引き下げ，退職確率を加速させるという知見を得ている．すなわち，同法の保護対象年齢の労働者が優遇される中，保護対象以上の年齢層の雇用機会を奪い，本来の労働市場における資源配分がゆがめられた可能性を指摘している．その意味で，川口はわが国において年齢差別禁止法を保護対象年齢の上限を設ける形で段階的に導入する際には，こうした点に注意する必要があると指摘している．

　アメリカは，基本的には自由を尊重する，別の意味では自助努力の色合いが強い国でもある．年齢差別禁止法もそういった意味では自助努力のもとに労働機会の提供を促す側面を持ち合わせていると考えられる．わが国とは異なる制度設計のなかで，わが国への示唆があるとするなら，以下の2つに要約することができよう．

　まずひとつは，定年制を廃止とそれに伴う新たな高齢者雇用システムの確立である．本来，就業機会は，年齢に関わりなく個人の能力や選択に応じて平等に提供されるべきである．定年制の廃止は，高齢者の就労に対するニーズに応える対策の一環であるが，他方では労働人口の減少や社会保障費の増大も視野に入れ，高齢者の自立助長を図ることも必要である．もちろん，この場合には，定年制の廃止に先立って，高齢者の人材登録制度や職業斡旋プログラムなどが十分に整備される必要がある．また，ワンストップサービスのように，人材登録や就業能力を獲得するためのプログラムへの参加手続きが同時に行なえるなど，再雇用希望者への利便性についても配慮する必要もあるだろう．高齢者が自らの能力や知識を活かした雇用の創出は，良い面では新たな市場開発や増大する社会保障費の抑制に効果があるかもしれない．ただし，定年制の廃止は，能力主義の助長や労働市場の効率性を損なうリスクを孕んでおり，その実施にあたっては市場の動向を踏まえた慎重な検討が求められるだろう．

もうひとつは，高齢者雇用に対する啓発活動の促進である．アメリカでは，毎年9月に高齢者雇用促進週間を実施し，SCSEPを広めるキャンペーンを行っている．また，これに合わせて高齢者向けの就職フェアやシンポジウムを開催しており，メディアへの情報提供も行われている．わが国では，高齢者雇用安定法によって少しずつ高齢者雇用に対する認識は変わりつつあるものの，未だ高齢者雇用に対して十分な意識改革は行なわれてはいない．雇用におけるエイジフリーを実現していくためにも，今後は企業倫理や社会一般における年齢基準的な考えを払拭していく必要があるだろう．

　企業側，高齢者双方に利益をもたらす関係（win-win）を築き，それを根気強く支えていく支援システムの確立が，わが国における年齢制限のない真の意味でのエイジフリーな社会の実現を可能にするかもしれない．

《注》
1) United Nations, *World Population Prospects: The 2008 Revision Population Database*（中位推計）．
2) 国立社会保障・人口問題研究所『人口の動向　日本と世界　人口統計資料集2009』厚生統計協会　2009年．
3) 労働政策研究・研修機構編集『データブック国際労働比較2009』労働政策研究・研修機構　2009年．
4) サラ・リックス「第1章　アメリカ」『諸外国における高齢者の雇用・就業の実態に関する研究報告書』日本労働研究機構　2001年．
5) 厚生労働省『2005-2006年　海外情勢報告』TKC出版　2007年．
6) AARP, *International Retirement Security Survey*, 2005.
7) U.S. Department of Labor Employment & Training Administration. SCSEP Quarterly Progress Report PY2007 Final.
8) 阿部彩，アメリカにおける社会保障改革と財政　財務省財務総合政策研究所「ファイナンシャル・レビュー」2006年．
9) 川口大司「年齢差別禁止法が米国労働市場に与えた影響―米国の実証研究のサーベイ」『日本労働研究雑誌』45(12)　2003年　pp.43-53．
10) Neumark, D. and W. Stock., Age Discrimination L'aws and Labor Market Efficiency, *Journal of Political Economy*, 107 (5), 1999, pp.1081-1125.
11) Adams, S., "Age Discrimination Legislation and the Employment of Older

Workers," University of Wisconsin, mimeo, forthcoming in Labour Economics, 2003.

第16章
イギリスの高齢者における就労支援

はじめに

　これまで，青年雇用に焦点を当てたイギリスが最近，高齢労働者の雇用創出に対する関心を持ちはじめ，新たな変化を模索している．このような変化は積極的な労働市場政策に要約できるが，これを通して，高齢化，扶養負担の減少，社会保障支出の抑制を図っている．このような積極的な労働政策の根幹を成しているのが，ジョブセンタープラス（Jobcentre Plus）とニューディール（New Deals）である．以下，イギリスの高齢者雇用[1]，ジョブセンタープラス（Jobcentre Plus）[2]，ニューディール（New Deals）[3]の現況を整理した．

1 高齢者の雇用政策の推進の背景

　イギリスの政府は，1990年代までは高齢勤労者の労働市場の状況についてはあまり注目していなかった．第2次世界大戦後から1990年代以前までイギリス政府が行った労働市場政策は主に青年失業を中心としたもので，イギリス政府が1977年から88年まで実施した高齢勤労者退職奨励政策（Job Release Scheme）[4]などがそこに含まれる．しかし，出産率の減少，平均寿命の延長，人

口の高齢化といった社会的環境の変化により，高齢者の労働市場の参加率下落に対する懸念が増加した．つまり，高齢者の労働市場の参加率の下落が福祉費用と経済活動人口の非経済活動人口に対する扶養率に対する懸念が現実になってきた[5]．そこでイギリス政府はこれに対する解決策のひとつとして，高齢者雇用促進について関心を持つことになった．イギリス高齢者雇用政策の背景とその内容について整理すると，次のようである．

第1に，何よりも他のOECD国家のようにイギリスも少子化・高齢化による社会保障財政負担の解消と生産人口の減少による対策が必要であった．しかし，イギリスはこれまで高齢者の早期退職を奨励してきたため，高齢化に伴い社会的な負担が大きくなってきた．それで，福祉費および扶養費の負担を軽減させるため，高齢者をサービス利用者のみならず，社会保障の負担者として労働に従事するようにする転換が必要であった．

第2に，2008年6月現在，74.9％の就業率を80％まで高めるという目的達成のためには約200万の追加雇用場が必要である．雇用創出の主なターゲット集団が50歳以上の人口と労働能力かない者や障害者，障害を持っている家族などをケアすることで労働ができない者に支給される稼働能力喪失給付（incapacity benefit）対象者であるが，この二つの集団がお互いに重なっていることを考慮するなら，50歳以上の中高年の150万名の労働市場の進入が必要な状態である．

第3に，働くことを希望している高齢者が増加していることである．CIPD（Chartered Institute of Personnel and Development，2008年）は50歳－64歳，働いている高齢者1,000名を対象としてアンケート調査を実施した．その結果，38％が65歳を超えても仕事をする計画だとし，31％は柔軟で多様な雇用形態ができれば，仕事をしたいと答え，20％は据置年金（deferred state pension）が多くなると仕事をしたいと回答した．このような様々な社会・経済的状況と高齢者の勤労意思を考慮すると，イギリスは高齢者の雇用のための関心と政策が必要な状況にある．

2 高齢社会に備えたイギリス政府の戦略 (Government Strategy for an Ageing Society)

イギリス政府は高齢社会に迎え，次のような戦略（Strategy）を用意している．

① "活動的な高齢化（Active Ageing）"広報キャンペーン：2001年12月以後 The age Positive web site（www.agepositive.gov.uk）を通して広報キャンペーンを続けている．高齢者の高齢者自身に対する認識と社会（とくに，雇用主）の高齢者に対する認識を肯定的に変化させることが目的である．"60歳は新しい40歳である"

② 従来から雇用されている人材に対する雇用維持と新しい高齢者雇用を促進する文化の変化（culture change programme）を誘導している．

③ 高齢者を対象としたニューディールプログラムの運営[6]

④ 年齢差別禁止法（Age Discrimination Law）の導入：EUの雇用指針（Employment Directive）の移行のため，イギリスは2006年，年齢差別禁止法の制定および施行をすることになった．この法は高齢労働者を主な対象とするよりはむしろ一般的な年齢差別に対する内容を扱っており，この法が実際，高齢勤労者の雇用増加にあまり影響を与えていないと評価されている．

⑤ 年金改革：最近，イギリスの年金改革では勤労者が労働市場から離脱するための手段として年金が活用できないようになされている．

⑥ 成人技術戦略（Adult Skills Strategy）：現在，18-24歳に焦点が当てられているが，高齢者にも適用を試みている．

⑦ 仕事，健康，ウェルビーイング戦略（Work, Health and Well-being Strategy）：稼働能力喪失給付対象者である270万名のうち，59歳以上が50％を占めており，彼らの就業ができるよう雇用主により良い職場環境を作るよう促している．

⑧ 仕事へと導くプログラム（Pathway To Work Programme）の実施：労働

能力喪失給付対象者に焦点を当てたプログラムであり，彼らに対するアセスメントを再び行ない，稼働能力がある者には仕事を促すことである．具体的には彼らへの相談と面接を通して就業へと連携し，雇用が不可能な場合には非営利団体，学校，または公的機関での仕事に就ける．
⑨ 福祉から就労への改革（Welfare to Work Reform）：50歳以上の高齢労働者など様々な理由で経済活動に就いていない者に対し，雇用に関する多様な支援，たとえ，職業相談および訓練，財政支援を提供している．

現在，イギリスは，「年齢差別禁止法」の導入により，特定の年齢層のための政策とサービスは他の年齢層に対する「逆差別」の問題が発生しうるという立場を示しており，高齢者のための雇用のみを扱っている機関は置かれてない．福祉関連の給付と働き口の提供，ニューディール（New Deals）のデリバリの役割を果たしている Jobcentre Plus は高齢者のみならずすべての年齢層を対象にして雇用に関わるサービスの提供している中核的な機関である．それゆえ，次に，Jobcentre Plus の設立背景および現状について整理したい．

3 ジョブセンタープラス (Jobcentre Plus)

(1) 設立背景

現在，イギリスはヨーロッパ諸国の中でも最もすばらしい労働市場を持っている．勤労階層の雇用率は労働党が集権した1997年以来，ますます増加をみせ，2007年11月から2008年1月までの就業率は74.8％，同時期に雇用された人数は29.5百万名で，これは1971年以後，もっとも高い数値である．失業率もまた1997年から徐々に減少し，2008年1月には5.2％を記録しており，ヨーロッパの諸国のなかで，オランダやアイランドに次いで，非常に低い失業率を見せている[7]．

しかし，イギリスの労働市場は常にバラ色というわけではなかった．1980

年代と 1990 年代初め，失業率の増加，就業率の減少および 1 年以上の長期失業者が増加するといった困難を経験した．1997 年の労働党の集権当時，滞積された失業人口は 1979 年と比較し，失業給与の申請者が 2 倍を超え，経済的支援を受けるひとり親（lone parents）の数も 70 万名以上増加した．1 年以上にかけて長期失業給付申請者が 50 万人を上回り，とくに，長期青年失業者の割合が大きく増加した．深刻な失業は国民の経済水準にも反映され，低所得階層が所得面で大きな打撃を受け，貧困児童も 1979 年と比較して 2 倍以上増えた．

失業に対する国家の負担が増えてきたことに対し，労働党は「福祉から就労へ（welfare-to-work）」といったスローガンをかかげ，長期失業者を労働市場に復帰させ，福祉に対する政府負担の軽減と労働力の確保を同時に行うワークフェア政策を導入した[8]．

トニーブレア首相の再選期間の間，雇用年金省（The Department for Work and Pension, DWP）[9]がワークフェア政策の国家主管部署の機能を果たすことになった．既存の社会保障省（The Department of Social Security）と雇用庁（Employment Services Agency）が統合され作られたもので，規模的にはイギリスの中で最大の機関である．

ジョブセンタープラス（Jobcentre Plus）は，雇用年金省の執行機関として機能をしている．初期には教育雇用省（DFEE）下の雇用庁の執行機関であったが，組織の改組を通して雇用年金省の傘下に全国的なネットワークを備えた現在のジョブセンタープラス（Jobcentre Plus）の形を持つことになった．

(2) ジョブセンタープラスの概要

- 勤労階層を対象に雇用サービスの提供と給付の支給を担当する政府の雇用年金省（the Department for Work and Pension, DWP）の傘下の機関である．
- 既存の給与管理庁（Benefit Agency）の社会保障の給与機能と雇用サービス庁（Employment Services Agency）の雇用サービスを統合的に提供する機関

である．
- 従来には分離されていた地方の行政機構を統合した．

1）機関の目的
- 求職と求人に関わって生じる問題の解決を支援し，勤労階層に様々な協力を提供すること．
- 貧困の減少，失業の減少，成長と機会の促進，政府の近代化という政府の目的達成に寄与すること．

2）機関の目標
- 失業および経済活動をしていない勤労階層に対し，情報と助言，訓練と支援を提供し，雇用主にも彼らに対し，より多くの機会を提供するよう働きかけ，職業を持つか，創業できるようにする．
- 雇用主に優しい求人に関するサービスを提供し，彼らが迅速で効果的に対処することができるように支援する．
- 脆弱な勤労階層が職場でより易しく適応し，雇用状態を維持しながら経済的な変化に柔軟に適応できるように支援．
- マイノリティの労働生産性を高めるために支援．
- 資格要件の該当者に求職給付を支給し，彼らのニーズを応える質の高い援助とサポートの提供．
- 資格に適した給付（時間，期間）が正しく提供できるようにし，彼らの権利が守られるようにする．
- 民族，性，年齢，障害にかかわらず，すべての利用者のためのサービスの質，接近性，デリバリシステムを向上させ，各個人の成就を支援する．
- ジョブセンタープラスの生産性，効率性，効果性の増進．

3）機関の現状
- 2002年から2億ポンドを投資し，長期プロジェクト（近代化プログラム：Modernization Programme）を進行中．
- すべての労働人口（all people of working age）にone-stopの形で福祉，仕

事，訓練を提供するよう工夫された．
- 2002年統合された以後，2007年まで全国的に860カ所のセンターが設立された．
- 北アイルランドの地域を除いて，67,000名の職員が働いている．
- 電話を通して初期の情報提供のためのセンターと社会保障給付のためのセンターに分離された．
- サービスの接近性を高める努力をしている．
 —電話，インターネットを通じてのサービス提供を行なっている．
 —スーパーマーケット，刑務所，貧困地域にtouch screenを置いて，誰でもが情報を得やすくしている．
 —求職者のみではなく雇用主も情報を利用できるようにしている．
 —民間の雇用機関とも連携し，サービスを提供している．

(3) サービス提供の手続き—サービスモデル（New Service Model）

サービス提供の手続きを図に表すと，図16—1のようである．利用者は電話を通じてコンタクトセンターに自分の状況を知らせ，サービスを要求することになる．33個のコンタクトセンターは利用者の要求にしたがってサービスを繋げる．利用者は繋がったジョブセンタープラスを訪問し，給付および求職関連の相談をすることになる．ジョブセンタープラスは標準運営モデル（Standard Operating Model）によってサービスを提供し，諸般の事項に対して給付支給センターに資料を送付すれば，給付支給センターは給付を支給する．

そして，利用者の求職活動への支援は標準運営モデルによって提供されるが，その手続きは図16—2のようである．ステージが進行することによって利用者数は減る一方，介入の密度は高まっていく．このプロセスがうまく進み，多くの人びとが失業状態からいち早く脱がれている．[10]

しかし，6ヵ月経過しても職を得ることが困難な人びとはたいてい他の生活

第16章 イギリスの高齢者における就労支援 367

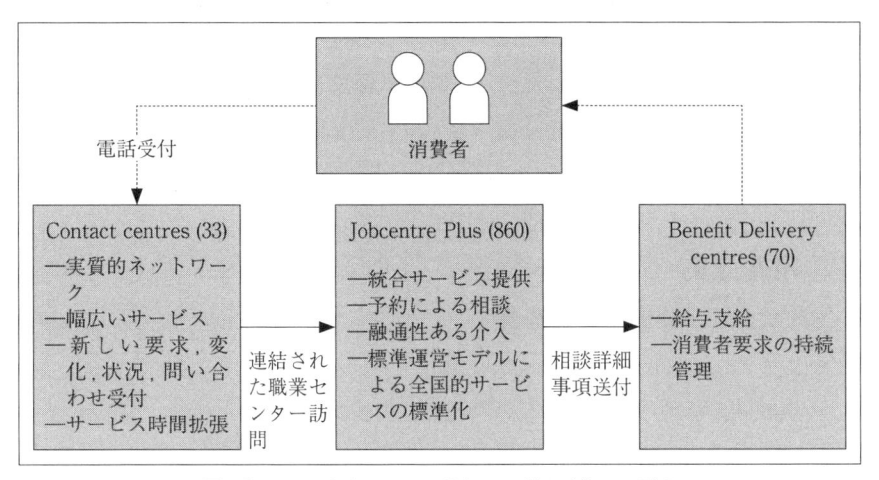

図16－1　Jobcentre Plus のサービスモデル

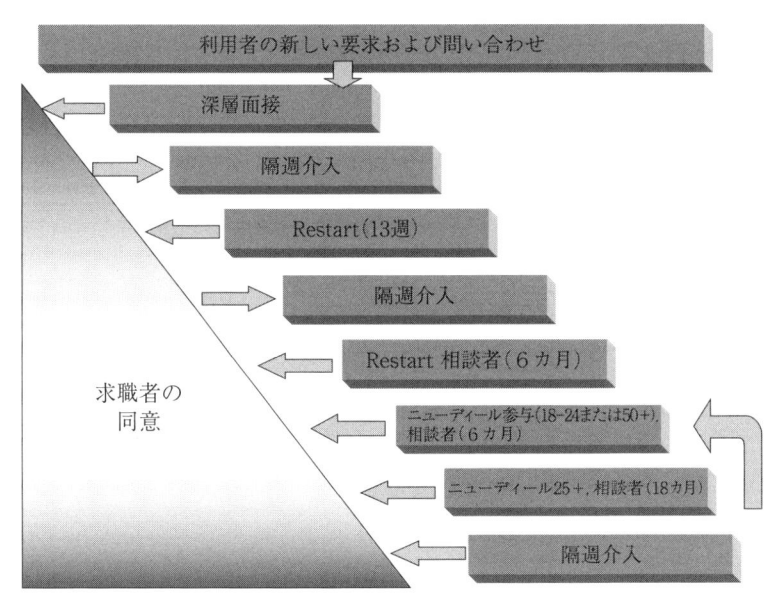

```
                            消費者
          電話受付  ↓                        ↑
┌─────────────────┐  ┌─────────────────┐  ┌─────────────────┐
│ Contact centres │  │ Jobcentre Plus  │  │ Benefit Delivery│
│      (33)       │  │     (860)       │  │  centres (70)   │
│ ―実質的ネットワーク│  │ ―統合サービス提供 │  │ ―給与支給        │
│ ―幅広いサービス   │  │ ―予約による相談   │  │ ―消費者要求の持続│
│ ―新しい要求,変化, │  │ ―融通性ある介入   │  │  管理            │
│  状況,問い合わせ  │  │ ―標準運営モデルに │  │                  │
│  受付            │  │  よる全国的サービス│  │                  │
│ ―サービス時間拡張 │  │  スの標準化       │  │                  │
└─────────────────┘  └─────────────────┘  └─────────────────┘
    連結された職業センター訪問    相談詳細事項送付
```

図16－2　Jobcentre Plus のサービス標準運営モデル (Standard Operating Model)

```
              利用者の新しい要求および問い合わせ
                          ↓
          ←    深層面接
              →   隔週介入
          ←         Restart（13週）
              →        隔週介入
          ←              Restart 相談者（6カ月）
   求職者の
    同意      ←               ニューディール参与(18-24または50+),
                              相談者（6カ月）              ↑
          ←                      ニューディール25+,相談者（18カ月）
              ←                       隔週介入
```

問題を抱えている場合が多い．これらに対しては追加支援をしている．個別指定カウンセラーが濃密な面接を通じて職業訓練やニューディールプログラムに参加するように支援する．就労以外の生活問題を抱えている場合，他の機関に依頼する．

(4) 事業成果
1) サービス提供（1日基準）
- 雇用主からの求人情報　18,000 個
- web site を通じた求職情報の利用数　913,000 件
- 求職のための情報記入者　6,000 名
- 相談（adviser interview）　45,000 件
- 給与の申請者　15,000 名
- 否定受給者の発見　40 件

2) サービス提供の結果[11]
（表 16 — 1）

(5) 今後の課題
① 成果増大と費用切り詰め
② 民間領域（private），ボランティア領域（voluntary），第3セクターとのパートナーシップを通じたオーダーメード式サービスの提供
③ 雇用支援手当の給付（Employment Support Allowance benefit）の開設
④ パートナーシップの形成
　—地方雇用パートナーシッププログラム
　— City Strategy Pilots[13]

表16—1 サービス提供の結果

就業率（Job Outcome Target）			
ジョブセンタープラスが創出した勤め口を基礎に計算した結果，計13,500,000獲得[12]		06年10月までの目標 06年10月までの結果 ＊−18.1%	8,255,758 6,757,460
給与支給時期（Average Actual Clearance Time）			
所得支援	目標	11日	
	達成値	11.1日	
給食手当	目標	12日	
	達成値	14.3日	
無能力給与	目標	18日	
	達成値	15.9日	
消費者サービス（Customer Service Target）			
サービス伝達	目標	84%	
	達成値	84.6%	
下位構成要素			
迅速性（Speed）	達成値	93.1%	
正確性（Accuracy）	達成値	82.6%	
主導性（Proactivity）	達成値	71.5%	
環境（Environment）	達成値	96.9%	
雇い主関連事業（Employer Outcome Target）			
ジョブセンタープラスを通じた求人問題の解決	目標	86%	
	達成値	84.8%	
下位構成要素			
問題解決（Resolution，空の働き口を満たしたのか可否）	達成値	93.1%	
対応性（Responsiveness，雇い主が希望する時間に採用されたのか可否）	達成値	71.5%	
適合性（Matching，雇い主が希望する人材が連携されたのか可否）	達成値	96.9%	

4 ニューディール（New Deals）

ジョブセンタープラスの主な機能が給付支給と雇用サービスであるが，雇用サービスの根幹を成しているのがニューディールである．ニューディールについて整理してみると，次のようになっている．

(1) 目的

求職者に仕事の繋ぎや職業訓練，仕事のスキルの習得のための機会を提供することを目的としている．より具体的には，

—自信を持って
—新しい技術を習得し
—価値ある人材になり
—求職と雇用状態を維持するようにする

(2) 形成過程

1998年，とくに深刻であった青年失業を解決することを目的に青年失業者のためのニューディール計画がパイロット事業として実施された．これに基づいて青・中高年層など年齢階層別プログラムとひとり親，障害者など社会的に疎外された人びとに対するプログラムが開始された．

2004年，50歳以上の高齢者のためのプログラムが導入された．

2009年10月，これまでの対象別プログラムのなかでも，若年失業者や長期失業者などのニューディールプログラムは統合され，対象者を細分化しないフレクシブル・ニューディールプログラムが始まった．

ニューディールは，イギリスにおける労働市場の歴史の下でもっとも成功的な改革であった．ニューディールがはじまって10年間，ニューディールは180万名以上の人びとに労働市場への参加をもたらした．しかし，近年，労働市場の環境は大きく変化してきた．それゆえ，イギリスは今後10年間を備えるために2009年10月からはじまるフレキシブルニューディールを発表した．これは，国の広範囲な福祉改革の基本的な部分であり，2020年まで児童貧困を絶つための労働原則になると思われる．フレキシブルニューディールの5つの主な原則は，次の通りである．

①受給者を消極的な受益者から積極的な求職者に変化させるための権利と義務を盛り込んだ基本構造

②クライエントと地域の雇用者のニーズを満たすため，個人のニーズに合った個別的で深層的な雇用支援と技術支援

③改革のために，共に協力しあい，望ましい成果を導く公的，私的，第3セクターとの協力的関係の構築

④地域再開発の核心となる，将来の持続可能な雇用のための発展的で力量の豊かな地域社会の構築

⑤勤労者の技術を発展させるのに，必要な就業前訓練と職場内訓練にやさしく接近できるよう進歩的で持続可能な労働を強調．単なる職場ではなく報酬と進歩の機会が提供される職場の提供．

(3) 50歳以上の人のためのニューディール（New Deal 50 Plus）[14]

各種ニューディールプログラムのなかでも，50歳以上の人のためのニューディールについて見てみる．これは，2004年から新しく導入されたプログラムで，働く意欲のある50歳以上の人に対して，援助や助言を提供してくれるものである．このニューディールの資格は，50歳以上であり，所得補助（Income Support），求職手当（Jobseeker's Allowance），無能力給付（incapacity benefit）[15]，重度障害者手当（Severe Disability Allowance），年金控除（Pension Credit）を6ヵ月以上受給した者となっている．また，国民保険控除（National Insurance credits）または介護者手当（Career's Allowance），遺族手当（Bereavement Allowance）を受給した者も参加できる．

このプログラムは，個人の自発的な参加意思により参加することができる．そして，参加者は自分の相談員（personal adviser）から求職と技術教育，求職面接法などについて相談を受けることができる．もし仕事をするようになれば，勤労控除手当て（Working Tax Credit, WTC）と訓練手当て（Training Grant）を受けることができる．相談員は参加者に地域のメントー（mentor）と結び付け，高齢の参加者をサポートしている．

5 イギリスの雇用政策が与える意味

① 各人ごとに，職業相談員による集中的ケースマネジメント（case management）が成り立っている．相談員は利用者が希望する実質的な情報とサービスを提供し，定期的で十分な相談時間を通じて彼らの特性に相応しい個別化されたサービスを提供している．給付受給者の自活の目的を果たすためには，このように受給者の各個人が就業に成功するまで全過程で受給者個人に必要で多様なサービスが提供されるよう，専門家を養成および配置する必要がある．

② ジョブセンタープラス（Jobcentre Plus）は，標準運営モデルを準備し，全国的に標準化されたサービスが提供されるようになっている．また，事業委託過程においても，契約当時の詳細な指針を用意しており，具体的な評価基準およびインセンティブを提示し，サービスの質の確保のための努力をしている．このことは，地域や機関，相談者とは関係なく，質的なサービスが提供されるためにはこのようなサービスの質の向上のための多様な装置が用意されなければならないことを示唆している．

③ ジョブセンタープラス（Jobcentre Plus）のように，地域単位で福祉と雇用が連携でき，あるいはし総合的にマネジメントできるようなシステムをつくる必要がある．

④ 利用者に基本的な義務事項を担保で，サービスを提供（Right and Responsibility）しているが，働き口の誘引のために，制裁よりは教育と訓練を強調している．個人の自発的な参加を誘導することができるし，個人の自信と職業技術を向上させ，自律性と社会参加の欲求を高めることができる誘引策の用意が必要されていることを意味している．

⑤ イギリスのパートナーシッププログラム（Local Partnership Programme）のように企業の参加を促すためのさまざまなプログラムが整備されるべきである．イギリスの雇用主が高年者および問題を抱えている勤労者の雇用

創出に積極的に参加することは,国家が支援する財政的なインセンティブだけではなく,企業の社会貢献への関心に基づいたものである.この過程で,政府は確固たる意志を持って企業と一般国民を対象に認識の変化をもたらすための努力を長く続いて来たのである.社会問題を企業が一緒に取り組むことができるようにする認識の変化とインセンティブの準備に対する努力が必要であると考える.

《注》
1) 高齢者の仕事創出に関する内容は,TAEN(The Age and Employment Network は(準)高齢者の雇用のための事業を進行していて,250ヵ所の会員組織で運営されている非営利団体である)の広告資料と Business Manager(Keith Frost)とのインタビュー資料,関連資料を基礎にまとめた.
2) Jobcentre Plus, *Jobcentre Plus Annual Report and Account 2006-2007*, TSO, 2007. http://www.jobcentreplus.gov.uk
3) ジョブセンタープラスとニューディールに関する内容は Jobcentre Plus 発刊資料と関連研究資料,インタビュー(Heather Rawcliffe - International and Public Relations Team of Jobcentre Plus Head office / Karen McGinn - Senior Delivery Manager of Jobcentre Plus in Bromley)の内容を基礎にまとめた.
4) 高齢勤労者の退職奨励政策は青年雇用を創出しようと高齢勤労者の退職を奨励するため,インセンティブを提供した制度である.
5) Duncan, C.「イギリスにおける高齢者の雇用政策」『国際労働ブリーフ』2 (1) 2004 年 pp.54-60.
6) 詳細は,本章の4—(3)に述べている.
7) チェ・ヨンジュン「イギリスにおける最近の労働市場の動向」『国際労働ブリーフ』6 (3) 2008 年 pp.96-102.
8) ハ・セジョン「イギリスニューディール政策の施行 10 年:評価と展望」『国際労働ブリーフ』6 (3) 2008 年 pp.68-73.
9) 雇用年金局は,近代化された利用者中心のサービス提供を通して,機会(opportunity)と独立性(independence)の向上を図る.また,勤労階層の潜在力を引き出すことで子育てと老後保障を可能にすることを目的として,子ども,勤労階層,年金受給者,障害者と介護者に対する政策を所管していた.雇用年金部の目的達成のため,年金サービス,子ども支援機関の運営,障害者と介護者サービス,健康と安全部,住居安定のためのレンタルサービス,借金管理,職業センター(Jobcentre Plus)の運営をしている(www.dwp.gov.uk).
10) 失業給与の申請者60%が3ヵ月以内に求職に成功,80%程度は6ヵ月以内に

求職に成功，90％程度が９ヵ月以内に求職に成功している．
11) Jobcentre Plus 年間の事業報告書（2006-2007）参照．
12) 求職者の状態によってほかの点数で換算される（１点〜12点）．
13) 地域の当事者に地域が抱えているニーズを満たせるためにかかる財政と様々な支援を求めるものである．
14) Jobcentre Plus の New Deal 50 plus 参照．
15) 労働能力のない者，３ヵ月以上病気の状態にある者，障害者などに支給される給付であるが，従来からこの給付をもらっているものが多く，Jobcentre Plus ではこの給付の対象者を減らすために Pathway to Work プログラムなどを実施している．

第17章
ドイツの高齢者における就労支援

はじめに

　現在ドイツでは，社会政策の分野において大幅な改革が進められており，とくに年金制度や高齢者のための労働時間短縮制度などの大幅な変化によって，大変複雑な状況となってきている．その背景としてはまず人口変動の社会保障制度への深い影響が挙げられよう．

　人口変動が社会構造に深い影響を及ぼしているという点において，ドイツ社会と日本社会には一応の共通項が見出されうるが，そこに存在する前提条件とその影響の社会的意味には大きな違いがあるといわねばならない．1950年代以降，社会的市場主義をキーワードとして掲げ，経済成長を遂げながら，同時に社会保障制度を充実してきた旧西ドイツでは，1970年代にその結果が明白に現れ始め，新しいライフスタイルが定着した．そのライフスタイルとは，労働生活に対し長い休暇に重点をおき，それに平行して，労働生活後の年金生活時にも重要な意味づけをするというものである．つまり普通の就労生活をおくれば，仕事からリタイアした後にも，年に一度の長期休暇を外国で送れることが可能になるような生活が，社会保障制度から保障されるようになった．

　しかし，社会全体の高齢化により，こうした保障制度が次第に維持できなく

なってきており，その事実に対する危機感は，社会保障制度が充実していただけに深いともいえるであろう．こうした背景の下，最近になってはじめて，いかに高齢者を労働市場に組み込むかという問いが議論され始めているのである．そうした状況下で高齢者就労支援をいかに社会変動の全体的な枠組みに組み入れ，妥当な解釈を行うかという設問に答えを出すのは簡単ではない．

社会全体の方向性という観点からみると，現状は2つの逆説的な方向性が交差しているともいえるであろう．というのも，一方では，これまでの社会保障制度に則り，高齢者をなるべく早い段階で年金生活に導こうという方向性が存在するのに対し，他方では，その社会保障制度を保持するためにも年金受給年齢をせり上げ，なるべく多くの高齢者を就業させようという方向性が新しくでてきたからである．

この2つの方向性は社会政策の2つの対立する立場を反映しているともいえる．通常の被雇用者が，従来のライフスタイルを規範とし，就業関係からより早くリタイアしようとする傾向を持つのに対し，政策を担う側は，資金のやりくりのために，就業関係をなるべく延ばそうという傾向をもつからである．

こうした背景の下に，本章では，まずドイツ社会における高齢者就労構造を全体的に捉え，それを前提として，高齢者就労支援プログラム「ペアスペクティーベ50プラス」を紹介する．

1　ドイツの高齢者における就労構造

ドイツにおける高齢者就労支援は，全体的にみてこれまでそれほど重視されてこなかった．年金制度がこれまで完備されていたこともあり，いってみれば高齢者退職支援という方向性のほうが強く意識されてきたといえるであろう．というのも，現在に至るまで，年金受給年齢以前に，受給できる年金額をそれほど減らすことなく退職できる社会制度が存在し，それを利用する就労人口のほうが多かったためである．

現在のドイツの法的年金受給年齢は65歳であるが，就労者の割合が実際に大幅に減少するのはそれよりもずっと早く，55歳から59歳のあいだである．2001年現在で，50歳から54歳のコホートのうち約75％が就労しているのに対し，55歳から59歳にかけては60％以下と減り，さらに60歳から64歳のコホートでは就労人口割合は20％と大幅に減少する．つまり，ドイツの場合，就業人口率は法的年金年齢よりずっと早く減るのである[1]．

この背景として，ひとつに法的に60歳からすでに早期年金が受けられるという制度，ならびに，長期にわたって年金を払い込んできた被用者は63歳から年金が得られるという制度があげられる．この制度は現在大幅に改革されつつあり，年金が減額されることなく得られる年齢は上昇しつつあり，最終的には65歳になる予定である．しかしながら，統計が出された2001年の状況では，法的年金受給年齢である65歳は事実上意味をなさず，60歳ならび63歳が高齢者就業構造の重要なポイントとなっている．

また，高齢者就業構造でみられる顕著な特徴は，60歳以降の就業人口で自由業者が大幅に増えることである．これは年金を受けながら，アルバイトなどで副収益を得る就業者が増えるためである．この事実の背景としては，まだ元気なうちに，職場を去り，年金によって最低限の生活費をまかない，自由業による副収入よって自由な生活を送りたいという願望があげられるであろう．

ここであげた高齢者就業構造で明らかとなるのは，ドイツの場合なるべく早めに年金生活に入っていく傾向が強いということである．そこには，支給されてきた年金が生活に十分であり，老後は地域のボランティアなどで活動し，そこに生きがいを見出すというライフスタイルが好まれていることなどがその背景にある．このライフスタイルは上述のように，高度成長期に確立し，スタンダード化したものであり，引退後は自由と余暇を楽しむというものであって，現在の若者などの人生計画をも強く規定している．

こうした変化の背景には，1960年代の高度成長期以降に顕著に見られるようになった，「労働」という概念の転換があるように思われる．もともと，生

産業を中心として発達してきたドイツ社会は，19世紀以来，「労働」という概念を社会の中心にすえ，そこから社会関係すべてを考察していくという方向性を持っていたが，それが，1960年代以降，生産業を中心とした社会から，サービス業を中心とした社会へ移行していく過程で，その「労働」概念をも変化させていった．人生の中心とされてきた「労働」は，個人にとっても社会にとってもその意味を失い，個人の生活の付属的なものとしてみなされるようになったという傾向は否めないであろう[2]．こうした傾向のもとに，余暇そして退職後の自由を重視する潮流が生まれ広まっていったと見ることができるであろう．つまりベック（Beck）も指摘するように，こうした個人の自由化，個人化の背景には充実した社会保障制度があり，それにより労働概念が変化していったといえるであろう[3]．

しかしながら，こうした人生観を保障する高齢者就業構造は社会政策上，維持することがほぼ不可能となってきており，それが現在さまざまな改革という形で現れてきている．そのなかで高齢就労支援はひとつの新しい流れであり，また失業者対策としてのハルツ4も，生活保護にあまえる長期失業者（そのなかには多くの高齢者がふくまれる）を就業に促すという面を十分にもっている[4]．

2　高齢者就労支援プログラム「ペアスペクティーベ50プラス」

こうした構造背景がある一方，長期失業者が高齢化しつつあるという問題も見逃せない．安定した職場を持つ被用者が早期に年金生活に入る傾向を持つのに反し，50歳以上の長期失業者には再就職の可能性が低く，それが社会問題となっている．こうした状況に対し連邦社会労働省は2005年より2億5,000万ユーロからなる「ペアスペクティーベ50プラス」というプログラムを導入した．このプログラムは50歳以上の長期失業者に新しい職業教育の可能性を与え，再就職の道を開くというもので，各地で成功を得ている[5]．これまで

2007年2月までに6万4,000人の高齢長期失業者がこのプログラムに参加し，1万1,000人が職を得ることができた．さらに7,000人はこのプログラムを通じて企業を設立し，1,300人がパートアルバイトを得，そして1,200名が派遣会社に職を得ることができた．

ここでドイツに特有なのは，このプログラムが枠組みとしては全国的なものでありながら，その実行は各州，さらに自治体によって行なわれ，プログラムの内容も，その各地方によってまったく違うという点であろう．この補助金をうけるためには地方自治体がプロジェクトを考案し，それを連邦社会労働省に申請し，受理されれば補助金が受けられるというもので，全国で62のプロジェクトが受理されたが，その内容はその地方で異なっている．そのなかで主なものをここで紹介したい．

① 高齢者をリクルートするときの企業支援．

多くの中小企業の場合，独自の人事課を持つことができず，従業員をリクルートするときも，適した人材を得ることが難しい場合が多い．とくに，50歳以上の応募者の場合，多くの場合その年齢で振り落とされるのが普通である．そこで，このプログラムでは自治体が企業のリクルート活動の補助をし，高齢者ながらもその企業の需要にあった人材を斡旋する．

② 50歳以上の長期失業者のための研修制度．

長期失業者が，自らの職業で職場が得られない場合，自治体が主体となり新しい職種のための研修を提供する．この研修は，新しい職場が得られた場合にも，それに平行して続けられ，商工会議所を通じて職業資格として認められる．

③ 企業設立補助．

50歳以上の長期失業者が企業を設立したい場合，自治体が研修やコンサルティングを通してその準備を助け，補助金を出す．

④ バリア・フリーの家屋といった高齢者の健康状態に適した環境作りに関

わるような手工業企業の補助.
⑤ 50歳以上の応募者を雇用する場合の，雇用主への補助金.

例としては，ある企業が50歳以上の応募者を雇用した場合，最初の6ヵ月間はこのプログラムが給料の70％までを受け持つ．たしかにこのプログラムは高齢者就労支援プログラムとして，これからの方向性を明確にしているという点で注目に値する．しかしながら，このプログラムは，まだドイツ社会全体で行われているわけでもなく，まだまだ先行モデル的な性格である．つまり社会全体に存在する，年金生活をめざしてのライフスタイルを乗り越えるようなインパクトは持っていないと思われる．

3　展　望

ドイツの社会国家は現在大きな社会変動期に入っており，これまでの自明性が失われつつある．とくに戦後社会に国家が保障してきた老後生活の安定性は人口変動の影響もあり急激に失われつつあり，社会全体に動揺がみられる．とくに2007年後半からしきりに社会的排除という問題が議論され始めている．その背景にはこうした社会保障制度の揺らぎとその自明性の喪失による不安感があげられよう．こうした中で高齢者の就労は以前に増して必要な要素とみなされており，これから改革が進められると思われる．

ここでの大きな問題のひとつは，余暇と退職後の自由を中心としてきた人生観を，再び「労働」を中心とした人生観に戻せるかという文化的課題であろう．以前の人生観を取り戻すことが不可能であるのは自明であるが，ドイツ社会にとって現状を克服するためには新しい労働観さらには人生観が必要となるであろう．しかし，現状は，そうした新しい生き方がまだ見えてきていないというのが事実である．

さらに，こうした背景の下に問題化されつつあるのが，連帯という概念である．このいままでの社会保障の根本を支えてきた理念が，ツォル（Zoll）が言

及しているように考え直されねばなってきているからである. この連帯という
理念は, 日本社会にはどちらかといえば左翼的な言葉としてあまりなじみのな
い概念であるが, ヨーロッパでは社会保障制度の根底的理念とみなされてお
り, 重要な意味を持っている.

　ツォルによると, この連帯という理念は従来, 同質の人間からなる社会を前
提とし, そうした社会の基本理念として支えてきた. つまり, 国民国家が成立
し, 社会が同質化することによって可能になったともいえるであろう. しか
し, 現在のようにグローバル化が進み, 国民国家の枠組みが揺らぎ始め, 異文
化が社会の構成要素のひとつと成るとき, 従来の連帯概念では対応できなくな
る. そういう意味で, ドイツ社会における連帯の概念も新しく考え直されねば
ならないとツォルは指摘している.

　この議論は, いかに社会の高齢化が, 多文化共生の問題と深く結びついてい
るかを明らかにしている. 高齢・少子化が進めば, 若年労働者を外国から受け
入れることが必然となってくるが, それとともに, 同じ社会における「異文
化」という問題が浮上してくる. ドイツでは1960年代後半, 高度成長期から
外国人労働者を受け入れ始め, 多文化共生がある程度, 当然となってきている
が, ツォル議論からも見受けられるように, 社会の根底をなす理念の考え直し
までには至っていないのが事実である.

　ここで浮上してきている問題点は, 国民国家の枠組みが揺らぎ, 同質社会を
前提とできなくなって行くなかで, 社会を統一していくにはどういう理念が必
要となっていくのかという, 非常に深刻な問いである. そうしたなかで, 高齢
者の労働市場に関する立場も変化しつつあり, これからの予断を許さない.

《注》
1) この節でのデータは, Brussig, M. et al., "Arbeiten ab 50 in Deutschland. Eine Landkarte der Erwerbst'tigkeit auf der Grundlage des Mikroyensus 1996 bis 2001," in: Deutsches Zentrum fuer Altersfragen (ed.) *Beschaeftigungssituation aelterer Arbeitnehmer*, Berlin: Lit, 2006, pp.7-52 による.

2) オッフェ (Offe) は，1984年にドイツ社会における「非職業化する労働」ということをいっている．つまり，経済の中心が第2セクターから第3セクターに移行することにより仕事が多様化し，労働という従来の概念では把握できなくなっていっているという議論である（Offe, K., *Arbeitsgesellschaft Strukturprobleme und Zukunftsperspektiven*, Frankfurt/New York: Campus, 1984）.
3) Beck, U., *Risikogesellschaft. Auf dem Weg in eine andere Moderne*, Frankfurt: Suhrkamp, 1986.
4) ハルツ4については，Steck, B., Kossens, M., *Neuordnung von Arbeitslosen- und Sozialhilfe durch Hartz IV.*, Muenchen: Beck, 2005（田畑洋一監訳『ドイツの求職者基礎保障―ハルツⅣによる制度の仕組みと運用』学文社 2009年）を参照．
5) www.perspektive50plus.de 参照．
6) Zoll, R., *Was ist Solidaritaet jeute?*, Frankfurt: Surhkamp, 2000.
7) 連帯概念の日独比較については Shimada, S., Tagsold, C., *Alternde Gesellschaften im Vergleich. Solidaritaet und Pflege in Deutschland und Japan*. Bielefeld: trancript, 2006 を参照．

第18章
フィンランドの高齢者における就労支援

はじめに

　フィンランドは，人種的にはフィン族の国家でありながら12世紀初頭に北方ゲルマン民族のスウェーデンに組み込まれ，その支配下に700年近く置かれた．その後，19世紀初めにロシアに割譲されたが，1917年のロシアの革命を契機に独立を果たし，現在のフィンランド共和国が誕生した．第2次世界大戦後は，豊富な森林資源を背景に林産加工業で経済成長を続け，また，金属・化学産業においても工業化を加速させるなど順調な経済発展を土台に福祉国家の基礎を固めた．ソ連崩壊の影響を直に受け1990年代前半には経済不況陥るものの，90年代後半にはハイテク産業の発展によって不況からの脱出に成功した．2005年度版世界経済フォーラム（WEF）発表によると世界競争力のランキングでもトップに躍り出ている．

　フィンランドの国名は，フィンランド語では「スオミ（Suomi）」といい，首都はヘルシンキ，政体は共和制であり，OECDとEUの加盟国である．産業構造は（GDP比）は第1次産業3.5％，第2次産業33.3％，第3次産業63.2％である．人口は2007年現在約530万人，平均寿命は79歳（女性82.3歳，男性75.3歳，2004年現在），合計特殊出生率は1.8である．65歳以上の高齢者人口

が占める割合は15%である.[1]

フィンランドの高齢社会については,戦後のベビーブーマーの退職を目前に控え,今後の高齢化の加速化が予想されている.また,伝統的に移民が少なく海外の働き手の活用という選択肢が限定的である点において日本と共通する側面もある.当国は高齢化の加速や早期退職傾向の定着,高齢者の失業問題を背景に,1990年代半ばより高齢行動者の就業支援策に積極的に取り組んできており,その成果は国際社会において一定の評価を得ている.

そこで,本章ではフィンランドにおける高齢者雇用支援について雇用支援施策および企業による実践プログラムを検討し,日本の高齢者雇用支援策へ与える意味および今後の課題について考察する.

本調査は2007年8月,ヘルシンキ,タンペレ,トゥルクの3つの地域において聞き取り調査を行なった.調査先は,社会保健省(Ministry of Social and Health Affairs)Dr.マリア-リーサ・パルヤネン,STAKES Dr.マリアーナ・セパネン,国立保健福祉研究開発センター(National Research and Development Centre for Welfare and Health),フィンランド年金センター(Finnish Center for Pensions)エルリア・ツオミネン氏,労働省(Ministry of Labour)のマッティ・シヒト氏,T&Eセンター(ヘルシンキ,トゥルク市)ヨウニ・マルティネン氏,TEオフィス(ヘルシンキ)および民間企業の各担当者の協力を得て行なった.

1 フィンランドの高齢者雇用政策

(1) 社会的背景

フィンランドは「ヨーロッパのなかの日本」と呼ばれるほど急激に人口高齢化が進んできている.戦後,平均寿命の上昇や少子化の傾向が続いてきたことに加え,戦後生まれのベビーブーマー(1945年-1949年)世代が法定退職の年齢である65歳に到達することにより2010年頃を境に高齢化が加速化されることが予想されている.また,2010年頃を境に経済活動人口(14歳-64歳人口)

が減少に向かうことから2010年から2030年にかけて高齢化による社会の負担がEU国内で最も重い国のひとつとなる見通しである．さらにフィンランドでは高齢労働者の早期退職傾向が定着しており，これが高齢化の加速による影響を一層深刻なものとすることが懸念された．と同時に高齢化の加速が予測されるなかでは労働力給付の大幅な減少や年金等の社会保障負担の急増に対する懸念が高まり，労働者のより長い期間就業を促す政策の必要性が広く認識されるようになった[2]．

フィンランドでは，情報通信（ICT）産業が経済に占める比重は1990年代以降急激に拡大した．ICT関連サービス・製造業が，サービス・製造業の付加価値額全体に占めるシェアは1995年から2000年にかけて18.3％ポイント増加した．こうした大幅な景気変動や産業構造の変換により，とくに中高年の労働者は厳しい雇用環境に直面することになった．55歳以上の失業率は，経済や失業率が回復に向かった1994年以降も上昇し，1996年には21％にも達した．

それまでフィンランドでは，早期退職を可能にするさまざまなルートが用意されていて，このような労働市場のミスマッチにより失業した高齢労働者は失業手当や失業年金を受給し，第2の人生を選択することが可能であった．しかしながら，高齢化の加速化の前に，早期退職を認める政策を継続することは困難となっていることから高齢失業者の就業を支援する政策の強化が求められることになった．

戦後のフィンランドでは，成人した子どもが老いた親を扶養したり，親と同居することは稀であり，今や別居が最も一般的である．個人が自分の収入には自ら責任を持ち生活することが北欧型福祉国家の基本原則であり，法律上成人市民は未成年の自分の子ども以外については扶養義務を負わず，配偶者には原則として相互に法律上の扶養義務があるが実際の社会保障や税制では個別に扱われる．高齢者の退職後の生活は，基本年金と雇用年金を受給しながら自立した生活を送ることが一般的である．

フィンランドでは，高齢者の間に定着していた早期退職志向や雇用主側に根強くあった高齢労働者の就業継続や採用への後ろ向き姿勢等が高齢者の就業を阻止する最大の要因として言われている．また，フィンランドの教育力や高等教育機関への進学率は世界首位でありながら現在の高齢者については若年ほど高くなく，かつ教育水準と就業率とのリンクは高齢者ほど高くなっている．つまり，高齢者が失業をした場合，教育水準の低い高齢者ほど仕事への復帰が困難になり，失業率は若年層よりも高い傾向にある点も問題として指摘されていた．

(2) 高齢者雇用支援政策

フィンランドではこのような高齢者雇用問題を解決するためにさまざまな支援策が講じられている．ここでは，1990年以降フィンランドで行われた高齢者雇用支援策のなかから主要政策の概要について紹介する．表18－1は1990年以降，フィンランドの高齢労働者の健康・労働・雇用増進のため実施された

表18－1　高齢労働者のための健康・労働・雇用増進のためのプログラム

- 「Respect for the Ageing 加齢対するは配慮」Program the Health, work ability, and well-being of the aging 高齢労働者の健康，ワークアビリティ，ウェルビーイング（1990-1996, Finnish Institute of Occupational Health）
- Committee on Ageing（1996, Ministry of Labour）
- FINPAW; National Program for Ageing Workers, 高齢労働者のための全国プログラム（1998-2002, Ministry of Social Affairs and Health）
- Coping at Work；仕事対処能力の向上（2000-2003, Ministry of Labour）
- TYKES; The Finnish Workplace Development Programme, 職場環境改善プログラム），（2004-2009, Ministry of Labour）
- VETO; National action programme on extending working life, well-being at work and rehabilitation, 仕事に関する個人の能力を開発するための全国プログラム，（2003-2007, Ministry of Social Affairs and Health）
- KESTO; Program for sustainable work career development, 労働能力会の開発維持プログラム（2004-2007, Finnish Institute of Occupational Health）
- NOSTE; Program for uplifting the competency of working adults, 25歳から59歳の低学歴者に対する職業訓練プログラム，（2003-2007, Ministry of Education）

注）（　）の中は実施年度と主な主体
出所）Ilmarinen Juhani 2005 Towards a Longer Worklife! Ageing and the quality of worklife in the European Union Finnish Institute of Occupational Health より作成

一連のプログラムである．

1）ワークアビリティ

1970年代以降，フィンランドの国立労働衛生研究所（Finnish Institute of Occupational Health, FIOH）は，高齢者の加齢による労働能力への影響や能力向上・低下の要因についての研究を進めてきた．この研究結果に基づき，フィンランドは労働者の能力・意欲など資質に関する要素と，労働環境や仕事が要求する労力などの周辺要素から導き出されるアウトプットを包括的に捉える「ワークアビリティ」を重視し，その実践的アプローチとして，1992年に「ワークアビリティの維持（Maintenance of Work Ability, MWA）プログラム」を導入した．[3]

ワークアビリティの概念（図18−1）は，1970年代より加齢が労働者の仕事能力に与える影響やこうした能力を向上・低下させる要因についての実証的研究が行われその結果として開発された概念である．[4]

MWAプログラムには，①身体能力の観点からは適切な運動の奨励，②技

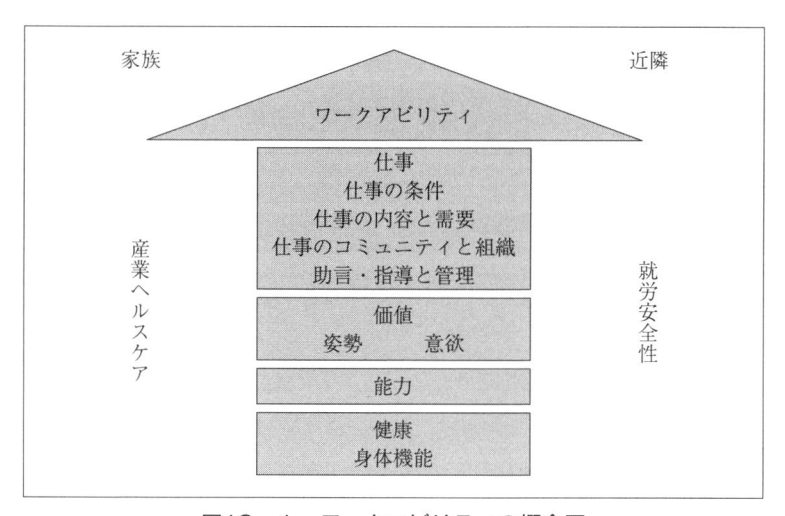

図18−1　ワークアビリティの概念図

能・知識の観点からは高齢者に適した学習環境・手法の整備，③労働条件の観点からは柔軟な雇用形態と高齢者に適した業務レベルの導入，④これらを稼動させるための人事・労務管理プログラムが含まれており，企業がそれぞれの状況や優先度に応じて取り入れた．この概念は，1991年の国内法改正で企業の義務とされて以降，企業理念への浸透が進んできたが，さらに1998年からの「高齢者雇用全国プログラム FINPAW (National Program for Ageing Workers, Finland)」と結びつくことで，各省庁の横断的な体制下で高齢者就労問題を包括的に取り組むことができるようになった．

FINPAWは1998年から2002年の5ヵ年計画は総予算420万ユーロを投ずる国家的な総合プログラムであり，社会問題保健省を中心に労働省，教育省が協力し，運営のために財務省，貿易産業省のほか，労使団体，自治体なども加わって実施された．

2）FINPAW プログラム

労働者の仕事能力を捉える「ワークアビリティ (work ability) が一つの柱となったFINPAWプログラムは，高齢者のワークアビリティを向上するため，①ワーキングライフの改善，②就労の推進，③年金を始めとする社会保障制度の改革，の3領域での40種類の施策から成り，45歳以上の労働者ができるだけ労働市場にとどまることと，失業した場合には就労につなげることをめざしている．施策の重点は，プログラム開始初期は法律改正と広報，中期には調査・改善施策，最終段階では訓練と職場環境改善に置かれた．具体的な内容は次の通りである．①広報活動：公的機関，マスメディアやインターネットの利用，②訓練：初等教育のみの成人を対象にしたスキルアップ訓練，職業能力向上のための訓練，高齢者向けに設計された訓練，経営者向けのエイジマネジメント (age management 年齢管理) 訓練，③職場環境の改善：職場安全衛生面の諸施策，新しいリハビリテーション方式導入，年齢差別禁止策，④調査活動：各事務所に適用できる改善計画や高齢労働者の訓練方法の調査作成，⑤

退職を遅らせるための法改正：年金改革および2002年の職業安定改正法による，高齢労働者のニーズに合った労働時間・労働条件などの設定である[5]．

FINPAW実施中では，高齢者の就業にかかわる法制度改革，高齢者，専門家，企業の管理職，行政職員への教育・訓練，加齢に伴う問題に関する研究や職場での開発プロジェクト，メディア等を通じた広報活動など幅広い取り組みが行なわれてきた（表18－2）．とりわけ，ワークアビリティの概念はそれの向上に向けた直接的・間接的取り組みが行なわれた．たとえば，高齢者の仕事能力の維持・向上をめざす職場の取り組みと生産性の関係に着目する研究プロジェクト（TALVAプロジェクト），加齢問題に配慮した人事・労務管理ツールの普及や優良事例の開発をめざすプロジェクト（エイジマネジメントプロジェクト），中小企業における取り組み活性化や優良な実例の特定をめざすプロジェクト（ワークアビリティのための協力）などは，その代表例である．

そのなかでも，労働者の加齢に配慮しながら業務を計画，実行するといった「エイジマネジメント」は様々な年齢の労働者がもつ強みと弱さに留意する職場管理を意味する．エイジマネジメントが適切に行なわれるためには，① 管理職の間に年齢に関する前向きな姿勢が存在すること，② 作業がチームやグループで行われるよう作業編成すること，③ 加齢に伴う強み，弱さ，これからの変化に適した個別の問題解決策の開発が行なわれること，④ 今後の職場の組織変革等に関して従業員に対して開かれたコミュニケーションが行なわれることが必要となる．

さらに，法律においても，経営者が労働者の加齢について注意を払うこと義務付けるなど職場環境の改善策が進められている．このほか，EUの取組と合わせて，年齢による差別，不均等な取扱いの禁止に関する法整備もなされた（年齢差別禁止法，2003年）．

働き手の就業意欲を阻害する要因の解消に関して，早期退職年金の最低受給年齢の引上げといった年金・失業保険の改革等，経済面から就業継続へのディスインセンティブを弱めるための改革が徐々になされた．OECD（2004）の報[6]

表18―2　FINPAWに関連して実施された主要な改革・プロジェクト

法制度の改革
* 「企業共同決定法改正（1997年）」：人事・訓練計画策定時の加齢への配慮義務を追加
* 「労働安全衛生法改正（1997年）」：労働者の加齢に対する注意義務を追加
* 「新雇用契約法（2001年）」：雇用主が年齢・健康・国籍・性別などによる差別の禁止
* 「就労ヘルスケア法（2002年）」：労働者の健康・ワークアビリティ・身体能力の向上などを目的

年金改革
* 「年金制度改革（2000年）」：失業年金の削減や個人早期退職年金の最低受給可能年齢を58歳から60歳に引き上げなど，早期退職のインセンティブを抑止するための様々な改革プログラム実施
* 「年金制度改革（2005年）」：さらに最低受給可能年齢の引き上げを実施

企業の管理職・人事担当者，行政職員，訓練専門家に対する教育・訓練
* 「エイジマネジメントプロジェクト」：加齢の問題に配慮した人事・雇用管理ツールの普及をめざし，雇用主や専門家・行政職員に幅広くアプローチするプロジェクト
* 労働安全衛生調査官が年間3ヵ所の職場を訪問し，高齢労働者の怪我の防止とメンタルヘルスの向上を指導（社会保健省）
* 労働行政に関わる職員や教育専門家への訓練（労働省，教育省）
* 訓練専門家に対する訓練：訓練講師，コンサルタント，人事担当者，行政職員など専門家ネットワークの形成，訓練者を対象とするセミナーの開催，訓練プロジェクトの効率性評価など
* 高齢者の起業を支援する訓練コースやICT（Information and Communication Technology）スキルを習得するための研修等の実施
* 「情報社会の技術をすべての人に」：中高年者を対称にする情報通信技術の実施
* 地域の成人向け教育センター等では怪我や病気による就労の中断を防ぐための体育プログラ等の実施

各種研究・プロジェクト
* 「ワークアビリティのための協力」：ワークアビリティの維持，職場開発，安全，年齢管理，高齢者の学習に焦点を当てた中小企業向けの研究・開発プロジェクト
* 「エイジマネジメント（age management）」：年齢に配慮した管理アプローチ，年齢管理実施などの関する調査実施
* 「TALVA（労働条件，生産性，経済に関するプロジェクト）」：ワークアビリティに関する支出とその経済的なメリットに焦点
* 高齢長期失業者のサービスに関するニーズ調査（IPプロジェクト）
* 地方自治体における高齢者のためのワークアビリティプロジェクト

メディアなどを通じた広報・啓蒙
* 新聞・雑誌紙面での広告，テレビ・ラジオ番組の放送，プレス発表
* インターネットを使った情報提供，屋外キャンペーン
* ニュースレターの配信
* ミュージックビデオ，CD発売など

出所）Myhmann（2002），Arnkil et al.（2002），Ministry of Social Affairs and Health, Finland（1999, 2000, 2002）より作成．

告書では，こうした早期退職スキームの改革が高齢者の就業促進に役割を果たしているとしていると評価を得ている．2000年以降，他のEU国に比べフィンランドの高齢者就業率は上昇している（図18－2）．また，就業能力向上支援として，従来から生涯学習を基本理念としてきた国であるが，FINPAWでも職業訓練が重要視され，基礎的教育が十分でない者の技能改善支援や，中高年を中心とする情報通信技術向上のための教育訓練等が実施されてきた．

また，環境整備の面では，フィンランドは高齢者の「就業能力」を高めるための要因として，労働者のメンタルも含めた健康増進，職場環境整備といった面も重視している．高齢者の就労に関する教育の対象は働き手にとどまらず，企業経営者や管理職，行政機関や訓練・職業紹介機関の職員に対しても積極的に行なわれた．

FINPAWのもうひとつの特徴として，広報啓発が重要視され，高齢者自身や雇用主を中心とした国民の認識を変えることがプログラムの主要な目的のひとつであったことが挙げられる．「経験は国民の資産である（Experience is a

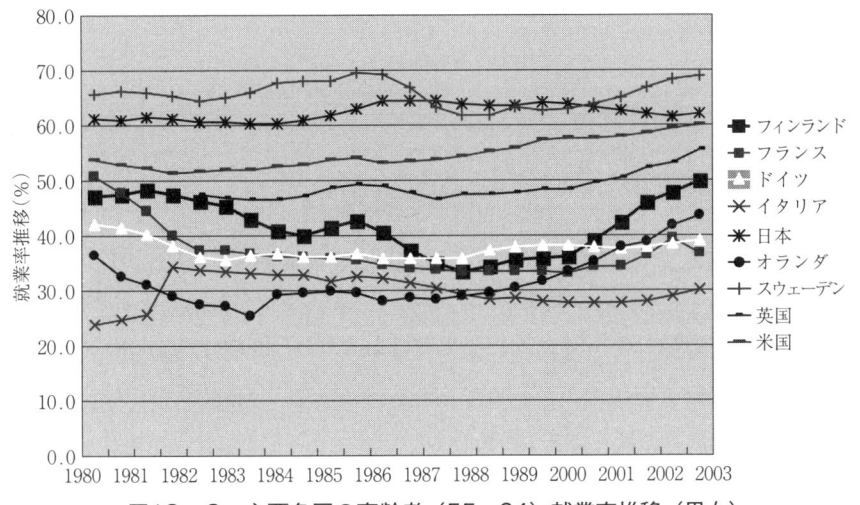

図18－2　主要各国の高齢者（55-64）就業率推移（男女）
出所）OECD「Labour Force Statistics」2004より作成．

national asset)」といったメッセージが,公共スペース,メディア,インターネット等を通じて広く国民に周知された.こうした政策の効果について,メッセージが徐々に浸透していくこにより,職場における高齢者への態度(とくに早期退職を好む考え方)には変化がみられるといった評価がなされている.FINPAW実施期間中には,中間段階,および終了後にEUのピア・レビュー・プログラム(EU雇用戦略の各国での実施状況を構成国で相互評価するプログラム)において評価がなされている[7].

同報告書では,①広報の効果,②高齢労働者への態度の変化,③職業生活における年齢差別,④ワークアビリティの改善,⑤生涯教育の推進,⑥就労支援,⑦雇用率の改善,⑧退職年齢の引き上げ,⑨部分年金と柔軟な勤務時間,⑩法律改正,⑪実行組織の協力とネットワーク化,⑫調査研究,の12点について評価を行なっている.同報告書では,高齢失業者の雇用や年齢差別以外の諸点では積極的な効果や良好な数値が得られたことから,このプログラムを成功と評価している.55〜64歳の就業率が大幅に上昇したほか,企業の間でワークアビリティの維持・向上に向けた取り組みが拡大するなどの改善がみられた.

3)VETOプログラム

「VETO」は,FINPAWの継続・補完をめざし開始されたプログラムである.VETO (National action programme on extending working life, well-being at work and rehabilitation, 2003-2007) は英語の"pull"という意味で「仕事に関する個人の能力を開発するためのプログラム」と掲げ,すべての労働者にとって魅力的な就業環境を整備していくことにより,より多くの人びとが労働市場に参加し,より長く働き続けることがめざしたものである.VETOプログラムの具体的な目標は以下の通りである(表18−3).[8]

VETOプログラムには年間100万ユーロ(約1億2,000万円)が投資され,具体的には①健康で安全な職場環境の推進,②効率的な労働衛生サービスと

表18―3　VETOプログラムの具体的な目標（2002年現在）

* ワーキングライフを2010年まで2～3年延ばす．
* 職場のおける病欠を2007年まで15%減らす．
* 職場における事故や労働関連疾患の発生の頻度を2010年までに40%減らす．
* 労働者のタバコやアルコールの消費量を減らす．
* 仕事を始める年齢を早める．
* 総合的家族政策プログラムを作成し実行する．
* 就労ヘルスサービスの質と利用度を高め，さらにリハビリサービスとの連携を図る．
* 生活保障と年金計画のインセンティブを広げる；仕事の持続，復帰を図る

注）VETOプログラムの目標達成や支持を促すための既存の風潮や姿勢の改革（2004～）．
出所）Longer careers? 'Veto' programme indicators. Helshinky 2008.17pp.（Reports of the Ministry of Social Affairs and Health）より作成

表18―4　VETOに関連して実施された主要な改革・プロジェクト

* 年金改革（2005年～）
* 男女均等法（2005年）
* 職業安定法（2003年）
* 就労ヘルスケア法（2002年）
* 就労ヘルスケア改革の政府決意案（2004年）
* 就労安全事故予防プログラム（2001年～2005年）
* 早期リハビリテーションプログラムの改善など

リハビリテーション，③勤労生活における多様性と機会均等，④社会保障とインセンティブの4つの柱を中心に，おのおのの分野について開発プロジェクトの実施，グットプラクティスの蓄積，職場での利用促進などの取り組みが行なわれた[9]．とりわけ「勤労生活における多様性と機会均等」においては年齢，性別，民族によらない機会の均等や育児や学習を始めとする労働者のニーズと就労生活の調和など，ワークライフバランスの視点を取り入れたものとなっている．表18―4は，VETOプログラムに関連して実施された主要な改革およびプロジェクトである．

4）年金改革

　フィンランドには，居住に基づく国民年金，失業保険，雇用年金，健康保険の4つの社会保険制度が存在する．いずれの制度もフィンランドにおいて福祉

国家の建設が開始された1950年代後半から1960年代前半にかけて整備された[10]．年金には，基礎的年金である国民年金と労働所得に基づく雇用年金制度の2つの制度がある．国民年金は働いた経験がない人でも受給することができる基礎年金である．一方，雇用年金は，日本でいう厚生年金であり，働いた経験がある人が一定の受給資格を充たすと給与所得の60-80％を受給することができる年金である．加えて高齢者の場合は，必要に応じて国民年金の補助として住宅手当と介護手当を受け取ることができる．

2005年には大規模な年金改革が実施され，これにより62-67歳層の全就業者に対して年金受給開始年齢の弾力化が図られ，長く就業を続ける場合には高い年金が受給できることになった．雇用者の年金支給額は賃金と給付乗率を掛け合わせたものに，雇用年数やスライド率を加味して決定される．それまで65歳であった老齢年金の受給開始年齢が63歳から68歳の間で選択可能となると同時に，年金受給額の算出に用いる給付乗率が63歳以降大幅に引き上げられたため，63歳以降の就業継続の労働者にとって有利な仕組みとなっている[11]．

2　企業の実践事例

フィンランド政府は，1970年代末より高齢行動者のワークアビリティの問題に取り組み，その成果は1998年に政府が高齢労働者の就業支援策に本格的に乗り出すにあたって重要な転機となった．以下では，政府の取り組みに対して企業はどのように従業員の高齢化の問題にどのように取り組んでいるのかについて先進的な取り組みを行なうフィンランド企業の事例および従業員のインタビュー内容を紹介する．

(1) アブロイ社（Abloy Oy）

1）エイジマスタープログラム（Ik Mestariohjelma: Age Master Program）

　アブロイ社は，ロック装置関連機器を生産する世界有数の企業であり，2006年間総売上高は142万ユーロ，従業員数は約1,200名．2000年当時，会社経営陣からは従業員の年齢構成が25-35歳と50-60歳に集中していることによる従業員の年齢構造の偏り，多くの熟練の高齢労働者が数年後に定年を迎えることという危機感，高齢従業員の多くは早期退職を指向してなど，短期間に発生する膨大な年金コストと技術伝承の危うさが問題になっていた．また当時の金属産業が若者に人気がないことも将来への不安材料となっていた．

　高齢労働者の早期定年を阻止すること，高齢労働者の持つ知識や技術のノウハウをいかに若年従業員へ伝授していけるかについて議論が始まった．さらに当時のアブロイ社の平均退職年齢は59歳，このままベビーブーマーが退職していけば2005年に同社は技能者不足の問題に直面することが予想された．

　2001年，賛否両論はあったが，エイジマネジメントの必要性を認識した経営チームは2年間のエージマスタープロジェクトを発足する．当時のプロジェクトの対象は55歳以上でフルタイムの従業員であり，その内容は，以下の通りである．

① 高齢労働者の雇用期間を2年延長する．
② 年間の病欠を1％まで減らす．
③ エイジマスターに対する評価と高齢労働者の持つノウハウを若年労働者へと伝授を促す．

　プロジェクトの開始はエイジングとワークアビリティ，能力，経験，作業への影響の訓練セッションに分けて行なわれ，また各々のグループの活動内容は会社の経営チームに報告された．経営側は高齢者が働く職場の人間工学面からの改善，より適切な仕事への配属，そして労働時間のシフトに配慮するとともに，特別な検討を行なうことが求められた．さらに，エイジマスターの技能向

上が奨励されることとなった．定期的な健康チェックとコンディション・チェック（少なくとも年一回）が必要とされ，これらのチェックの後に，個々人にあったトレーニング・プランを作成する．

エイジマネジメントプログラム活動がかかわる内容は，以下の通りである．

① 労働条件および内容：仕事の量，勤務シフト，能力開発の改善
② 機能的能力向上：エイジマスター有給休暇を申請する従業員を対象とし，マッサージ費用の50％を支給，シニアジムの無料利用，毎年のフィットネスプログラムの評価，計画，フォローアップを行なう．
③ エイジマスター有給休暇（リフレッシュ休暇）：58歳以上の従業員（フルタイム）を対象に，年齢に応じて有給休暇を使える制度である．エイジマスター休暇を使うためには健康増進プログラムや体力評価，スーパーバイザーとの相談等を経て決められる．年齢に応じた休暇日数の加算は，次の通りである．

58歳　6日
59歳　8日
60歳　10日
61歳　12日
62歳　14日
63歳　17日
64歳　20日

④ 機能向上のためのイベント：エイジマスタークラブが主催するさまざまなイベントがある．たとえば，文化・スポーツ関連，作品展示などの定期的活動がある．加齢関連テーマに関する講演，セミナーは，とても評判が良く参加者も増加している．
⑤ コミュニケーション：エイジマスタークラブでは，刊行誌を発行したり，クラブのロゴを作成するなど，クラブ活動などを社内外に紹介し，「エイジマスター」の存在を明確に伝える努力をしている．

2） アブロイ社の高齢従業員のインタビューから

> タンペレ市のアブロイ工場の包装部門で15年間勤務しているMさん（61歳，男性）は「若い従業員たちは，高齢従業員のことをお荷物扱いはしなくなった．われわれは，仕事に望むため最善の状態を維持していると自負する」と言い切る．彼は，ドアとウインドウレバー，ハンドル，ドアとウインドウフェルールとバスルームアクセサリーを製造ラインで働いている．
>
> 　Mさんの働く環境は，標準的な工場ホールである．彼はいろいろなワークステーションの間を移動しながら働く．早朝の6時30出勤して午後15時に作業終了．その後，着替えを終えた彼は30分も立たないうちに運動を開始する．「私は，ほぼ毎日10キロメートル歩く．水泳，ノルディックワーク（クロスカントリースキーのようにスティックを使って歩く北欧式のウォーキング）も楽しんでいる．私が運動をし続けなかったら，確かに今と同じくらいのエネルギーは保てられないと思う」といっていた．
>
> 　Mさんによると，健康管理は最終的には自分の責任であると指摘する．また，社内で実施されている「エイジマスタープログラム」の最も魅力的な部分は58歳以降使える「リフレッシュ有給休暇制度」と指摘する．「休みの量は，毎年増加している．64歳以上になれば通常の有給親休暇に加えさらに20日の休暇も取れる」．フィンランド人にとって休暇を楽しみということはその人の人生においてそのものである．彼は65歳で退職することを計画している．

当社の広報部によると，2005年現在，2001年に比べ退職年齢は3年以上上昇している．また高齢労働者の病欠も減少傾向にある．エイジマスタープログラムの実施し望ましい労働モデルを示したことで社内はもとより対外的高い評価を得ている．アブロイ社が当プログラムを導入して以来，平均退職年齢は59歳が63歳まで伸びている．フィンランド国内の従業員の3分の1に当たる1,000人の従業員は，当プログラムに参加している．アブロイの従業員は，55歳以上になるとエイジマスタープログラムに参加することができる．当プログラムは年次適正検査を行ない，各参加者にもっとも適切なフィットネスプログラムを提案している．

エイジマスタープログラムでは，休暇，運動だけでなくフィットネスマッサージ，スポーツ大会等多様な活動が組まれている．また，プログラムマネジャ

ーには，高齢労働者を理解・考慮するために研修や訓練を受けたものを配置している．「当プログラムの目的は，長く働いてもらうための労働条件，働く能力と管理を改善することにある．高齢労働者のノウハウと経験を若い世代へ伝えることは，知識と新しいテクノロジの融合を意味する」と述べる．エイジマスター・システム導入の経験をもとに，当社は企業として若年・高齢労働者の望ましい労働モデルをはじめライフプランを構築していくための礎にしようとしている．

(2) ファステンス社（Fastems Oy）

当社は，工場自動化と無人生産システムを開発する中小企業としてタンペレ市に本社をおく．過去3年間において急成長を成し遂げており，2006年間総売上高は100万ユーロ，従業員数はフィンランド国内のみで約250名．主要商品ポートフォリオ，フレキシブル生産システム（FMS）から工作機械，工業用ロボット（ヘット）製作等である．

当社は，近年の事業成長とともに従業員の高齢化と高齢労働者の退職後の技能者不足の問題に対してさまざまなプログラムを開発・スタートさせているアプローチを行っている．

① メントルプログラム（Mentor program）：高齢労働者と若年労働者が，チームを組んで異なる世代が相互協力し合うことをめざすプログラムである．作業シフトやワークシェアにも役立つプログラムである

② ショートワークウィークプログラム（Short work week program）：55歳以上の高齢者を対象とし，本人の希望により労働時間を短縮できるプログラムである．

③ クラブ55（Club 55）：当クラブ活動は高齢労働者の趣味やレクリエーション増進のための活動を行なっている．労働省が主管するTYKES（The Finnish Workplace Development Programme，職場環境改善プログラム）プログラムの一環として行なわれている自社独自のプログラム「クラブ55（Club

55)」を2007年スタートさせた．当プログラムは，55歳以上の高齢従業員を対象に行なわれ，参加有無は本人に委ねられており，現在55歳以上の従業員の80％以上は当活動に参加している．クラブ活動内容は職場環境改善を目的として行なわれる．その内容は映画鑑賞，食事，キャンピング，旅行等の趣味活動や健康や年金等についての講座やセミナーへの参加などがある．

インタビューに協力してくれた広報担当者（女性，60歳）は，「高齢労働者にとっては労働時間が長くなると精神的にも身体的にもつらい．残業手当のようなものよりは，もっと生き生きした生活のために余裕のある労働環境を作ることが必要である．他社では「ロングウィークエンドプログラム（Long weekend program）」のようなものもある．高齢労働者のメリハリの効いた労働環境を整えることは，現場の生産性の向上にも影響する」と述べた．

その他，経営側からは高齢労働者のための労働環境整備の一環として「高齢労働者が仕事しやすい環境を作る（出張回数を最小限にする，作業テスクを明確にする）」，「作業シフトや作業時間を柔軟に組む」，「高齢従業員に適したテクノロジを採用する」といった支援ツールの開発などの工夫も行なっている．

3　高齢者雇用促進のための教育および職業訓練

フィンランドは，教育の基本理念を生涯学習におく国である．生涯学習の内容も多岐にわたっており，そのための教育を行なう教育訓練施設総数は2001年時点で895ヵ所，その内，職業訓練施設は276ヵ所，延べ授業時間数は約564万時間となっている[12]．ここでは，高齢者の就労支援に関わる公的機関の活動および職業訓練プログラムについて紹介する．

(1) T&Eセンター（Työ-ja elinkeinokeskus, Employment and Economic Development Centre）

　国内15地域に置かれている雇用のためのワンストップセンターであるT&Eセンターは，貿易産業省をはじめ労働省，農林省が連携し運営に関わっている．当センターのサービスはビジネス部門，農業，労働市場部門，テクノロジ部門と4つに分かれている

　T&Eセンターのサービスの主な内容として，中小企業や個人を対象に職業訓練に関する情報提供や助言，職業訓練，資金援助，起業支援等を行っている．職業訓練の実施については，自治体運営する施設や企業の施設を借りて職業訓練を行なっている．

　聞き取り調査で訪問したトゥルク市のT&Eセンターでは，① 中小企業への資金や技術のサポートやアドバイス，② 地域の労働政策を推進，成人教育の計画および組織，③ 地域の農水産業の支援，④ EU共同体の資金開発の協力団体としての機能を行なっている．組織の労働市場部門では，雇用開発サービス，成人の職業訓練，雇用マネージメント等にかかわる業務を行なっている．高齢者には本人の能力やニーズを考慮した職業訓練や情報提供，高齢者起業支援等を提供している．さらに，職業訓練や職業開発のために当センターでは地域の労働市場の状況に関する調査を行ない，その結果を新たな雇用開発に反映している．ここで得られた情報やデータについては雇用事務所，教育施設，その他の行政機関等と共有し，今後の雇用支援計画や実行に役立てている．

(2) TEオフィス（Työ-ja elinkeinotomisto, Employment and Economic Development Office）（旧労働支援サービスセンター）

　日本のハローワークに相当する一般向けの就労支援機関であり，全国に2009年現在200箇所配置している．経済省と労働省の合併により誕生した雇用経済省（The Ministry of Employment and the Economy）が運営主体となってい

る．

　ヘルシンキ市には5つのオフィスがあり，ここでは求職者へのサービス，職業紹介，教育訓練サービス提供などの雇用サービスを行っている．受講希望者は自分の居住地域の管轄のTEオフィスへの登録が求められる．そのほか，ネットジョブが1ヵ所，求職センター1ヵ所，国外からの移民に対する雇用および教育訓練サービスを提供する移民サービス事務所，人材派遣事務所がある．再教育，職業訓練に重点が置かれており，再教育を受ける期間に，受講者に対して失業手当の他に，交通費や食事代相当の給付を行っているのが特色のひとつと言えよう．

　TEオフィスが提供するサービスの種類は，多岐にわたる．主なサービスを，以下に紹介する．

① 評価（アセスメント）リハビリの評価，労働能力の評価等
② リハビリテーション：リハビリテーションの実施，ピアグループ活動（職探しクラブ，自己克服グループ，債務グループなど）
③ 訓練；準備訓練，職業訓練，実地訓練，見習い訓練，職業ガイダンス，能力判定，試しの訓練，特別なコース（たとえばフィンランド語の能力をつけるための語学コース）
④ 雇用サービス；支援雇用，雇用訓練指導サービス，体験労働
⑤ その他のサービス；債務相談，ケアとリハビリテーション，社会サービスと保健ケアサービスのガイダンス，必要に応じて薬物依存・アルコール依存クリニック，精神科外来等を紹介，受講者の年金生活移行への可能性を調査しサービスの成果について評価
⑥ 受講者は，さまざまなメンタルケアを受けることで，ただ単に就労の問題だけでなく，社会生活，教育，疾病，依存症，家族にかかわる問題等に対してサービスを受けられるので，受講者の生活の質の向上も期待できる．

TE オフィスにおいては，以下の手続きに沿ってサービスを受けることができる．

① まず，就労を求めている者は TE オフィスに登録を行ない，説明会に参加する．登録を行なうために，または就職活動のために約 10 日間の無料のコンピュータ技術指導講習を受けることができる．講習期間に所得保障を失うことはない．市内の生涯学習校で講習が行なわれる．このほか，5 ～ 10 人の「求職クラブ」に参加して，6 週間に 10 ～ 12 回（1 回 4 時間）の求職の指導をうけることができる．

② 受講者として登録すると，同時に失業期間の所得保障を得る手続きを行なう．これは生活を保障し，安心感を持って求職に励むために必要である．また，この手続きを受けた受講者は職を探す義務が生じる．このような手続きを円滑に行なうために，TE オフィスと社会保険院との連携が行われている．

③ 相談や支援を経て，活動を開始する．

④ 同じ職種の雇用が困難である場合，または職業を変更する場合の指導がある．職業の選択指導は，「訓練・教育を受ける，または，職業の選択を行う」，「新しい職種を希望する」，「失業しているが，将来の計画をたてたい」，「健康上の問題があり，労働に制限，再教育が難しい」などとの個人の状況において提供されるので，予約を取り指導を受ける．

⑤ 職業訓練コースを受講する．職業教育訓練各 VAEC（成人のための職業訓練センター）無料で，契約を行ない訓練がスタートする．受講期間中は失業手当を失うことはない．またこの期間は 1 日に付き 8 ユーロが支給される．受講のための昼食費や交通費に相当する．職業訓練には現場実習が組み込まれていて，場合によっては実習中に雇用が決まることもある．

(3) 成人のための職業訓練センター協会（Vocational Adult Education Centres, VAEC organization in Finland）

　VAEC組織はフィンランド最大の成人のための職業訓練センターネットワークであり，教育，サービス開発等を提供する独立した機関である．さらに職業訓練補充，相談サービス，企業や各種団体を対象とする開発プラン，海外の取引先へのコンタクトなどのサービスも合わせて提供している．全国に45ヵ所のセンター，200ヵ所以上の関連オフィスを配置しており，従業員は4,800名である．2008年には年間250,000人の受講者が7,500,000時間の訓練を受けており，受講者ひとり平均34.5（約2ヵ月）時間の職業訓練を受けたことになる．

　フィンランドでは，職業訓練の受講期間について在職中の者は在職期間に応じて職業休暇が保障され（10年在職で最低2ヵ月），通常は雇用主からのあるいは雇用主と国からの受講料の補助が支給される．失業者のための職業訓練には，2003年現在3億6166万ユーロの予算が充てられ，訓練にかかる助言は約38万件，新規に訓練を開始した者は約6万4,000人，全訓練対象者のうち45歳以上の者は27.2%であった．[13]

(4) NOSTEプログラム

　また，成人のための職業訓練プログラムなかでも注目を受けているのは「NOSTEプログラム（Program for uplifting the competency of working adults, 2003-2009）」である．NOSTEは，英語の"lift"という意味で，教育省が主管する職業能力底上げのための25歳から59歳の成人職業訓練プログラムである．同プログラムは，生涯学習を具体的な活動に生かし，社会人の生産性を教育と訓練によって引き上げることを目的とし，低学歴の者や技術のない者を対象にアドバイスの提供と訓練プログラム参加への支援，職業訓練の機会提供，過去のキャリアを考慮したカリキュラムの作成等が実施された．なお，NOSTEプログラムには18-24歳の若年層を対象とするプログラムも実施し

ている.

　実施期間中の5年間には毎年1万6,000から2万4,000ヵ所の研修場所を設けるものであり，総額で1,000万ユーロ（約12億円）が投じられ，現在まで約35万人の労働者がNOSTEプログラムに参加している．当プログラムの訓練費用については，基本的に国や自治体が提供しており，参加者個人や雇用主には費用負担がかからない．プログラムの参加者のほとんどは40歳以上で，その中でも50歳以上の者は3分の1に達している．50歳以上の高齢参加者の多くはITなどのコースを選択し，それ以下の参加者の場合は，資格取得等の職業訓練コースが選ばれている．また，NOSTEプログラムのもう一つの特徴としては，既存のプログラムの提供だけではなく，参加者のニーズに沿ったプログラムやコースを開発・提供することである．プログラムは特定の訓練機関のみならず参加者の職場において訓練を行なうことも可能である[14]．

　EUのなかでもフィンランドは，在職者の職業訓練受講率は高い．さらに職業訓練におけるIT導入の状況においても職場でのPCを用いた訓練を受けている労働者の経済活動人口に占める割合が，2002年EU15ヵ国平均49％に比べフィンランドは72％（1位）ときわめて高い[15]．

　その他，雇用支援プログラムには上記の内容以外，教育省主導の職場環境改善（TYKES）・職場能力開発（KESTO）プログラムなどの多年度の計画が平行して実施されている．ただし，どのプログラムにおいても個人の能力を高めるため，とくに教育水準の低い労働者に対して継続的職業訓練の機会を提供している．すでに就業している労働者についてはできるだけ長く仕事にとどまるために必要な技術，失業者に対しては再度就職に必要とされる分野の知識や技術を習得してもらう．また職業訓練プログラムの内容として，積極的にIT技術を活用するのがフィンランドの高齢者雇用支援の特徴であるといえる．

おわりに

　高齢雇用政策において成功の鍵となるのは，どの国においても年金受給年齢までの高齢者の雇用保障である[16]．と同時に長寿化，ライフスタイルの多様化に伴い，働きたい個人が意欲・能力に応じて年齢にかかわりなく働き続けられる条件の整備も必要になってきた．

　フィンランドの高齢者雇用支援の取り組みは，高齢者の仕事能力に関する新たな概念（ワークアビリティー）をひとつの柱に，高齢労働者が直面する問題に包括的に取り組むものであった．フィンランドの高齢者雇用支援にかかわる政策が成功を収めた背景としては，高齢者の就業に包括的に取り組むプログラムであった点，プログラムの策定や実施・中間評価等において関係省庁をはじめ民間企業の経営者や労働連合組合の代表らが参加し制度やプログラムについて定期的なレビューを行なうなど政労使間の連携がスムーズに行なわれて点などがあげられる．つまり，これらの施策が成功した背景には，長期的視野に立った研究成果をもとに，高齢者雇用を社会全体の問題として包括的にとらえるものであったことと，関係省庁や労使が密に連携したことにある．

　しかし，一方では依然として失業した高齢者の再就職には進展がみられないのが現状である．2001年に行なわれた調査では，過去5年間で中高年の採用時における年齢や教育レベルの差別が悪化したという回答が全体の23％，何の改善もみられないという回答が52％を占めた．また，高齢者の就業率はFINPAWの実施期間中に大きく上昇したものの，この世代の労働参加を拡大する余地は依然として大きく残された高齢者の就業率向上の大部分はすでに雇用されている高齢労働者がより長く働き続けることによるものであり，いったん失業した教育水準の低い高齢者の再就職はきわめて困難である状況には大きな変化は得られなかった[17]．

　FINPAWを継続・補完するVETOプログラムにおいても高齢者とりわけ低学歴の労働者の再就職について大きな進展は見られないという見解で一致して

いる[18]．とくに，製造業や建設業の中小企業に働く人びとが退職ではなく失業の傾向がみられた．男女の差はないが，教育レベルの低さが失業に結びつくなど，学歴の差が影響を与えているとみられている．

今後，再就職が不利な高齢者が失業したあるいは新たな職場を求める際に，年齢差別に対する法的指導だけでなく，彼らが持つバリアを克服するための有効な職業紹介システム，職業能力開発システムを構築する必要があろう．

日本では高年齢者雇用安定法の改正を受けて，大企業を中心に65歳までの雇用確保に向けた措置の導入が進められているが，現在の政策の重点は高齢労働者の雇用の場を確保する措置に置かれており，職場レベルでは労働力の高齢化に対応した労働条件や職場環境の整備が遅れているという問題が指摘されている．

フィンランドの高齢者雇用支援の主要政策の共通点として挙げられるのは，まず，包括的なアプローチであった点である．日本の高齢者支援策は65歳までの雇用の場を確保や再就職の支援などが中心となっているに対し，フィンランドでは高齢労働者の仕事能力（ワークアビリティー）の維持・向上に向けた多様なプログラムが実施されている点である．高齢者の仕事能力を身体機能，知識技能，仕事に対する姿勢などの労働者の資質に関わる要素と，労働条件，職場環境，職場コミュニティなど仕事に関わる要素の両方に依存して決まるものとして捉え，環境向上に向けた取り組みを行なった．たとえば，労働時間の短縮や勤務時間の弾力化，作業方法の改善や安全衛生，健康管理向上にめざすアプローチが行なわれた．

次は，高齢労働者の加齢問題への高齢者本人をはじめ社会的認識をよりポジティブにするための取り組みである．「エイジマネジメント」は，加齢に伴う強みと弱みに配慮した人事・雇用管理ツール普及をめざし，雇用主や行政サービス担当者に幅広くアプローチしていくものであり，このプログラムを取り入れた企業においても前向きな評価をもたらした．エイジマスターのような企業レベルにおける実例は，高齢労働者への配慮と尊敬さえあれば，高齢労働者を

大きく変えることができることを示している．また，中小企業においても高齢労働者の働きやすい環境としてメリハリのある労働時間等の工夫がなされていた．高齢労働者の年齢に配慮ながら労働時間の短縮や勤務時間の弾力化を行なう．また高齢労働者の働きやすい労働環境として作業方法の改善や安全衛生・健康管理を効率的に行なうことは高齢労働者の仕事能力の維持・向上において有効であると考える．

さらに，就労支援の効率化を図るために，各地域において「T&E センター」や「TY オフィス」のようなワンストップセンターや成人のための専門職業訓練センター（VACE）の運営である．これらの機関の活動には複数の政府省庁がネットワークを組んで就業支援を必要とする受講者の支援に当たっていた．支援の内容は職業訓練のみならず，場合によっては受講者の生活に必要な総合的な支援が提供された．また訓練期間中は所得も保障されるなど受講者が安心感を持って訓練や求職に励むことができたといえる．

最後に，高齢労働者に配慮した職場環境と整備とワークライフバランスの推進があげられる．FINPAW を継続・補完するものとして開始された VETO プログラムでは「勤労生活における多様性と機会均等」においては年齢，性別，民族によらない機会の均等や育児や学習を始めとする労働者のニーズと就労生活の調和など，ワークライフバランスの観点が盛り込まれている．労働者の多様なライフスタイルやニーズを認識し，働く意欲と能力を発揮できる職場環境整備のためにもワークライフバランスの推進は不可欠であろう．

日本とフィンランドでは人口規模，政策決定プロセスなど社会・文化的背景が異なるため，こうした施策をそのまま適用することはできない．しかしすべての年齢層を巻き込んで活力ある社会を生み出しつつあるこれらの施策は，社会格差問題が取りざたされている日本においても，世代間・労働者間で労働力を柔軟に相互補完するための基盤として，フィンランドの取り組みは包括的な政策を展開させて点で参考になる点が多い．高齢期の就業を促す社会保障制度の構築，高齢者に適した能力開発機会の拡充，職業能力開発の必要性に対する

高齢労働者自身の認識の向上など，高齢者就業に関わるさまざまな政策を集結し，進めていくことが必要である．

《注》

1) Demographic statistics, *Statistics*, Finland.
2) 欧州各国は1970年代のオイルショック以降,「ヨーロッパ病」と呼ばれる成長率低下や若年失業率に悩まされたことを背景に高齢労働者の早期退職への傾向が強まった．フィンランドにおいても，法的退職年齢より前に年金生活に入ることを可能にするさまざまな法制度が整備されたことにより，多くの高齢労働者は早期退職を選択していた．
3) Ilmarinen Juhani, "What the social partner can do improve employment opportunities for older workers," *Finnish Institute Occupational Health*, 2002.
4) この概念は，高齢者の仕事能力を身体機能，知識技能，仕事に対する姿勢などの労働者の資質に関わる要素と，労働条件，職場環境，職場コミュニティなど仕事に関わる要素の両方に依存して決まるものとして捉えている．つまり，労働者のワークアビリティを維持するためには，それぞれの労働者の資質の変化や，仕事に関わる要素の変化を適切に捉え，これらのバランスを適切にとることが必要である．こういった要因を上手く適合させるメカニズムが開発されていないことが，高齢労働者の能力が不十分な状態に落ち込んでいるという誤った認識の原因になると指摘している．
5) Ministry of Social and Health, Finland, Prime Years, 1999 - *The Many Faces of National Program for Ageing Workers: The Concluding report on the Programme*, 2002.
6) OEDC, Aging and employment policies: *Finland*, 2004, p.119.
7) Peer Review "The National Programme ageing Workers, Finland: Executive Summary," *Peer Review*, October, 2000.
8) Ministry of Social Affairs and Health, *The VETO programme 2003-2007: National Action Programme on Extending Working Life, Well-being at work and rehabilitation.*, 2004.
9) Ministry of Social Affairs and Health, *National Reports on Strategies for Social Protection and Social Inclusion- Finland* 52, 2006.
10) 山田眞知子「フィンランドの所得保障：年金制度を中心に」『北海道浅井学院大学紀要』2005年．http://ci.nii.ac.jp/naid/110004597730
11) Marjukka Hietaniemi and Suvi Ritola, *The Finnish Pensions System*, Finnish Center for Pensions.
12) The Education System in Finland (2002/2003). http://www.eurydice.org/

13) Ministry of Labour, *An overview of vocational development service*, 2003. http://www.mol.fi/english/reports/
14) The NOSTE PROGRAMME, 2006. http://noste-ohjelma.fi
15) European Union, *Information Society Statistics Pocketbook.*, 2003 p.78. また，ヨーロッパの労働情報の専門サイトEIRO（欧州労使関係観測所オンライン）では，2002年4月に"Finland leads EU on older works policy（フィンランドがEUの高齢者雇用政策をリードしている）"と報じた．
16) 柳沢房子「わが国およびヨーロッパにおける高齢者雇用対策」（国立国会図書館調査および立法考査局）『少子化高齢化とその対策　総合調査報告書』第8章 2005年．
17) http://www.stm.fi/Resource.phx/publishing/store/2008/07/hu1215426840321/passthur.pdf
18) Ilmarinen Juhani, *Towards a Longer Worklife Ageing and the quality of work life in the European Union*, Finnish Institute Occupational Health, 2005, pp.71-75.

まとめ

　本文の東西8カ国においては地域を問わず，少子高齢化の急速な進展による労働人口の確保が緊急を要する課題であることに一致を表している．そこで本文では，東西8カ国における高齢者の就労環境の実態を検証し，その問題点や課題を提示するとともに対応策の提示を試みた．その意味で本文に紹介する諸国は高齢者就労の緊要性が増している共通課題を抱えているともいえる．

　こうした背景には，社会の高齢化は公的扶助をはじめ年金などの社会的費用の増加を意味する財政的問題のほか，雇用政策の緩和による高齢者の就労環境の悪化が高齢者就労率を低下させる一要因になるなどの現状が指摘された．さらに本文で紹介した各国は，イギリスの英連邦との特殊関係やアメリカの広大な天然資源を除くと，IT産業をはじめ自動車，金融など先端産業が経済基盤である特徴が共通している．これらは労働集約型のブルーカラー産業ではなく，高学歴を要するホワイトカラーが経済の原動力であることを意味する一方，中高齢年者の早期退職を促す一要因につながることも注目すべきである．

　以上の結果を基に各国の共通するいくつかの提案をまとめると，ひとつは，継続雇用のための環境作りである．継続雇用するためには先端技術の変化に適応できる再教育や訓練が緻密に行う必要がある．すなわち継続しての雇用が前提となり，定年後の働き方を予想しての長期的方案が求められる．2つに，再就職のための社会システム構築である．多くの国で早期退職者や中高年退職者の再就職を妨げているのは就職の際に年齢制限を設けているのと，技術の不合致である．したがって中高齢者就業のための法的措置とともに社会システムの改善が求められる．3つに，就労意欲の向上を促す必要がある．中高齢者の定年は各国さまざまな状況であるため，いくつまでと指定するのは無理があるが，各地域の平均寿命や高齢者に対する文化的背景を基に調整し，高齢者の就労意欲の奨励し向上を促す必要がある．4つに，既存の福祉制度の退歩もしく

は弱体化に関する懸念である．高齢者の就労は高齢者自身の就労意欲を前提にするもので，社会制度的に就労活動の阻害要素は改善すべきであるが，すべての高齢者が就労を望むとは考えられない．したがって高齢者就労環境の改善が公的扶助や年金制度の後退につながることは避けなければならない．

　こうした各国が抱えている共通認識は，多くの部門で相互作用していることから包括的打開策の模索が望ましいと考える．そのためには，労働者を代表する労働組合と企業を代表する経済団体連合，そして政府の積極的中立の基でのチャンネル確保が成功の鍵となるだろう．

エピローグ

　未来について，さまざまな予測がなされる中，人口構造の今後の動向を見つめながら，ひとり親家族への支援と潜在的には稼働能力を有する高齢者に対する福祉支援について，それを著書『多様な家族時代における新しい福祉モデルの国際比較研究』という形でまとめあげることができました．

　このことは，よき研究者チームが組織化できたこと，かつ研究メンバーの皆様が，多忙の中，多くの情報を収集し精力的にそれをまとめ上げた努力の結晶と言えます．

　本書は，同じ価値観のもとで一貫した主張を行なうものではなく，むしろ個々の研究者の哲学や個性を全面に押し出して，章あるいは節ごとに責任をもって構築することで完成させることを前提に書き上げて頂きました．

　読者の皆様には，そのことをご理解の上，本書に示した研究成果をさらなる社会福祉学の発展材料として利用して頂けますなら，望外の喜びとするところです．

　本書を編集するに際して，梅花女子大学の尹靖水教授と岡山県立大学保健福祉学部の近藤理恵准教授ならびに桐野匡史助手には，多くの時間を割いて頂きました．また研究メンバーの皆様には，諸外国の研究者との綿密な連絡のもと貴重な情報を収集して頂きました．深く深く深謝申し上げる次第です．今回の研究企画の成果が，研究メンバー皆様の知的財産のひとつになりますことを祈念させていただきます．

　最後になりましたが，調査等にご協力を頂きました諸外国の多くの専門機関ならびに協力者の皆様，また，学文社の田中千津子社長に紙面をかりて厚く御

礼申し上げる次第です．

岡山県立大学保健福祉学部

中嶋　和夫

＊本書は，科学研究費補助金，中嶋和夫研究代表，研究課題名「超少子高齢・人口減少社会に対応する家族福祉モデルの構築に関する研究」課題番号，19203028，平成 19 年度～平成 21 年度によるものである．

多様な家族時代における
新しい福祉モデルの国際比較研究
　　──若者，ひとり親家族，高齢者──

International Comparative Research into New Welfare Models in an Era of
Diverse Families: Youth, One Parent Families, and the Elderly

2010年3月30日　第一版第一刷発行

監　修　中　嶋　和　夫
編著者　尹　　靖　水
　　　　近　藤　理　恵
発行所　㈱学　文　社
発行者　田　中　千津子
東京都目黒区下目黒3-6-1　〒153-0064
電話 03(3715)1501　振替 00130-9-98842

Ⓒ 2010 NAKAJIMA Kazuo
Printed in Japan

落丁，乱丁本は，本社にてお取替え致します。
定価は売上カード，カバーに表示してあります。

印刷／㈱亨有堂印刷所　　検印省略

ISBN 978-4-7620-2057-5